예정된 위기

DESTINED FOR CRISIS

COULD NORTH KOREA BE THE NEXT CUBA?

예정된 위기

북한은 제2의 쿠바가 될 것인가?

안병진 지음

모던아카이브

엘리안과 수지가

살아갈 미래를 위하여

차례

들어가며 · 9

서문 · 19

제1장
미국은 "불량국가"를 어떻게 바라보는가? · 41

그레이엄 앨리슨의 잘못된 질문 · 44

흐루쇼프의 모순된 욕망 · 49

새로운 프레임 · 56

과거의 프레임을 고수하는 미국 · 63

제2장
예정된 위기의 책임은 누구에게 있는가? · 71

'아버지' 미국과 '아들' 쿠바 · 74

피델 카스트로 · 77

니키타 흐루쇼프 · 91

존 F. 케네디 · 96

피그스만 침공 · 103

빈 정상회담 · 115

미국의 '개념 관리' · 121

강압이 초래한 핵미사일 배치 결정 · 124

한반도 평화를 위한 21가지 교훈 I · 135

제3장
1962년 10월의 '13일', 무슨 일이 벌어졌나? · 147

'13일' 5개월 전 · 149

'13일' · 156

'13일' 직후 · 221

한반도 평화를 위한 21가지 교훈 II · 229

제4장
왜 미국과의 평화협상은 시간 끌기로 귀결되는가? · 247

'13일' 이후의 존 F. 케네디 · 250

린든 B. 존슨 · 258

리처드 닉슨과 제럴드 포드 · 262

지미 카터 · 266

로널드 레이건과 조지 H. W. 부시 · 270

빌 클린턴 · 273

조지 W. 부시 · 276

버락 오바마 · 280

도널드 트럼프 · 289

한반도 평화를 위한 21가지 교훈 III · 293

결론 · 325

주석 · 333

참고문헌 · 359

일러두기

1 단행본은 『 』, 논문·보고서는 「 」, 신문·잡지·영화는 〈 〉로 표기했다.

2 국내 소개된 자료는 소개된 한글 제목만 표기했고, 소개되지 않은 자료는 원서 제목을 병기했다.

3 인명과 지명을 비롯한 고유명사의 표기는 국립국어연구원 외래어표기법에 따르되, 이미 굳어진 경우에 한해서는 관용에 따랐다.

들어가며

"미국은 온갖 그릇된 결정 뒤에 올바른 결정에 도달한다."

_윈스턴 처칠

1697년 호주에서 '검은색' 백조가 발견되자 사람들은 전혀 예상치 못한 일이 실제로 벌어지는 것을 블랙스완black swan이라 부르기 시작했다. 2018년 한반도에도 블랙스완이 나타났다. 대부분의 전문가들이 당분간 대담한 협상이 불가능하다고 판단하던 상황에서 남북에 이어 북미 정상 간의 놀라운 합의가 이루어지고 있다. 한 번도 아니고 수차례 등장하는 이 블랙스완은 대륙판과 해양판이 부딪히는 한반도에서의 거대한 지각변동을 암시한다.

2018년은 한국전쟁이라는 '뜨거운 전쟁'이 끝난 지 65주년 되는 해다. 아직도 '차가운 전쟁'의 그림자가 짙게 드리운 한반도는 단 하루도 조용한 아침의 나라인 적이 없었다. 때로는 일촉즉발의 전쟁 위기가, 때로는 희망찬 평화로의 여정이 교차해왔다. 2018년 벌어진 대형 사건들은 전례 없는 강도와 폭의 지각변동을 일으키고 있다는 점에서 지난 65년의 마감이자 새로운 출발을 예고한다.

이 지각변동은 어떤 결과를 낳을까? 혹시 이 불확실하고 누구도 가보지 못한 길을 떠나기 전에 어렴풋이나마 미래를 보여주는 수정구슬은 없을까? 물론 필자는 그런 도구가 존재한다고 믿기에는 너무 나이가 들었다. 그럼에도 앞으로 벌어질 일에 대한 실마리를 제공하는 사례가 존재한다. 미국과 쿠바 사이에서 벌어졌고 또 아직도 진행 중인 '쿠바 미사일 위기'다. 소련의 흐루쇼프 서기장이 쿠바에 비밀리에 핵미사일을 배치하여 케네디 대통령과 대치하면서 제3차 세계대전 직전까지 갔던 1962년 10월의 핵위기 말이다.

소위 '쿠바 미사일 위기'는 통념과 달리 13일만에 끝나지 않았다. 오히려 미국과 소련 간 미사일 맞교환이라는 빅딜이 성사된 바로 그 순간 다시 시작됐다. 수십 년이 지난 2018년 트럼프 시대에 이르러서도 현재 진행형이다.

미국 우드로 윌슨 센터의 로버트 리트바크는 2017년 5월 4일 〈애틀랜틱〉지에서 한반도 위기를 "느리게 진행되는 쿠바 미사일 위기slow-motion Cuban Missile Crisis"라고 했다. 리트바크의 표현은 다소 부정확하다. 쿠바와 한반도에서 벌어지는 위기는 둘 다 모두 느리게, 아직도 작동하는 위기다. 다만 쿠바가 우리보다 조금 더 일찍 미래를 경험했다. 모히토 칵테일과 아름다운 관광지로 유명한 카리브해의 섬나라 쿠바는 한반도의 과거·현재·미래와 밀접하게 관련이 있다. '쿠바 미사일 위기'를 재조명하는 일은 곧 한반도 위기를 새로운 프리즘으로 들여다보는 작업이다. 이 책의 내용은 일반적으로 알려진 '쿠바 미사일 위기'와 다를 수 있다. 주요 내용을 소개하면 다음과 같다.

· 13일간의 '쿠바 미사일 위기' 직후, 미국과 쿠바 간의 본격적인 전쟁 위기가 시작됐다. '13일'에만 집중하면 다양한 정치 세력이 오랜 세월 동안 함께 만든 위기의 집단책임과 13일 이후에 벌어진 롤러코스터 같은 위기의 복잡성을 놓치게 된다.

· 과거 미국 케네디 대통령과 오늘날 그레이엄 앨리슨 하버드 대학교 교수 등 미국 워싱턴의 주류 인사들은 "소련이 왜 쿠바에 공격용 미사일을 배치했는가?"

라는 질문에 대해 자신들의 고정관념으로 답하는 오류를 범했다. 소련 측이 베를린 장악이라는 대전략grand strategy의 하위 수단으로 쿠바라는 포석을 놓았다고 믿은 것이다. 최고의 지성과 합리성을 갖춘 미국의 대통령과 전문가라도 자신들의 개념틀이 역사적 맥락과 상대방의 복잡한 심리를 누락시킨 점을 애써 무시했다. 대소련 봉쇄 전략을 입안한 전략가인 조지 케넌 같은 극히 일부 전문가만이 소련과 쿠바의 불안과 허장성세를 정확히 이해했지만 아무도 귀 기울이지 않았다.

· 미국·소련·쿠바는 작은 것을 양보하면 상대에게 나약하게 보여 결국 모든 걸 잃을 것이라는 강박관념에 빠져 광기 어린 마초게임을 전개해왔다. 특히 쿠바는 돈키호테처럼 벼랑 끝 전술을 즐겼다. 미국은 마치 상대가 거대한 골리앗인 양 맞대응했다.

· 흐루쇼프는 자신이 벌인 도박이 위험천만하다는 사실을 뒤늦게 깨닫고 위기를 해결하기 위해 지혜로운 운전자 역할을 수행했다. 카스트로는 미국의 쿠바 침공이 필연적이라는 종말론과 운명론에 빠져 핵전쟁을 부추기다가 실익도 못 챙기고 고립됐다. 케네디는 제3차 세계대전을 일으킬 뻔한 벼랑 끝 대결 뒤 평화 체제의 중요성을 절감했고, 쿠바와의 국교정상화 의지를 밝혔지만 암살당하면서 결정적 기회를 놓쳤다.

· 쿠바는 미국과의 국교정상화 기회가 있을 때마다 늘 사고를 쳤다. 빅딜이 거의 이루어질 만하면 혁명과 무기를 수출해 양국 관계를 일어붙게 만들었다. 쿠바 미사일 위기 직후에도 미국 몰래 전술핵을 보유하려다 발각됐다. 카스트로는 미국 측이 보기에 마치 관계정상화 기회를 일부러 차버리듯 행동했다. 그 결과 미국에서 쿠바에 대해 온건 노선을 지지하는 이는 별로 남지 않았다.

· 미국도 허울뿐인 선언으로 신뢰를 잃어버렸다. 쿠바 불가침 약속 후에도 카스트로 정권 전복 공작과 해상에서의 군사훈련 등으로 침공이 임박했다는 인상을 주려고 부단히 노력한 것이다. 케네디 암살 이후에도 미국 정부는 쿠바가 강경하게 나오면 압박 조치로, 유연하게 나오면 인권 문제를 제기하는 식으로 협상의 문턱을 높이며 압박했다. 카스트로는 미국이 콩으로 메주를 쑨다고 해도 절대 믿지 않게 되었다.

· 비밀 해제된 기록에 따르면 바비 케네디(케네디 대통령의 동생 로버트 케네디)는 쿠바 침공의 명분으로 삼으려고 테러 자작극을 벌이려 했다. 1962년 쿠바 미사일 위기 직후에는 진상 왜곡에도 앞장섰다. 그런 바비는 놀라울 정도로 회개하여 1968년 대통령 선거에서 도덕과 정의를 상징하는 정치인으로 바뀌었지만 안타깝게도 암살당했다.

· 카스트로는 미국의 강압 노선 덕분에 선군 노선과 1인 지배 체제를 유지했다. 미국의 보수적 정치그룹과 군산복합체는 쿠바의 벼랑 끝 전술과 혁명 수출 노선 덕분에 특수를 누렸다.

· 쿠바는 강대국 소련의 인종주의적 오만과 배반에 약소국의 비애를 뼈저리게 느끼고 분노하며 주체 노선을 선택했다. 결국 주권을 유지하는 데는 성공했지만 오늘날 쿠바는 헤밍웨이의 『노인과 바다』에 나오는 청새치처럼 뼈만 덩그러니 남았다.

· 피델 카스트로의 동생이자 강경파로 알려진 라울 카스트로는 결국 버락 오바마와 국교정상화를 이루었다. 카스트로와 미국 보수진영이 절대로 불가능하다고 단언한 사건이 꿈같이 이루어진 것이다.

· 라울 카스트로는 형 피델 카스트로의 그늘에서 벗어나 실용주의자 기질을 발휘했다. 라울은 경제 실패를 솔직하게 인정하고 중국이나 베트남처럼 개혁적인 사회주의를 추구하기로 했다. 오바마는 회의주의자들의 예상을 깨고 쿠바와 이란이라는 두 '불량국가'와 행동 대 행동이라는 대담한 거래에 성공했다. 그런 오바마도 북한에 대해서는 무시와 강압 노선으로 일관했다.

· 미국과 쿠바 간의 갈등이 국교정상화라는 해피엔딩으로 막을 내렸을 때 뜻밖에 블랙스완 트럼프가 당선됐다. 트럼프가 "오바마 뒤집기Anything but Obama"에 올인하자 미국과 쿠바의 관계는 다시 멀어지기 시작했다. 존 볼턴 국가안보보좌관 등 초강경파는 국무부의 부인에도 불구하고 명확한 증거 없이 쿠바가 생화학무기를 개발한다고 주장하며 쿠바 정권을 교체할 기회를 노리고 있다. 지금도 원인이 명확하게 밝혀지지 않은 쿠바 주재 미국 대사관에 대한 음파 공격 논란으로 미국과 쿠바의 관계는 악화되고 있다.

· 미국이 쿠바를 다시 고립시키려 하자 그간 '관여 정책Engagement Policy'의 성과로 쿠바 내에서 조금씩 자라던 시장경제와 시민사회는 다시 얼어붙었다. 쿠바는 안보와 경제 분야에서 러시아·중국과 새로운 밀착 관계를 형성해가고 있다. 어쩌면 새로운 그레이트게임(19세기부터 20세기 초까지 영국과 러시아 두 열강이 중앙아시아의 패권을 놓고 벌인 다툼)이 진행되는 가운데 제2의 쿠바 미사일 위기가 다가오고 있는지도 모른다.

기시감이 느껴지는 이야기가 아닌가? '쿠바' 대신에 '북한'을 집어넣어도 이상할 게 없을 정도로 미국-쿠바 관계는 북미 관계와 닮았다. 어쩌면 우리의 미래에 대한 불길한 예언일지도 모른다. 모처럼 "평화, 새로운 시작"의 길에 들어선 우리의 미래가 되지 않게 하려면 무엇을 해야 할까? 필자는 이 책에서 '쿠바 미사일 위기'의 과거·현재·미래의 관점에서 오늘의 한반도를 바라보고자 한다. 카리브해에서 진행되는 위기가 한반도에서 그대로 재현되지는 않겠지만, 그 교훈을 되새겨야 한다.

아직도 위기가 느리게 진행되는 쿠바섬과 달리, 한반도는 위기에 영원한 마침표를 찍을 수 있을까? 다행히 1962년 절정에 달했던 미소 냉전은 먼 과거의 일이다. 서구 자본주의를 역사의 무덤에 파묻고자 했던 소련 제국은 이미 무너졌다. "러시아를 다시 위대하게"라는 구호를 내세운 푸틴은 21세기에 새로운 차르가 되려고 하지만 미국의 공세를 막는 것조차 힘겨워한다. 핵무기를 "종이호랑이"라며 비웃던 중국은 이제 과거보다는 평화적인 방식의 대국굴기를 시도한다. 해양 세력의 전초기지였던 일본은 아직도 과거의 영광을 추억하며 동아시아에서의 새로운 그레이트게임에 조금씩 발을 들이밀지만 평화헌법의 족쇄에 발이 묶여있다. 다행스럽게도 지금 한반도 정세는 1962년 쿠바라는 장기판을 둘러싸고 미국과 소련이 벌인 살벌한 게임 때보다는 나아 보인다.

하지만 미국이 냉전 이후에 거둔 성적을 보면 낙관하기가 어렵다. 아니, 보다 정확하게 말하자면 미국은 수많은 게임에서 대부분 실패해왔다. '충격과 공포' 전략으로 잘 알려진 할란 울만 박사는 미국이 제2차 세계대전 종전 이후 '쿠바 미사일 위기'에서 시작해 최근 중동에 이르기까지 일으키거나 개입한 전쟁에서 전략적으로 실패했다고 신랄하게 비판했다. 울만이 보기에 케네디의 대담한 용기와 전략의 승리라고 일컬어지는 '쿠바 미사일 위기'도 사실 케네디가 노후화되어 효용성이 의심되는 미사일을 터키에 배치해서 촉발된 무모한 전략의 실패였다.

한반도에서도 마찬가지다. 미국은 북한에 강압 외교, 정권 교체, 대화, 무시 등 생각할 수 있는 모든 전략을 동원했지만 바뀐 것은 미국 대통령이지 북한 정권이 아니었다. 쿠바의 경우와 마찬가지로 '불량국가' 북한의 리더십 교체는 미국의 노력으로 이루어진 것이 아니라 그저 인간이 통제할 수 없는 생명의 유한성에 기인했다.

사실 미국은 이미 냉전 이전부터 한반도에서 실패했었다. 미국 전략국제문제연구소의 빅터 차 교수는 2018년 4월 11일 하원에 제출한 서면보고서에서 미국은 역사상 한반도를 경시하거나 정보가 부족한 상태에서 정책을 결정해 실패했다고 예리하게 지적했다. 1905년 일본이 한반도를 지배하는 데 미국이 동의한 사실, 한국이 미국 방위선 밖에 있다는 1950년 1월의 애치슨 선언, 같은 해 가을의 38선 이북으로의 진격은 중국이나 북한에 잘못된 신호를 주어 참혹한 실패로 이어졌다고 신랄하게 지적한 것이다.[1] 이 성적표는 미국이 벌인 모든 개입 행위를 악으로 규정하고 비난하는 노엄 촘스키 같은 좌파가 아니라 미국을 자랑스러워하는 우파인 할란 울만과 빅터 차의 냉정한 평가라는 점에서 주목할 필요가 있다.

영국의 윈스턴 처칠은 "미국은 온갖 그릇된 결정 뒤에 올바른 결정에 도달한다"고 신랄하게 야유했다.[2] 사실 미국은 카스트로의 조기 붕괴를 수없이 예언했지만 수십 년이 흘러 오바마 행정부에 이르러서야 비로소 붕괴론이나 강압론 대신 평화 체제로 향한다는 올바른 결정에 이르면서 국교정상화까지 이루었다. 처칠이 살아있다면 쿠바인들도 온갖 그릇된 결정 후 올바른 결정에 도달한다고 야유할지 모른다. 피델 카스트로는 1970년대 후반에 가서야 자신이 젊은 시절에 철이 없어서 너무 오버했다고 실토했다.[3]

과연 한반도에서 미국은 이번에는 북미정상회담 같은 뜻밖의 올바른 결정을 하고, 이후 실행 관리도 현명하게 할 수 있을까? 젊은 김정은은 돈키호테의 팬이자 철이 없던 카스트로와 달리 성숙한 결정을 해나갈 수 있을까? 카리브해에서는 존재하지 않았던 새로운 변수인 문재인 대통령은 한반도 및 주변 4강과의 길고 복잡한 여행에서 지혜로운 길잡이로서 지금 같은 성공을 이어갈 수 있을까? 이 중요한 미래 앞에서 지도자들은 물론 우리 모두가 여행객이자 운전자다. 현실을 구성하는 관념을 만들어가는 것은 지도자만이 할 수 있는 일이 아니기 때문이다.

우리 앞에는 한 번도 가보지 못한 길고 불확실한, 그러나 가슴 설레는 새로운 길이 놓여있다. 2016년 겨울 대한민국 국민은 촛불을 들어 평화적인 혁명을 시작했다. 왜 촛불이 혁명의 상징인가? 일본 사상가 사사키 아타루의 표현을 빌리자면 혁명이란 "형태를 다시 주는 것"이기 때문이다. 이제 "빛으로 쓴 역사"는 결국 한반도와 아시아의 빛나는 미래 평화 체제로 완성될 것이다.[4] 한국의 촛불은 아시아를 너머 전 세계를 밝힐 새로운 세계적 혁명의 씨앗인 셈이다.

이 책은 "촛불을 어떻게 평화 체제 완성으로 이어갈 것인가?"라는 지식인으로서의 고민에서 시작됐다. 그간 일관되게 쿠바와 냉전 문제에 대한 역작을 번역하거나 출간한 박수민 대표의 도움이 없었다면 이런 화두가 책이라는 열매를 맺지 못했을 것이다. 언제나 가장 소중한 학문적 동료이자 인생의 동반자인 이주영 님의 채찍질과 격려도 출간을 해야겠다는 용기를 내게 했다.

엘리안 곤잘레스라는 어린 쿠바 소년이 있었다. 1999년 엘리안이 탄 미국행 난민보트가 좌초되자 엘리안은 미국 플로리다 주 해변에서 극적으로 구조되었다. 빌 클린턴 민주당 행정부 말기에 이 어린 소년의 송환 문제를 둘러싸고 미국과 쿠바는 이념전쟁의 소용돌이에 빠졌다. 그때 엘리안을 쿠바로 돌려보냈기 때문인지 2000년 앨 고어 민주당 대통령 후보는 보수적인 쿠바계 이민자들이 많이 사는 플로리다 주에서 박빙 대결 끝에 지고 말았다. 현재 엘리안은 상처를 딛고서 어엿한 청년으로 자랐고, 미국과 쿠바는 새롭고 역동적인 관계에 대한 희망에 차있다. 이 사건 당시 필자는 텔레비전에서 엘리안의 귀여운 눈망울을 볼 때마다 내 곁의 어린 딸 수지를 보곤 했다. 수지도 이제 어엿한 숙녀가 되었다. 이제 우리는 냉전의 광기를 뒤로 하고 쿠바의 엘리안과, 한반도의 또 다른 엘리안과 수지에게 희망찬 미래를 만들어줄 수 있을까? 그렇게 하는 것이 이 시대를 살아가는 우리 모두의 집단적 책임이자 소명이다. 이 책을 엘리안과 수지와 같은 미래 세대에게 바치고 싶다.

2018년 겨울

안병진

서문

"칠면조를 훔쳐갈 수 있다는 걸 놈들이 알았을 때
우리는 이미 모든 것을 잃었다."
_토머스 프리드먼, 〈뉴욕타임즈〉 2002년 2월 13일 컬럼

1962년에 벌어진 쿠바 미사일 위기의 역사와 교훈은 이미 학계는 물론 국내외 언론에 지속적으로 소개됐다. 더 새로운 이야기가 남아있을까? 이미 비밀 해제된 수많은 자료와 이를 근거로 한 심층 연구가 『0시 1분 전』의 저자 마이클 돕스 등을 중심으로 이루어졌다. 이 책은 돕스 등이 새로 발굴한 귀중한 연구 성과의 재해석이며, 다음 몇 가지 점을 특히 부각시키고자 노력했다.

우선 쿠바 미사일 위기의 뿌리와 전개, 13일간의 위기 후 협상과 교착 과정을 게임에 참여한 리더들이 보여준 고정관념을 중심으로 재구성하고자 했다. 필자는 이 고정관념에 대한 단서를 '케네디 테이프'에서 발견했다. 케네디는 임기 중 백악관 집무실과 각료회의실에 도청장치를 설치했다. 그 이유는 명확히 밝혀지지 않았지만 피그스만 침공 결정 뒤 장관이나 참모의 말 바꾸기 때문이라는 주장도 있고, 회고록을 쓰기 위한 것이라는 설도 있다. 아무튼 이 '케네디 테이프' 덕분에 후대의 우리는 마치 백악관 집무실과 각료회의실에 자리 잡은 배석자처럼 미국 최고위급 인사들의 육성을 생생하게 들을 수 있다.

필자는 미국 유학 시절에 케네디 테이프를 확인하다가 1962년 10월 16일 회의 첫 부분에서 깜짝 놀라 잠시 귀를 의심했다. 케네디가 해석하기

에 따라 쿠바 미사일 위기의 책임이 미국에 있을 수 있음을 무심코 말했기 때문이었다.

케네디 그렇게 할 필요가 있을까요? 그건 마치 우리가 상당수의 MRBM을 터키에 두는 것과 같습니다. 그랬다면 끔찍할 정도로 위험했겠죠.

번디 터키에 우리 미사일을 배치했습니다, 각하

케네디 네. 그건 5년 전입니다. 지금하고는 상황이 달랐습니다.[1]

케네디는 곧 미국 엘리트의 편견에 따라 터키에 공개적으로 미사일을 배치한 미국의 행동과, 쿠바에 미사일을 은밀하게 배치한 소련의 행동이 차원이 다른 것이라며 국가안보보좌관인 맥조지 번디의 지적을 무시해버린다.

섬광처럼 스쳐 지나간 이 순간을 제외하고는 회의 참석자 대부분은 소련의 비도덕성에 대해 규탄하고 응징 방안을 마련하느라 바빴다. 하지만 도청 내용을 더 자세히 들어보면 위기 기간 동안에 비록 아주 소수이지만 불편한 진실에 근접한 이들도 있었다. 그런 소수파 중 가장 흥미로운 인물은 뜻밖에 조지 케넌이었다. 봉쇄 전략을 입안한 전략가인 조지 케넌은 당시 '소련 전문가' 다수의 주장과 달리 흐루쇼프가 쿠바에 미사일을 배치한 의도가 팽창주의 공세를 위해서가 아니라 힘의 균형에서 극히 열세인 소련 측의 필사적인 자기방어일지도 모른다고 판단했다. 케네디 진영이 이런 인식을 수용했다면 흐루쇼프 측의 행보를 더 정확히 이해하고 더 적절하게 대응했을 것이다.

왜 케넌이 본 걸 케네디는 물론이고 다른 전문가들은 보지 못했을까? 미국의 안락한 책상에서 소련을 연구하는 전문가와 달리, 소련 주재 미국 대사였던 케넌은 실제 현장에서 소련인들의 숨소리와 욕망을 느끼며 균형 잡힌 인식을 했기 때문이다.

『블랙 스완』의 저자 나심 탈레브는 2018년 3월 신간 홍보 차 열린 뉴욕의 한 강연장에서 교수나 전문가는 현장과 유리된 지식을 가지고 있어 오늘날 같은 복잡계의 현실에 맞지 않다고 신랄하게 지적했다. 필자는 강연을 들으면서 그런 지적이 오늘날뿐 아니라 쿠바 미사일 위기 당시 미국의 외교·안보 전문가들에게도 정확히 적용된다고 생각했다.

조지 케넌이 당시 주류 전문가와 다른 생각을 한 근본적인 이유는 개념틀의 차이에 있다. 케넌의 생각은 미국과 소련 양국 사이에 형성된 역사적 맥락과 상대방의 심리 구조를 바탕으로 했다. 반면 케네디와 다수 소련 전문가들은 상대방의 역사적·심리적 측면에 대해 관심이 없었다. 오직 소련이라는 전체주의 괴물에게 약점을 보여서는 안 된다는 강박과, 자신들이 논리적으로 결론 내린 소련의 숨겨진 전략으로만 설명했다. 필자는 이런 경향 중 전자에는 '베두인 전설', 후자에는 '베를린 대전략'이라는 이름을 붙였다.

케네디의 베두인 전설

베두인 전설은 〈뉴욕타임스〉의 칼럼니스트 토머스 프리드먼의 논설에서 아이디어를 얻은 이야기다. 2002년 2월 13일 프리드먼은 중동의 사막에서 유목 생활을 하는 베두인족에 내려오는 전설을 다음과 같이 소개했다. 늙은 베두인족 족장이 칠면조를 사서 매일 먹이를 주며 정성껏 키웠다. 어느 날 누군가가 이 칠면조를 훔쳐갔다. 족장은 아들을 불러 큰 위험에 처했다고 경고했다. 아들은 그깟 칠면조 하나 가지고 호들갑 떠는 아버지를 무시했고, 결국은 낙타까지 도둑맞았다. 족장은 다시 칠면조를 찾아오라고 다그쳤지만, 아들은 칠면조에 집착하는 아버지의 말을 계속 무시했다. 결국 몇 주 후 족장 아들의 딸이 강간을 당했다. 그러자 족장은 아들에게 이렇게 한탄했다.

"모든 건 바로 칠면조 때문이다. 칠면조를 훔쳐갈 수 있다는 걸 놈들이 알았을 때 우리는 이미 모든 것을 잃었다."

프리드먼은 이 이야기를 인용하면서 조지 W. 부시 대통령이 베두인족 족장처럼 처음부터 이라크를 강경하게 압박한 것이 탁월했다고 칭찬했다. 필자가 보기에 베두인 전설은 미국 대 소련·쿠바의 대결에서 양국의 정책 결정자들이 위기를 만들어내고 악화시킨 핵심적 틀이다. 베두인 족장처럼 미국은 일련의 작은 문제에서 상대방에게 약점을 보이면 강간(침공)당할지 모른다는 강박관념을 가지고 있었다. 이렇듯 상호 간의 두려움과 불신은 기존 강박관념을 더욱 강화시켜 결국 의도하지 않은 방식으로 위기를 악화시킨다는 점에서 역설적이다.

베두인 전설은 카리브해 위기에서만 독특하게 나타난 사고의 틀이 아니다. 국제정치에서 오랫동안 다양한 버전으로 변주되어 나타났다. 대표적인 사례가 1938년의 뮌헨 회담이다. '뮌헨'이라는 말은 대외 정책 논의에서 대화파가 위축되는 놀라운 효과를 지닌 마법의 주문이다. 1938년 영국 총리 네빌 체임벌린은 유럽 평화에 대한 강한 열정과 신념을 가진 품격 있는 리더였다. 체임벌린은 히틀러의 광기를 우려하면서도 합리적 대화로 평화 체제를 만들 수 있다고 믿었다. 하지만 히틀러는 체코슬로바키아를 삼키고 나서도 유럽 지배 야욕을 버리지 않았다. 결국 체임벌린은 전체주의자의 달콤한 말에 속아넘어가는 천진난만한 대화파의 상징이 되었다.

물론 체임벌린을 변호하는 이들은 전쟁 준비가 안된 영국을 위해 시간을 벌기 위한 전략적 행동이었다고 강변하기도 한다. 하지만 『정상회담』의 저자 데이비드 레이놀즈가 지적하듯이 체임벌린은 자신의 협상력을 과대평가했으며 어처구니없게도 히틀러가 자신을 진정으로 존중한다고 믿었다.[2] 뮌헨 회담 대실패는 이후 칠면조(체코슬로바키아) 도난을 방관하다가 결국 강간(유럽 침공)당한 대표적인 베두인 전설의 사례로 기록된다.

뮌헨 회담은 쿠바 미사일 위기 때 케네디의 판단에도 큰 영향을 미쳤다. 케네디의 아버지 조지프 케네디는 뮌헨 회담 당시 주영 미국 대사였고, 체임벌린을 지지했다는 낙인이 찍혔다. 이 일은 아들인 케네디의 머릿속에 베두인 전설이 확고하게 자리 잡게 했다.

사실 케네디의 대외 정책은 체임벌린의 정책과 다르지 않았다. 케네디도 애초에 카스트로의 민족주의 성향을 과대평가했고, 공산주의 이념에 경도된 점은 과소평가했다. 흐루쇼프의 유화적 제스처에 속아서 미국 내 강경파가 소련이 쿠바에서 공격용 미사일 기지를 건설한다고 경고했는데도 무시했다. 쿠바 미사일 위기 당시 케네디가 아무런 조치를 하지 않았다면 아버지에 이어 제2의 체임벌린이 될 수도 있었다.

결국 케네디가 외교적 타협안 대신 해상봉쇄안을 선택한 이유에는 뮌헨 트라우마가 깔려있었다. 쿠바 미사일 위기가 해소된 뒤 베두인 전설은 미국 정가에 더욱 확고하게 뿌리내렸다. 미국 국제정치학계에서 케네디의 해상봉쇄 등 단호한 강압과 유연한 물밑 접촉은 위기 해결에 탁월한 패키지로 평가했다. 여기서 '강압'이란 상대방을 굴복시키기 위해 무력을 사용하겠다고 위협하거나 실제로 무력을 동원하는 것을 말한다.[3]

강압 전략에 알레르기 반응을 보이는 유화파의 생각과 달리 그 자체는 무익한 시도가 아니다. 적절히 사용하면 궁극적으로 평화를 이루는 데 유익하고 보완적인 전술이 될 수 있다. 1962년 쿠바 미사일 위기가 고조된 시점에서 케네디가 쿠바 침공을 주장하는 매파와 외교적 해결을 주장하는 비둘기파의 주장을 절충해 해상봉쇄를 택한 것은 정치적으로 최선이었다. 아들라이 스티븐슨 UN 대사의 무조건적 대화 권고나 관타나모 기지 철수 주장은 이미 강경하게 기울어진 미국 정치 지형에서 공감을 얻기 어려웠다. 1995년 클린턴 대통령이 제한적 폭격으로 유고슬라비아의 독재자인 슬로보단 밀로세비치를 협상 테이블에 나오도록 강제하고 결국 데이턴 협정을 맺은 사례도 강압 전략이 성공한 것이라 할 수 있다. 촘스키 등 유화파는 미국의 유고슬라비아 폭격을 제국주의적 행위라고 비판했지만 잔인한 인종청소의 피해자들에게도 그렇게 보였을까? 유고슬라비아 사태에 대한 미국의 개입은 제국주의적이라서가 아니라 오히려 개입에 따른 이익이 적어서 지나치게 망설였기에 더 문제였다. 필자는 그런 점에서 쿠바나 북한을 대상으로 하는 유화 정책, 즉 상대를 계몽 대상으로 삼는 정책을 전가의 보도처럼 이해하는 이들의 교조적 주장에 동의하지 않는다.

13일간의 위기가 끝난 뒤 해결책으로 부상한 강압 전략의 유행은 한 가지 중요한 질문을 생략했다. 즉 쿠바 미사일 위기의 진정한 원인이 무엇인가, 왜 소련은 공격용 미사일을 배치했으며, 미국은 어떤 전략적 오류를 범했는가 같은 질문이다. 유럽 지배를 노리고 초기부터 일관되게 단호함을 보일 필요가 있던 히틀러의 입장과, 방어나 현상 유지의 어려움에 대한 두려움 때문에 허세를 보인 흐루쇼프나 카스트로의 입장은 동일했나? 이런 질문은 애당초 빠져있었다. 조지 케넌 등 몇몇 신중하고 현장을 잘 아는 진짜 전문가를 제외한, 일반적인 '전문가들'은 제대로 질문하지 않고 전가의 보도 같은 만능해결책을 만들었다. 이런 고정관념은 이후 베트남과 북한 문제에서 미국이 상대방의 의도를 오판하여 실패하는 원인으로 작용했다.

베를린 대전략 가설

쿠바 미사일 위기를 베두인 전설에 대입하면 쿠바는 칠면조에 해당된다. 여기서 중요한 질문은 "케네디의 입장에서 결국 강간당한 딸은 누구냐?"는 것이다. 이 질문은 위기 전체를 관통하는 케네디의 뇌 구조를 여는 핵심 열쇠다. 케네디에게 “강간당하는 딸”은 바로 베를린이었다. 케네디는 흐루쇼프의 쿠바 미사일 배치 목적이 미소 대결의 사활적 전장인 베를린을 장악하는, 더 큰 전략의 일환이라고 판단했다. 실제로 1962년 10월 16일 화요일 케네디 테이프에 따르면 케네디는 다음과 같이 우려를 표시했다.

“중요한 것은 흐루쇼프가 어쨌든 베를린을 쥐어짤 가능성이 높다는 점입니다.”[4]

이 책 2장과 3장에서 자세히 살펴보겠지만, 쿠바 미사일 위기 내내 케네디의 머릿속을 한시도 떠나지 않은 이슈는 베를린이었다. 조지 케넌 등이 미국에 대한 흐루쇼프의 공포 등을 이용하는 다른 접근법을 제시했지만 케네디는 무시했다. 흐루쇼프의 이해할 수 없는 모험주의적 도발의 이유로 베를린이라는 답을 찾아내고는 수수께끼가 풀렸다고 믿은 것이다. 언뜻 보면 모든 퍼즐이 짜맞춰지는 그럴 듯한 가설이지만 착각일 뿐이었다. 흐루쇼프는 레닌이나 스탈린과는 다른 리더였다. 다소 충동적이고 때로는 혁명적 감상주의에 빠지는 격정적 볼셰비키였다. 스탈린 스타일의 대전략이 없던 흐루쇼프는 쿠바와 베를린을 연결할 생각을 하지 않았다. 흐루쇼프에게 쿠바는 베를린이라는 궁극적인 목표를 차지하기 위한 전술적 수단이 아니었다. 그 자체가 방어해야 할 낭만적 혁명의 기지이자 전략적 균형의 중요 변수였다.

하지만 쿠바 미사일 위기 내내 미국 수뇌부는 베를린 대전략이라는 개념틀로 상황을 분석했다. 케네디 테이프에 따르면 쿠바 미사일 위기의 가장 위험했던 순간인 10월 27일 토요일에도 케네디는 베를린 문제를 언급했다. 흥미로운 점은 케네디의 이 잘못된 개념틀이 아이러니하게도 위기 해소에 어느 정도 기여했다는 사실이다. 케네디는 쿠바 미사일 위기 내내 쿠바에 대한 외과수술식 공습 방안에 매력을 느꼈다. 그런 케네디의 충동을 제어한 요인 중 하나가 바로 베를린 강박증이다. 쿠바 공격이 베를린에 대한 보복 공격을 초래할 것을 우려한 것이다. 역사는 항상 이렇게 아이러니한 방식으로 전개된다. 미국 역사상 '미치광이 전술'을 가장 좋아하는 도널드 트럼프의 시대에 한반도가 평화 체제의 입구로 들어섰듯이 말이다.

케네디의 베를린 대전략 가설은 한편으로는 알 수 없는 상대방에 대한 공포심에서, 다른 한편으로는 거시적이고 일관된 논리틀로 모든 사건을 설명하려는 미국 합리주의자의 경향에서 비롯되었다. 케네디는 흐루쇼프가 항상 큰 틀의 일관되고 논리적인 전략에 따라 행동한다고 착각했다. 국가의 걸출한 정상들도 일반인처럼 공포와 편견, 모순적 욕망에 제약당한다는 걸 쉽게 간과한 것이다.

케네디와 비슷한 사고 구조를 가진 국방부 장관 로버트 맥나마라는 베트남 전쟁에서 또 다시 대전략 맹신주의를 드러냈다. 맥나마라는 호치민이 추구한 베트남 민족 해방은 중국 등 공산주의 진영이 추구한 대전략의 하위도구가 아니라는 점을 이해하지 못했다. 베트남과 중국의 오랜 적대의 역사를 아는 이라면 쉽게 파악할 수 있는 논리의 허점을 미국은 너무나 늦게 깨달았다. 케네디가 흐루쇼프와 카스트로에 대해 범한 오류처럼 맥나마라는 베트남인들의 혁명적 열정과 민족주의를 이해하지 못하다가 결국 전쟁에서 패배하고 나서야 깨달았다. 이런 미국 최고의 엘리트들을 저명한 저널리스트인 데이비드 핼버스탬은 베트남 전쟁을 망친 "최고의 인재들The Best and the Brightest"이라고 냉소적으로 불렀다.

베를린 대전략 가설에서도 드러났지만 케네디와 같은 리버럴 엘리트는 합리적 사고와 이를 근거로 한 설득의 힘을 과대평가하는 경향이 있다. 상원의원 시절 케네디는 쿠바 혁명 직후 카스트로의 선의와 민족주의적 열정을 믿었고, 합리적 대화와 지원으로 카스트로를 위험하지 않은 민족주의 지도자로 만들 수 있다고 생각했다. 케네디 상원의원은 이런 순진한 정세관에 입각해서 카스트로를 무조건 의심하고 공격하는 보수파를 맹비난했다. 케네디가 카스트로의 선의와 자신의 설득력을 믿는 동안 카스트로는 쿠바를 비밀리에 소련의 전초기지로 차근차근 변화시키고 있었다.

케네디는 대통령이 된 후에도 순진한 합리주의자의 기질에서 완전히 벗어나지 못했다. 오스트리아 빈에서 이루어진 흐루쇼프와의 첫 만남에서도 하버드 대학교에서 배운 합리적 논변으로 점진적 군축이 필요하다고 설득하려고 했다. 하지만 마초처럼 행동해서 약점을 감추려던 흐루쇼프의 도발에 케네디는 큰 충격에 빠졌다. 한 언론인에게 "흐루쇼프에게 흠씬 두들겨 맞았"다고 한탄을 할 정도였다. 이때의 트라우마로 케네디는 흐루쇼프의 음험한 전략을 발견하려는 데 더 집착했다. 이 책은 케네디가 보여준 마초주의에 대한 강박(베두인 전설)과 합리주의 전략틀(베를린 대전략 가설)이 어떻게 계속 오판을 불렀는지 추적한다.

흐루쇼프와 카스트로의 베두인 전설

오늘날 북한의 허장성세는 소련으로부터 배운 것이다. 케네디 행정부의 잘못된 정보에 근거한 과장된 공포와 달리 소련의 핵전력은 미국에 비해 크게 뒤졌다. 전략적 취약성을 두려워한 흐루쇼프 역시 베두인 전설의 신봉자가 되었다. 난폭한 힘과 비합리성이 난무하는 세상에서 생존해온 소련인들은 베두인 전설이 뼛속까지 각인된 사람들이기도 했다. 소련이 핵무기 경쟁에서 우위에 있다는 거짓말이나 미사일로 작은 파리까지 잡을 수 있다는 우스꽝스러운 허세는, 작은 틈만 보여도 미국에 의해 강간당할 것이라는 필사적인 위기감과 생존 본능에서 나왔다.

흐루쇼프의 베두인족 심리 구조는 아들과의 대화에서도 확인할 수 있다. ICBM(대륙간탄도미사일)을 "소시지처럼" 대량생산할 수 있다고 흐루쇼프가 호언장담하자 아들 세르게이는 "기껏해야 1~2기밖에 없는 상태에서 어떻게 그런 말씀을 하실 수" 있냐고 따지듯 물었다. 그러자 흐루쇼프는 이렇게 답했다.

"중요한 건 미국이 그렇게 믿게 하는 거야. 그런 식으로, 미국이 공격하는 상황을 막을 수 있어."[5]

결국 흐루쇼프의 위기감은 쿠바에 핵미사일을 배치하는 모험주의적 전술을 감행하게 했다. 미국의 도발(터키에 미사일 배치)에 대항하여 칠면조를 되찾아오면(쿠바에 미사일 배치) 이후 쿠바나 소련이 강간(미국의 침공)당하는 것을 예방할 수 있다고 믿은 것이다.

쿠바의 베두인 전설은 두 강대국과 달랐다. 상대를 핵으로 견제하면서 대서양과 태평양으로 분리된 미국과 소련에는 막연한 공포에 가까웠다면, 미국의 침공 위협을 수시로 받는 쿠바인들에게 베두인 전설은 수십 년간 일상에 깊게 뿌리내린 현실적 공포였다. 카스트로 형제는 미국 제국주의자들과의 오랜 투쟁 과정에서 무모해 보이는 벼랑 끝 노선만이 유일한 대안임을 경험으로 체득해왔다.

카스트로를 오랫동안 연구해온 제임스 블라이트 교수 등이 적절히 지적하듯이 카스트로는 단기적 위험이 따를지라도 전술적 대담함과 허세가 궁극적으로는 이익을 가져다준다고 믿었다. 리처드 닉슨 대통령의 '미치광이 전술'처럼, 카스트로는 미국에 전쟁의 대가를 알리기 위해 자신이 미국에 결코 굴복하지 않을 것이라는 광기를 보여주어야만 한다고 생각했다.[6] 이런 광기의 달인은 다름 아닌 돈키호테다. 실제로 카스트로는 자신과 같은 혁명가를 돈키호테에 비유했다.

"돈키호테의 광기와 혁명가의 광기는 비슷하다. 거인을 상대로 투쟁하는 그들의 정신은 비슷하다."[7]

하지만 돈키호테 숭배를 카스트로라는 괴팍한 리더의 개인적 특성으로만 간주하면 쿠바를 정확히 이해할 수 없다. 쿠바의 역사와 문화에 대한 이해가 필요하다. 쿠바 주재 영국 대사 허버트 마찬트는 쿠바인들에게는 "스페인 혈통이 옅어지고 있을지라도 아직 돈키호테 기질이 많다"고 지적했다.[8] 거대하고 공격적인 제국에 포위된 작은 섬나라의 절망에 빠진 시민들은 무모하지만 마지막까지 꿈을 버리지 않은 돈키호테에 자신을 투영할 수밖에 없다.

물론 돈키호테가 성이라고 믿은 건 주막이었고, 공주라고 믿은 건 하녀였다.[9] 하지만 돈키호테는 죽으면서도 끝까지 자주와 존엄을 지키고자 했다. 마찬가지로 쿠바인들이 유토피아로 향하는 길이라고 믿은 사회주의는 가난한 평등만 제공했다. 약속의 땅으로 데려다줄 불세출의 지도자 피델 카스트로는 시대착오자였다. 그럼에도 쿠바인들은 끝까지 자주와 존엄을 지키고자 분투해왔다. 카스트로 형제 정권이 미국 보수파의 헛된 희망에도 무너지지 않은 배경에는 자주와 존엄을 추구하는 쿠바인의 강렬한 의지가 있음을 알아야 한다.

물론 카스트로 개인의 종말론에 가까운 믿음과 벼랑 끝 전술은 자주와 존엄을 중시하는 쿠바인을 극단으로 내몰았다. 스탈린보다 더한 모험주의적 충동 때문에 쿠바에 핵미사일을 배치한 흐루쇼프마저 카스트로에게는 두 손을 들 정도였다. 실제로 카스트로는 쿠바 미사일 위기가 극도에 달한 상황에서 흐루쇼프에게 핵미사일 선제공격을 각오할 것을 주장하는 뉘앙스의 친서를 보내기도 했다.

> 미국이 국제법을 위반하고 실제로 쿠바 침공이라는 야만적이고 비도덕적인 행동을 실행에 옮긴다면 이런 해법이 아무리 강경하고 끔찍할지라도 다른 방법이 없기 때문에, 그때야말로 명백하게 합법적인 방어 조치를 통해 이런 위험을 영원히 제거할 기회입니다.[10]

제3차 세계대전을 암시하는 친서 내용의 극단성과 무책임성에 충격을 받은 흐루쇼프는 아이러니하게도 카스트로의 의도와는 정반대로 케네디와의 타협을 서둘렀다. 나중에 카스트로는 쿠바 미사일 위기를 돌아보는 아바나 회의에서 선제공격을 진심으로 주장한 것이 아니라 흐루쇼프에게 미국과 맞설 투쟁심을 심어주려고 했다고 변명했다.[11]

이 교묘한 자기방어는 카스트로 특유의 수정주의적 해석일 가능성이 높다. 카스트로는 실제로 미국의 침공이 임박했고 제3차 세계대전도 불가피하다고 믿었다. 이미 전세가 기운 1980년대 초에도 소련에 핵미사일 선제공격을 제안한 적이 있었다. 당시 소련 지도부는 이 어처구니없는 제안에 놀라 그럴 경우 쿠바섬에 재앙이 초래될 것이라며 '설득'했다.[12] 1983년 호전적인 로널드 레이건 대통령이 국제법을 어기고 그레나다를 침공했을 때에도 카스트로는 그레나다에 주둔한 쿠바군에 가미카제 특공대처럼 싸우다 죽으라고 명령했다.[13]

이런 일화는 같은 베두인 전설을 공유하더라도 그 강도와 방식에서 강대국인 미국·소련과, 약소국 쿠바 간의 차이를 보여준다. 베두인 전설 구사의 강도와 질은 달랐지만 상호 간에 문제를 부단히 악화시키는 방식으로 부정적 영향을 주었다는 점은 같다.

아이러니하게도 앞서 케네디 테이프에서 보았듯이 케네디가 그토록 경악한 흐루쇼프의 미사일 배치 아이디어는 다름 아닌 미국이 터키에 미사일을 배치한 사례에서 나왔다는 사실이다. 케네디가 무심결에 인정했듯이 소련 앞마당인 터키에 미사일을 배치한 것은 흐루쇼프를 심리적으로 매우 괴롭혔고, 결국 쿠바 미사일 배치로 이어졌다.

사실 지금 시점에서 놓치기 쉬운 당시 맥락은 흐루쇼프와 카스트로가 느낀 침략에 대한 공포가 그리 과장된 것만은 아니었다는 점이다. 케네디는 집권하자마자 쿠바 침공작전을 승인했다. 1962년 봄과 여름에 카리브해에서 이루어진 미군의 해상 기동훈련은 평시 수준을 넘어섰으며, 카스트로 참수작전을 전제로 진행되었다. 오죽했으면 훈련을 주도했던 국방부 장관 맥나마라가 훗날 "내가 쿠바 지도자였더라도 미국이 침략할 것으로 예상했을 수 있다"고 고백했을 정도였다.[14]

쿠바 침공 유혹에 부단히 시달린 케네디는 이후 쿠바에 소련이 배치한 탄도미사일이 어떤 점에서는 침공을 주저하게 만들었다는 점에서 상당한 억지력이 됐다는 사실을 인정했다.[15] 하지만 흐루쇼프와 카스트로는 임박한 미국의 공격으로부터 자신을 지키기 위한 행위가, 오히려 미국의 공세를 강화하는 데 쓰일 수도 있다는 사실을 간과했다. 상대방의 위협에 대응하기 위한 군비 증강이 안보에 더 위협이 되었다는 의미에서 전형적인 안보 딜레마였다.

물론 카스트로는 미국을 핑계로 반대파를 숙청해 국내정치 기반을 공고히했다. 쿠바 미사일 위기 전부터 쿠바의 모험주의적 행동은, 미국의 매파를 자극하거나 입지를 강화하기 위한 기획처럼 보였다. 예컨대 카스트로는 쿠바 혁명에 대한 미국의 적대성을 핑계로 마르크스-레닌주의자임을 공개적으로 선언하고 공산주의 진영의 연대와 혁명 수출을 강화해 미국을 자극했다.[16] 최근 비밀 해제된 자료에 따르면 애초에 케네디는 물론이고 미국 CIA도 카스트로의 혁명에 상당한 호감을 가졌지만 카스트로의 군사주의적 행동을 보면서 유화 노선을 포기했다.[17] 자신의 군사모험주의를 젊은 시절의 낭만이었다며 반성하던 쿠바의 돈키호테는 이제 세상에 없다. 충실한 산초인 줄 알았던 동생 라울은 놀랍게도 형과 달리 돈키호테 노선을 포기하고 오늘날 오바마와 국교정상화를 이루었다.

흥미롭게도 카스트로의 모험주의적 행위에 깔린 의도 중에는 쿠바를 방어하려는 목적도 있었다. 카스트로는 혁명을 수출하는 행위가 남미 전역에서 소요를 일으키고 미국의 발을 묶어 궁극적으로 쿠바 안보에 기여할 것이라는 어처구니없는 계산 착오를 범했다.[18] 베두인 전설에 비유하자면 적대적인 부족에게 칠면조를 빼앗기기 전에 아예 다른 부족들을 선동하여 소요를 일으키면 자기 부족의 칠면조는 안전하다는 논리다. 하지만 카스트로의 군사모험주의는 미국 내에서 쿠바 정권 교체를 주장하는 사람들에게 강력한 논리를 제공했을 뿐 아니라, 그나마 쿠바 민족주의에 호감을 가졌던 멕시코와 브라질 등 일부 남미 국가마저 오히려 쿠바에 등을 돌린 계기가 됐다.[19]

쿠바의 철없는 행동이 못마땅하기는 공산주의 종주국인 소련도 마찬가지였다. 1961년 12월 1일 미국과의 평화적 공존을 통해 소련의 경제 발전에 주력하고 싶었던 흐루쇼프는 공개적으로 공산주의 국가를 선언하고 혁명 수출을 기도하는 카스트로의 행위가 오히려 미국의 침략을 용이하게 할 것이라고 지적했다.[20]

여기서 미스터리는 이런 예지력을 가지고 쿠바의 행동에 제동을 걸었던 흐루쇼프가 오히려 미사일 배치로 쿠바를 결정적 위기의 나락에 빠뜨렸다는 사실이다. 이 단순한 모순만 보더라도 리더를 합리적 행위자로 보고 국가의 결정을 예측하고 분석하는 정치학자나 전략가의 경향이 복잡한 현실과 괴리될 때가 많다는 점을 알 수 있다.

지금까지 케네디가 주로 베를린 방어에 집착했고, 흐루쇼프의 인지틀은 쿠바에 대한 케네디의 공세적 행동에 대한 공포였음을 지적했다. 또한 케네디·흐루쇼프·카스트로의 베두인 전설 프레임이 역설적으로 각자의 위기의식을 강화시켰다고 지적했다. 물론 흐루쇼프의 미사일 배치 동기가 전적으로 쿠바 방어를 위해서였다고 주장하는 것은 아니다. 당시 백악관 회의에서도 자주 지적됐고, 앨리슨도 소련의 동기로 지적했듯이 소련은 미사일 전력 균형을 회복하는 걸 노렸다. 장거리 미사일 개발에 어려움을 겪은 소련은 쿠바에 중거리 미사일을 배치하면 미국에 대한 미사일 전력 열세를 어느 정도 만회할 수 있었다.

하지만 정확하게 이해해야 할 점은 미소 간 미사일 전력 균형 회복은 베를린 탈취를 고려한 2단계 전략이라기보다는 미국의 침공으로부터 쿠바를 방어하고, 나아가 미국의 전 지구적 공세에 대항해 전략적 균형을 맞추기 위한 것이었다는 사실이다.

쿠바 미사일 위기에 대한 해석에서 일부 미국 학자는 소련의 미사일 배치 동기가 쿠바 방어냐, 아니면 미사일 전력 균형 회복이냐를 놓고 논쟁을 벌였다.[21] 필자가 보기에 이 두 가지는 흐루쇼프의 입장에서는 별개 이슈가 아니라 뒤섞인 것이다. 미국 학자들은 쿠바 방어 가설은 흐루쇼프의 순수한 혁명적 대의에 대한 헌신을 보여주고, 미사일 전력 균형은 흐루쇼프의 권력을 강화하기 위한 현실주의적 사고로 보는 경향이 있다. 필자는 이 두 가지를 구분할 수 있을지에 대해 회의적이다. 흐루쇼프 입장에 쿠바를 잃는 것은 낭만적 혁명의 꿈의 상실이자 공산주의 헤게모니 회복 기도의 실패이기도 하기 때문이다. 공격용 미사일 배치 사실을 미국에 들켰다고 보고받은 흐루쇼프는 충격에 빠져 이렇게 중얼거렸다.

"끝났어. 레닌의 업적이 물거품이 됐어."[22]

베두인 전설과 베를린 대전략 가설을 중심으로 위기를 재구성하려는 접근은 쿠바 미사일 위기 해석의 교본인 『결정의 본질』의 저자 그레이엄 앨리슨을 비롯한 미국 주류의 이론과 궤를 달리한다. 1장에서 보다 자세히 살펴보겠지만 앨리슨은 베두인 전설에 대한 케네디의 강박 및 쿠바와 베를린을 자신의 관념 속에서 잘못 연결한 케네디의 전략적 사고를 그대로 수용한다. 쿠바 미사일 위기 50주년에 해당하는 2012년 발표한 글에서는 이란과 북한, 나아가 중국에 베두인 전설을 적용하자는 제안까지 했다. 미국이 작은 이슈에서 유약하게 보이지 않아야 세 국가와의 위기를 해결할 수 있다고 주장하는 것이다.

앨리슨과 같은 미국 주류 전문가는 실패의 역사를 그토록 반복하고서도 오늘날 상대방의 공포와 허세가 역사적·심리적으로 어떻게 형성됐는지에는 관심이 없다. 필자는 베두인 전설과 베를린 대전략 가설을 통해 오늘날 한반도 게임에서도 나타났고 앞으로도 등장할 제2, 제3의 베두인 전설과 그레이엄 앨리슨 같은 주류 학자를 비판적 각도에서 살펴보는 계기를 제공하고자 한다.

명칭의 정치학

먼저 분명히 하고 싶은 것은, 이 책은 쿠바 미사일 위기에 대한 책이 아니라는 점이다. 무슨 말장난이냐고 하겠지만, '쿠바 미사일 위기'라는 명칭은 쿠바에 배치된 핵미사일이 위기의 본질임을 시사한다. 백악관의 케네디 테이프 내용이 암시하듯이 미국이 터키에 배치한 미사일이 '쿠바 미사일 위기'를 발생시킨 것이라면 이 사건을 뭐라고 불러야 할까?

지난 2000년 쿠바 미사일 위기를 다룬 영화 〈Thirteen Days〉가 나왔다. 국내에서는 〈D-13〉이라는 제목으로 개봉된 이 영화는 케빈 코스트너가 맡은 인물인 대통령 특별보좌관 케네스 오도넬의 시선으로 사건을 조명한다. 감독이 오도넬의 시선을 택한 것은 매우 치밀한 계산의 결과로 보인다. 감독은 영화 도입부에서 아들의 성적표에 집착하는 평범한 백인 중산층 가장인 오도넬의 시선을 통해 케네디를 바라보면서 관객이 케네디를 보통사람의 영웅으로 자연히 받아들이도록 만든다. 하지만 영화 어디에도 위기의 중요한 상대역인 소련과 쿠바의 시선이 보이지 않는다. 미사일 배치라는 도발적이고 음흉한 계략을 꾸미는 어두운 상대방으로 대상화될 뿐 소련인과 쿠바인의 불안, 고뇌, 욕망은 등장할 여지가 없다. 정작 소련과 쿠바가 도발하도록 자극한 건 애초에 터키에 미사일 배치를 추진한 아이젠하워와 이를 마무리한 케네디인데 말이다.

영화의 스토리가 시작되는 시점도 왜곡된 인상을 심어주기는 마찬가지다. 1962년 10월 15일 미국 U-2 정찰기가 쿠바섬을 정찰하다가 미사일을 발견하는 것으로 이야기를 시작하기 때문이다. 이런 시점 선택은 소련의 쿠바 미사일 배치가 위기의 주 요인이라는 결론을 무의식 중에 내리도록 유도한다.

좀 더 삐딱하게 "소련은 왜 미사일을 배치했나?" 파고 들어가면 문제가 그리 단순하지 않다는 사실을 발견하게 된다. 탐정의 자세로 문제의 과정을 역추적해가면 멀리는 1898년에 발발한 미국과 스페인 간의 제국주의 전쟁과 그 희생양인 쿠바라는 비극적 출발까지로도 거슬러 올라갈 수 있다. 보다 더 가깝게는 카스트로 정권 수립 초기 미국과 쿠바 간 상호 적대적 행위의 상승으로 연결된다. 하지만 영화에서는 위기의 주요한 행위자인 쿠바인들과 카스트로는 U-2 정찰기에서 내려다본 좌충우돌하는 '난쟁이 똥자루'로만 잠시 등장할 뿐이다.

이렇듯 위기의 시선·주체·시점에 대한 문제의식은 위기의 명칭에 대해 고민하게 만든다. 앞에서 독자들의 이해를 위해 널리 사용되는 '쿠바 미사일 위기'라는 명칭을 어쩔 수 없이 이용했다. 미국과 한국서에는 낯설지만 러시아에서는 '쿠바 미사일 위기'라는 표현 대신 '카리브해 위기'라 부르고, 쿠바에서는 '10월 위기'라고 한다. 필자는 이 위기가 최근 비밀 해제된 풍부한 자료가 말해주듯이 핵미사일 배치라는 사건을 너머 카리브해라는 공간을 둘러싼 미국·소련·쿠바 간의 오랜 적대적 관계가 초래한 위기가 본질이라는 점에서 '카리브해 위기'가 더 적절하다고 본다. 한국 독자들도 명칭에 대해 생각해봤으면 한다.

이런 명칭의 정치학은 필연적으로 두 가지 다른 서술 방식을 만들어낸다. 필자는 이 책에서 알렉산드르 푸르센코와 티모시 나프탈리, 마이클 돕스 등이 제시한 관점을 계승하여 위기의 전 과정을 미국·소련·쿠바의 상호작용의 관점에서 재구성했다. 또한 단지 13일간의 극적인 위기만을 다루지 않고 위기의 오랜 뿌리와 '쿠바 미사일 위기'가 해결된 후에도 오래 지속된 적대적 관계도 다루었다. 핵미사일 철수에도 불구하고 카리브해에는 봄이 오지 않았기 때문이다. 핵무기가 아니라 적대적 관계가 미국과 쿠바 간 관계의 본질이고, 핵무기는 그 결과다.

이 상호작용의 서술 방식은 다양한 이념적 고정관념에서 우리를 해방시킬 수 있다. 필자는 카리브해 위기의 책임을 소련과 쿠바의 군사모험주의 탓이라고 하는 우파의 시각에 동의하지 않는다. 미국의 제국주의적 지배 탓이라고 하는 촘스키 같은 좌파의 시각에도 동의하지 않는다. 애당초 쿠바 혁명 이후 미국과 쿠바는 이념적 대결을 벌일 운명이었다. 촘스키는 미국이 그저 카스트로를 내버려두면 평화 체제가 열렸을 거라고 믿는 걸까? 냉전 시대의 진실은 이 좌우 양축 사이에서 회색빛으로 존재한다.

이런 관점은 자연스럽게 북한의 영변 핵시설이 발견된 1994년 이후 본격적으로 전개된 한반도 위기에 대해서도 명칭의 정치학을 고민하게 한다. 뒤에서 자세히 밝히겠지만 필자는 '쿠바 미사일 위기'보다 '카리브해 위기'라는 표현을 선호하듯이, '북한 핵위기'보다 '한반도 위기'를 선호한다. '카리브해 위기'가 상호작용의 게임이듯이 한반도 위기도 마찬가지다. 영화 〈D-13〉이 미국과 소련의 대결로 카리브해 위기를 이해하게 만드는 것처럼 비슷한 역사 왜곡이 한반도에서도 흔히 발생했다. 카리브해 위기가 그저 강대국들이 벌인 체스게임이 아니듯이 '한반도 위기'도 미국과 중국 간의 그레이트게임이 아니다.

이 책은 카리브해 위기를 오늘날 한반도를 위한 교훈의 관점에서 재구성하고자 했다. 카리브해 위기를 다루지만 한반도에서 살아가는 필자의 시선이 자연스럽게 녹아있다. 이론적 틀을 다룬 1장을 제외하고 2·3·4장의 마지막에는 한반도 평화를 위한 교훈 21가지를 정리해놓았다.

카리브해 위기는 1962년에 끝나지 않고 오늘날까지 느리게 이어지기에 현재적 시점의 해석이 필요하다. 카리브해 위기가 오늘날 한반도 위기에서 아주 다양한 행위자에 의해 불린다는 점에서 오늘날을 위한 교훈은 중요한 집필 대상이 되어야 한다. 1962년 소련의 쿠바 미사일 철수에 충격을 받은 김일성은 강대국에 대한 배신감을 키우면서 자주 노선과 핵무기 개발에 박차를 가했다. 오늘날 '쿠바 미사일 위기'는 워싱턴 정가에서 북한을 언급할 때 자주 등장한다. 대북 해상봉쇄 방안은 카리브해 위기 해결 모델을 직접 이식한 것이다. 이 책은 한반도 위기 해결을 위한 초보적 교훈을 제시하지만, 앞으로의 연구자는 비교정치학적으로 보다 정교한 시도를 하리라 희망한다.

이 책의 구성

1장은 책 전체를 관통하는 이론적 프리즘, 즉 베두인 전설과 베를린 대전략 가설이라는 두 키워드를 중심으로 위기를 보는 '안경'을 제시한다. 그리고 케네디의 안경을 그대로 수용한 그레이엄 앨리슨 교수에 대한 비판과 그것의 현재적 의미를 살펴본다. 필자의 프리즘은 최근 국제관계에서 이익 계산만이 아니라 상호 간의 개념틀과 경험, 감정의 중요성을 부각시키는 구성주의와 인지심리학의 새로운 흐름에 기반을 두고 있다. 이론적 논쟁을 즐기지 않는 독자라면 2장으로 곧장 들어가도 큰 무리는 없을 것이다.

2장에서는 역사적으로 오래된 위기의 뿌리와 미국·소련·쿠바가 어떻게 상호 오인 혹은 정확한 판난이 얽힌 가운데 위기를 더 깊은 수렁으로 빠뜨렸는지를 추적한다.

3장에서는 쿠바 미사일이 발견된 시점인 10월 16일부터 10월 28일까지 13일간이라는 극적 기간 동안에 개념틀이 어떻게 작동했는지 정리한다.

케네디의 베를린 강박증에 입각한 공세, 흐루쇼프와 카스트로의 피포위 심리Seize Mentality에서 나온 반격이 충돌하면서 이 기간 내내 제3차 세계대전의 문턱을 수차례 넘나들었다. 특히 미사일 철수 결정 후 문제를 둘러싼 2차 위기는 한반도의 가까운 미래를 보여주는 듯하다.

4장에서는 13일간의 위기가 결코 카리브해 위기의 전부가 아님을 설명한다. 쿠바 미사일 위기는 종료됐지만 쿠바에 봄은 오지 않았다. 쿠바 미사일 위기 해결 후 수십 년간 왜 위기가 해소되지 않았는지를, 끈질긴 공방 과정을 정리한다. 그리고 모두가 지쳐서 인내심이 고갈된 시점에서 왜 유독 버락 오바마와 라울 카스트로는 이 고르디아스의 매듭을 단칼에 자를 수 있었는지를 설명한다. 북한 관련 위기 해결에 실패했던 오바마는 왜 쿠바에서는 성공할 수 있었는가? 이 점은 우리에게 시사하는 바가 크다. 트럼프의 등장으로 위기는 다시 새로운 국면을 맞이했기 때문이다.

'결론'에서는 수십 년간 뒤집히며 반복된 모래시계 같은 드라마와, 의외의 해결 과정 전체에서 핵심적인 교훈이 무엇인지를 종합적으로 정리한다. 또한 냉전 시절에 시대를 앞서갔던 미국의 케네디 형제와 쿠바 혁명의 아버지인 호세 마르티의 담대한 이상주의를 오늘날 한반도에서 부활시키고자 하는 제언을 소개한다.

미국과 쿠바, 그리고 남북한

냉전의 클라이맥스에서 발생한 1962년 카리브해 위기에서 탈냉전 시대인 2018년 현재를 위한 유용한 교훈을 얻을 수 있을지 의문이 들 수도 있다. 카리브해 위기 동안에는 미국과 소련 양 강대국 간의 살벌한 냉전게임이 주요 변수고 쿠바가 보조 변수였다. 반면 오늘날 한반도 위기에서는 탈냉전 시대의 남북한, 그리고 주변 4강이라는 더 복잡한 방정식으로 구성되어있다.

이 변수들이 작동하는 방식도 매우 다르다. 한국은 미국 대 소련·쿠바 간 방정식으로 이루어진 카리브해 위기에서 등장하지 않았던 사뭇 다른 매개 변수이자 중요 국가 행위자다. 한국은 쿠바와 인접한 플로리다 주의 쿠바이탈주민 여론이 외교 협상에 상당한 영향을 미친다는 식의 정치적 변수 차원을 훨씬 넘어선다. 한미동맹으로 결속되었으면서도 미국과는 전혀 다른 주권국가인 한국이 북한·중국과 인접했기 때문이다. 1962년 당시 미국과 극도로 긴장 상태를 이루던 냉전 시기의 소련과, 오늘날 긴장과 상호의존을 동시에 이어가는 탈냉전 시기의 중국은 적대의 수준과 성격에서 사뭇 다른 맥락에서의 행위자다. 당시 쿠바가 소련의 전초기지였다면, 오늘날 북한은 한반도가 미국의 전초기지가 되는 것을 막는 중국의 완충지대에 가깝다. 소련 붕괴 후 쿠바는 사실상 혼자서 살아남아야 했다면, 오늘날 북한은 이와 잇몸 관계인 중국이 지원해주고 있다는 점에서 카스트로 형제에게는 부러움의 대상이다.

다양한 맥락에도 불구하고 본질적으로 중요한 점은 미국 본토가 직접 위협 받은 예외적인 상황이 두 위기의 결정적 공통점이라는 사실이다. 1812년에 발발한 미영 전쟁 이래 처음으로 미국의 목에 들이대어진 칼, 그것도 핵탄두가 달린 무시무시한 칼날이라는 점에서 쿠바 미사일 배치는 미국인들에게 전율할 만한 사건이었다. 마찬가지로 오늘날 소위 '역사의 종말'의 시대에 태평양 건너 작고 가난한 은둔의 나라 북한이 ICBM을 완성하여 미국 본토를 겨눌 수 있으리라고 예상한 사람은 거의 없었다. 미국의 극우보수파인 네오콘의 사기극임이 드러난 이라크의 대량살상무기에 대한 주장과 달리, 북한의 핵무력은 미국·한국·일본에 치명적 위협이다.

미국 본토에 대한 결정적 위협이라는 구도 이외에도 미국과 북한 리더들이 가진 사고의 틀과 관련해서 카리브해 위기는 한반도 위기와 매우 유사하다. 카리브해 위기에서 미국·소련·쿠바의 리더는 모두 각자의 베두인 전설의 포로였다. 아울러 두 위기 모두에서 제재를 우선시하는 미국의 강압적 외교 노선이 주이며, 유화 노선이 약간 존재한다. 다른 한편으로 약소국 쿠바와 북한은 자기식 강압적 외교 노선인 벼랑 끝 전술을 구사해왔다. 이들이 베두인 전설의 마초게임에서 벗어나 단호하지만 선제적으로 올리브 가지를 내밀었을 때 역사는 조금이나마 진전했다. 실제로 쿠바의 라울이 그랬고, 북한의 김정은이 그러하다.

제1장

미국은 “불량국가”를 어떻게 바라보는가?

"우리의 모든 지식은 우리의 개념에 기원이 있다."

_ 레오나르도 다빈치

★

앞에서 베두인 전설이나 베를린 대전략 가설이 현실을 왜곡하고 오인을 유발하며 결국 위기를 악화시키는 사고의 틀이라고 지적했다. 이런 오인과 인지적 왜곡은 국제정치학계에서 오랫동안 다루어온 주제다. 최근 심리학에서도 합리적 이성으로서의 인간관에 대한 도전으로서 새로운 실험과 논의가 이루어지고 있다.

흔히 이론적 틀이라고 하면 학자나 관심을 가지는 고리타분한 주제라고 생각하기 쉽다. 하지만 정도의 차이가 있을 뿐 일반인들도 일상에서 렌즈라고도 할 수 있는 개념틀로 현상을 바라본다. 더 적절하고 기술적으로 업그레이드된 렌즈를 가지고 있을수록 현상이 더 명료하게 보인다.

이 장에서는 이론적 논의의 기본 배경으로서 국제정치학의 주류 시각이었던 현실주의이론을 외교정책결정론의 입장에서 비판한 그레이엄 앨리슨 하버드 대학교 교수의 도전을 소개한다. 이어서 앨리슨이 제시한 분석틀의 한계를 지적하면서 구성주의 국제관계이론과 인지심리학의 이론을 대안으로 제시하고자 한다. 이런 이론적 입장의 흐름에 기반을 두면서, 특히 로버트 저비스의 오인이론Misperception Theory과 슬라보예 지젝의 환상fantasy 개념을 결합해 분석틀을 구성하고자 한다.

그레이엄 앨리슨의 잘못된 질문

이 책을 집필한 핵심 동기는 카리브해 위기 당시 리더들의 전략적 선택과 판단 과정을 분석해서 한반도를 위한 시사점을 도출하는 것이다. 대개 현실주의이론은 이런 문제에 대해 명쾌한 가정을 가지고 있다. 단일한 행위자인 행정부가 국가이익을 위해 예상되는 비용과 이익을 합리적으로 계산해 효용을 극대화한다는 것이다. 이런 가정이 미국의 정치학계에서 가장 널리 사용되어온 '합리적 행위자 모델'이다.

'합리적 행위자 모델'은 자유주의적 외교정책론 등으로부터 격렬한 비판을 받았다. 그 핵심은 첫째, 행정부를 단일한 행위자로 볼 수 있는가 하는 점이다. 행정부는 당구공과 같은 응집된 물체로서 움직이는 존재가 아니라 다양한 세력과 이해관계의 네트워크와 같다. 따라서 국가이익이란 선험적으로 투명하게 존재하는 것이 아니라 네트워크의 중심인 대통령, 정부 부처 및 외부 시민사회와의 상호작용의 결과로서 구성된다. 이 과정에서 무엇이 국가이익이냐를 둘러싼 해석 투쟁이 벌어지게 된다. 국방부는 강압외교가 국가이익을 위한 것이라고 해석할 수 있고, 반대로 외교부에서는 부드러운 다자주의 외교가 궁극적으로 국가이익을 위한 것이라며 반발할 수도 있다.

둘째, 행정부가 합리적인 행위자인가 하는 가정에 대해서도 많은 비판이 제기되었다. 구성주의 국제관계이론에서는 관념과 문화, 정체성 등 가치 요소의 능동적 역할을 배제하면 국제관계에서 인간의 행위를 만족스럽게 설명하지 못한다고 지적한다. 인간은 합리성을 추구하지만 그 사회의 문화와 가치관 같은 제약에 의해 관습적 편견이 내재화된 채 현실을 구성한다고 보는 게 진실에 가깝다. 예컨대 수십 년간 미국을 지배해온 '명백한 운명Manifest destiny'이라는 미국 예외주의(미국이 다른 나라와는 다른 특별한 국가로, 자유 · 인권 · 민주주의 증진이라는 소명을 가졌다는 생각)나 세계 경찰로서의 책임은 때로는 합리적 계산의 눈길을 가리고 과도한 팽창의 동기로 작용했다.

지구적 경찰의 책임과 국가이익 사이에서 비틀거렸던 클린턴 행정부 기간은 그런 문제에 대한 고민과 딜레마의 시기였다. 당시 백악관 국가안보 담당자들은 애초에 보스니아를 지도에서 찾느라 한참을 헤맬 정도로 보스니아에 대해 잘 몰랐다. 석유 한 방울 나지 않는 보스니아와 코소보는 미국의 전략적 이익 계산만으로는 설명하기 힘든 곳이었다. 촘스키처럼 미국이 거대한 전략적 음모와 이익을 바탕으로 일관되게 움직인다고 믿는 음모론자는 당시 체계적 음모는커녕 매우 "주저하던 제국"이었던 클린턴 행정부의 혼돈과 고뇌를 이해하기가 어려웠다.

라나 와일리 캐나다 맥마스터 대학교 교수는 구성주의 관점에서 미국과 캐나다의 쿠바에 대한 노선 차이를 설명했다. 관념을 중시한 이 접근법에 따르면 미국의 뿌리 깊은 예외주의적 관념 대 캐나다의 유화 노선과 자주적 관념이 결국 쿠바를 상대로 고립 대 관여라는 대조적 노선을 만들어냈다.[1] 미국이 제3세계 국가에 대해 강하게 압박하고 먼저 양보하도록 강요하는 이유는 예외주의적 관념의 오만함이 미국 정계 전반에 깔려있기 때문이다.

국가이익에 기초한 단일한 행위자라는 현실주의이론의 한계에 대한 반격에서 특히 주목할 것은 쿠바 미사일 위기 사례에 근거한 그레이엄 앨리슨의 이론적 기여다. 1971년 『결정의 본질』이라는 책을 쓴 앨리슨은 근 30년 뒤인 1999년 필립 젤리코와 함께 미국과 소련의 비밀 해제된 문서들에 대한 연구를 추가적으로 활용해 완성도 높은 개정판을 냈고, 국내에도 2018년 9월에 출간됐다. 앨리슨은 이 책에서 쿠바 미사일 위기 사례를 분석하며 세 가지 퍼즐을 제시했다. 소련은 왜 쿠바에 공격용 미사일을 배치했나? 미국은 왜 해상봉쇄를 선택했나? 소련은 왜 굴복하고 미사일을 철수했나? 앨리슨은 이런 핵심 질문에 답할 수 있는 분석틀로 '합리적 행위자 모델'의 한계를 보완하는 '조직행태 모델'과 '정부정치 모델'을 제시했다.

합리적 행위자 모델이 국가를 개인처럼 의인화한 것과 달리, 조직행태 모델은 행동의 주체로 조직을 설정했다. 정부는 여러 전문화된 부처로 구성된다. 정부 부처가 복잡한 업무를 수행하려면 일종의 '매뉴얼'인 표준운영절차가 필요하다. 특정 시점에서 사건이 발생하면 정부는 사전에 준비된 표준운영절차에 따라 움직인다. 앨리슨은 이런 모델에 기초해 소련과 미국의 행동을 설명했다. 예컨대 소련이 그토록 중요하고 이후 쿠바 미사일 위기의 진행 방향을 근본적으로 바꿀 수도 있는 미사일 위장에 실패한 이유에 대해 쿠바 현지에 파견된 부대에 '위장'이라는 표준운영절차가 없었다는 점으로 설명한다.[2] 미사일 기지 건설을 맡은 한 부대 조직의 표준운영절차가 쿠바 미사일 위기의 전체 지형에 중요한 차이를 낳은 것이다. 반면 미국은 쿠바를 염두에 두고 만들지는 않았지만 정보기관이 개발한 표준운영절차로 늦게나마 미사일을 발견해 미국 주도의 위기 해결이라는 결정적 전기를 만들어냈다.[3]

정부정치 모델에 따른 국가의 의사결정이란 조직행태 모델에서 말하는 것처럼 조직의 표준운영절차에 따른 산출물이 아니다.[4] 다양한 이해관계와 권한을 가진 정부 부처의 장이 국가이익, 조직이익, 개인이익에 따라 서로 타협하고, 갈등하고, 때로는 혼란을 일으킨 정치적 결과물이다. 앨리슨은 이를 한 작품을 만들기 위해 다양한 재료가 혼합되는 콜라주 기법에 적절히 비유했다.[5]

정부정치 모델의 관점으로 카리브해 위기를 보면서 주목할 부분은 케네디와 흐루쇼프 등을 둘러싼 인물이 정치적으로 타협하고 경쟁하는 내용이다. 앨리슨은 흐루쇼프가 의존한 주변 인물의 정보의 질과 분석력에 강한 회의감을 표시했다. 흐루쇼프의 보좌관 중 미국 문제에 가장 정통한 사람은 쿠바에 미사일이 배치됐다는 사실도 몰랐다고 한다. 한편 미국 측은 쿠바 정찰과 침공을 주장한 존 매콘 CIA 국장을 비롯한 매파와, 봉쇄 등 상대적으로 온건한 입장에 기운 맥조지 번디 국가안보보좌관 등의 정치 투쟁이 주요한 갈등 구조를 이루었다.[6]

앨리슨은 자신이 제시한 퍼즐에 대한 이 세 가지 이론적 모델의 대답이 저마다 다른 이유로 "각 모델이 문제를 인식하고, 퍼즐을 형성하고, 개괄적인 질문을 제시하고, 답을 찾기 위해 증거를 뒤지는 방식의 차이"를 든다.[7] 또한 한 가지 모델만 동원하면 이론적 힘은 강화되지만 복잡한 현실에 대한 풍부한 설명력은 저하되므로 유감스럽지만 "부분적으로는 겹치고 서로 경쟁하기도 하는 여러 개념 모델을 동원해야 외교 문제를 제대로 이해할 수 있다"라고 결론 내린다.[8]

앨리슨의 세 모델은 선구적인 이론이라는 찬사를 받았지만 대통령의 주도적 역할을 지나치게 경시했다는 비판도 받았다.[9] 조직의 표준운영절차나 대통령의 귀를 장악하기 위한 조직 간 정치 투쟁을 강조하는 모델에서는 대통령 스스로 위기에서 주도적 역할을 할 공간이 별로 없을 수밖에 없다. 그래서 스티븐 크래스너 같은 학자는 앨리슨 모델이 위기에서 대통령의 책임을 면제시키는 비민주적인 규범적 함의를 가진다고 강하게 비판했다.[10] 다음 장에서 구체적으로 설명하겠지만 정부정치 모델과 달리 쿠바 미사일 위기에서 흐루쇼프나 케네디의 역할은 결정적이었다.

특히 흐루쇼프나 카스트로의 경우 전체주의적 사회의 특성상 주요 의사결정 과정에서 당사자의 과거 경험, 가치관, 판단이 큰 영향을 미쳤다. 최근 비밀 해제된 소련 문서를 분석해보면 쿠바에 미사일을 배치하는 문제나 소련 선박이 봉쇄선을 돌파하지 않는 것, 비밀특사 교환 등과 같은 위기의 해법에 합의한 것 등 위기의 절정에서 가장 중요했던 의사결정은 거의 전적으로 흐루쇼프 나름대로의 가치가 개입된 판단이었다. 애초에 쿠바 미사일 배치 구상은 과거 훨씬 더 패권적인 외교 노선을 추구했던 스탈린조차 생각하기 힘들었을 결정이다.

스탈린은 미국의 앞마당이라 할 수 있는 쿠바 등 남미 국가에 대해서는 미국의 관할권을 현실적으로 용인하는 정책을 취했다. 소련에서 쿠바에 미사일을 배치하는 아이디어를 강력히 지지하는 정치 세력을 찾기는 어렵다. 흐루쇼프의 최측근인 아나스타스 미코얀도 미사일 배치 사실이 들킬 경우의 역풍을 우려해 강력히 반대했다. 하지만 흐루쇼프는 미사일 배치를 강행했다. 이처럼 정부정치 모델의 설명력은 주요 쟁점에서 취약하다는 비판이 가능하다.

의사결정 시스템이 전체주의적인 소련과 달리 미국에서는 정부 부처의 정치적 투쟁이 보다 중요한 고려 사항이었다. 그럼에도 불구하고 케네디는 각 부처의 입장 차이를 단순히 조정했다기보다는 오히려 자신의 특정한 판단으로 각 조직의 합의를 능동적으로 주도한 리더십 스타일을 고수했다. 쿠바 미사일 위기 동안 케네디는 가급적 위험 부담이 큰 선제공격 대신, 낮은 수위의 강압 정책과 온건한 해법을 결합했다. 백악관 회의에서 공습이나 봉쇄 같은 강경책과 온건책 사이에서 입장을 자주 바꿨지만, 물밑에서는 항상 비밀특사 접촉 같은 외교적 해법을 최대한 모색했다. 이런 관점에서 보면, 역사적 가정이기는 하지만 해상봉쇄 상황에서 흐루쇼프가 물러서지 않았다면 일각에서 예상하듯이 곧바로 전쟁으로 이어지는 것이 아니라 미국이 봉쇄 조치의 수위를 한 단계 더 높였을 것이라는 가정이 더 설득력이 있다.

앨리슨이 대통령의 주도적 역할을 보다 더 이론화하더라도 이론적 적실성 면에서는 분명히 한계가 있다. 비록 현실주의의 단일한 국가행위자 가설보다는 진전이 있지만, 쿠바 위기와 베를린 문제를 연관 지은 미국 주요 정책결정자들의 관념이 현실을 구성해간 과정에 대해서는 의문을 품고 파고들지 않았기 때문이다. 쿠바 미사일 위기에 대한 앨리슨의 핵심 질문 자체에서 그런 점이 드러난다. 제대로 된 질문에서 제대로 된 답이 나올 수 있다. 앨리슨의 가장 중요한 첫 질문은 "소련은 왜 쿠바에 공격용 미사일을 배치했는가?"였다.

하지만 더 정확한 질문은 "소련이 왜 쿠바에 공격용 미사일을 배치했다고 케네디는 파악했는가?"다. 또한 흐루쇼프는 케네디를 어떻게 생각했기에 쿠바에 미사일을 배치했는지 물어야 한다. 아울러 쿠바의 카스트로는 케네디에 대해 어떠한 인식틀을 가지고 있었는지, 소련의 미사일 배치에 대해 어떠한 관점을 가지고 있었는지를 물어야 한다. 두 번째 질문은 "세 지도자의 관념이 어떻게 현실을 구성했는가?"다.

이런 변형된 질문들은 앨리슨의 질문과는 또 다른 문제 해석을 낳는다. 즉, 쿠바 미사일 위기 과정에서 세 지도자의 인식틀을 그냥 수용하기보다는 실제 현실과 대조해봄으로써 인식틀이 현실을 새롭게 구성해간 과정을 보다 풍부하게 들여다볼 수 있기 때문이다.

흐루쇼프의 모순된 욕망

앨리슨이 인지틀의 구성적 역할에 대해 무관심하거나 부정확하게 인식한다는 사실은 케네디의 동기에 대한 해석에서 드러난다. 앨리슨은 케네디의 피그스만 침공 실패 사건과 1961년 빈 정상회담을 계기로 흐루쇼프가 케네디를 깔봤다고 지적한다. 또한 쿠바 미사일 배치가 케네디에 대한 개인적 도전이었다고 규정하면서, 만약 케네디가 용기가 없다고 판단했다면 흐루쇼프는 다음 대결장인 베를린 문제로 나아갔을 것이라고 해석했다.[11]

쿠바 미사일 위기 당시 베를린 사절이었던 W. R. 스마이서의 케네디와 베를린 장벽에 관한 연구서도 피그스만 침공 실패가 흐루쇼프에게 베를린 공세를 위한 결정적 용기를 줬다고 주장했다. 이런 해석은 미국의 주류 안

보전문가와 지식인 사이에서 상식처럼 통용된다.[12]

앨리슨 등 미국 주류 학계의 해석은 케네디 및 당시 소련 관련 전문가들의 주관적 인지틀을 의심하지 않고 그대로 수용했다는 점에서 문제가 있다. 빈 회담에서 흐루쇼프가 강경하게 나온 것은 케네디를 깔봤기 때문이 아니라, 오히려 케네디의 강경한 행보에 강한 불안감을 느꼈기에 해본 특유의 허장성세였다. 마이클 돕스는 최근 비밀 해제된 자료에 근거해 피그스만 침공의 실패 후 케네디가 2차 침공을 시도하는 건 시간문제라고 흐루쇼프가 판단했다고 지적한다.

흐루쇼프에게는 그런 생각을 하게 만든 정보가 존재했다. 1962년 1월 〈프라우다〉지 편집장 자격으로 백악관에서 케네디와 인터뷰를 한 흐루쇼프의 사위는, 1956년 헝가리에서 벌어진 소요 사태에서 소련이 취한 행동을 미국이 배울 필요가 있다는 케네디의 말에 충격을 받았다. 미국이 소련처럼 무력으로 쿠바를 침공하겠다는 선언으로 이해한 것이다.[13]

베를린 문제에 대한 케네디의 우려는 케네디의 주관적 인식틀이었을 뿐 쿠바 미사일 위기 자체에 대한 흐루쇼프의 인식틀은 아니었다. 흐루쇼프는 케네디팀의 해석과 달리 애당초 쿠바 미사일 위기와 베를린을 연관지어서 전 지구적 전략 차원의 문제로 이해하지는 않았다. 합리적 사고가 몸에 밴 미국 측 입장에서 적국이 전 지구적 차원에서의 일관된 전략 구도를 가지고 있다고 이해하는 것은 당연하다. 따라서 소련 관련 전문가인 루엘린 톰슨 소련 주재 대사는 흐루쇼프의 '이중성'을 지적했다.[14]

미국의 소련 전문가들이 그렇게 생각하는 것은 한편으로는 일리가 있다. 과거 전 지구적 차원에서 전략적으로 행동한 스탈린의 태도가 소련의 행동을 판단하는 기준이 되었기 때문이다. 예컨대 한국전쟁에서 스탈린이 미국의 개입을 방관한 이유는 한반도에 미국의 발을 묶어 유럽에서 공세를 취하려는 전 지구적 전략을 가지고 있었기 때문이다.[15]

하지만 흐루쇼프는 스탈린보다 훨씬 모순적이고 머릿속이 복잡했다. 미국의 소련 관련 전문가들이 이해하지 못한 것은 흐루쇼프의 머릿속에는 스스로도 정리하지 못한 두 가지 모순된 전략 혹은 욕망이 공존했다는 사실이다. 하나는 미국과의 평화적 공존을 통한 경제력의 획기적 발전이고, 다른 하나는 쿠바 등 제3세계에서의 혁명 운동을 획기적으로 성장시키기 위한 지원이었다.

흐루쇼프가 결코 놓치고 싶어하지 않았던 이 두 목표는 서로 상충되었다. 미국과의 평화적 공존은 제3세계에서의 혁명 지원을 막았고, 혁명 지원은 평화적 공존 구도가 깨진다는 것을 의미했다. 흐루쇼프가 이런 모순을 보인 이유는, 그의 머릿속에서는 현실론에서 다소 논리적으로 도출된 평화적 공존 구도와 혁명가로서의 이상에서 도출된 혁명 확산의 욕망이 공존했기 때문이다.

흐루쇼프에게 베를린은 기본적으로 미국과의 향후 평화적 공존의 틀을 만드는 데 마지막 걸림돌이었다. 반면에 쿠바 문제는 이 이중성의 한 측면인 혁명적 낭만과 제3세계 지원이라는 성격을 가졌다. 서로 충돌하는 이 두 목표가 흐루쇼프의 머릿속에서는 별 문제 없이 공존했다. 흐루쇼프는 두 목표를 뒤섞고 싶어하지 않았다. 보다 현실주의자인 스탈린이 감히 건드리지 못한 미국의 앞마당 쿠바를 흐루쇼프가 건드린 것도 이런 맥락에서 이해할 수 있다.

쿠바 미사일 위기 초반부터 해결 과정의 마지막 단계까지 흐루쇼프가 단 한 번도 이 쿠바 문제를 베를린과 연결하지 않은 것은 평화적 공존에 대한 강한 신념 때문이있다. 백악관은 사신들의 예상과 달리 미국의 해상봉쇄 조치에 흐루쇼프가 베를린에서의 압박으로 대응하지 않는 걸 보면서 자신들의 인지틀을 의심해야 했다. 물론 동서독 국경에서의 통상적 사고, 서베를린으로 가는 연합국 호송대의 이동에 대한 논쟁, 동독에 주둔한 소련군에 비상대기 태세 강화 명령이 있었다. 하지만 미국이 예상한 베를린 압박 조치로 이어지지는 않았다.[16]

케네디팀과 케네디의 인식틀을 그대로 수용한 앨리슨이 계속 베를린과 쿠바를 연관지은 데는 또 다른 이유가 있었다. 흐루쇼프는 1956년 영국과 프랑스의 이집트 침공을 명분으로 헝가리를 침공했다.[17] 직접적으로는 평소 흐루쇼프가 베를린 문제에 강하게 보인 집착이 이 연결의 근거다. 흐루쇼프는 이런 말을 즐겨 한 것으로 유명하다.

"베를린은 서방의 고환이지. 고함치게 만들고 싶을 때마다 베를린을 쥐어짜면 돼."[18]

1962년 9월 스튜어트 우달 미국 내무부 장관과 흐루쇼프가 만났다. 이 자리에서 흐루쇼프는 다가올 11월 6일 미국 중간선거 이후 동독과의 평화협정을 수용하거나 전쟁을 선택하라고 압박했다.[19] 흐루쇼프의 이런 행동을 줄곧 연구해온 소련통인 루엘린 톰슨 대사에게는 퍼즐이 하나 있었다. 톰슨은 1961년 6월 빈 회의에서 열린 정상회담에서부터 그 이후인 1962년 10월 안드레이 그로미코 소련 외무부 장관의 방미에 이르기까지, 흐루쇼프가 "왜 그토록 무모한 일, 즉 베를린 문제에 자신의 위신을 걸고 덤벼드는지" 이해하기 어려웠다. 톰슨의 의문을 풀어준 것은 1962년 10월 쿠바에서 느닷없이 발견된 미사일이었다. 톰슨은 이렇게 분석했다.

"흐루쇼프는 바보가 아닙니다. 왜 베를린 문제를 선거 이후로 미루자고 했는지 이해하지 못했는데, 이제 알겠습니다. 바로 쿠바와 관련이 있는 겁니다."[20]

나중에 베를린 문제로 케네디와 대결하면 적절히 구사할 수 있는 위협카드로 혹은 맞바꾸는 용도로 사용하려고 했다는 것이다. 앨리슨도 비슷한 추정에 근거해 다음과 같이 쿠바와 베를린을 연결시켰다.

도브리닌 (주미 소련) 대사는 1962년 봄을 회고하면서 "독일과 서베를린 문제가 다른 모든 이슈를 가렸다"고 했다. 그 전해인 1961년 9월 베를린 장벽이 세워진 이후 흐루쇼프는 케네디와 비밀채널을 만들어 소련 내 누구와도 상의할 수 없는 문제에 관해 친서로 의견을 교환했다. 쿠바 미사일이 발견되기 전에 마지막으로 보낸 친서에서 흐루쇼프는 11월까지 베를린 문제를 해결하겠다는 의지를 재확인했다. 쿠바 미사일 위기가 터진 뒤 흐루쇼프는 이 문제를 더 이상 제기하지 않았다.[21]

톰슨이나 앨리슨의 퍼즐은 흐루쇼프의 집착에 대한 공감대가 아니라 미국인의 협소한 시선에서 문제를 바라보기 때문에 발생했다. 흐루쇼프에게 베를린은 미국과의 평화적 공존 구도를 정착시키는 과정에서 마지막 장애물이었다. 동독의 한가운데 위치한, 연합국이 점령한 서베를린을 통해 공산주의에 반대하는 사람이 많이 빠져나갔기 때문이다. 서베를린은 동독 내부로부터 공산주의를 무너뜨릴 수 있는 트로이의 목마였다.

소련은 스탈린 시절부터 베를린 문제에 집착해왔다. 하지만 1948년 스탈린의 베를린 봉쇄에 대해 단호하게 맞선 해리 트루먼 행정부의 유명한 공수 작전으로 소련은 물러설 수밖에 없었다. 굴욕적 패배를 경험한 소련에서는 누가 지도자가 되든 베를린 문제에서 만회하겠다는 강한 동기를 갖게 되었다.

평화적 공존 정책을 추구하는 흐루쇼프였지만 베를린 문제를 해결하지 않은 평화적 공존은 공산진영의 점진적인 붕괴를 의미할 뿐이었다. 미국과의 경쟁에서 뒤쳐진 흐루쇼프에게 베를린 문제는 시급한 해결 대상이었고, 이 때문에 강경한 허장성세를 보였는데, 케네디는 이를 전략적 공세로 이해한 것이다. 서구의 합리주의적 대화 문화에 익숙했던 케네디는 소련이나 쿠바의 돈키호테 전술을 이해할 수 없었다. 마치 합리성과 선의로 무장한 네빌 체임벌린이 그랬듯이, 케네디에게 합리적 대화와 상호 이익 교환으로 풀지 못할 문제란 없었고, 대통령에 오를 때까지 그런 전략은 성공해왔다.

흐루쇼프에게는 베를린이 중요하긴 했어도, 베를린 문제와 쿠바 문제는 정교하게 연계해 짜여진 전 지구적 안보 전략이 아니라 개별 이슈였다. 그 증거를 케네디와 흐루쇼프가 주고받은 친서에서 볼 수 있다. 흐루쇼프는 케네디에게 보낸 서신에서 쿠바로 향하는 상선에 대한 U-2기 정찰 활동 중지를 요구했다. 이에 대해 케네디는 자신의 오랜 베를린 대전략 가설에 따라 '합리적으로' 반응했다. 즉, 정찰 중지의 반대급부로 베를린에서의 행동 동결을 요구한 것이다. 〈뉴욕타임스〉 기자 맥스 프랑켈은 케네디의 뜻밖의 요구에 당황한 흐루쇼프가 "동결On ice"의 뜻을 몰라 언어학자까지 동원해 법석을 떤 후에 케네디에게 미국 선거 기간 중에는 어떠한 도발 행위도 하지 않겠다고 약속했다고 한다.[22] 이 에피소드는 쿠바 문제를 베를린 문제와 연관짓는 인지틀이 흐루쇼프의 것이라기보다는 케네디팀의 주관적 프레임이라는 사실을 시사한다.

베를린과 쿠바를 연결하는 전 지구적 전략 구상은 존재하지 않았다. 일단 쿠바 미사일 위기가 터지자 흐루쇼프는 머릿속에서 베를린을 완전히 지웠다. 흐루쇼프는 11월 중간선거 이전에 공격용 미사일 기지 건설 사실을 들킬 것이라고 생각하지 않았기 때문에 쿠바 문제를 잠시 뒤로 미루어놓은 상태였다. 미국 U-2 정찰기가 미사일을 발견한 뒤 이 문제는 흐루쇼프에게 당면한 모든 이슈를 미룰 정도로 절체절명의 사안이 되었다. 미국에 의한 쿠바 침공은 물론, 제3차 세계대전을 유발할 수도 있는 폭발적인 뇌관이었기 때문이다. 당면 위기를 더 확대할 수 있는 인화물질인 베를린 문제와 쿠바 문제를 연계할 생각조차 하기 싫었던 건 어쩌면 당연했다.

1992년 1월 쿠바의 아바나에서 열린 쿠바 미사일 위기를 되돌아보는 학술회의에서, 위기 당시 흐루쇼프의 국제 문제 특별보좌관이던 올레그 트로

야놉스키는 당시 바실리 쿠즈네초프 외무부 제1부장관이 쿠바 미사일 위기를 이용해 베를린을 압박하자고 건의했다고 증언했다.[23] 흐루쇼프는 신경질적으로 반응하며 단호히 거부했다고 한다. 광범위한 소련 비밀자료 해제에 기초한 마이클 돕스의 취재 내용에 따르면 흐루쇼프는 이렇게 쏘아붙였다.

"한 가지 모험에서 방금 벗어나기 시작했는데, 또 다른 모험에 뛰어들라고 제안하시는구려.[24]

앞서 애당초, 그리고 쿠바 미사일 위기 과정에서 베를린과 쿠바의 연결고리가 흐루쇼프의 머릿속에 존재하지 않았다고 지적했다. 흐루쇼프의 미사일 비밀 배치 도박이 성공해 미국 중간선거 이후에 소련의 공표로 알려졌다면 어떻게 됐을까? 소련은 이를 바탕으로 베를린에서 공격적인 조치를 취했을까? 물론 누구도 이 가정에 대한 답을 알 수 없다. 하지만 쿠바 미사일 위기 과정에 대한 흐루쇼프의 행동을 통해 유추하는 것은 가능하다.

쿠바 미사일 위기의 13일간을 다룬 뒷장에서 자세히 묘사하겠지만, 미국이 터키에 미사일을 배치했듯이 소련의 쿠바 미사일 배치도 같은 조치라고 안이하게 생각했던 흐루쇼프는, 미국의 신경질적인 반응을 보고 결국 생각을 고쳐먹었다. 즉, 미국의 목에 칼을 들이대는 행위가 예상보다 더 큰 함의를 가졌으며, 심지어 제3차 세계대전의 도화선이 될 수도 있다는 점을 깨달은 것이다.

흐루쇼프에게 전 지구적 전략 구상이 있었다면, 쿠바를 통해 베를린 문제를 해결하는 것이 아니었다. 미국과의 평화적 공존 노선과 이를 위한 허장성세 전술이었다. 무력팽창주의자인 스탈린과 달리 흐루쇼프는 미국과의 평화적 공존을 통해 소련이 얼마든지 역사의 종말을 이룰 수 있다고 믿은 인물이다. 그래서 소련 공산주의의 이념적 우월성이 결국 모순이 가득한 자본주의를 역사의 뒤안길에 묻어버릴 수 있다고 확신했다. 나중에 보다 군사주의적인 노선을 추구하는 중국과 북한은 평화적 공존 혁명 노선을 추구한 흐루쇼프를 '수정주의자'라고 매도했다.

결국 흐루쇼프의 낭만적 모험주의도, 평화적 공존 노선도 다 실패했다. 오히려 베를린 장벽 붕괴 후 미국이 역사의 종언을 선언하게 된 것이다.

새로운 프레임

위에서는 현실주의와 앨리슨의 조직행태·정부정치 모델의 한계를 지적하면서 지도자의 관념이 현실을 구성한다는 구성주의적 관점을 제시했다. 앞서 언급한 와일리의 구성주의적 관점의 선구적 연구가 미국 예외주의라는 관념이 미국과 쿠바 관계를 어떻게 규정했는가에 초점을 맞췄다면, 이 책은 비슷한 이론적 흐름에 근거해 베두인 전설이라는 관념의 구성적 힘에 초점을 맞췄다. 최근 인지심리학은 이 관념이 어떻게 작동하는가에 대한 풍부한 이론적 토대를 제공해준다.

이 책은 국제관계에서 정책결정자의 인식 프레임, 한계, 관습적 편견 등을 강조하는 인지심리학적 흐름과 궤를 같이 했다. 현대 인지심리학은 과거처럼 히틀러 같은 극단적인 인물의 병리적 현상에만 초점을 두지 않고 모든 정상적인 결정 과정에서도 불가피하게 등장하는 인지적 제약에 주목한다. 이는 오늘날 기업의 의사결정 분석 같은 경영컨설팅 분야에까지 널리 적용되고 있다.

특히 인지심리학적 개념 중 국제정치학에서 널리 알려진 개념인 오인Misperception은 위기 사례 분석에 매우 유용하게 쓰이는 도구다. 로버트 저비스는 "부정확한 추론, 결과에 대한 계산 착오, 정책에 대한 상대방의 반응에 대한 판단 착오" 같은 내용을 포함하는 오인이 의사결정에서 중요한 역할을 한다고 주장했다.[25] 『아마겟돈 레터』의 공저자이자 장기간 쿠바 미사일 위기를 연구한 제임스 블라이트 교수는 이런 오인이 생기는 원인으로 두 가지 인지심리학적 기제를 제시해 앨리슨의 합리적 전략이론과는 사뭇 다르게 이 사건을 이해하려고 했다. 인간은 흔히 복잡한 현실에 직면했을 때 정보를 쉽게 판단하게 해주는 지름길이나 도구가 필요하다. 블라이트는 이 도구상자에서 특히 다음과 같은 두 가지를 꺼내 든다. 하나는 '활용 가능한 발견적 도구Availability Heuristic'고, 다른 하나는 '환기 세트Evoked Set'다. 복잡하게 들리지만 보통 사람의 상식적 경험과 부합하는 내용이다. 우선 '활용 가능한 발견적 도구'란 인간이 상대방의 행동을 판단할 때 자신의 관심과 필요와 가치라는 도구로 해석한다는 의미다. 상대의 속내를 알 길이 없는 상태에서 각자가 지닌 도구는 쉽게 끄집어내어 활용할 수 있기 때문이다. '환기 세트'란 인간이 어떤 불확실한 정보에 직면하면 바로 그 순간 머릿속에 입력된 관심 사안을 환기시켜 해석하는 경향을 말한다. 예컨대 밤에 범죄소설을 읽는 사람은 어떤 둔탁한 소리를 들었을 때 즉각 도둑이 침입했다고 의심하는 경향이 있다.

블라이트는 저비스의 개념과 도구상자를 응용해 미국 정부가 냉전 당시 패권주의적인 소련과의 양극 대결을 견지해왔으며, 특히 쿠바 미사일 위기 직전까지 베를린 위기가 당면한 관심사였기에 그러한 도구로 사태를 해석했을 것이라고 지적했다.[26] 이 책도 블라이트의 문제의식 및 이론적 토대와 궤를 같이 한다.

아울러 미국 의사결정자들이 합리적이고 이성적으로 전 지구적 전략을 계산하는 특성이 베를린 대전략 가설이라는 오인을 발생시켰다는 점을 강조하고 싶다. 케네디는 서구적 이성주의가 이루어낸 최고의 엘리트이자 가장 명석한 리더다. 이 서구적 전략가들은 현장의 복잡하고 모순적인 인간보다는 쉽게 동원할 수 있는 정교한 전략적 도구로 만사를 해석하기에 오인에 빠지는 경향이 있다. 이 도구는 쿠바에서는 물론 베트남, 지금의 북한에 이르기까지 줄곧 오인을 발생시켜왔다.

비용·편익 계산에 능한 사람은 공산주의 정권의 혁명적 열정과 자주적 의식 등이 때로는 전 지구적 전략과 충돌할 수도 있다는 모순된 현실을 아주 단순화시켜 자기 머리에 입력시키곤 한다. "걸어다니는 컴퓨터"라고 불릴 정도로 머리 회전이 빠른 맥나마라 국방부 장관이 쿠바 미사일 위기를 겪고도 베트남의 혁명적 열정을 과소평가하는 실책을 저지른 것도 이 때문이다. 오늘날 미국 주류 엘리트는 북한을 과소평가하다가 ICBM 개발이 현실로 나타나자 망연자실했다.

여기서 주목할 것은 모두에게 동등하게 '환기 세트'가 적용되는 것은 아니라는 점이다. 같은 범죄소설을 읽고 있더라도 심약한 사람은 조그마한 소리에도 도둑의 침입과 연계시키겠지만, 겁이 없고 용감한 사람은 그냥 지나칠 수도 있다. 마찬가지로 케네디 행정부, 특히 소련 관련 전문가들은 베를린 문제에 집착했지만, 미국 측 인물 모두가 베를린 문제를 떠올리지는 않았다.

앞서 케네디가 영입한 소련 관련 전문가 중 현실주의적 인식의 대가로 알려진 조지 케넌은 소련의 동기에 대한 케네디의 질문에 불안해하는 소련의 방어적 행동일 수 있다고 지적했다.[27] 다른 인사와 달리 미국인들의 고정관념을 침착하게 의심하고 실제 소련의 입장에서 사안을 인식하려고 한 것이다.

무엇이 대부분의 케네디 행정부 인사들로 하여금 주저 없이 베를린 분석틀을 갖게 했을까? 필자는 상대방의 동기를 파악하기 어렵고 불안한 상황에서 케네디 행정부 인사들 대부분의 머릿속을 지배한 경험에 대한 외상적 기억에 기초한 '환상'의 작동이라고 본다. 엘리자베스 손더스 교수는 대통령이 되기 전의 경험과 믿음이 취임 이후 외교의사결정에 영향을 미치는 인과관계를 분석했다.[28] 네타 크로포드 교수는 국제관계에서도 인간의 일

상처럼 강렬한 감정이 중요한 역할을 한다는 걸 국제정치학자들이 과소평가한다고 지적했다.[29]

미국 정부의 동학dynamic을 세밀히 들여다본 사람도 미국 지도부가 투명하고 냉정하며 합리적인 계산에 따라 한 치의 오차도 없이 움직이는 슈퍼컴퓨터라기보다는 때로는 정보가 부족해서 파악할 수 없는 두려운 상대방을 만났을 때 경험에 근거한 감정적 편견이나 음모론을 동원해 쉽게 현실에 대응하는 불안전한 인간이라는 점을 과소평가한다. 음모론은 자신이 잘 알지 못하기에 두려운 상대방을 접하면 인간이 흔히 범하는 인식적 경향이다. 탁월한 철학자 슬라보예 지젝은 유대인에 대한 인종주의적 차별의 원인을 지적하면서 이렇게 주장했다.

"유대인이 의심받는 것은 원하는 게 무엇인지, 의도와 욕망이 무엇인지 알 수 없기 때문이다. 그래서 유대인에게 던진 '무엇을 원하는가?'라는 질문에 함축된 몰이해를 일소하기 위해, 어떤 감춰진 음모에 의거해 유대인의 행위를 설명하는 시나리오를 창조한다. '유대인이 실제로 원하는 것은 우리의 돈을 전부 갖는 것, 세계를 장악하는 것이다!'"[30]

쿠바 미사일 위기 당시 서방세계에 소련은 두려운 상대였다. 레이건의 1984년 재선에 혁혁한 공을 세운 공화당 정치 광고는 소련을 어두운 숲에 있을지 모르는 곰에 비유했다. 사나운 곰이 있는지 없는지 모르는 상황은 막연한 공포와 두려움을 유발한다. 직접 곰에게 위협당한 경험이 있거나, 곰의 날카로운 발톱이 등산객의 몸을 갈기갈기 찢는 영화를 본 사람은 그런 상상을 하며 몸서리치곤 한다.

케네디 행정부 인사들을 지배하던 가장 극심한 공포는 히틀러에게 속아서 체결한 뮌헨 조약의 트라우마였다. 앞서 말했듯이 뮌헨 회담 당시 패권주의적 팽창 정책을 추구하던 히틀러를 상대로 네빌 체임벌린 등은 영토를 약간 제공하면 히틀러를 진정시킬 수 있다고 오판했다. 결국 히틀러는 유화주의자들을 비웃기나 하듯이 야욕을 본격적으로 드러내며 제2차 세계대전을 일으켰다. 흔히 국제정치에서 뮌헨 조약의 실패는 나약한 리버럴식 유화책의 어리석음을 상징적으로 나타낸다.

이 트라우마는 냉전 시기 미국 리버럴 정치인의 외교 행위에서 엄청난 의미를 지녔다. 뮌헨 트라우마는 마치 9·11 테러가 2000년대 미국을 규정짓는 것과 같은 위상을 가졌다. 뮌헨 회담 이후 미국 정치 지도자들은 자신이 또 다른 체임벌린이 되는 악몽을 꾸었다. 특히 케네디처럼 국가안보 문제에서 공화당보다 유연한 입장을 취하는 리버럴 정치인에게 체임벌린과의 연루는 정치 생명의 종말을 의미했다.

개인적으로도 케네디는 아버지가 뮌헨 조약 당시 주영 대사로 있으면서 체임벌린의 입장을 지지했다는 주홍글씨를 안고 있었다. 케네디가 대통령에 당선되고 나서도 우파 다수가 케네디에 대한 강한 불신을 표시한 것도 이 때문이었다. 쿠바 미사일 위기 당시 케네디가 자문을 구한 로버트 로베트 전 국방부 장관은 케네디가 조지프 케네디 전 영국 대사의 아들이라는 이유만으로 선거 때 표를 주지 않았다. 케네디가 국무부 차관으로 임명한 조지 볼도 행정부 참여 전에 케네디의 사상을 먼저 검증하려고 했다.[31]

결국 케네디 행정부는 소련의 의도에 대한 불안감 속에서, 이렇듯 뮌헨 조약의 트라우마에 기반한 자신들만의 인지틀을 구성했다. 소련의 쿠바 미사일 배치는 이후 더 중요한 이슈인 베를린을 장악하기 위한 포석이며, 따라서 현재의 위기에서 결코 밀리지 말고 단호한 의지를 보여야 한다는 것이었다. 이렇듯 베를린 공략을 위한 도발이라는 논리적이지만 단순한 인지틀은 찰스 볼렌 등 미국 내 소련 전문가들의 해석이자, 이 해석을 수용한 케네디 및 위기 대응 방안 마련을 위한 TF팀의 별칭인 엑스콤$_{\text{ExCom}}$ 멤버 중 다수의 합의된 시각이었다. 위기가 터지자 사태를 일관되게 해석해주는 이 합리적 프레임을 구성하면서 비로소 케네디 행정부는 소련의 불확실한 의도에 대한 불안감에서 벗어나 사태에 자신 있게 대처해나가기 시작했다.

케네디가 집권 후 경험한 일련의 사건은 뮌헨 트라우마를 강화시켰다. 케네디는 취임 4개월째 되는 1961년 5월 국제정세에 대한 풍부한 이해를 갖출 겨를도 없이 빈에서 흐루쇼프와 정상회담을 했다. 점잖고 유약한 하버드 도련님처럼 보이는 케네디의 태도에 고무된 흐루쇼프는 베를린 문제에 대해 거칠고 강압적인 발언을 했고, 케네디는 큰 충격을 받았다. 특히 케네디는 빈 정상회담에서 공세적으로 나온 흐루쇼프에게 너무 유약하게 보인 점에 대해 심한 불쾌감과 우려를 가졌다. 합리주의자인 케네디는 흐루쇼프의 마피아 보스 같은 태도가 오히려 불안감에서 나온 허세일 수 있다는 생각을 하지 못했다. 쿠바에 공격용 무기를 배치하지 않겠다는 흐루쇼프의 발언마저 한낱 기만이었다는 사실이 드러나자 케네디가 받은 충격은 엄청날 수밖에 없었다. 쿠바에서 물러선다면 아버지에 이어 '미국판 체임벌린'으로 낙인찍혀 국내정치적으로는 물론, 국제사회에서 권위를 상당히 상실하리라는 위기감이 머릿속을 지배한 것이다.

지젝에 따르면 그렇게 구성된 인지틀은 왜곡된 관점을 가지게 해서 왜상Anamorphosis을 만들어낸다. 왜상이란 특정 각도로만 지각되는 뒤틀린 이미지다. 지젝이 예로 든 것은 독일 화가 한스 홀바인의 유명 작품이다. 이 그림은 영국 국왕 헨리 8세의 궁전을 방문한 외국 대사 두 명이 르네상스 학문과 관련된 여러 도구 곁에 서있는 것을 묘사했다. 언뜻 보면 르네상스 시기 지식의 성과를 과시하는 흔한 계몽주의적 그림으로 보인다. 하지만 자세히 보면 그림 하단부에 길게 늘어진 이미지가 있는데, 잘 들여다보면 해골인을 알 수 있다. 이 해골로 인해 르네상스 지식의 성과를 찬양하는 그림이 졸지에 세속적 지식의 공허함과 무익함을 드러내는 그림으로 해석된다.[32] 바로 이런 이미지가 왜상, 즉 특정한 시각으로만 지각되는 뒤틀린 이미지다.

왜상 개념을 쿠바 미사일 위기에 비유적으로 적용한다면, 미국과 소련은 상대방을 특정한 뒤틀린 시각으로 바라보면서 왜상을 발견하고, 이는 다시 특정한 시각을 강화하는 근거가 된다. 위기가 절정에 다다른 순간 흐루쇼프가 미국 대통령에게 보낸 두 번째 친서에는 첫 번째 친서에 언급하지 않은 터키 미사일과 쿠바 미사일의 맞교환 요구가 포함되었다. 비밀 해제된 자료에 따르면, 첫 번째 친서의 경우 흐루쇼프가 명확한 전략을 수립하지 못한 상황에서 임박한 위기를 해소하기 위해 급히 보낸 것인 반면, 두 번째 친서는 여유를 가지고 주판알을 튕기며 요구조건을 보다 다듬은 것이다. 하지만 케네디 행정부는 터키 관련 요구를 근거로 소련의 강경파가 쿠데타를 일으킨 것이 아닌지 의심했다. 미국의 소련에 대한 뒤틀린 관점에 따른 뒤틀린 이미지인 셈이다.

케네디가 여기서 한발 더 나아가 쿠데타 이후 소련의 선제공격 임박으로 해석했다면 끔찍한 제3차 세계대전이 현실화되었을 수도 있었다. 케네디는 다른 사람의 입장에 투영하는 공감 능력이 탁월하다는 평가를 받아왔다.[33] 그런 케네디조차 왜곡된 프레임에 얽매여 수많은 실수와 오인을 거듭했다는 사실은 후대의 리더에게 중요한 교훈을 준다.

아이러니하게도 베를린 대전략 가설은 환상이었지만, 위기를 해소하는 데 기여했다. 즉, 케네디는 흐루쇼프가 궁극적 목적인 베를린에서 일을 벌일까봐 두려워 쿠바를 침공하는 대신 신중한 태도를 취했다. 심리학에서 흔히 이야기하듯이 인간이 가진 진화 능력도 이때 한몫했다. 즉, 인간은 관념에서 결정한 판단이 그 실제적 함의와 해법에 대한 생각으로 이어지는 순간 신중해진다는 점이다. 케네디는 침공의 유혹에 수차례 휘둘렸지만, 그 실제적 결과는 끔찍한 참화일 수 있기에 점차 덜 강경한 입장으로 기울어졌다.

흐루쇼프도 마찬가지다. 애초에 멋진 한방으로 생각한 미사일 배치가 가져올 참화를 떠올리며 평화적 타협을 선택했다. 이 기회를 이용해 베를린에서 도발하자는 참모의 의견도 단호히 거부했다. 결국 인간은 인지적 편견과 환상을 가진 불완전한 존재지만, 동시에 구상과 실행 해법 사이에서 신중하게 진화해나가는 이성적 존재이기도 하다. 그런 점에서 앨리슨의 명징하나 단순한 전략적 모델이 담기에 인간은 훨씬 복잡하고 모순적이다.

과거의 프레임을 고수하는 미국

앨리슨과의 이론적 논쟁을 이 장에서 길게 언급한 이유는 지나간 사건에 대한 학자 간의 학문적 대화를 위해서만은 아니다. 케네디와 앨리슨의 개념틀은 오늘날 현재진행형이며 여전히 위력적이기 때문이다. 케네디는 자신의 군사주의적 강압 전략의 위험을 깨닫고 국교정상화로 대담히 나아갔지만 안타깝게도 암살당했다. 하지만 케네디가 뿌린 인지적 편견의 씨앗은 생명력을 가지고 번성해나갔다. 우선 쿠바 미사일 위기 '해결' 후 케네디의 단호한 강압 전략은 이후 절대적인 교과서로 격상됐다. 심지어 케네디가 소통의 수단으로 상정한 해상봉쇄는 전체주의자와의 치열한 눈싸움에서 끝까지 눈을 깜박이지 않아서 승리했다는 가짜 현실로 변질되어 전해 내려오고 있다.

베트남 전쟁의 패배는 케네디가 뿌린 씨앗의 재앙이다. 케네디는 베트남에 대해 신중한 자세를 취하고 쿠바와는 대화를 하려고 했지만, 케네디의 국방부 장관이던 맥나마라는 베두인 전설과 도미노이론을 철석같이 믿었다. 케네디 암살 후 대통령직을 승계한 린든 존슨은 바초남세 맥나마라와 함께 베트남 전쟁 확전을 시도했고, 결국 미국의 헤게모니가 쇠퇴하는 전환점이 되고 말았다. 베트남은 미국이 강압 전략으로 나아갈수록 마치 용수철처럼 튀어나갈 뿐이었다. CIA는 베트남에서의 타협이 미국의 국제

정치적 이익을 별로 훼손하지 않을 것이라는 보고서를 존슨에게 올렸지만, 존슨은 끝까지 자신의 환상 프레임을 믿었다. 결국 미국은 1975년이 되어서야 이를 깨달았다.[34]

1997년 6월 미국과 베트남은 역사적 교훈을 얻기 위한 학술회의를 베트남에서 가졌다. 이 자리에서 놀라울 만큼 솔직하게 미국의 오류를 인정했던 맥나마라는 수십 년이 지난 뒤에도 미국의 강압 전략에 응해 협상테이블로 나오지 않았던 베트남인들을 여전히 이해할 수 없다고 고백하면서 이런 질문을 던졌다.

"도대체 당신들은 그런 막대한 인명 손실에도 왜 끄떡도 하지 않았습니까? 눈앞에서 국민들이 죽어가는데, 희생자를 조금이라도 줄이기 위해 협상을 시작하자는 생각이 들지 않았습니까?"[35]

그러자 베트남 전쟁 당시 북베트남 외무부 대미 정책 국장이던 쩐꽝꼬가 답했다.

"왜 우리가 그렇게도 격렬한 폭격을 당하면서도 협상 제안에 응하지 않았는지, 당신은 압니까? 그건 말입니다, 독립과 자유만큼 고귀한 것은 없기 때문입니다. 베트남인은 노예의 평화는 받아들이지 않아요."[36]

지금의 미국 정책결정자들은 다 잊었겠지만, 베트남의 지도자 호치민은 오래전에 친미국가를 만들겠다는 서신을 미국 국무부에 보냈다. 맥나마라는 베트남 전쟁을 평가하는 1997년 하노이 대화에서 미국의 초기 오류 중 하나로 호치민이 1945년 미국 대통령 트루먼에게 미국 건국 혁명을 격찬하며 보낸 우호적 편지를 미국 정부가 무시한 어리석음을 솔직히 고백했다.[37] 미국이 호치민의 지혜로운 제안을 받아들여 베트남과 손잡았다면 제국의 헤게모니가 쇠락하는 상황을 방지했을 것이고, 미국·베트남뿐 아니라 한국 젊은이들의 소중한 생명도 희생되지 않았을 것이다.

전쟁의 참화를 겪고 나서야 미국은 베두인 전설을 버리고 베트남과 손을 잡고 중국 견제에 나섰다. 오늘날 베트남은 아무런 배상도 바라지 않고 미국을 용서했다. 그러나 미국은 한참 뒤 북한을 상대로 같은 오류를 되풀이했다. 북한 지도자의 베두인 전설 메시지와 자극적 허세에만 주목하고, 북한이 여러 번 보낸 대화 제스처를 진지하게 고려하지 않았다. 결국 적대적 상호의존을 반복하다가 북한이 ICBM을 '완성'하고 나서야 부랴부랴 국교정상화를 서두르고 있는 것이다. 중국은 북한 김정은의 친미적 행보 가능성에 화들짝 놀라 그간의 냉담한 자세를 버리고 열정적으로 구애를 했다. 자칫 흐루쇼프가 소련의 앞마당 터키에 배치된 미국 미사일을 보며 소름끼쳐하던 상황과 비슷한 일을 당할 수 있기 때문이다. 다행히 한반도에서는 베트남과 달리 전쟁의 참화는 막았지만 슬프게도 역사는 반복되는 셈이다.

이제야 베트남과 동맹을 맺은 미국이지만, 베두인 전설은 여전히 살아남아서 굴복에 의한 타협보다는 주권과 자존심을 생명보다 더 중시하는 제3세계 국가의 태도를 오해하게 만들고 있다. 아바나에서 열린 쿠바 미사일 위기 회의에 나타난 카스트로는 미국 관계자들에게 "아직도 당신들은 쿠바를 잘 모르오"라고 지적했다. 이라크 전쟁 종전 선언 두 달 후에도 어느 이라크인 교수는 미국인들에게 "당신들은 우리나라에 대해 아무것도 모릅니다"라고 일갈했다.[38] 리언 시걸 미국 사회과학원 동북아안보협력국장의 표현을 빌자면 미국은 "화성과도 같은 북한"의 자주와 자존심에 대한 강력한 고집을 아직도 잘 모른다.

앞서 인용한 토머스 프리드먼의 칼럼은 전형적인 미국 주류 지식인의 사고방식을 잘 보여준다. 프리드먼은 베두인 전설을 인용하면서 이라크를 침공한 조지 W. 부시를 칠면조를 잃자 단호한 태도를 보인 베두인 족장에 비유하면서 칭찬했다. 하지만 이라크 침공은 결국 중동에서 미국이 수렁에 빠지게 했고 ISIS 같은 괴물마저 낳았다. 프리드먼은 베두인 전설에 근거해 무모함을 선동하던 자신의 오래전 칼럼을 까맣게 잊고 오바마 대통령을 만난 자리에서 제발 중동에서의 국가 건설보다는 미국 국내 문제에 주력하라고 잔소리를 늘어놓기도 했다.

주류 미디어를 토머스 프리드먼이 상징한다면 학계의 주류는 그레이엄 앨리슨이 상징한다. 앨리슨은 쿠바 미사일 위기 50주년을 기념하는 2012년 글에서 베를린 대전략 가설을 여전히 강고하게 주장했다. 핵전쟁 바로 전 단계를 의미하는 '데프콘 2' 격상 조치가 제3차 세계대전 발발 위험을 단기적으로 높였지만, 궁극적으로는 베를린에서의 도발을 막았다고 평한 것이다. 앨리슨은 이를 근거로 쿠바 미사일 위기의 교훈은 "핵전쟁을 포함하는 전쟁의 위험을 감수할 자세를 갖추지 않으면 이를 악용하는 적이 뒤이은 대치 상황에서 우리로 하여금 양보하도록 강제한다는 점"이라고 강조했다.[39]

하지만 미국과 소련의 많은 자료가 비밀 해제된 오늘날 마이클 돕스가 분석한 여러 자료는 그레이엄 앨리슨의 주장이 다소 과장되었다는 사실을 보여준다. 예컨대 케네디는 강압 전략의 일환으로 미국의 단호함을 보여주기 위해 10월 24일 수요일 오전 10시에 해상봉쇄를 발동했다. 사건 직후 이 해상봉쇄와 관련해 아슬아슬한 대결과 소련의 굴복 스토리가 널리 퍼지지만, 사실 흐루쇼프는 이미 해상봉쇄 발동 전날인 23일 화요일 쿠바를 향하던 배에 회항 명령을 내린 상태였다.[40] 미국 해군은 격리할 배가 없어 헤맬 정도였다. 이미 미사일 도박이 발각된 이상 흐루쇼프는 위기를 확산시키는 대신 평화적 타협을 모색하기로 결정했고, 타협의 모양새와 내용만 남긴 것이다. 그런 점에서 수요일 오전 10시 오마하 전략사령부 지휘소에서 이루어진 데프콘 2 격상은 앨리슨의 주장과 달리 불필요하게 위기를 증폭시킨 조치였다.

데프콘 2로 격상되면서 소련 내 주요 시설 220개를 핵공격하기 위해 폭격기 1479대, 탄도미사일 182기, 공중급유기 1003대가 '즉각 실행 전력'으로 편성되었다.[41] 데프콘 2 격상은 터키 등 유럽에 있던 폭격기에 핵폭탄 탑재를 허가하는 조치나 U-2 정찰기의 소련 영공 침범, 핵어뢰를 탑재한 소련 잠수함에 대한 강제 부상 유도 조치 등과 아울러 우발적으로 제3차 세계대전을 일으킬 수 있는 위험천만한 결정이었다. 쿠바 미사일을 둘러싼 위기의 핵심 교훈은 앨리슨의 주장과 같은 전쟁을 각오하는 태도의 중요성이 아니라, 강압 전략이 우발적 전쟁의 가능성과 얼마나 맞닿아있는가다.

쿠바 미사일 위기 50주년 기념 칼럼에서 앨리슨은 쿠바에 대한 과장된 교훈만 말한 것이 아니었다. 케네디가 쿠바에 대해 보인 단호한 강압 조치와, 이란과 북한을 상대로 보인 미국의 유약한 조치를 대비시키기도 했다. 이스라엘의 공습 위협이 결국 오바마가 이란으로부터 양보를 받아내도록 미국의 협상력 강화에 기여했다고도 분석했다.[42] 하지만 그것은 사실과 다르다. 흐루쇼프가 카스트로의 위험천만한 제3차 세계대전 공갈에 놀라 타협을 택했듯이, 오바마도 이스라엘의 위협에 놀라 평화를 위해 이란에 손을 내민 것이다. 오바마는 2012년 이란에 대한 제재가 더 이상 효과가 없다는 사실을 깨닫고, 수년간 교착 상태의 원인이 된 이란의 평화적 핵물질 재처리 권한에 대한 양보로 협상의 돌파구를 열었다.[43] 물론 트럼프 정권이 들어서면서 탄도미사일 금지 등 12가지 새로운 요구조건을 내세워 이란과의 합의를 백지화했지만 말이다.

북한에 관한 이야기도 공감하기 어렵다. 앨리슨은 쿠바 미사일 위기가 반복되지 않은 것과 달리, 북한은 모래시계 뒤집듯 위기를 반복하는 이유가 미국이 케네디 때와 달리 철저한 강압 전략을 구사하지 않기 때문이라고 지적한다. 물론 미국은 북한을 상대로 해상봉쇄나 침공 또는 제한적 폭격 위협을 하지 않았다. 하지만 앨리슨은 미국도 조기붕괴론에 취해 1994년 경수로 제공 같은 약속을 지키지 않은 점과, 사이버공격 같은 다양한 파괴 공작을 수행한 사실은 언급하지 않았다. 적국과의 만남 자체를 양보로 생각하지 않았기에 다양한 비밀채널로 창의적 타협을 모색한 케네디와 달리, 그간 미국 리더들이 북한과의 만남 자체를 큰 양보로 생각하는 경향이 있었다는 차이도 말하지 않았다.

냉전이 미국의 승리로 끝난 오늘날에도 베두인 전설은 많은 이들의 머릿속에 각인되어있다. 케네디가 강박관념을 가지고 집착했던 상대방의 숨겨진 음모인 베를린은 더 이상 존재하지 않지만 제2, 제3의 베를린이 끊임없이 등장했다. 앨리슨은 북한에 대해 단호한 태도를 보여야 하는 이유를 "이후 중국과의 무역 대결에서 유리한 고지를 차지하기 위해서"라고 주장했다.[44] 이제 북한이 새로운 칠면조고, 중국의 천하 패권 장악 야욕에 패한 미국이 강간당한 딸이 되는 셈이다. 미국식 지구화의 유력한 도구였던 WTO로도 중국을 길들이지 못했으니 앞으로도 중국의 음모론에 대한 솔깃한 책들이 쏟아져 나올 것이다.

하지만 새로운 버전의 베두인 전설을 이토록 부단히 생산해내는 미국 주류도 곤혹스러운 상황에 직면했다. 서로 맞장구를 쳐주던 북한이 자기네 버전의 베두인 전설을 더 이상 믿지 않는 듯한 행동을 보이기 시작한 것이다. 자신감이 생겼기 때문이다. 돈키호테의 팬이던 카스트로처럼 거대한 풍차를 향해 무모하게 덤벼들던 북한은 낡은 창 정도가 아니라 태평양을 건널 수 있는 ICBM이라는 가공할 힘을 갖게 되었다. 화성 15형 미사일 발사로 한반도에서 '느리게 작동해온 쿠바 미사일 위기'를 '13일간의 쿠바 미사일 위기'로 급속히 가속시킨 셈이다.

북한의 ICBM은 쿠바 미사일과 달리 임박한 미국의 침공을 막기 위한 필사적인 방어 수단이라기보다는 관심과 몸값을 올리기 위한 정치적·경제적 신호다. 당연히 이 신호는 일관된 인지틀이 없고 역사에 무지하며 부동산 거래 같은 빅딜과 리얼리티쇼에 더 관심이 있는 트럼프의 시선을 끌었다.

트럼프는 김정은과 싱가포르에서 정상회담을 마친 뒤 기자회견에서 "한반도에서 미국이 하는 군사훈련은 위험스런 전쟁게임"이라고 해서 기자들을 놀라게 했다. 수십 년간 미국의 강압 전략에 대해 앵무새처럼 불평해온 북한의 논리였기 때문이다. 기이한 형태이긴 해도 드디어 한반도에서 베두인 전설이 해체되기 시작한 것이다.

제2장

예정된 위기의 책임은 누구에게 있는가?

"케네디 후보가 주장하는 쿠바 파괴 공작을 실행하면
미국은 남미에서 모든 친구를 잃고,
UN에서 비난받을 것이며,
우리의 목표도 달성하지 못할 겁니다."
_1960년 대선 TV토론 닉슨 후보

★

한반도 위기를 지칭하기 위해 사용한 '느리게 작동하는 쿠바 미사일 위기'라는 말은, 오히려 카리브해에서 벌어진 위기 자체를 더 잘 묘사하는 표현이다. 오래된 기원을 가지고 오늘날까지 천천히 작동해온 위기라는 시각을 가질 때 비로소 우리는 각 정치 세력 간의 진정한 동기와 책임의 전체 윤곽을 선명하게 파악할 수 있다. 결국 이 위기는 누구의 책임일까?

이 질문의 대답은 각자가 속한 이념 진영에 따라 확연히 다를 수 있다. 케네디 대통령의 보좌관을 지낸 아서 슐레진저는 회고록에서 미국이 쿠바에 대한 경제적 봉쇄 같은 카드를 꺼낸 것은 1960년 7월이라고 지적한다. 이런 진단의 함의는 오래전에 카스트로가 시작한 쿠바 정부의 공산화 음모에 대한 미국의 정당한 대응이라는 점에서 쿠바에 책임이 있다는 것이다.[1] 1992년 아바나에서 열린 국제 학술회의에서, 위기 당시 CIA에서 정보분석관으로 활동했던 클라인은 1962년 여름 소련의 쿠바에 대한 무기 지원 등이 미국의 강력한 대응을 불렀다고 지적했다. 이런 평가는 미국 우파 진영의 전형적인 모범답안이다.

물론 소련이나 쿠바도 이 문제에 대해서만은 전혀 양보할 마음이 없어 보인다. 당시 소련 내각회의 제1부의장이었던 아나스타스 미코얀의 아들은 아바나 학술회의에서, 1962년 1월 미국이 주도해서 쿠바를 미주기구

(1951년 지역 협력과 집단안전보장을 위해 아메리카 지역 국가들이 설립한 기구)에서 제명시킨 것이 미국의 침공을 우려한 소련의 쿠바 무기 지원을 초래했다고 반박했다.[2] 이 회의에 예고 없이 참석해 모두를 놀라게 한 카스트로는 한발 더 나아가 위기의 기원에 대한 긴 연설을 했다. 카스트로는 1960년대까지 기원을 추적한 슐레진저보다 한술 더 떠 특유의 장광설로 1898년 미국과 스페인 간의 전쟁까지 거슬러 올라가며 미국의 책임이라고 성토했다. 좌파 진영의 전형적인 모범답안이다.

흥미로운 점은 위기 당시 쿠바 주재 미국 대사의 보좌관이었던 웨인 스미스의 반응이다. 스미스는 미국 측 인사답지 않게 미국과 쿠바의 대결의 기원이 미국 독립 초기의 대외 정책으로까지 거슬러 올라간다고 지적해 배석한 다른 미국 인사들의 심기를 불편하게 했다. 스미스는 솔직하게 미국 독립 초기부터 쿠바가 있는 멕시코만이 미국의 국익을 위해 반드시 필요한 지역으로 간주된 사실을 지적했다. 그러면서 쿠바는 멕시코만이라는 병의 병마개와 같아서 쿠바에 대한 미국의 통제력 확대 시도와 이에 저항하는 쿠바인들 간의 충돌이 불가피했다고 주장했다. 누가 옳을까?

'아버지' 미국과 '아들' 쿠바

미국 역사를 꼼꼼히 들여다보면 건국의 아버지인 토머스 제퍼슨과 존 애덤스는 애당초 쿠바를 미국의 앞마당이자 자연스럽게 확장된 영토로까지 간주한 사실을 확인할 수 있다. 심지어 미국 초기 엘리트들은 쿠바를 일종의 '가족'에 비유해 아버지인 미국이 교화해야 할 아이 취급을 했다.[3] 미국이 해방 후 한반도에 진주했을 때 이미 정교한 관료제 등 근대 문명을 갖춘 조선을 미개한 비문명국으로 보고 교화하려고 했던 인종주의적 관점과도 유사하다. 미국에 조선은 태평양 건너에 있던 '다소 귀찮은 미개한 나라'였고, 쿠바는 '확대된 가족의 어린 피붙이'였던 셈이다.

'미국이라는 가족의 일부'라는 관념과 감정을 이해하지 않으면 그 이후의 경제적 이해관계를 제외하고도 그토록 끈질기게 나타난 미국의 계몽주의적 태도와 정서적 끈끈함에 기초한 개입주의의 강도를 놓치게 된다.[4] 한 세기 후 스페인이 쿠바 식민지에 대한 통제력을 상실했을 때 미국이 쿠바의 정치적·군사적·경제적 통제권을 행사하려 한 것은 이런 관념에 따른 당연하고도 지정학적인 귀결이었다.

하지만 미국을 전혀 '아버지'라고 생각하지 않는 자존심 강한 쿠바인들은 호세 마르티라는 걸출한 건국의 아버지의 정신을 기반으로 새로운 주권국가를 만들겠다는 희망을 품었다. 쿠바인들에게는 미국의 가부장적 개입은 다른 형태의 제국주의일 뿐이었다. 중국에서 한반도로의 진공 작전을 준비하던 대한민국 임시정부가 미국과 소련에 의해 해방이 이루어진 사실을 땅을 치며 한탄했듯이 말이다.

결국 미국의 개입은 마르티의 정신을 계승한 카스트로와 미국의 필연적 대립을 예고했다. 카스트로는 1958년 여름 쿠바 남동부의 시에라 마에스트라 산맥에서 풀헨시오 바티스타 정권과의 유격전 막바지에 이미 미국과의 정면 대결을 예감하고 다음과 같은 편지를 남겼다.

"(이 유격전이 끝날 무렵) 나는 미국과의 더 큰 전쟁이 진정한 운명이라는 걸 깨달았다."[5]

카스트로가 상대한 숙적인 미국은 스페인보다 훨씬 강했다. 미국의 통치 방식은 스페인 제국주의와는 완전히 달랐고, 카스트로에게 미국은 그만큼 더 어려운 상대였다. 미국은 직접적인 식민 통치 방식을 취하지는 않고 친미 정권을 세운 뒤 생산의 60퍼센트 이상을 미국 자본에 의존하게 하는 간접 지배 형태를 추구했다. 미국은 쿠바의 개혁정부를 무너뜨리기 위해 쿠바 독재자 바티스타와 손잡고 쿠데타를 일으켰으며, 바티스타 정권의 든

든한 지원 세력이 되었다.[6] 악명 높은 친미 바티스타 정권은 놀랍게도 이후 카스트로가 이끄는 한 줌도 안 되는 게릴라들에게 무너졌다.

주로 간접 지배 형태를 추구한 미국이 제국주의적 통치 방식을 완전히 포기한 것은 아니었다. 1901년 쿠바를 미국의 보호령으로 전락시킨 '플랫 수정안Platt Amendment'이 그 증거다. 플랫 수정안 제3조는 쿠바의 독립 보존과 생명·재산·자유 유지 및 파리 조약 의무 이행을 위한 적절한 정부 유지를 위해 미국의 개입을 허용한다는 제국주의적 구절로 이루어져있다.[7] 플랫 수정안은 1934년 프랭클린 루스벨트 대통령의 주변 남미 국가들에 대한 선린 정책에 의해 폐기될 때까지 주권을 되찾으려는 쿠바인들의 거센 저항을 받았다. '플랫 수정안'의 군사적 개입 조치 승인에 따라 쿠바 영토인 관타나모에 미군 기지도 설치됐다. 관타나모 기지는 오늘날 테러와의 전쟁에서 체포한 소위 '불법전투원' 감금과 고문 장소로 유명하다. 과거 근대 초기 제국주의적 통치의 잔여물이 21세기인 오늘날 새로운 제국적 통치 기제로 부활한 셈이다.

미국의 제국주의적 개입의 역사만 놓고 보면 위기의 기원에 미국의 책임이 있다. 하지만 미국과 쿠바 간 역사의 전체 윤곽을 들여다보면 현실은 그리 단순하지 않다. 닭이 먼저냐 달걀이 먼저냐 논쟁과도 유사하다. 미국은 원죄에도 불구하고 쿠바에 적대적 정책만 취한 것은 아니다. 취임한 지 얼마 되지 않은 카스트로 정부에 대해 케네디 상원의원과 CIA가 보여준 것처럼 호의적인 태도를 취할 때도 많았다. 하지만 카스트로 형제는 그런 호의를 받아들이기보다는 쿠바를 소련의 전초기지로 변모시키는 조치에 더 열중했다.[8] 그런 점에서 오히려 냉전 대결의 적대적 구도에서 쌍방이 무수한 오인과 전술적 실수를 벌이면서 문제를 악화시켜왔다고 보는 것이 균형 잡힌 시각이라 하겠다.

뒤에서 자세히 설명하겠지만 미국과 쿠바가 보여준 행위는 '적대적 상호의존'이라는 개념으로 설명할 수 있다. 이 용어는 흔히 분단 체제하에서 남북한 정권이 대립하는 듯 하지만 상대방의 존재가 정권의 체제 기반을 공고히 하는 역설적 효과를 지칭한다. 실제로 미국의 적대적 태도는 쿠바인들이 카스트로 정권과 사회주의 체제의 생존을 자신들의 생존과 동일시하도록 도와줬다. 카스트로의 적대적 행위는 미국 정부로 하여금 쿠바에 대한 군사주의적 정책을 쉽게 정당화하는 가장 강력한 근거를 제공했다.

피델 카스트로

소련의 블라디미르 레닌이나 중국의 마오쩌둥과 달리, 원래 카스트로는 미국에 수수께끼 같은 인물이었다. 카스트로가 멕시코에서의 망명에서 돌아와 게릴라 혁명가로 활동하던 1957년 봄 미국 정부는 정체를 파악하기 위해 카스트로의 고향에 CIA 요원을 파견했다. 이 조사에서는 카스트로가 공산주의적 성향을 지닌 증거를 찾기 어려웠다. 카스트로를 담당한 교사들은 한목소리로 카스트로가 착실한 가톨릭교도이며 결코 공산주의자가 될 수 없는 사람이라고 증언했다. CIA가 알아낸 것은 카스트로가 공산주의적 이데올로기의 추종자라기보다는 바티스타 독재의 학정에 대한 광범위한 대중적 불만의 대변자라는 점이었다. 워싱턴 정가의 민주당과 일부 외교관들이 바티스타 독재에 대한 경제적 봉쇄 조치를 고려하는 상황이었기에 이런 정보는 미국인이 카스트로를 우호적으로 받아들이는 근거로 작용했다.[9]

카스트로에 대한 긍정적인 이미지는 오래가지 않았다. 카스트로의 동생이자 더 전투적이고 이데올로기적인 라울 카스트로가 미국 시민과 군인에 대한 일련의 납치 테러를 조직했기 때문이었다. 오늘날 라울 카스트로는 유연한 태도로 자신의 형도 하지 못한 국교정상화를 이루었지만, 쿠바 혁명 초기에는 형보다 더 철저한 공산주의 혁명가적 기질을 내비쳤다. 라울이 미국인 납치 테러에서 내건 명분은 바티스타 독재정권을 지원하기 위한 미국의 무기 수출 및 관타나모 기지를 통한 반혁명 행위 차단 등이었다.

1958년 3월 미국은 결국 바티스타 정권에 대한 무기 수출을 유보했지만 카스트로의 평판은 치명적일 정도로 추락했다. 미국 정계는 카스트로 세력을 극단적인 테러리스트 집단으로 인식했다. 이후 미국 국무부는 아직 카스트로에게 우호적이던 CIA에 위험천만한 집단이 권력을 잡지 못하도록 공작을 벌이라고 권유했다.

카스트로에 대한 이미지를 더욱 악화시킨 것은 1959년 1월 혁명 직후 3개월간 카스트로가 보인 일련의 행보다. 카스트로는 바티스타 정권의 관리 521명을 인민재판식으로 처형했다. 재판을 참관했던 웨인 모스 미국 상원의원은 귀국 뒤에 "새로운 피의 숙청에 경악을 금할 수 없었다"고 폭로했다. 혁명 이후 쿠바의 선거 일정이 정해지지 않았다는 사실도 워싱턴 정가에서 카스트로가 믿지 못할 인물이라는 인상을 강화시켰다.[10]

쿠바 혁명가들 입장에서는 바티스타 군부독재정권의 잔혹한 인권 유린에 대해 애써 침묵하던 미국이 혁명 후 갑자기 인권을 중시하는 태도를 보이는 것이야말로 위선이었다. 마치 한국의 군부독재정권이 저지른 잔혹한 고문과 탄압에 침묵하던 미국과 한국의 극우진영이 북한에 대해서는 열정적인 인권운동가처럼 행세하듯이 말이다. 하지만 쿠바 혁명에 대한 낭만적 기대감으로 들떠있던 〈뉴리퍼블릭〉 같은 미국 진보 잡지마저 카스트로가 민주적 지도자인가에 대해서는 의구심을 표시했다는 건 카스트로 입장에서는 그리 유쾌한 일이 아니었다.[11]

쿠바 혁명정부의 성격에 대한 의구심이 커가는 상황에서 1959년 4월 카스트로의 방미는 의심을 한방에 씻을 수 있는 절호의 기회이자 행운이었다. 이를 '행운'이라고 부르는 이유는 방미 결정이 미국이나 쿠바 정부의 주도하에 이루어지지 않았기 때문이다. 카스트로가 취임하자마자 미국을 자극하는 발언을 쏟아낸데다, 공산주의와 연계되었을 가능성도 있었기에 미국 정부는 카스트로를 시험해보려고 했다. 다만 아직 성격도 불분명한 혁명정부 지도자에게 불쑥 정상회담을 제의하는 건 주저했다. 이런 미묘한 상황에서 미국 신문편집자협회의 초청은 미국과 쿠바 양 정부의 부담을 덜어준 이벤트였다. 카스트로는 이 행운을 놓치지 않기 위해 미국 홍보회사까지 고용해 성급하고 교양이 없어 보이는 이미지를 개선하기 위한 컨설팅까지 받았다.[12]

이 방미에서 가장 중요한 관건은 카스트로가 공산주의자라는 의혹을 벗고 미국의 경제 협력과 투자를 유치하는 것이었다. 카스트로의 방미 행보에 따라 쿠바는 1954년 미주기구 대표 회의에서 작성한 '카라카스 결의안' 대상이 될지 여부가 결정될 예정이었다. 이 결의안은 미국의 주도로 남미 대륙에서 공산주의 전초기지의 성립에 대해 공동으로 대응하기로 한 것이다. 결의안에는 프랭클린 루스벨트 대통령의 선린외교 정책 이래 수립된 미국의 불개입주의 노선에도 불구하고 필요시 공산주의정권에 대해 군사적 개입을 하도록 허용하는 내용이 담겼다. 혁명이 성공한 지 얼마 안 되어 정권 안정이 절대적으로 필요한 카스트로가 보기에 미국이 쿠바에 어떠한 태도를 취하는가는 혁명의 생존이 달린 문제였다.[13]

카스트로는 일단 목표 달성에 성공했다. 방미 첫날부터 공산주의와의 관련성을 취조하듯이 집요하게 묻는 기자와 하원의원의 추궁에 홍보회사의 충고도 잊고 특유의 괴팍한 성미를 드러내기도 했지만, 단호하게 부인해 의혹을 불식시켰다. 카스트로는 "군인들이 아바나에서 마르크스주의 교리를 배우는 것이 사실입니까?"라는 찰스 포터 오리선 주 하원의원의 질문에 버럭 화를 내며 다음과 같이 답했다.

"그걸 믿소? 내 군대요. 내가 시작했고 내가 지휘합니다. … 누군가가 내게서 권력을 빼앗아가고 있다면 내가 제일 먼저 걱정하지 않겠소?"[14]

동생 라울의 공산주의 성향에 대한 질문에도 카스트로는 NBC방송 〈미트더프레스〉에 출연해 단호히 부인했다. 특히 다음 답변은 강렬한 인상을 남겼다.

"우린 모든 독재 체제에 반대하오. … 그게 우리가 공산주의에 반대하는 이유요."[15]

카스트로는 방미 기간에 CIA가 은밀하게 파견한 게리 드롤러를 만나 자신이 공산주의자가 아니라는 사실을 증명하려 애썼다. 카스트로와의 미팅 뒤 드롤러는 카스트로가 공산주의자가 아니며, 오히려 강력한 반공주의 전사라고 보고를 올렸다.[16]

애초에 공산주의자 이미지를 불식시키는 것이 방미의 목적이었기에 경제 협력과 원조는 아젠다에서 빠졌다. 자존심이 매우 센 카스트로는 첫 방미부터 경제 원조를 구걸하는 이미지를 보여주고 싶지 않았다.[17] 다만 쿠바 내 미국계 기업 등을 몰수할 의사가 없음을 분명히 해서 외국인 투자자들을 안심시키려고 나름대로 노력했다. 카스트로는 "쿠바로 오라! 문은 열려 있다. 세계의 어떤 다른 곳에서도 이만큼 행복하고 희망과 낙관으로 가득한 국민은 만나지 못할 것이다"라고 열정적으로 호소했다.[18]

미국 대중을 상대로 한 카스트로의 성공적이고 떠들썩한 홍보 전략에 대해 미국 정부는 다소 조심스러운 반응을 보였다. 아이젠하워 대통령은 아예 카스트로 방미 기간에 골프 여행을 떠나버렸다. 아이젠하워 대신 카스트로를 만난 리처드 닉슨 부통령은 강경한 보수주의자답게 카스트로와의 단독 회담에서 마치 선생이 불량학생을 나무라듯이 빠른 시일 내에 선거를 진행하라고 다그쳤다. 카스트로의 매력 외교는 닉슨에게는 통하지 않았다. 카스트로의 유화적인 장광설에도 불구하고 닉슨은 카스트로가 공산주의자라는 인상을 강하게 받았다고 한다.

회담 후 양측은 '우호적인 만남'이라는 다소 미적지근한 평가를 했는데,

이는 회담 실패를 완곡하게 표현한 것이었다. 이처럼 아이젠하워 행정부의 미온적 태도 때문에 상원의원이었던 케네디는 미국이 카스트로에게 좀 더 적극적으로 다가가지 않은 점을 강하게 비판했다.

"미국이 이 전투적인 젊은 혁명가가 승리한 순간에, 특히 방미 중에 보다 더 따듯하게 환대했다면, 야구광인 젊은 지도자는 공산주의 진영으로 넘어가지 않았을지도 모른다."[19]

케네디의 비판은 유화 정책을 취하려고 했던 미국 리버럴 진영의 카스트로에 대한 우호적인 정서를 상징적으로 보여준다. 대표적인 인물이 쿠바 주재 미국 대사 필립 본살이다. 이전 쿠바 주재 미국 대사들이 마치 식민지 총독처럼 오만하게 군림한 것과 달리, 본살은 새 혁명정부와 동등하고 협력적인 외교 관계를 구축하려 했다. 정상적 외교 관계는 상호 간의 경제적 협력으로 인한 이익으로 얼마든지 가능하고, 이를 위해 적극적으로 대화해야 한다는 것이 본살의 소신이었다. 본살은 이를 '인내와 관용Patience and Forbearance' 정책이라고 했다.[20] 미국판 햇볕 정책인 셈이다.

케네디 상원의원이나 본살 대사의 유화 노선은 아직 카스트로의 노선이 완전히 정해지지 않았을 때 제시된 것이어서 일리가 있다. 하지만 카스트로가 취한 이중적이고 모호한 태도를 지나치게 단순화시키는 오류를 범했다. 본살도 인정했듯이 카스트로는 민족주의적 성향과 사회주의적 성향을 동시에 갖췄기에 미국과의 노선 갈등이 예정되었다.[21] 아이젠하워 대통령 대신 카스트로와 면담한 닉슨 부통령의 직관이나 국무부의 카스트로 방미에 대한 비밀평가서가 상황을 더 현실적으로 반영한 것인지도 모른다. 국무부의 비밀평가서에는 다음 내용이 있었다.

> 카스트로의 명백한 소박함과 성의, 미국 국민들에게 확신을 주려는 열의에도 불구하고 모든 것을 고려하면 그가 쿠바 혁명의 본질적인 진로를 바꾸었다고

는 생각할 수 없으며, 이 인물을 과소평가하는 것은 심각한 실수라고 판단됨. 닉슨 부통령의 주장대로 카스트로는 순진하고 소박하며 많은 문제에 무지한 것 같지만, 강력한 개성을 지닌 타고난 지도자로서 상당한 개인적 용기와 확신도 지니고 있음. 결과적으로 카스트로를 좀 더 잘 알게 되긴 했지만, 여전히 수수께끼의 인물임.[22]

국무부의 인식은 케네디나 본살 대사의 생각보다 더 정확했다. 최근 공개된 소련 기밀자료에 따르면 카스트로는 공산주의와의 관계를 강력히 부인하면서도 비밀공산당원인 동생 라울을 통해 은밀하게 소련의 군사 지원을 받으려고 했기 때문이다. 라울은 카스트로보다 소련 측의 신임을 더 많이 받았다.[23] 쿠바 혁명의 핵심 리더 중 한 명인 체 게바라도 소련과의 외교관계 강화를 주장함으로써 라울과 같은 친소련 노선을 지향했다.

카스트로 형제의 이념적 차이와, 라울이 형 카스트로에게 알리지 않고 소련과 내통했다는 사실에 대해 또 다른 흥미롭고 논쟁적인 분석이 최근 제기되고 있다. 이 논쟁에 주목해야 하는 이유는 카스트로가 공산주의자가 된 시점이 쿠바 공산화의 책임과도 연결되기 때문이다. 카스트로의 개종이 흔히 이야기하듯이 '방미 후'라고 한다면 케네디의 주장이 더 힘을 받는다. 즉, 미국이 좀 더 선의를 보였다면 역사가 달라졌을 것이라는 주장이 신빙성을 얻는다. 반면 이미 카스트로가 암묵적으로 공산주의 노선으로 기울어졌고, 단지 라울과 역할 분담을 했다면 케네디의 유화 노선 주장은 공허할 뿐 아니라, 케네디는 카스트로 형제의 계략에 속아넘어간 셈이 된다.

민족주의자 카스트로의 방미 이후 공산주의로의 점진적 개종이라는 기존 가설에 대해서는 브라이언 라텔의 도전적 분석에 주목해야 한다. CIA 출신인 라텔은 1960년대부터 오늘날까지 카스트로 형제에 대한 모든 정보를 추적해왔고, 때로는 대통령이 아침에 받아보는 정보브리핑 자료까지 작성한 인물이다. 라텔은 라울이 형 피델에게 알리지 않고 독자적으로 공산주의 진영과의 친선을 강화하고, 피델이 동생 라울이 자신보다 더 과격하다고 입버릇처럼 말해온 것도 피델이 의도한 역할 분담에 따른 것이라고 의심했다. 민족주의자를 자처하는 카스트로가 대학 시절부터 이미 레닌주의에 강렬하게 심취했다는 사실이 이를 뒷받침한다. 다소 학구적으로 보인 마르크스에 비해 혁명적 열정과 전위적 무장 혁명을 강조한 레닌은 남미 혁명가의 열정적 취향에 딱 맞았다.[24] 애초에 자신이 먼저 심취한 레닌주의를 라울에게 전파한 이도 바로 피델이었다.

정치적으로 노회한 카스트로는 반미주의와 공산주의를 성급하게 내걸 경우 미국에 대해 우호적인 쿠바의 중산층이나 쿠바 내에서 영향력이 큰 가톨릭 진영이 반발하고 미국의 견제도 받으리라고 우려했다. 나중에 카스트로가 인정했듯이 정권 장악을 위한 몬타나 병영 습격 작전에 비밀공산당원인 동생을 예외로 하고 공산주의자를 의도적으로 배제한 것도 이런 이유 때문이었다.[25] 결국 수년간 유화 노선을 추구한 필립 본살 쿠바 주재 미국 대사도 나중에 카스트로는 절대권력을 쟁취하기 위해 반미주의자가 될 운명이었다고 회고하기에 이른다.[26]

카스트로는 여러 인터뷰에서 자신이 공산주의로 개종한 시점을 일관성 없이 밝혔다. 카스트로와 라울은 방미 중에 주변이 다 알 정도로 격렬한 논쟁을 벌였기에 개종 시점은 아직도 불명확하다. 다양한 정황증거를 종합한 라텔의 결론은 1948년경 시작된 개종이 1956년경 멕시코 체류 시절에 이미 굳어졌다는 것이다. 라텔이 멕시코 시절을 분기점으로 보는 이유는 이 시절에 피델·라울·게바라로 이루어진 삼두 체제가, 소련 정보기관인 KGB와 내통한다고 의심 받은 러시아인이나 늙은 쿠바공산당 핵심 간부와 어울리며 이념을 단단히 다져갔기 때문이다.[27]

쿠바의 삼두 체제는 환상적인 조합이었다. 카리스마가 부족하나 치밀한 라울은, 말하자면 제작자로서 모든 조직과 실행을 정교하게 지휘했다. 셋 중에서 가장 매력적이고 잘생긴 게바라는 주연배우이자 커뮤니케이션 디렉터로서 쿠바 혁명의 비전과 대의를 전 세계 공산주의자들에게 퍼뜨렸다. 물론 이 영화의 총감독은 바로 카스트로다. 영화 〈스타워즈〉가 곧 조지 루카스 감독 자체인 것처럼 쿠바 혁명은 라울이나 게바라가 아니라 곧 카스트로 자체다.

삼두 체제는 혁명정부 공고화에도 위력을 발휘했다. 카스트로의 부인에도 불구하고 카스트로 정부 내에서 라울을 비롯한 친소파의 세력이 차츰 강화되기 시작한 점에 주목할 필요가 있다. 특히 라울은 군대와 신설한 정보기관을 통솔하면서 명실상부한 2인자 자리를 굳혔다. 이 삼두 체제의 효과적 역할 분담을 까맣게 모르던 흐루쇼프는 죽기 전까지도 라울이 자기 형에게 공산당 가입을 비밀로 한 채 자신의 사람으로 활동했다고 믿었다. 하지만 늙고 노회한 볼셰비키인 흐루쇼프의 뜻밖의 순진한 믿음과 달리 친소파 라울은 라텔이 비유하듯이 일종의 이중간첩이었다. 라울은 쿠바에 대한 소련의 창구 역할을 하면서 동시에 형 피델의 지시에 따라 소련을 동원하는 역할을 수행했다.[28]

흐루쇼프가 철석같이 믿은 라울의 쿠바 내 권력 기반 강화는 흐루쇼프에게는 엔돌핀이 생길 일이었지만 미국에는 불길한 메시지였다. 라울에 대한 미국의 우려를 증명이라도 하듯이 쿠바 혁명군 공군 사령관 페드로 란즈가 미국으로 망명해 의회에서 라울이 은밀하게 스페인 공산주의자를 통해 군대에 정치교육을 한다고 폭로했다.[29] 미국 해군참모총장 알레이 버크 같은 강경파는 기다렸다는 듯이 쿠바를 공산주의 국가로 규정하며 반카스트로 활동을 강화했다. 카스트로는 미국의 이런 반공 활동과 그에 동조하는 듯한 쿠바의 마누엘 우루티아 대통령에게 항의하기 위해 총리 '사임'이라는 초강수로 대응했다. 그러면서도 여전히 공산주의자임은 부인하며 민

족주의적 자존심이 담긴 어투로 이렇게 말했다.[30]

"나는 공산주의자가 아니다. 혁명 운동 또한 공산주의 운동이 아니다. 그렇다고 해서 단순히 외국의 어느 정부에 잘보이려고 반공주의자라고 말해야 할 필요는 없다고 생각한다."

카스트로의 할리우드 액션과도 같은 제스처는 그가 거의 신격화된 분위기에서 "피델과 함께 죽음으로"라는 구호를 내건 군중의 열광적인 동원을 이끌어냈다. 결국 우루티아는 대통령직에서 내려오고 카스트로는 복직했다. 미국 내 강경파처럼 카스트로 또한 반공주의 활동을 활용해 오히려 자신의 집권 기반을 공고히 한 것이다.

날이 갈수록 카스트로는 권력 기반과 소련에 대한 우호적인 태도를 강화했다. 쿠바 내 강력한 정치 세력인 가톨릭 진영의 반공주의 성향을 크게 우려했지만, 그런 사실이 친소 노선으로 점진적으로 전환되는 것을 막지는 못했다. 특히 소련 내각회의 제1부의장 미코얀의 방문에 따른 1960년 1월 말 카스트로의 발표가 중요한 전환점이 됐다. 2월경 카스트로는 마르크스-레닌주의 혁명 노선을 공공연히 칭찬했다. 방미 시절 그토록 미국의 투자를 유인하기 위해 애쓰고, 모든 독재 체제에 반대한다고 했던 과거 발언과는 전혀 다른 행보였다. 향후 미국과의 관계 악화가 불 보듯 뻔했다.

미국 정부 내에서 필립 본살 대사처럼 카스트로와의 관계 개선이나 카스트로 정부 내 중도진영의 성장을 추구해온 유화노선파는 이런 일련의 상황에서 급속히 힘을 잃었다. 1960년 5월 카스트로는 아르헨티나의 수도 부에노스아이레스에서 열린 미주기구 회의에서 남미판 마셜플랜을 미국에 제의했지만 양국 관계를 돌이키기에는 이미 너무 멀리 나간 상태였다.[31] 카스트로가 방미 회담에서 그런 제안을 하고, 미국이나 소련과 등거리 관계를 유지했다면 역사는 조금이나마 달라졌을지도 모른다. 하지만 미국과 소련의 적대적 냉전 관계에서, 그리고 미국의 제국주의적 행동에 대한 강한 불신이 있는 상황에서 카스트로가 제3의 길을 생각하기는 어려웠다.

미국과 쿠바의 관계가 돌이킬 수 없게 되자 미국 국무부의 '자제 정책'을 강도 높게 비판해온 알레이 버크 해군참모총장 같은 이들의 목소리가 미국 정부 내에서 차츰 힘을 얻었다. 결국 그간 필립 본살 등이 잠시나마 주도해온 '공공연한 연민과 인내Overt Sympathy and Forbearance' 노선은 이제 아이젠하워 행정부에 의해 11월 5일 '공공연한 압박Overt Pressure' 노선으로 대체됐다.[32]

강경파인 앨런 덜레스 CIA 국장도 노골적으로 쿠바에 덫을 놓기 시작했다. CIA는 쿠바 정부의 영국제 항공기 도입 사업을 방해하기도 했다. 쿠바는 할 수 없이 소련제 항공기를 구입해야 했고, 미국은 이런 쿠바-소련 관계를 명분으로 카스트로 정권 교체를 시도할 수 있었다. 실제로 1960년 12월 덜레스 CIA 국장은 용병을 활용한 파괴 공작을 기획했다. 피그스만 침공으로 발전될 첫 씨앗을 뿌린 것이다.[33]

유화노선파도 쉽게 물러서지는 않았다. 본살 대사는 카스트로를 "미친 작자"라고 부르며 쿠바섬 봉쇄 조치를 구상하는 아이젠하워 대통령을 겨우 설득해 브라질 등 제3국을 통해 협상의 끈을 이어가려 했다. 그 과정에서 카스트로가 협상 조건을 계속 추가하는 등 성가시게 굴었는데, 결국 가느다란 대화의 끈마저 완전히 끊어져버리는 사건이 발생했다. 1960년 3월 4일 아바나 항구에서 원인을 알 수 없는 엄청난 폭발 사고가 발생한 것이다. 이날 화물선 '라 쿠브르'가 다량의 폭약을 싣고 정박했다. 미국으로부터 무기 구입 길이 막힌 카스트로가 프랑스와 벨기에 등에서 구입한 폭약이었다. 대개 무기류를 다루는 선박은 안전 조치의 일환으로 항구에서 떨어진 앞바다에 닻을 내리게 하는 것이 일반적인데, 무슨 이유인지 이날은 사무실 빌딩이 인접한 항구 안쪽 깊숙이 정박했다. 이 사고로 배에 탑승한 사람과 부두 인근에 있던 사람을 포함해 100여 명이 사망하고 300명 이상이 부상을 입었다.

카스트로는 즉각 이 사건을 제2의 메인함 사건으로 규정지으며 미국의 공작이라고 선언했다. 메인함 사건이란 1898년 미국이 스페인령 쿠바 항구에 정박시킨 해군 함정 메인함에서 원인을 알 수 없는 폭발 사건이 일어난 것을 명분으로 스페인에 전쟁을 선포하고, 결국 스페인의 식민지 쿠바를 보호령으로 획득한 사건을 말한다. 카스트로의 의심은 근거가 전혀 없지만은 않았다. 벨기에에 있던 쿠바인들에 따르면 '라 쿠브르' 폭발 사건 전에 미국 영사와 무관이 쿠바 선박의 무기 선적을 방해하려는 시도를 여러 번 했기 때문이다.[34]

그럼에도 카스트로의 메인함 사건 비유에는 아이러니한 측면이 있다. 메인함 사건 당시 미국은 확실한 증거도 없이 스페인의 소행으로 단정하고 전쟁 명분으로 삼았다. '라 쿠브르' 사건도 미국의 혐의가 의심됐지만 명확한 증거가 없는 상황에서 미국과의 전면 대결을 선언한 점에서 카스트로의 행위는 자신이 그토록 증오하는 미국의 과거 행위와 무척 닮았다.

분노에 찬 카스트로는 희생자들을 추모하는 장례식 연설에서 그간의 비난 수위와는 차원이 다른 강력한 반미 항전 발언을 쏟아냈다. 카스트로는 "우리는 심지어 핵폭발의 버섯구름을 향해서 행진할 수 있는 민족"이라고 선언하며 핵전쟁을 전제로 결사항전 의지를 밝혔다.[35] 이날 발언은 이후 수십 년간 쿠바나 북한에서 일상화된 극렬한 반미 언사와 비슷했다.

카스트로는 감정적 언사를 쏟아내는 데 그치지 않고 전쟁에 냉정하게 대비했다. 그러고는 향후 카스트로와 동지적 연대감을 형성한 알렉산더 알렉세예프 쿠바 주재 소련 대사에게 미국이 네 가지 공작을 벌일 것이라고 주장했다. 카스트로를 겨냥한 반테러리스트 법안 실행, 외교적 관계 단절, 경제적 제재 가동, 노골적인 침공이었다. 카스트로는 이 네 가지 시나리오에 대한 선제적 조치로 쿠바 내 모든 미국 자산을 국유화하고 관타나모 미군 기지에 대한 물 공급을 중단시켰다. 또한 민병대와 혁명군에 전시 동원령을 내려 쿠바 내에서의 반혁명적 행동에 대비한 조치를 실행했다.

여기에서 한발 더 나가 알렉세예프 대사에게 미국의 침공을 저지하기 위해 공개적으로 무기를 지원해줄 것까지 요구했다. 요청을 한 시점이 흥미롭다. '라 쿠브르' 폭발 사건이 있기 바로 하루 전 카스트로가 알렉세예프 대사에게 "극단적 상황이 온다면 지원할 준비가 되었는지"를 문의했기 때문이다.[36]

카스트로의 예견은 대부분 맞아떨어졌다. 카스트로의 반미 항전 연설 뒤인 1960년 3월 15일 아이젠하워 행정부의 비밀작전을 총괄하는 '스페셜 그룹' 회동에서 카스트로 정권 교체 계획이 논의되었다. 미국 의회는 쿠바 내 미국 자본 국유화에 상응하는 조치로 7월 3일 쿠바에서 수입하는 설탕의 양을 74만 4천 톤에서 4만 4천 톤으로 급감하는 조치를 의결했다. 그간 세계시장 시세보다 높은 가격으로 설탕을 대량 수입해주던 미국의 급작스러운 조치는 쿠바 경제에 큰 타격을 주었다. 미국 정부 내에서는 쿠바에 대한 전면 침공을 주장하는 목소리가 차츰 커졌다. 미국 내 쿠바이탈주민 공동체에서도 미국의 쿠바 침공이 임박했다는 유언비어가 떠돌았다.

침공이 임박했다는 위기감 속에서 카스트로는 흐루쇼프가 신뢰하는 라울을 소련에 보내 군사 협력을 타진했다. 1960년 11월 7일에는 체 게바라를 통해 흐루쇼프에게 미사일 배치를 타진했다. 11월 8일 카스트로는 마침내 그때까지의 모호한 태도에서 벗어나 언론과의 인터뷰에서 자신의 정체를 밝혔다. "학생 시절부터 마르크스주의자였다"고 선언한 것이다. 심지어 "모스크바는 우리의 두뇌고 우리의 위대한 지도자"라는 충격적인 발언도 했다.[37]

물론 위기가 임박했다는 카스트로의 예상이 정확한 것만은 아니었다. 아이젠하워가 미국 여론을 결정적으로 움직일 계기가 없는 한 침공은 이르다고 판단했기 때문이다. 아이젠하워는 소련이 쿠바를 공산주의의 전초기지로 삼았다는 사실이 미국 시민들에게 분명하게 인식되기 전까지는 쿠바 침공이 광범위한 지지를 얻기 힘들다고 생각했다. 미국 내 소련 문제 최고 전문가인 찰스 볼렌도 흐루쇼프가 그런 어리석은 일을 저지르지는 않을 것이라고 장담했다. 후일 볼렌이 가진 합리적 판단의 틀을 흐루쇼프가 공유한 건 아니라는 사실이 드러났다.[38]

쿠바와 미국 간의 대결 구도의 심화에서 흥미로운 것은 소련 서기장 흐루쇼프의 모호한 역할이다. 원래 흐루쇼프는 과거 스탈린 정권의 극단적인 군사주의적 노선 때문에 미국과의 경제적 경쟁에서 갈수록 뒤쳐지는 상황에 심각한 위기의식을 가졌다. 그로부터 수십 년 뒤 미국을 방문했던 미하일 고르바초프나 보리스 옐친과 같은 실용주의적 성향의 다른 소련 지도자들과 마찬가지로, 흐루쇼프는 이데올로기적으로 열등하다고 생각했던 '퇴조해가는 제국주의 국가' 미국의 엄청난 사회적 활력과 부에 강한 인상을 받았다. 과거 소련 사회주의의 위대한 승리를 떠벌리던 낙관주의에서 한 발 물러나 어느 비공개 석상에서 1970년까지는 미국을 결코 따라잡을 수 없다고 솔직하게 털어놓기도 했다.[39] 흐루쇼프가 보기에 미국과의 불필요한 군사적 갈등과 그로 인한 경제적 부담은 소련을 영원히 2류 국가로 고착시키는 악몽과 같은 시나리오였다. 모처럼 조성된 미국과의 우호적 관계를 해칠 수 있는 쿠바의 호전적 행동은 소련에는 성가신 골칫거리였다.

흐루쇼프에게는 쿠바 말고도 성가신 존재가 또 있었다. 공산주의 종주국 지위를 놓고 경쟁하는 중국이었다. 중국공산당은 흐루쇼프의 미국에 대한 접근과 평화적 공존 노선을 종이호랑이에 불과한 핵을 두려워해 투항하는 배신 행위라고 격렬하게 비난해 흐루쇼프의 심기를 불편하게 만들었다.

흐루쇼프를 포함한 소련의 공산주의자들에게는 마르크스-레닌주의의 틀로 설명하기 힘든 쿠바 혁명의 이단성도 불편하기는 마찬가지였다. 사회의 주도 세력인 노동자 계급이 혁명적으로 성숙해 봉기를 일으킨다는 마르크스-레닌주의이론으로는 한 줌도 안 되는 게릴라 무리가 혁명을 성공시켰다는 사실은 좋게 보아 수수께끼고, 비판적으로 보면 마르크스-레닌주의를 욕되게 하는 모험주의일 뿐이었다. 어느 소련 공산주의자의 쿠바 혁명에 대한 시각은 정통 공산주의자이자 강대국 엘리트의 제3세계 이단아에 대한 불편함을 잘 보여준다.

> 물론 우리는 미국인들이 바로 자신들 코앞에서 카스트로의 공산주의 선언 같은 일을 당하는 것을 즐긴다. 신나는 일이지. 하지만 카스트로의 선언에는 쿠바와 소련의 이후 관계의 모든 불편한 점이 담겨있다. 부지불식간에 소련의 정당성 자체를 공격했기 때문이다. 우리가 마르크스-레닌주의 국가이며 모든 공산주의 진영의 지도자라는 주장의 정당성을 훼손하는 공격이자, 우리가 지원하는 전 세계 모든 당에 대한 정당성에 대한 도전이기도 하다. 정말 대단히 근본적이며 성가신 행동이다. 우리를 골치 아프게 했던 베트남이나 중국과도 비교할 수조차 없다. 그렇다, 쿠바는 그런 나라보다 훨씬 나쁘다. 갑자기 녹색 군복을 입은 작자들이 자신들이 공산주의자고, 심지어 전 세계 공산주의 운동의 지도자라고 떠든다. 우리는 그들의 정체조차 잘 모른다. 물론 우리 말고 다른 지도자란 있을 수 없다. 그 순간부터 그들을 의심했고 언제라도 또 다른 이단자들에게 가버릴 수 있는 이단자로 봤다. 그들은 기본적으로 '진정한' 공산주의의 유일한 조건이 무장 게릴라 투쟁을 옹호하는 것이라고 보는, 우리가 1961년에 이미 "중국 바이러스"라고 부른 것에 쉽게 감염될 작자들이다.[40]

쿠바의 혁명적 모험주의에 대한 소련의 반감은 카스트로의 공개적인 공산주의 선언에 대한 흐루쇼프의 불편함으로 표출됐다. 흐루쇼프는 나중에 이때를 회고하면서 카스트로가 결정적 실수를 저질렀다고 강도 높게 비판했다. 흐루쇼프는 카스트로의 공산주의 선언이 "카스트로 자신과 사회주의에 반대하는 이들 사이의 간극을 벌려놓았고, 침공에 대항할 지지기반의 범위를 축소시키는 즉각적인 효과"를 낳았다고 비판했다.[41]

흐루쇼프가 쿠바의 혁명적 행동을 성가신 장애물로만 인식했다고 보는 것은 오산이다. 앞서 언급했듯이 카스트로가 미국과의 평화적 공존을 위한 방미 중에 쿠바에 대한 소련의 은밀한 무기 지원을 타진했기 때문이다. 소련 지도부 내에서는 쿠바에 대한 무기 지원이 미국과의 평화적 공존 정책의 토대를 흔들 수 있다며 반대하는 목소리가 외무부를 중심으로 있었다.[42] 실제로 소련 외무부는 다음과 같은 예지력 있는 경고를 했다.

"쿠바에 무기를 공급하는 것은 남미 국가들에 대한 미국의 내정 개입을 부추길 것이고, 특히 쿠바의 경우 그럴 가능성이 크다."

니키타 흐루쇼프

적대적 상호의존 관계에 대한 통찰이 담긴 소련 외무부의 경고는 그대로 현실화됐다. 이런 우려의 목소리에도 불구하고 비밀리에 무기 거래를 승인한 당사자는 다름 아닌 카스트로의 군사모험주의를 비난한 흐루쇼프였다. 흐루쇼프는 한발 더 나아가 1960년 6월 쿠바에 대한 핵우산 정책을 선포했다. 1961년 1월 연설에서는 쿠바를 소비에트 블록의 일원으로 선언하고, 쿠바 같은 국가에 민족 해방 운동을 지원할 필요가 있다고도 했다.[43]

흐루쇼프의 선언은 향후 쿠바 미사일 위기를 촉발시킨 핵미사일 배치 이전에도 해석하기에 따라서는 이미 쿠바가 공산주의의 전초기지로서 규정되었음을 의미한다. 또한 소련이 공산주의정권 성립 이래 최초로 미국의 바로 앞마당인 남미에 군사적 대결의 도전장을 던진 획기적인 노선 전환을 의미하는 것으로 해석될 수도 있다.

무엇이 흐루쇼프로 하여금 자신이 비난했던 카스트로의 모험주의처럼 평화적 공존 노선의 기반을 허물어뜨릴 수도 있는, 모순되고 위험천만한 쿠바 정책을 취하게 했을까? 이 질문에 대해 알렉산드르 푸르센코와 티모시 나프탈리는 '점증하는 중국공산당의 영향력과의 헤게모니 투쟁'과 '혁명적 열정의 변수'를 제시했다.

앞서 인용한 소련 관리의 쿠바 혁명에 대한 발언에서도 드러나듯이 "중국 바이러스"는 소련 지도부의 머릿속에 늘 자리를 잡은 골칫덩어리였다. 특히 쿠바 혁명에서 큰 영향력을 행사하는, 급진적 성향의 체 게바라는 쿠바 상황과 유사한 중국 혁명의 게릴라 운동 모델에 크게 심취했다. 쿠바 지도부가 중국과의 관계를 모색하면서 나타난 다양한 신호는 공산주의 종주국 소련을 불편하게 만들었다. 따라서 중국과 유사한 혁명적 무장 투쟁 노선을 추구하는 쿠바에 대한 지원을 방기하는 태도는 곧 공산주의 진영 내 중국의 헤게모니 강화를 의미했다. 소련이 쿠바에 무기 지원은 물론 심지어 카스트로 개인을 매수하기 위해 개인계좌로 돈까지 보내기로 한 것은 이런 맥락과도 무관하지 않다.[44]

물론 흐루쇼프의 동기를 중국과의 헤게모니 경쟁이라는 관점만으로 설명하는 것은 충분하지 않다. 이는 공산주의 내 종주국으로서의 헤게모니 강화를 추구하는 흐루쇼프의 관심을 적절히 설명해주긴 하지만, 다른 한편으로 전 세계 공산주의 혁명 추구에 대한 낭만적 열정도 지닌 개인적 성향을 반영하지는 않기 때문이다. 찰스 볼렌 같은 미국 내 소련 전문가에게는 비용과 이득 간의 저울질이라는 합리적 판단의 틀이 지배적이지만, 흐루쇼프 같은 고참 볼셰비키에게는 혁명적 대의도 대단히 중요하다.

흐루쇼프에게 쿠바 혁명은 성가신 수수께끼이자 신선한 충격이었다. 마르크스-레닌주의 교리에 따른 혁명은 아니었지만 중국 혁명 이후 다시는 일어날 것 같지 않았던 새로운 혁명이, 더군다나 미국의 앞마당에서 벌어진 이후 흐루쇼프는 대단히 흥분했다. 쿠바 혁명은 오랫동안 혁명의 가능성을 잊고 살았던 볼셰비키에게 혁명의 열정을 되찾게 하는 드라마틱한 사건이었다. 관념의 힘을 잘 이해한 역사학자 존 루이스 개디스는 다음과 같이 적절하게 표현했다.

"쿠바 방어 결정은 카스트로와 쿠바 혁명에 대한 늙은 볼셰비키의 낭만적인 대응이자, 위험에 처한 전초기지이자 동맹국을 방어하기 위한 늙은 군인의 전략이기도 했다."[45]

흐루쇼프의 볼셰비키적 성격이 하필이면 카스트로의 방미 직후, 더군다나 아직 쿠바에 대한 중국의 구애가 노골화되지 않았고 소련 외무부가 반대하는데도 쿠바에 비밀리에 무기를 공급하는 결정을 내리는 데 영향을 미친 것으로 보인다. 흐루쇼프가 절대로 쿠바를 공산주의의 전초기지로 만드는 어리석음을 범하지 않을 것이라고 공언했던 볼렌은 이후 계속 혼란스러웠다. 케네디가 집권했을 때 볼렌은 케네디에게 흐루쇼프의 '이중성'을 지적했다. 볼렌은 흐루쇼프가 평화적 공존을 추구하면서도 다른 한편으로는 민족 해방 운동에 무기를 제공하고, 소련 핵전력에 대해 허풍을 떨며 핵전쟁도 불사하겠다며 위협하는 상황을 도저히 이해할 수 없었다.[46] 결국 1962년 10월 위기에서 볼렌은 알 수 없는 상대방의 퍼즐에 대한 대답을 베를린 장악이라는 명쾌한 프레임으로 편리하게 해소해버린다.

미국인의 합리적 계산의 틀로는 이해하기 어려운 이런 모순은 흐루쇼프도 인식하지 못한 두 가지 모순된 욕망 때문이었다. 즉, 평화적 공존에서 궁극적으로 공산주의 체제의 우월성을 증명해 미국을 역사의 '무덤에 파묻으려는' 욕망을 가지고 있었지만(평화적 공존론의 진정한 의미), 다른 한편으로는 눈앞에서 벌어지는 혁명적 운동의 불씨를 살리려는 욕망도 가졌다.

이런 두 가지 모순된 욕망은 소련 제국의 지도자들의 머리에 뿌리 깊게 박힌 관념의 두 가지 표현 형태다. 『실패한 제국』의 저자 블라디슬라프 주보크의 '혁명-제국' 패러다임은 이런 모순을 설명하는 데 도움이 된다. 주보크는 제정 러시아 시대 이래 제국적 팽창 패러다임이 마르크스-레닌주의 혁명의 필연성이라는 관념과 결합해 소련 지도부의 사고의 근저를 구성했다고 본다.

이후 고르바초프라는 포스트 레닌주의자가 등장해서야 비로소 제국-혁명의 관념에서 소련은 완전히 이탈한다. 고르바초프는 신경제 정책 등 자본주의 도입을 더 적극 고려한 레닌의 신사고를 더 우경적으로 확장했다. 이런 이탈은 결국 쿠바와 북한 등 소위 '민주기지의 리더들'이 소련을 '혁명의 배신자'라고 저주하면서 고난의 행군 속에 고립되게 했다. 결국 고난의 행군 후 쿠바와 북한은 전략 노선을 바꾸어 미국의 관심을 끌어 미국과의 국교정상화를 기도하게 된다. 고르바초프는 '역사의 종말'을 현실화시킨 촉매제로서 큰 공헌을 한 셈이다. 물론 21세기 차르 블라디미르 푸틴이 제정 러시아의 제국주의적 충동을 부활시켰지만 말이다.

흐루쇼프의 혁명적 대의에 입각한 결정에는 비밀리에 이루어진 무기 거래가 발각되지 않을 것이란 계산도 깔려있었다. 설령 발각되더라도 그런 사소한 조치가 미국과의 평화 공존 분위기를 해치지는 않을 것이라는 안이한 판단도 한몫했다. 흐루쇼프의 이런 도박사적 성향은 이후 10월 위기에서 그대로 반복된다. 흐루쇼프는 야자수로 미사일을 감출 수 있다고 믿었고, 들키더라도 미국이 터키에 핵미사일을 배치한 것과 같은 논리로 쿠바의 핵미사일 보유를 인정하리라는 터무니없이 낙관적인 가정을 했다.

여기서 한 가지 주목할 것은, 위의 심리적 요인에 대한 가설이 향후 왜 흐루쇼프가 쿠바에 미사일을 배치했는가라는 문제를 푸는 열쇠와도 간접적으로 관련이 있다는 점이다. 분석적 틀을 다루는 1장에서 앨리슨은 쿠바에 미사일을 배치한 동기로서 쿠바 방어 가설을 흐루쇼프의 핑계로 보고, 오히려 베를린 장악 목표 등을 강조했다. 10월 위기와 비교해 베를린은 잠재적으로는 폭발적 이슈였긴 해도, 미국과 소련 간의 당면한 핵심 갈등 사항은 아니었다. 흐루쇼프는 아이젠하워와의 우호적인 회담을 통한 관계 개선에 기대를 걸었다. 베를린을 둘러싼 대결은 오히려 케네디 집권 후 빈 회의 등에서 중요한 현안으로 부상했다.

미사일 배치에 관해 특정 시점의 단면만 보는 것이 아니라 비밀리에 이루어진 무기 지원의 연속선상에서 보면 흐루쇼프의 행동은 나름대로의 논리가 있다. 비록 조치의 강도는 현격히 다르지만, 흐루쇼프의 일관된 욕망은 평화적 공존 정책과 모순됨에도 불구하고 자신이 지키고자 한 제3세계 혁명에 대한 집착이라고 할 수 있다. 비밀리에 이루어진 무기 거래 승인이나 미사일 배치 등에서 일관되게 나타난 흐루쇼프의 집착이 혁명에 대한 대의이건 아니면 전 세계에서의 혹은 공산주의 진영 내에서의 헤게모니의 강화이건 이는 앨리슨이 지적한 베를린 장악이라는 목표와는 다소 다른 차원의 이슈라고 보는 것이 타당하다.

결국 쿠바 혁명 직후 세 나라의 관계를 종합적으로 보면 닭과 달걀의 논쟁이 무익하다는 걸 알 수 있다. 세 나라는 서로 다른 전략 목표를 가지고서 때로는 지나친 오인과 때로는 불충분한 정세 판단을 하는 가운데 문제를 서로 악화시켰다는 사실을 알 수 있다. 또한 이 시기에 나타난 위기의 발단과 전개 과정을 잘 들여다보면 이후 10월 위기는 극단적인 형태로 나타났을 뿐, 위기의 본질이나 위기의 작동 방식 등이 그 이전에 이미 나타났음을 알 수 있다.

이 위기의 맹아는 케네디가 집권한 후 실행한 피그스만 침공 사건을 자양분 삼아 더 자라났다. 케네디는 터키 미사일 배치와 피그스만 침공으로 흐루쇼프에게 도전장을 내민 셈이었다. 뛰어난 공감 능력과 유연한 합리성을 가진 케네디는 도대체 왜 계속 의도하지 않은 악수를 두었을까?

존 F. 케네디

유화 노선을 제안했던 케네디가 이후 쿠바와의 대결 구도에서 왜 강경한 태도를 보였는지 이해하려면 우선 케네디의 이데올로기적 좌표를 이해해야 한다. 아서 슐레진저에 따르면 당시 민주당은 기본적으로 그간 공화당의 외교·안보 전략을 주도해온 앨런 덜레스 국무부 장관의 정책에 반대해왔다. 덜레스 노선은 핵무기 신봉을 바탕으로 중립적 외교를 불신하고 선과 악의 이분법에 근거한 군사주의적 강압 외교로 요약될 수 있다.

덜레스 노선에 대한 반대에는 한목소리를 냈어도 민주당 내에는 두 가지 조류가 형성되었다. 민주당 내 강경파는 트루먼 시절 국무부 장관을 한 딘 애치슨이 주도했다. 이들은 기본적으로 한국전쟁 당시 남침을 주도한 소련의 패권주의적 본질이 스탈린 사후에도 전혀 변하지 않았다고 봤다. 또한 소련과의 핵심적 대결의 에너지를 분산시킬 수도 있는 여러 제3세계 국가에서의 민주화 추구를 낭만적이라고 비판하는 문제의식을 가졌다. 애치슨은 유럽의 경제 재건을 주도한 마셜플랜의 주역이었지만, '부드러운' 경제 프로그램보다는 '강한' 군사적 방법이 냉전에서 더 중요하다고 간주한 점에서는 강경파였다.

민주당 내 온건파로는 아들라이 스티븐슨, 애버럴 해리먼, 체스터 볼즈, 조지 케넌 등이 있었다. 딘 애치슨이 소련의 불변성을 강조하는 반면, 온건파는 세계가 변화해 소련과 중국 간 갈등이 실제로 존재하고 유럽에서의 군사적 위협은 감소했다고 봤다. 따라서 제3세계가 새로운 전장이며, 군사적 방법은 정치적·경제적 프로그램으로 보완되어야 한다고 믿었다. 아서 슐레진저에 따르면 온건파 내에도 다양한 기조가 존재했는데, 해리먼은 좀 더 강압적인 정책을 선호한 반면 볼즈 등은 더 유연한 편이라서 공화당 강경파의 주요 공격 대상이 되곤 했다.

케네디는 민주당 내 두 조류 간의 이념 투쟁과는 거리를 두었지만, 기본적으로 유연한 온건파에 속했다. 케네디는 소련의 패권주의를 절대불변한 것으로 보는 애치슨 식의 강한 회의주의를 가지고 있지는 않았다. 이런 실용주의적 시각 때문에 케네디는 상원의원 시절인 1960년 5월 U-2 정찰기가 소련 영공에서 격추되었을 때에도 유연한 태도를 취할 수 있었다.

케네디는 유연하고 신중한 해결책을 추구하는 동시에 공산주의와의 투쟁에서 단호함도 견지하려고 했다. 그런 점에서 슐레진저는 회고록에서 케네디를 온건파 중에서도 좀 더 강압적인 성향을 가진 해리먼에 더 가깝다고 보고 있다.[47] 이런 케네디의 관점은 대통령 취임사에서 잘 드러난다. 케네디는 특유의 유려한 수사로 "두려움에 휩싸여 협상에 나서지는 맙시다. 하지만 협상을 절대 두려워하지도 맙시다"라고 호소했다.[48]

케네디의 유연함과 신중함은 자신의 참전 경험과도 관련이 있다. 제2차 세계대전 참전 영웅인 케네디는 전쟁의 참화를 겪었으며, 곁에 있는 전우의 몸이 순식간에 두 동강이 나는 것을 수없이 목격하면서, 신중하지 않은 호전주의적 주장에 대해 경계심을 가지게 됐다. 당시 케네디는 여자친구인 잉가에게 보낸 편지에서 다음과 같이 한탄했다.

> 수십억 달러나 병력 수백만 명이란 말에 너무 익숙해져서 수천 명의 사상자를 쉽게 생각하니까. 하지만 이런 수천 명이 내가 본 열 명(케네디가 지휘한 어뢰정 승조원의 수)처럼 살기를 원했다면, 결정권을 쥔 사람은 우리가 하는 모든 활동에 어떤 분명한 목표가 있다고 확실히 밝히는 것이 좋고, 또 목표를 이뤘을 때 그 일이 가치 있었다고 말할 수 있어야 해.[49]

전쟁의 참화를 몸소 겪은 이에게서 이처럼 국가안보 관련 사안에 대한 신중함의 미덕은 쉽게 발견된다. 조지 W. 부시 행정부 시절 합참의장을 지낸 콜린 파월은 전장에서 총 한 번 쏴본 적도 없으면서 강경한 주장을 내뱉는 NSC(국가안전보장회의)나 국무부의 매파에게 경멸감을 표시하곤 했다.

전쟁에 대해 무척 신중했던 케네디지만 뮌헨 조약의 악몽으로 인해 공산주의 세력에 대한 단호함도 유지했다. 케네디의 아버지에게도 원죄가 있는 뮌헨 회담 당시 케네디는 하버드 대학교에 다니던 21살짜리 풋내기 대학생이었다. 원래 케네디는 아버지처럼 히틀러에 대한 유화책에 공감했지만, 히틀러의 패권주의적 유럽 침공에 충격을 받은 뒤에는 입장을 180도 바꿔서 뮌헨 회담에 대한 비판적인 졸업논문을 썼다. 「뮌헨에서의 유화책 Appeasement At Munich」이라는 제목의 이 졸업논문은 이후 『영국은 왜 잠자고 있었나 *Why England Slept*』라는 도발적인 제목의 책으로 출간된 뒤 베스트셀러가 되었다.[50]

유화 정책을 지지하다가 히틀러에게 속은 조지프 케네디의 아들이라는 주홍글씨는 두고두고 케네디를 괴롭혔다. 후대의 사람들은 유화 정책의 실패가 준 트라우마를 온전하게 이해하기 어려울 것이다. 케네디와 마찬가지로 유화책을 지지했던 딘 러스크 국무부 장관의 에피소드에서 단면을 엿볼 수는 있다. 러스크는 어느 대학교 강연에서 "여러분은 저처럼 유화책과 고립주의의 유혹에 빠지면 안 됩니다"라고 호소하면서 눈물까지 흘렸다.[51]

졸업논문으로 아버지의 그늘에서 어느 정도 벗어났지만 사람들은 케네디를 보면 먼저 조지프 케네디를 떠올리곤 했다. 케네디 대통령 만들기 프로젝트에 아버지의 천문학적 자금과 노력이 투입되었다는 점에서 더 그랬다. 케네디는 이런 점을 괴로워했기에 선거 유세 동안에도 종종 아버지의 그늘을 벗어나지 못한 자신을 비하하는 냉소적 유머를 즐기곤 했다.

케네디가 뮌헨 트라우마에서 벗어나기 위해 자신이 제2의 나치독일로 간주한 소련과의 투쟁에서 단호하고 강경한 전사로 자리매김하기 위해 얼마나 노력했을지 쉽게 짐작할 수 있다. 이런 노선 덕분에 민주당 내 전통적인 리버럴 진영은 케네디를 불신했다. 특히 트루먼 행정부 시절 매카시즘의 광풍에도 불구하고 조셉 매카시에 대한 의회의 견책 조치 투표에 민주당 의원 중 케네디만 참여하지 않은 점도 리버럴 진영의 심기를 불편하게 했다. 투표 당시 케네디는 지병인 척추퇴행증 때문에 입원 중이었다. 하지만 케네디 일가는 평소 매카시 집안과 가까웠고, 케네디 행정부의 사실상 2인자 역할을 한 로버트 케네디는 매카시 밑에서 일한 적도 있었다.

케네디는 대선 선거 과정에서도 강경한 주장을 했다. 물론 케네디 선거 캠프로서는 선거 지형상 전통적 리버럴의 입장보다 더 강경한 태도를 취하는 것이 불가피했다. 라이벌인 공화당 후보 닉슨은 공산주의에 대한 강경한 태도로 인기를 끌었다. 더구나 닉슨 후보가 부통령으로 있는 행정부의 수장은 전쟁 영웅인 아이젠하워였다. 풋내기 리버럴 정치인에 불과한 케네디가 쉽사리 비판할 수 없었다. 이런 지형에서 케네디가 선전할 수 있는 유일한 방법은 강경한 노선으로 상대의 강점을 중화시키거나, 더 강경한 태도를 취해 상대의 강점인 외교 노선에서 상대를 오히려 수세에 몰아넣는 것이었다.

케네디가 전통적인 리버럴 노선을 취했다면 공화당으로부터 외교·안보의 최고통수권자로서는 부적격하다고 공격받을 것이 뻔했다. 유화 정책의 상징인 조지프 케네디의 아들이라는 점은 그런 공격에 취약했다. 그런 정치적 지형에서 아이젠하워 행정부의 외교 정책에서 가장 큰 약점, 즉 쿠바 정책 실패 이슈를 우선적으로 때릴 필요가 있었다. 2004년 미국 대선에서 민주당의 존 케리 후보가 자신의 외교·안보에서의 약점을 만회하기 위해 조지 W. 부시의 외교 정책의 가장 취약한 영역인 북핵 정책을 총체적 실패로 규정하고 북한에 대해 더 강경한 주장을 했던 것과 같은 상황이었다.

케네디는 이런 전략적 판단을 기반으로, 특히 여론조사 결과 닉슨에게 근소하게 뒤지자 연일 아이젠하워 행정부의 쿠바 정책 실패에 맹공을 퍼부었다. 케네디는 자신의 핵심 지지기반이자 보수적인 가톨릭 진영에 닉슨이 반공주의 이슈로 파고드는 상황에 크게 불안해했다.[52] 따라서 케네디는 쿠바가 '미국 외교 정책의 가장 눈에 띄는 실패작'이라고 규정하면서 쿠바 같은 작은 나라의 무모한 도전에도 제대로 대응하지 못하는 인물은 미국의 대통령이 될 자격이 없다고 맹공을 퍼부었다. 그러고는 자신이 집권하면 당장 쿠바 국민들을 위한 정치적·경제적·군사적 조치를 취하겠다고 호언장담했다. 쿠바에 대해 아무런 명확한 행동 계획이 없는 닉슨을 몰아붙이며 "쿠바에 맞설 수 없다면, 흐루쇼프에게 어떻게 맞설 겁니까?"라면서 통수권자로서의 닉슨의 자질도 문제 삼았다.[53] 마치 누가 더 카스트로나 흐루쇼프와 자신 있게 맞장을 뜰 수 있는가를 증명하기 위한 마초게임과도 같았다.

케네디가 미국의 앞마당에 호전주의적 공산주의정권을 두게 된 미국 유권자들의 공포심을 효과적으로 자극하자 닉슨 진영은 조바심이 났다. 닉슨은 CIA 국장 앨런 덜레스에게 신속한 행동을 취하도록 연일 재촉했고, 닉슨의 참모들은 선거 전인 10월경에 해병대를 보내서라도 쿠바를 쑥대밭으로 만들어야 한다며 소위 미국판 북풍인 '10월의 이변October surprise'을 건의하기도 했다. 오늘날 미국 대선에서 선거의 판도를 바꿀 수 있는 막판 이벤트를 '10월의 이변'이라고 하는데, 그 기원도 여기에 있다.

닉슨 진영이 쿠바 공격을 기획한다는 첩보를 입수한 케네디 진영은 다시 닉슨에 대한 선제공격의 일환으로 쿠바 침공을 기도하는 망명자 그룹을 칭하는 '자유의 전사들'을 닉슨이 지원하지 않았다고 주장하는 등 치고 나왔다. 물론 케네디는 닉슨이 실제로는 '자유의 전사들'을 비밀리에 조직해 군대를 만들었다는 사실을 알지 못했다. CIA가 야당 후보인 케네디에게는 철저히 비밀에 부쳤기 때문이다. 노회한 닉슨은 실제로는 비밀리에 케네디가 제안한 것과 같은 작전을 기획하면서도 공개적으로는 케네디의 주장이 무책임하다며 일축했다.[54]

케네디의 지나치게 강경한 주장에 충격을 받은 민주당 리버럴 진영은 민주당 후보로서의 정체성 혼란이 선거 캠페인 과정의 최대 실책이라고 평하며 대선 패배를 예상했다. 리버럴 진영의 격한 반응에 마음 상한 케네디는 특유의 냉소적 태도로 대선에서 승리한다면 "나 혼자서 승리를 만들어 낸 것"이라고 쏘아붙였다.[55] 결국 케네디는 당내 계파 갈등에도 불구하고 '자력으로(더 정확하게는 아버지의 전폭적인 선거 자금 지원으로)' 승리했다. 케네디의 강경한 주장은 비록 대선 승리에 기여했을지 몰라도, 의도하지 않은 다양한 부정적 파장을 양산했다. 즉, 쿠바와의 위기를 더욱 심화시킨 것이다.

사실 케네디는 이미 대선 기간 훨씬 전부터 안보 분야에서 '보수적인 냉전자유주의자'로 명성을 떨치며 아이젠하워 행정부의 강경한 대외 정책 노선에 기여했다. 특히 의미심장한 것은 '스푸트니크 논쟁'에서 케네디가 보인 태도였다. 1957년 소련은 인류 최초의 인공위성인 스푸트니크를 거대한 로켓으로 우주에 쏘아 올리는 데 성공했다. 이는 소련이 수십 분 안에 미국 본토에 도달할 수 있는 ICBM 개발 능력을 갖췄음을 의미하는 것으로, 미국인들에게 공황 수준의 공포감과 열등감을 안겼다. 케네디는 이런 분위기에 편승해 아이젠하워 행정부의 무능을 공격했다. 소련이 1960년대 중반까지 ICBM 수천 기를 갖춰 미국을 위협할 것이라는 과장된 공포를 조장하는 주장을 한 것이다. 선거 기간에 가장 효과가 높은 전략이 공포를 이용한 호소라는 사실을 잘 알고 있던 케네디는 이런 '미사일 격차' 개념을 반복적으로 강조했다.

케네디는 인식하지 못했지만 이런 과장된 '공포'를 조장하는 행동은 1962년 10월 위기의 직접적인 배경이 되는 사건을 부추겼다. 바로 터키 미사일 배치다. 1957년 스푸트니크 쇼크로 대중적 공황에 직면한 아이젠하워 행정부는 소련의 ICBM 능력에 대항하는 기술 개발에 필사적으로 몰두했고, 미국인들 못지않게 불안에 떠는 유럽 동맹국들을 안심시키기 위해 이탈리아와 터키에 소어 미사일과 주피터 미사일을 배치하는 계획을 추진했다. 이 미사일들이 소련과 인접한 곳에 배치되다 보니 흐루쇼프는 늘 자신의 목에 들이대어진 칼처럼 여기며 대응을 모색했다. 결과적으로도 쿠바 미사일 위기의 발단이 된 주피터 미사일을 철수시킨 것이 위기 해소의 결정적 해법이 되었다. 노후화된 미사일이 제3차 세계대전 일촉즉발까지 가게했던 위기의 시작과 끝을 장식한 셈이다.

물론 위기의 직접적인 기원이 된 주피터 미사일 배치는 케네디가 아니라 아이젠하워 행정부 때 시작되었다. 스푸트니크 쇼크 자체도 케네디가 촉발시킨 것은 아니지만 스푸트니크 쇼크를 확산시키는 데 케네디도 기여했다. 케네디의 강경한 주장은 카스트로도 자극했다. 집권하면 쿠바 국민들을 구하는 조치를 취하겠다는 케네디의 발언에 카스트로는 신경발작적인 반응을 보였다. 카스트로는 연일 아바나 방송에 출연해 케네디는 "야비하고 비열한 개"라는 극언까지 퍼부었다. 카스트로는 보복 대응 차원에서 쿠바 군사법정이 혁명정부 전복 혐의로 기소된 미국인 세 명에게 사형을 선고하게 했다. 또한 미국의 침공이 임박했다는 확신에서, 다른 한편으로는 미국 때리기를 통한 체제 결속의 목적으로 쿠바 전체를 전쟁에 대비한 병영국가로 탈바꿈시켰다.

소련도 쿠바 측이 주장한 '임박한 침공' 논리를 받아들였다. 이미 파리 주재 KGB 지국 등이 미국의 비밀작전 추진 징후를 눈치챘기 때문이다. 쿠바를 곧 상실할지 모른다는 위기감에 빠진 소련은 미국이 쿠바를 침공한다면 핵무기로 보복하겠다고 경고하는 등 무슨 수를 써서라도 침공을 막으려고 했다. 1960년 10월 29일 타스통신은 흐루쇼프가 미국에 "쿠바를 방어하기 위한 핵무기 사용이라는 상징적 위협이 실제 무력 행사로 이어지게끔 강제하지 않기를 바란다"고 강력히 경고했다고 보도했다.[56] 물론 쿠바와 소련의 공황에 가까운 위기감에도 불구하고 대선 기간 내내 아무 일도 일어나지 않았다. 선거 결과에 대한 불안감에 따른 닉슨의 지속적인 재촉에도 불구하고, 쿠바인 망명자들에 의한 쿠바 침공 준비는 하루이틀 만에 실행할 수 있는 게 아니었다.

비록 전쟁은 일어나지 않았지만 미국과 쿠바·소련 간의 대결 문제가 해결된 건 아니었다. 아니, 오히려 핵무기의 중요성이 소련과 쿠바 지도부 내에서 본격적으로 제기됐다. 카스트로는 1960년 11월 9일 연설에서 쿠바에 대한 소련의 핵우산이 미국의 침공을 막았다고 의미심장하게 주장했다.[57] 카스트로가 체득한 강압 전략의 중요성에 대한 '교훈'은 이후 10월 위기 과정에서 핵전쟁을 흐루쇼프에게 권고하는 벼랑 끝 전술로도 이어졌다. 주목할 것은 체 게바라가 1960년 11월 소련 방문 시 흐루쇼프에게 미사일 배치 문제를 타진한 사실이다. 이는 미국 대선 기간에 이루어진 쿠바 침공 위협에 대한 체 게바라 나름대로의 대응이었다. 이런 아이디어가 이후 흐루쇼프의 쿠바 미사일 배치의 기초가 됐다는 증거는 없다. 그럼에도 한 가지 분명한 것은 미국 대선 기간에 나왔던 강경한 주장이 바로 체 게바라와 흐루쇼프가 강경한 대응책을 마련하도록 부추겼다는 사실이다.

피그스만 침공

케네디가 대선 기간에 내뱉은 강경한 주장의 가장 치명적 부산물은 공약을 지켜야 한다는 부담이었다. 그런 심리적 압박은 결국 임기 중 최대 실책인 피그스만 침공을 강행하게 했다.

1961년 1월 20일 대통령 취임식 하루 선날 케네디는 아이젠하워 행정부 관계자와 인수위 모임을 가졌다. 이 회의에서 아이젠하워 대통령은 베를린에서의 사활적 이익 고수와 점증하는 공산주의자들의 공세에 의한 도미노이론을 강조했다. 흐루쇼프와 공산주의 진영이 공격적으로 나오고 있다고 진단하면서 라오스가 공산주의자 손에 떨어지면 남베트남·캄보디아·태국·미얀마 공산화도 시간문제라고 역설한 것이다.

쿠바 정권 교체도 빼놓을 수 없는 중요한 의제였다. 아이젠하워는 "쿠바의 현 정부가 유지되도록 놔둘 수" 없다고 조언했다. 케네디가 "쿠바 내 게릴라 활동을 지원해야 합니까?"라고 묻자 "할 수 있는 한 최대한!"이라는 답이 돌아왔다.[58]

아이젠하워가 인수위에 주문한 강경한 정책은 케네디의 피그스만 침공 결정을 부추긴 것으로 보인다. 하지만 아이젠하워가 쿠바 침공까지 주문했는지는 확실치 않다. 왜냐하면 데이비드 로스코프 교수의 회고록 『세계 운영*Running the World*』에 따르면 아이젠하워는 재임 중에 카스트로 정권 전복이 아니라 정권 붕괴에 대비한 우발 계획으로서 게릴라팀을 설립했다. 아이젠하워의 측근이었던 앤드루 굿패스터 장군은 이 팀의 존재에 대해 우려하면서 아이젠하워에게 "이 계획은 실행 과정에서 자체적으로 확대될 것"이라고 경고했다. 아이젠하워는 "내가 대통령으로 있는 동안에는 그럴 리 없소!"라고 일축했다고 한다.[59] 아이젠하워가 대통령직을 계속 유지했다면 피그스만 침공이 다르게 전개되었을 것이라는 뜻이다. 실제 역사는 굿패스터 장군의 손을 들어주었다. 대선 기간에 강조한 강경한 공약에 발이 묶인 케네디는 아이젠하워가 만든 계획이 확대되는 상황을 방조하고 말았다.

갓 취임한 케네디 행정부는 인수위에서 소련에 대한 강경한 주문을 한 전 대통령을 실망시키지 않았다. 케네디 대통령 취임사의 중심 기조는 '자유의 확산'이었다. 케네디는 "우리는 모든 국가에 주지시키고자 합니다. 자유의 생존과 성공을 위해 어떤 대가라도 치르고, 어떤 부담이라도 짊어지고, 어떤 난관에도 구애받지 않으며, 어떤 동맹국이든 지원하고, 어떤 적이라도 반대할 것입니다"라고 천명했다. 이 연설은 베를린 등지에서 있을지 모르는 소련의 도발에 대한 강력한 경고였다. 연설로만 그치지 않았다. 취

임 첫날 군비를 15퍼센트 늘리기로 결정해서 자신의 주된 관심이 어디에 있는지를 분명히 했다.[60]

취임 직후 케네디는 흐루쇼프가 취임식 전날에 했던 연설을 연구해보라고 측근들에게 지시했다. 흐루쇼프의 연설이 "금세기 가장 중요한 연설 중 하나"라며 "읽고, 중요한 부분에 표시하고, 배우고, 소화시키세요"라는 주문을 한 것이다. 흐루쇼프의 연설에는 케네디가 가볍게 넘기기 어려운 표현들이 많았다. 특유의 허장성세로 제3세계의 "해방" 전쟁 지원을 약속했고, 노동자 계급이 "얼마 안 가 전 세계를 지배할 것"이라고 공언했기 때문이다. 하지만 〈뉴욕타임스〉의 맥스 프랑켈 기자가 예리하게 지적했듯이 케네디는 선입견에 사로잡혀 흐루쇼프의 연설이 내포한 '방어적' 뉘앙스를 오인했다.[61] 흐루쇼프가 주로 강조한 것은 평화적 공존이었다. 고참 볼셰비키나 중국공산당이 핵무기를 종이호랑이라고 보고 핵 위협에 굴복하는 온건파를 경멸하던 것과 달리, 흐루쇼프는 핵전쟁 위협을 실제적으로 받아들였다. 그래서 백해무익한 핵무기 대결 대신 평화적 공존을 통해 경제를 성장시켜 미국을 눌러야 한다고 역설했다. 미국과의 핵무기 대결에서 소련이 큰 열세에 놓였다는 사실을 잘 알기에, 점증하는 미국의 핵무기 위협에 대한 방어적 성격의 연설을 한 것이다.

프랑켈 기자는 평화적 공존을 역설하는 흐루쇼프의 방어적 연설이 공산진영에서 흐루쇼프의 권위를 깎을 수도 있어서 민족 해방 운동을 강조하고 세계 지배를 약속하는 허세를 부렸다고 분석했다. 하지만 맥스 프랑켈 기자도 제대로 이해하지 못한 것이 있다. 바로 흐루쇼프의 이중성이다. 흐루쇼프는 기본적으로 미국과의 평화적 공존을 추구하는 동시에 제3세계에서의 혁명 가능성에도 매우 고무되었다. 그런 모순점이 흐루쇼프의 연설에도 그대로 투영됐다고 보는 것이 더 타당하다.

케네디는 이런 모순된 측면을 복합적으로 인식하기보다는, 강압적으로 진군해오는 불량국가 소련만을 읽었다. 아이젠하워처럼 베를린 상실이라는 베두인 전설 프레임을 강하게 견지했었기 때문이다. 이는 1장에서 슬라보예 지젝을 인용하면서 언급한 '왜상'과도 같은 것이다. 특정한 시각으로 왜곡되게 인식하는 경향이 흐루쇼프의 연설문에 대한 일방적 해석을 낳은 것이다.

케네디는 흐루쇼프에 대한 아이젠하워의 강경한 충고를 받아들인 데 이어 쿠바에 대한 충고도 충실히 따르는 것처럼 보였다. 대통령 취임사 자체에는 쿠바에 대한 강경한 메시지가 들어있지 않았다. 카스트로는 아이젠하워 행정부 말기에 거의 매일 미국이 침공하는 악몽에 시달렸고, 케네디의 취임사에 주목했다. 케네디의 연설 어디에도 쿠바에 대한 호전적인 표현은 없었고, 오히려 "평화 추구"라는 말에 깊은 인상을 받은 카스트로는 민병대에 참호를 떠나 집으로, 직장으로 돌아갈 수 있을 것이라고 말했다.[62] 케네디와의 관계 개선에 기대를 건 흐루쇼프는 대선 기간 중 닉슨을 도울 수도 있는 U-2 정찰기 조종사 포로 석방을 유보했다가 케네디가 당선되자마자 석방하는 식으로 우호적 신호를 보냈다.[63]

하지만 카스트로는 케네디의 평화 추구 정책의 분명한 전제조건을 제대로 읽어내지 못했다. 케네디는 취임사에서 "미국은 본질적으로 평화를 추구하지만, 남미나 북미 어디서든 공격과 전복에 반대하기 위해서라면 우리의 이웃과 즉시 함께할 것임을 알리겠습니다"라고 경고했다. 케네디에게 소련과 연대한 쿠바는 공산주의의 전초기지였다. 따라서 결코 평화적 공존 대상이 될 수 없었지만 그런 의미를 카스트로는 파악하지 못했다. 아니나 다를까, 케네디는 취임 후 일주일도 채 지나지 않은 1961년 1월 25일 첫 기자회견에서 쿠바와의 관계 회복에 대한 질문이 나오자 "지금 당장은 아닙니다"라고 싸늘하게 답했다.

케네디는 카스트로 같은 공산주의자를 고립시키기 위해 '진보를 위한 동맹' 정책도 천명했다. 케네디는 군사적 강압을 무조건 선호하는 강경파와 달리 쿠바 혁명이 경제적 불평등 같은 구조적 모순의 필연적 산물이라는 사실을 잘 알았다. 따라서 이 노선은 군사적 강압 같은 하드파워 대신 남미의 국가들에 대한 개혁 프로그램 지원과 같은 소프트파워로 민심을 얻음으로써 남미 전역에서 친미 온건 세력을 강화하려는 포석이었다.

'진보를 위한 동맹'이 누구를 겨냥했는가는 기자회견에서 케네디가 한 발언에서도 분명히 드러난다. 케네디는 5억 달러 이상을 지원하는 당근 정책을 발표하면서도 "쿠바는 여기에 포함되지 않을 것"이라고 단호하게 선을 그었다.

쿠바를 개혁 대상이라기보다는 공산주의 진영의 전초기지로 보는 케네디에 대해 카스트로의 인식은 다소 희극적이기까지 했다. 카스트로는 이탈리아 공산당 기관지인 〈우니타〉와의 인터뷰에서 이렇게 말했다.

> 인간이 다른 인간을 착취하는 것을 완전히 끝장내기 위해, 그리고 새로운 계급이 지배하는 완전히 새로운 사회를 건설하기 위해 투쟁했소. 미국인들과 가톨릭 신부들은 이를 두고 공산주의라고 말하지만, 우리는 공산주의가 아니라는 사실을 너무나 잘 알고 있소. 우리는 그런 말을 조금도 두려워하지 않소.[64]

아이러니하게도 "인간이 다른 인간을 착취하는 것을 완전히 끝장"낸다는 공산주의자나 쓸 표현으로 자신이 공산주의가 아니라고 부인하는 상황은 실소를 머금게 한다. 공산주의자가 확실해진 카스트로와 이를 절대로 용납할 수 없다고 공언한 케네디 사이에서는 대결은 필연적이었다.

민주당 리버럴 진영에서 존경받던 제임스 풀브라이트 상원의원은 케네디에게 쿠바는 "심장을 겨누는 칼이 아니라 몸의 가시 정도"로 다루라고 지혜롭게 충언했다. 그럼에도 케네디는 시간이 미국편이 아니라는 조급한 인식을 가졌다.[65] 대선 기간에 케네디는 아이젠하워의 무력한 모습을 비판하면서 신속한 해결책을 공언했기 때문이다. 카리스마 넘치는 카스트로가 집권한 쿠바는 남미 전역으로 손쉽게 확산될 수 있는 바이러스와 같다는 위기의식도 케네디의 조급함을 부추겼다.

덜레스 CIA 국장도 시간이 없다며 케네디를 부단히 압박했다. 선거 캠페인 때 케네디는 몰랐지만 집권하고 보니 이미 아이젠하워 전임 행정부가 마련한 비밀작전이 있었다. 케네디를 더욱 안심시킨 점은 비밀작전의 총책임자가 전설적인 명성을 가진 리처드 비셀이었다는 점이다. 비셀은 소련 영공정찰로 엄청난 위력을 발휘한 U-2 정찰기 사업을 총지휘하면서 미국의 정보전 분야에 큰 업적을 남긴 인물이었다. 케네디는 비셀과 오래전부터 친분이 있었고, 그래서 워싱턴 정가에는 케네디가 비셀을 CIA 국장 자리에 앉힐 것이라는 소문까지 돌았다.

건드리는 것마다 황금으로 변화시키는 비셀의 전설적인 능력에도 치명적인 단점이 있었다. 비셀은 베트남 전쟁에서 맥나마라 국방부 장관이 그랬듯이 미국의 최고 수재답게 제3세계 혁명의 질긴 생명력을 과소평가하고, 미국의 기술적 우위를 과장하는 버릇이 있었다. 따라서 과테말라에서 비밀리에 용병들을 훈련시키면서도 쿠바의 지형이나 저항의 정도에 대한 정보를 제대로 파악하지 못했다. 게다가 어처구니없게도 훈련이 지나치게 엉성했다. 미국 교관 중에는 스페인어를 할 줄 아는 이가 아무도 없어 용병들과 원활하게 대화할 수 없었고, 훈련 시설도 부실해서 식수조차 제대로 공급되지 않았다.[66]

이런 취약점을 국무부의 일부 관리가 지적하자 케네디는 합참 등에 카스트로 정권 전복 계획을 평가하라고 지시하고, 번디 국가안보보좌관에게도 자문을 구했다. 하지만 합참이 한 것이라고는 훈련 상황을 평가하기 위해 과테말라에 잠시 들렀던 것뿐이고, 용병들을 만나지도 않았다. 그러고는 워싱턴에 돌아온 뒤 "기습이 작전의 성패를 결정지을 것"이라고만 보고했다.[67] 번디도 비셀의 평가서와 이에 반대하는 국무부의 토머스 만이 제출한 보고서를 자세히 검토하지도 않고 케네디에게 보고했다는 점에서 비난을 피할 수 없다.

비셀은 과테말라에 우기가 다가오고 있으니 용병들을 빨리 이동시켜야 한다고 재촉했다. 시간에 쫓기던 케네디는 미심쩍어하면서도 정권 초기부터 우유부단한 모습을 보이고 싶지 않았다. 동생 로버트 케네디의 회고처럼 케네디가 계획을 취소했다면 빈틈을 호시탐탐 노리던 강경보수파가 케네디를 '유약한 리버럴'로 낙인찍었을 것이다. 작전을 취소하고 용병들을 해산하면 난동을 일으킬 수도 있었다.[68] 마치 김일성 암살을 목적으로 실미도에 창설한 부대가 남북 화해 분위기가 조성되면서 작전이 취소되고 부대원이 탈영한 실미도 사건처럼 말이다.

케네디는 고심 끝에 두 가지 조건을 달아 쿠바 침공작전을 승인했다. 상륙 시점은 저항이 가장 적을 야밤에 비밀리에 이루어져야 한다는 것과, 작전의 궁극적 성공을 위해 공군의 지원이 필요한 경우 미군 기지가 아니라 쿠바에 있는 비행장에서 이륙한 것처럼 보이게 해야 한다는 것이었다. 케네디가 이 두 조건을 강조한 이유는 분명했다. 취임사에서 '진보를 위한 동맹'을 제시하며 평화적 이미지를 강조한 상황에서 미국 정부가 침공에 직접 관여한 것으로 보이고 싶지는 않았기 때문이다.

케네디는 의도하지 않았지만, 이미 허점이 많은 작전을 더 부실하게 만들었다. 케네디가 제시한 조건에 맞춰 변경된 상륙지점은 공군의 지원이 필요 없을 정도로 안전해 보였지만, 원래 장소와 달리 상륙 뒤에 게릴라전으로 전환하는 데 필요한 험준한 산악 지대가 주변에 없었다. 상륙 시 쿠바 정부군이 강력히 저항하는 경우 그대로 고립될 판이었다. 더 큰 문제는 도심에서 멀리 떨어진 해변에서의 전투가 카스트로의 학정에 신음하는 민중의 전국적인 봉기로 이어질 것이라는 터무니없는 가정이었다. 국무부의 토머스 만은 "대규모 봉기 발발은 비현실적인 가정"이라고 지적했지만, 거기에 신경 쓰는 사람은 많지 않았다.[69] 미군은 가끔 벌어진 반혁명 인사들에 의한 설탕공장 테러 같은 조그마한 사건을 침소봉대해 마치 민중 항쟁의 전조로 오인했다.

쿠바 민중은 카스트로와 강력한 연대감을 가졌고, 반대 세력은 대중적 기반이 없었다. 더구나 쿠바 역사를 조금이라도 아는 사람이라면 그런 민중 항쟁은 발생한 전례가 없다는 사실을 모를 리가 없었다. 카스트로의 혁명도 전국적인 봉기가 아니라 소수 게릴라의 돌격투쟁과 같은 형태로 이루어졌다.

결국 미국의 피그스만 침공작전은 참혹한 실패로 끝났다. 상륙을 지원하기 위해 쿠바 공군 마크로 위장하고서 출동한 B-26 폭격기 몇 대가 무력할 것으로 예상한 쿠바 공군에 격추됐고, 침공군을 싣고 온 함정 두 척도 무력화됐다. 해변에서 상륙부대가 고립되자 비셀은 케네디에게 추가 공습을 요청했지만, 이미 작전 시작부터 문제가 드러났다고 판단한 케네디는 비셀의 요구를 묵살하고 작전이 실패되는 과정을 무기력하게 지켜봤다. 결국 14명만 구출됐을 뿐 1189명이나 되는 침공군이 대거 생포됐다. 포로들은 쿠바 방송 카메라 앞에서 미국의 만행을 폭로하는 선전전의 도구로 활용됐다. 노회한 카스트로는 포로를 공개처형하지 않고 미국에 몸값을 요구해 총 6200만 달러라는 거금도 챙겼다.

피그스만의 처참한 실패 후 눈물을 흘렸다는 케네디는 기자회견에서 "이기면 아버지가 100명이나 생기지만, 지면 고아가 된다라는 속담이 있습니다"라고 하면서 특유의 재치와 솔직함으로 책임을 인정했다. 케네디는 이후 인사개편 때 자신을 벼랑 끝으로 내몬 인물들에게 관대함을 보였다. 흥미로운 점은 피그스만 작전의 진정한 아버지는 케네디가 아니라 케네디가 경쟁하고 증오했던 닉슨이라는 사실이다. 필립 본살 쿠바 주재 미국 대사는 닉슨을 '작전의 아버지'라고 불렀다. 닉슨의 비서실장인 홀드먼도 그런 사실을 인정했다.[70]

아이젠하워 대통령이 이루지 못한 작전을 집행해 진정한 마초로 거듭나고자 했던 케네디는 실패했다. 이 때문에 케네디는 진보와 보수 양측 모두에서 고립됐다. 진보진영은 '진보를 위한 동맹'으로 미국의 이미지를 긍정적으로 바꾸는 상황에서 비열한 계략을 실행한 사실을 용서할 수 없었다. 진보 학자 다수가 항의를 담은 연대성명서를 제출했다. 베링턴 무어 같은 좌파 학자는 케네디의 '뉴프런티어 정책'은 사기고, 케네디 정권은 핵심 정책을 리버럴한 수사로 포장한 군사주의적이고 반동적인 정권일 뿐이라고 신랄하게 비난했다.[71]

UN 무대에서 케네디 행정부의 위신은 땅에 떨어졌다. UN 대사이자 미국 리버럴 진영과 전 세계 오피니언 리더의 존경을 받은 스티븐슨 대사는 영문도 모른 채 CIA가 준 각본대로 UN에서 이 작전의 존재를 부인하다 하루아침에 거짓말쟁이로 전락했다. 후일 초당파적 존경을 받던 콜린 파월 국무부 장관이 이라크 전쟁의 빌미가 된 대량살상무기의 존재에 대해 CIA에서 받은 정보에 의존해 거짓말을 한 사례를 연상시킨다. 케네디를 더욱 곤혹스럽게 만든 것은 진보진영에 못지않은 강경보수파의 분노였다. 이들은 케네디가 아이젠하워와 닉슨이 만든 프로젝트를 실행에 옮겼더라도 중도에서 종료시킨 사실을 결코 용서할 수 없었다. 선거 전 우려했던 '뮌헨에서의 유화주의자 케네디'라는 생각이 실제로 확인됐다고 여긴 것이다. 양 진영의 분노에 직면한 케네디는 "의원내각제였으면 사임했어야 한다"며 침통해했다.[72]

피그스만 침공의 부정적 여파는 국내에만 한정되지 않고 외교 관계마저 악화시켰다. 사건 직전 케네디는 한 기자회견에서 쿠바에 대한 불가침 선언을 했었다. "어떤 조건에서도 미국 군대에 의한 쿠바 침공은 없을" 것이라고 확언한 것이다.[73] 이런 상황에서 국제사회는 미국이 공언하는 불가침 선언을 믿기 어려웠다. 미국의 신뢰가 땅에 떨어진 셈이다. 비록 후일 아바나 회의에서 카스트로는 "피그스만 침공을 두고 케네디를 비난하지는 않소. 전임 정권으로부터 물려받은 작전이기 때문이오"라며 너그러운 태도를 보였지만 당시에도 그랬던 것은 아니다.

카스트로는 한편으로는 피그스만 침공을 긍정적으로 받아들였다. 체 게바라는 케네디의 특사인 리처드 굿윈과의 비밀회동에서 피그스만 침공에 대해 감사를 표하기도 했다. 카스트로 세력이 정권을 공고히 할 수 있게 한 정치적 승리를 가져왔다는 이유에서였다.[74] 사실 카스트로는 피그스만 침공 덕분에 쿠바를 사회주의적 길로 보다 더 공공연하게 이끌 수 있었다. 쿠바를 강력한 경찰국가로 전환시키려고 한 동생 라울의 계획에 대해 주저했던 카스트로는 미국의 침공을 계기로 소련의 지원을 통해 확실한 안보 강화를 추구했다.[75] 또한 피그스만 침공 뒤에 카스트로 정권과 사회주의정권의 존립이 완전히 동일시되면서 미국이 카스트로를 제거하는 일은 더욱 어려워지고 말았다. 이런 일련의 움직임은 미국과 쿠바의 적대적 상호의존관계를 잘 드러낸 셈이다.

피그스만 작전의 부정적 결과에 대해 '작전의 아버지' 닉슨이 대선 후보 TV토론에서 던진 경고만큼 예지력이 넘치는 것은 없다는 사실은 또 다른 아이러니다. 비밀작전을 꾸미던 닉슨은 공개석상에서 그런 작전을 제안하는 케네디를 무책임하다고 몰아붙였는데, 그때 기묘하면서도 통찰력 있게 케네디를 공격했다.[76]

"케네디 후보가 주장하는 쿠바 파괴 공작을 실행하면 미국은 남미에서 모든 친구를 잃고, UN에서 비난받을 것이며, 우리의 목표도 달성하지 못할 겁니다. … 그건 흐루쇼프에게 남미 대륙으로 오라는 공개적인 초청장을 보내는 것과 같을 겁니다."

닉슨의 본심은 아니었을지 모르지만 이 예언은 적중했다. 피그스만 침공 뒤 미국은 '호전적인 제국주의 국가'라는 인식을 다른 나라에 심어주었고, 2차 쿠바 침공을 상당히 우려한 흐루쇼프는 쿠바에 대한 지원 의사를 더욱 강하게 굳혔기 때문이다. 앞서 지적했듯이 당시와 오늘날 미국 주류 전문가들은 이 피그스만 침공에서 보여준 케네디의 유약한 태도가 흐루쇼프로 하여금 베를린 공세에 대한 자신감을 심어줬다고 평가하지만, 사실은 그 반대였다. 흐루쇼프는 미국이 철저히 준비한 뒤 제2차 침공을 할 수 있다고 생각하며 불안해했다.

미국 입장에서 피그스만 침공이 전적으로 부정적인 결과만 낳은 것은 아니었다. 그런 점에서 역사는 참으로 아이러니하게 진행된다. 피그스만 침공은 흐루쇼프에게 남미로의 공개적인 초청장을 보낸 셈이지만, 다른 한편으로 케네디는 이 사건을 통해 이후 전개될 위기의 정점에서 절대적으로 필요한 지혜를 얻었기 때문이다.

케네디가 얻어낸 교훈은 크게 두 가지로 압축된다. 첫째는 각 전문가들에 대한 과도한 의존 문제고, 둘째는 의사결정에서 숙고의 중요성이다. 우선 첫째 교훈에 대해 살펴보자면, 막 취임한 케네디는 외교·안보 분야 등에서의 경험 부족으로 수십 년간 외교라인에서 명성을 떨쳐온 관리들에게 다소 주눅이 들어있었다. 특히 명성이 자자한 덜레스 CIA 국장의 판단을 지나치게 믿었다. 피그스만 침공을 겪으면서 케네디는 전문가의 판단에 오류가 많고, 때로는 전문가가 자신이 속한 부처의 이익이나 관성에 과도하게 매몰된다는 사실을 발견했다. 또한 강경파는 위기를 해결하기보다 지속시켜 자신들의 역할이 전면에 부각되는 것을 즐기기까지 한다는 사실을 뼈저리게 깨달았다.

케네디는 합참이 그토록 무성의하게 피그스만 침공 계획을 검토한 사실에 분노했다. 쿠바 미사일 위기 직후 열린 회의에서 “저 개자식들은 과일샐러드나 먹으면서 고개를 끄덕이며, ‘성공할 거요’라고 주절”거렸다며 강한 불신감을 드러냈다.[77]

피그스만 침공 실패 경험을 통해 케네디는 전문가에게 과도하게 의존하던 성향에서 벗어나 의사결정 과정에서 계급장을 떼고 치열하게 벌이는 토론이 중요하다는 점을 깨달았다. 이후 자신을 중심에 놓고 전체적으로 사고하는 측근인 시어도어 소렌슨과 동생 로버트 케네디와의 자유로운 토론을 즐겼다. 두 사람은 비록 전문성 면에서는 관련 부처의 관리들만 못하지만, 도발적 질문과 창조적 견해를 과감하게 제시해 의사결정의 질과 활력을 높였다. 새로운 변화는 이후 쿠바 미사일 위기에서 강경한 조언을 끈질기게 해서 위기를 오히려 악화시키려고 한 국방부나 CIA의 강경파에 케네디가 휘둘리지 않게 되는 요인이 되었다. 특히 피그스만 침공 뒤에 새로 임명한 합창의장 맥스웰 테일러는 쿠바 미사일 위기에서 군부의 강경한 의견만을 무턱대고 대변하지 않고 신중한 조언으로 케네디의 의사결정에 적잖은 도움을 줬다.

인물 교체뿐 아니라 번디 주도로 NSC를 제도화하는 작업에도 돌입했다. 매일 아침 열린 회의에는 NSC 멤버뿐 아니라 관련된 인사들도 적절히 참여시켜 각 부서들을 통솔하는 등 백악관의 전체적 컨트롤타워 역할을 했으며, 위기 관리 기능을 획기적으로 강화했다.[78]

제도 개혁 측면에서 주목할 점은 소수의 전문가에게 의존하던 성향을 줄이고 대통령 자신의 ‘신경망’이라고 할 수 있는 상황실을 만든 것이다. 이 상황실은 제2차 세계대전 당시 프랭클린 루스벨트 대통령이 사용했던 ‘지도실White House Map Room’에 설치되어 케네디가 전 세계에서 일어나는 일들에 대한 정보를 즉각 보고받게 했다. 오늘날 백악관 상황실은 기술 설비까지 개선되어 대통령의 중요한 눈과 귀 역할을 하고 있다.[79]

케네디는 의사결정의 질에 대해서도 반성을 많이 했다. 의사결정에 드는 시간과 질도 큰 문제가 있었다는 사실을 발견한 것이다. 후일 쿠바 미사일 위기를 되돌아보는 시간을 가지면서 아이젠하워 전 대통령은 케네디에게 이런 질문을 던졌다.

"계획을 승인하기 전에 전부 불러놓고 토론을 해서 대통령께서 계획의 찬반 논리를 직접 확인한 뒤에 결정을 내렸습니까?"[80]

물론 케네디의 대답은 "아닙니다"였다. 쿠바 미사일 위기에서 케네디는 '심의적 의사결정'이라는 측면에서 탁월한 전형을 보여주었다. 위기가 발생하자마자 정부 내외부를 막론하고 다양한 색깔을 가진 자문위원을 불러서 매일 각자의 논리와 예상 시나리오를 예리하게 다듬게 했다. 필자는 백악관 비밀녹취록에 기록된 케네디의 탁월한 의사결정 방식에서 강한 인상을 받았다. 케네디는 특유의 자유로운 스타일로 외부 전문가들을 불러다가 격의 없이 하는 토론을 즐겼다. 무질서한 대학생 세미나 같다고 불평하는 사람도 있었지만, 이 '세미나'가 케네디의 정교한 해법을 만들어낸 비결이었다. 지금까지도 케네디의 쿠바 미사일 위기에서의 의사결정 양식은 모범적인 사례로 평가받고 있다. 슐레진저가 지적했듯이 1961년 쿠바에서의 실패는 1962년 쿠바 미사일 위기 때에는 성공의 어머니가 된 셈이다.[81]

빈 정상회담

비록 케네디가 피그스만 작전이라는 강경한 군사주의적 태도를 취했지만, 이때까지만 해도 소련의 흐루쇼프는 케네디에 대한 일말의 기대를 갖고 있었다. 사실 대선 직전 소련 외무부는 케네디를 '철저한 실용주의자'라고 규정했고, 흐루쇼프 또한 "케네디는 대화가 통하는 인물"이라고 생각했다.

흐루쇼프가 케네디와 대화를 통해 해결하고 싶었던 최우선적인 일은 미국도 정확히 예상했듯이 '베를린'이었다. 흐루쇼프는 베를린에서 서방 연합군이 철수하더라도 미국의 국익이 크게 침해되지 않는다고 판단했다. 따라서 케네디를 직접 만나 외교적 공세를 강하게 펼치면 케네디도 베를린에 대한 소련의 입장을 납득하리라고 믿었다. 소련의 강경파는 이런 발상에 회의적이었지만, 흐루쇼프는 케네디와의 정상회담 성사에 모든 에너지를 쏟아부었다.[82]

흐루쇼프는 베를린 문제에 대한 미국의 입장과 케네디가 가지고 있던 곤혹스러운 심적 갈등을 제대로 이해하지 못했다. 필자는 이 책 2장에서 베를린 문제에 대한 소련의 입장을 지적했다. 마찬가지로 미국을 비롯한 서구 진영에 베를린은 파시즘을 상대로 한 승리의 상징과 같은 도시였다.[83] 따라서 베를린에서 서방 연합군이 철수하는 문제가 미국의 국익과 양립 가능하다고 본 흐루쇼프의 계산은 이런 정신적 의미를 과소평가한 것이었다.

게다가 케네디는 두 가지 욕망 사이에서 갈등했다. 피그스만 침공을 중도에 포기한 이후 미국 강경파가 케네디의 유약함을 비난하는 목소리가 커졌다. 이런 와중에 정상회담에서 흐루쇼프에게 사소한 양보라도 하면 케네디 행정부에 큰 부담이 될 터였다.[84] 정상회담 자체를 기피하면 흐루쇼프가 케네디가 유약하다는 증거로 받아들일 가능성이 있었다.

또한 흐루쇼프와 마찬가지로 케네디에게도 평화적 공존을 영구히 구축하고 싶은 욕망이 있었다. 따라서 흐루쇼프에게 약하게 보이지 않기 위한 대결적 자세가 파국을 초래할까봐 우려했다. 결국 케네디는 그가 신뢰하던 루엘린 톰슨 소련 주재 대사의 충고를 받아들여 흐루쇼프와의 정상회담을 통해 소련의 패권주의적 태도를 누그러트리기로 마음먹었다.

흐루쇼프가 허장성세로 케네디를 설득할 수 있다고 믿었듯이, 케네디도 자신의 설득력을 믿었던 점도 작용했다. 케네디는 아이젠하워 행정부가 외교적으로 성과를 거두지 못한 이유 중 하나가 외교적으로 무능해서 창조적 해법을 마련하지 못하기 때문이라고 봤다. 케네디는 자신은 다르다고 믿었다. 베를린 문제도 아이젠하워 행정부 시절 이를 주도한 덜레스가 보다 창조적인 방안을 마련했으면 해결할 수 있었다고 봤다.[85] 베를린 문제에 대해 지나치게 낙관했다는 점에서 케네디는 흐루쇼프와 통했다. 하지만 빈 정상회담 실패로 두 정상의 잘못된 인식이 드러나게 된다.

흐루쇼프의 긍정적 평가처럼 빈 정상회담을 준비하는 과정에서 케네디는 탁월한 실용주의자로서의 외교적 수완을 발휘했다. 합의가 어려운 베를린 문제와 쿠바 문제 등을 의제에서 배제하고 핵실험 금지 등 우선 합의가 가능한 사안에 초점을 맞추려고 한 것이다. 하지만 그런 노력에도 불구하고 합의가 쉽지 않았다. 흐루쇼프도 핵실험 금지에 관심이 있었지만, 이 문제를 상호 간의 포괄적이고 전면적인 군사력 감축이라는, 당시로서는 다소 이상적인 목표와 연계시켰다. 게다가 소련은 핵실험 금지 조치 실행을 확인하기 위한 UN 사찰이 스파이 행위로 이어질 수 있음을 상당히 우려했다. 따라서 UN 대신 공산진영, 미국과 영국 같은 자유민주주의 진영, 중립국 등으로 이루어진 3자 위원회 같은 새로운 사찰 기구 창설을 제안해 UN의 권위를 무너뜨리고 싶지 않은 미국을 곤혹스럽게 했다.[86]

아이젠하워 외교팀의 무능을 비판했던 케네디는 사태를 돌파하기 위한 창조적 해법을 내놓으려고 전력을 다했다. 케네디는 동생 로버트 케네디를 비밀특사로 임명하고, 핵실험 금지 제안을 다시 가다듬어 소련과의 합의점을 찾고자 했다. 결국 소련이 제안한 새로운 사찰 기구 창설안을 거부권을 가지지 않는다는 조건하에 수락하고, 미국이 우주 개발에서 선취권을 가지는 대신 소련과의 합동 우주 프로그램을 제안해 평화적 공존의 초석을 놓으려고 했다.[87]

하지만 서로에 대한 오인은 여전히 계속됐다. 소련은 핵실험 금지를 위한 상호 사찰과 마찬가지로 미국이 제의한 합동 우주 프로그램도 미국의 스파이 행위로 이어질 수 있다고 크게 염려했다. 케네디가 실용주의적 자세로 점진적 해법을 내놓을수록 아이러니하게도 소련의 불신은 깊어졌다. 소련이 보기에 평화적 공존의 근본 열쇠는 양측의 전면적 군축 노력이었다. 소련은 이런 근본적인 사안 대신에 핵실험 금지나 합동 우주 프로그램 같은 지엽적인 사안에 집착하는 미국이 평화적 공존의 의지가 있는지 의심했다. 마치 과거 남북 관계에서 부분적 합의를 순차적으로 높여가는 기능주의적 관점을 선호하는 한국의 통일 방안에 대해 북한이 미군 철수, 연방제 같은 근본주의적 요구를 내세워 대립해온 것과도 유사하다.

결국 동생 로버트 케네디를 비밀특사로 임명하는 등 정상회담의 성공적 개최를 위해 노력했던 케네디는 아무런 사전 합의도 이루지 못한 채 빈에서 흐루쇼프와 맞닥뜨렸다. 정상회담 초반에 케네디는 “제 야심은 평화를 이룩하는 것”이라고 선언하며 미소 간에 ‘계산 착오’를 피하는 것이 중요하다고 지적했다.[88]

케네디 대통령의 지적은 그간 미국과 소련이 무수히 많은 오인을 거듭하며 사태를 악화시켰다는 점에서 훌륭한 지적이었다. 하지만 아이러니하게도 이런 오인에 대한 지적 자체가 흐루쇼프의 오인을 불렀다. 케네디의 ‘계산 착오’라는 말에 기분이 상한 흐루쇼프는 그러면 소련은 책상에 그저 손 올려놓은 학생처럼 얌전히 앉아있어야 하냐고 반문했다.[89] 회담 초기부터 나타난 오인과 어긋남은 이미 회담 결과를 예고했다. 이후 예상대로 흐루쇼프는 그토록 케네디팀이 공들여 준비한 핵실험 금지안에는 전혀 관심을 보이지 않았다.

두 정상은 결국 케네디가 최소한의 외교적 성과를 위해 의제에서 신중하게 제외시키려고 했던 두 쟁점인 쿠바 문제와 베를린 문제에서도 충돌하게 된다. 쿠바 문제에서 흐루쇼프는 케네디를 강경하게 몰아붙였다. 피그스만 침공 실패를 약점으로 삼아 케네디의 강경 노선이 카스트로를 공산주의자로 만들고 있다는 등 마치 학생에게 가르치듯이 일방적으로 훈계를 늘어놓았다. 물론 흐루쇼프는 피그스만 침공 발발 오래전부터 비밀리에 쿠바를 소련의 전초기지로 만든 사실을 전혀 언급하지 않았다.

베를린 문제에서도 흐루쇼프는 공세를 취했다. 베를린에서의 서방 연합군 철수가 미국의 국익에 해가 되지 않는다고 설교한 데 이어 소련과 동독의 조약 체결에 대해 언급하면서, 1961년 말까지 서방 연합군을 철수시키라고 일방적으로 통보하기까지 했다. 길고 지루한 회담 끝에 점심 식사 후 열린 마지막 회의에서 케네디는 베를린 같이 미국의 국익이 깊게 연루된 곳에서 위기를 조장하지 말라고 경고했다. 흐루쇼프는 더 강경하게 나왔다. 미국이 소련을 모욕하려 한다고 비난한 후 "평화를 원하지만 대통령님이 전쟁을 원한다면 그건 대통령님의 문제요"라고 쏘아붙였다. 케네디는 "변화를 시도하는 것은 서기장님이지 내가 아닙니다"라고 냉소적으로 답하고 자리를 뜨면서, "추운 겨울이 될 것 같군요"라고 중얼거렸다.[90]

1961년 6월 빈 정상회담이 케네디에게 준 심리적 충격은 어마어마했다. 합리적 토론 문화에 깊숙이 젖어있고 스스로 누구와도 토론을 통해 이성적 해법을 찾을 수 있다고 자신해온 케네디는, 생애 최초로 도저히 말이 통하지 않는 거대한 벽에 부딪힌 것 같았다. 아서 슐레진저에 따르면 케네디의 측근인 톰슨 대사 등은 케네디의 충격적 반응이 지나치다고 염려했다.[91] 외교 경험이 부족했던 케네디는 공산주의 지도자와 직접 협상을 할 기회가 많지 않았다. 공산주의를 이론이나 역사책으로 이해했던 케네디는 마피아 보스처럼 거칠고 강압적으로 밀어붙이는 흐루쇼프와 상대하면서 공산주의 지도자를 제대로 체험한 셈이있다. 그런 점에서 빈 정상회담은 동생 로버트가 훗날 회고했듯이 케네디 대통령의 인지틀 형성에 매우 중요한 역할을 했다.[92]

케네디는 뮌헨 회담 트라우마 때문에 강압의 중요성을 신성시하다시피

했다. 게다가 빈 정상회담에서의 충격적 경험으로 트라우마가 더 심해졌을 것이다. 실제로 케네디는 이후 영국의 해럴드 맥밀런 총리를 만난 자리에서 흐루쇼프의 야만성에 대해 분노를 드러냈다. 듣고 있던 총리는 "체임벌린이 히틀러와 대화하려 한 게 떠오르네요"라고 말했다.[93] 이후 케네디는 빈 정상회담에서 지나치게 유약하게 반응한 건 아닌가 하는 자괴감에 빠진 상태에서 쿠바 미사일 위기를 맞이하게 된다. 케네디에게 빈은 곧 베두인 전설의 칠면조가 되었다. 앞으로 닥칠 이슈에서 케네디가 칠면조를 되찾으려고 강경하게 나올 것이 뻔했다. 흐루쇼프의 마피아 보스 같은 태도가 허장성세였다는 사실을 케네디는 상상도 하지 못한 것이다.

빈 정상회담에서 깨우친 강압의 중요성에 대한 교훈은 케네디만 얻은 게 아니었다. 흐루쇼프는 회담 한 달 후에 열린 회의에서 핵실험 재개를 결정하면서 이에 반대하는 '소련 핵폭탄의 아버지' 안드레이 사하로프 박사의 온건한 견해를 비판하며 다음과 같이 폭발했다.

> 우리는 우리의 정책을 강한 입장에 근거해 집행해야 한다는 걸 명심하시오. 그걸 떠벌리지는 않았지만 그게 현실입니다. 어떤 다른 정책도 있을 수 없소. 우리의 적은 어떤 다른 언어도 이해하지 못하오. 보시오. 우리는 작년에 케네디가 당선되도록 도왔소. 그러고는 빈에서 케네디와 만났소. 빈 정상회담은 결정적 전환점이 될 수 있었소. 하지만 케네디가 뭐라고 했죠? "너무 많은 걸 요구하지 말아주세요. 날 구속하지 말아주세요. 너무 많이 양보하면 쫓겨납니다." 대단한 친구죠? 케네디는 빈 정상회담에 왔지만 실행력은 없소. 도대체, 제기랄, 그런 자가 뭐에 필요하오? 왜 케네디와 대화하면서 시간을 낭비하오?[94]

흐루쇼프가 케네디의 당선을 도왔다고 한 것은 1960년에 포로가 된 U-2 정찰기 조종사를 대선 당시 석방하지 않음으로써 결과적으로 닉슨에게 유리한 선거 분위기가 조성되지 않게 했다는 의미다. 마치 이란이 1980년 미국 대선 당시 이란 주재 미국 대사관 인질 석방을 유보해서 레이건 후보를 도운 것과 비슷하다. 흐루쇼프는 빈에서 허세를 부리며 케네디와 대타협을 하려 했지만, 케네디는 점진주의적 접근법을 선호했다. 흐루쇼프가 보기에 케네디는 국내정치 여론이나 신경 쓰는 용기 없는 겁쟁이였다. 결국 서로의 오인을 줄이려는 만남이 아이러니하게도 서로에게 강압이 중요하다는 인지틀만 고착시키면서 베두인 전설의 역설로 상황만 악화시킨 셈이다.

이제 쿠바를 기다리는 것은 미소 양 강대국 간의 힘을 내세운 시위뿐이었다. 미국은 본격적으로 카스트로 제거 및 쿠바 정권 교체 작업에 돌입했고, 소련은 마침내 쿠바 미사일 위기를 촉발할 탄도미사일 배치를 결정하게 된다.

미국의 '개념 관리'

피그스만 침공이라는 재앙 뒤 케네디의 이너서클은 카스트로에 대한 강한 복수심에 불타올랐다. 특히 동생 로버트 케네디는 서둘러 응징하기를 원한 반면, 국무부 정책기획위원장인 월트 로스토는 케네디팀이 또 다른 실책을 범할까봐 우려했다.[95] 로버트 케네디는 대규모 군사공격을 감행하기 위한 국민적 명분을 얻기 위해 관타나모 미군 기지를 공격하는 자작극까지 제안했다. 실제로 이런 제안은 카스트로 암살 계획인 '콘돌Condol' 작전과 관타나모 공격 자작극인 '칸델라Candela' 작전으로 구체화되었다. 케네디도 카스트로 암살에 관심을 보이며 비공개를 조건으로 〈뉴욕타임스〉 기자에게 자문을 구했다.[96] 하지만 1961년 7월 19일 칸델라 작전 요원들이 쿠바 당국에 체포되면서 작전은 결국 실패했다.[97]

로버트 케네디의 자작극 제안은 후에 린든 존슨 행정부가 베트남 침공 명분을 만들기 위해 조작한 통킹만 사건 당시 미국 리버럴이 보여준 비윤리성이 예외적이라기보다는 통상적이라는 점을 시사해준다. 로버트 케네디는 거기서 멈추지 않았다. 전설적인 게릴라전의 대가 에드워드 랜스데일을 내세워 '몽구스Mongoose' 작전이라는 카스트로 정권 교체 프로젝트를 추진한 것이다.

케네디팀을 고무시킨 것은 1961년 8월 케네디의 특사로서 체 게바라와 만난 리처드 굿윈의 낙관적 보고였다. 굿윈에 따르면 게바라는 미국에 휴전을 요구하면서 다섯 가지 제안을 했다. 첫째 쿠바가 미국 재산을 손상시킨 데 대한 보상의 일환으로 무역 거래를 제안했고, 둘째 소련 블록과의 공식 동맹을 체결하지 않으며, 셋째 일단 쿠바에 일당 체제를 구축한 후에는 자유 선거를 실시하고, 넷째 게바라 자신도 황당한 생각이라고는 했지만 관타나모 미군 기지를 공격하지 않을 것이며, 마지막으로 비록 모호한 형태이지만 남미 대륙에서 쿠바의 행동에 대해 재검토한다는 것이다.[98]

흥미로운 점은 게바라의 제안을 굿윈이 해석한 방식이다. 굿윈은 게바라의 제안을 액면 그대로 받아들이기보다는 경제난에 허덕이는 쿠바가 마지막 코너에 몰린 데 따른 붕괴 징조로 이해했다. 굿윈은 열성적인 공산주의자인 게바라조차 미국과의 수교를 그렇게 원한다면 경제적 압력을 통해 카스트로 정권을 흔들어 정권을 교체하는 것이 가능하다고 봤다. 케네디 형제도 경제적 압력을 통한 정권 교체에 기대를 걸기 시작했다. CIA의 비관적 판단과는 달리 적절한 수단을 동원하면 정권 교체가 얼마든지 가능하다고 본 것이다.[99] 정권 붕괴임박론은 이후 수십 차례 나타났지만, 쿠바는 지금도 건재하다. 우리는 붕괴임박론을 외치는 양치기 소년을 이후 한반도에서 무수히 보게 된다. 역사의 서글픈 반복인 셈이다.

쿠바에 대한 미국의 강경한 태도는 도처에서 감지됐다. 1962년 초 흐루쇼프의 사위가 케네디를 방문했을 때 케네디가 부주의하게도 미국의 쿠바 문제를 소련의 헝가리 문제에 비유한 것은 소련을 자극했다. 케네디 입장에서는 쿠바를 얼마나 중요하게 여기는지를 강조하려는 의도였지만, 쿠바를 헝가리와 비유한 것은 소련의 헝가리 무력 침공을 자연스럽게 연상시켰다. 결국 소련 지도부는 미국의 쿠바 침공이 불가피하다는 인상을 강하게 받았을 것이다.[100]

미국의 침공 계획이 드러나면서 소련과 쿠바는 더 큰 위기감을 느꼈다. 미국은 1962년 2월 '작계 314'와 '작계 316'이라는 우발 침공 계획을 완성했다. 실제로 4월에는 역대 최대 규모의 쿠바 침공훈련을 했으며, 〈뉴욕타임스〉는 4월 9일에 케네디가 이를 직접 참관한다고 보도했다.

물론 이 침공 계획은 말 그대로 우발 계획일 뿐이었다. 케네디가 실제로 쿠바 침공 의지를 보였다는 명확한 증거는 없다. 후일 쿠바 미사일 위기를 돌아보는 회의에서 솔직하게 오류를 인정했던 맥나마라 국방부 장관은 미국이 쿠바를 침공할 의사가 절대 없었다고 단호하게 밝혔다.[101] 또 다른 미국 측 인사들도 쿠바를 침공할 의사가 없었다는 근거 두 가지를 든다. 하나는 로버트 케네디가 한 말을 맥나마라가 인용한 것으로, 미국 같은 강대국이 약소국을 침공할 수는 없다는 도덕적 이유다. 다른 하나는 아서 슐레진저가 주장한 것으로 양측의 대립이 극에 달한 쿠바 미사일 위기 당시에도 쿠바를 침공하지 않았다는 사실이다.

미국 측의 단호한 부인은 몇 가지 근거로 반박이 가능하다. 로버트 케네디가 언급한 도덕적 이유는 자작극을 벌여 침공하자고 제안한 사람이 다름 아닌 로버트 케네디였다는 점에서 설득력이 떨어진다. 그런 발언을 하고 공개한 이유가 선전을 위한 것이 아니냐는 의심이 든다. 또한 후술하겠지만 비밀녹취록을 확인하면 13일간의 위기 동안 케네디 대통령도 침공을 완전히 배제하지 않은 사실이 드러난다는 점에서 미국 측 주장은 미국의 입장을 지나치게 정당화했다.

보다 솔직하고 균형 잡힌 평가는 쿠바 미사일 위기 당시 합참의장 특별 보좌관이던 암스트롱 장군에게서 나왔다. 아바나 회의에서 암스트롱 장군은 미국이 우발적 계획을 수립한 진짜 이유 중 하나는 "미국이 침공할지도 모른다는 인상을 주려는 의도, 즉 개념 관리Perception Management를 위한 것"이라고 지적했다.[102]

케네디 행정부의 '개념 관리' 작전은 100퍼센트 성공했다. 소련과 쿠바가 "미국의 침공은 필연적이며 임박했다"고 믿었기 때문이다. 하지만 미국과 쿠바의 관계가 항상 그러하듯이 여기서도 베두인 전설의 역설은 어김없이 작동했다. 미국의 성공은 쿠바와 소련에 공포감을 주어 물러서게 하기는커녕, 오히려 힘에 결사적으로 매달리게 해서 대결의 강도를 높였다.

강압이 초래한 핵미사일 배치 결정

'개념 관리'의 직접적 부산물은 아이러니하게도 미국의 의도와는 정반대로 카스트로의 남미 혁명 수출 가속화였다. 카스트로는 어이없게도 쿠바가 남미 전역에서 소요를 일으키면 케네디의 발이 묶여 쿠바 침공을 못하리라고 오인했다.[103] 쿠바의 혁명 수출 자체가 미국을 불안하게 만든 가장 큰 원인이었다는 사실을 고려하면, 카스트로의 이런 판단은 오히려 미국에 정권 교체의 필요성을 더욱 확신시킨 요인이었다.

'개념 관리'의 또 다른 부산물은 카스트로는 물론 흐루쇼프가 물러서기는커녕, 쿠바에 대한 군사 지원에 박차를 가해야겠다고 마음을 먹게 했다는 점이다. 이때까지만 해도 흐루쇼프는 여전히 쿠바에 대한 지원에 미온적이라 카스트로의 애를 태웠다. 소련의 미온적 태도에는 이유가 있었다. 쿠바는 미국이 내일 당장 침공할 것처럼 비명을 지르며 지원을 요청했지만, 양치기 소년의 일화처럼 미국의 침공은 아직까지 가시화되지 않았다. 소련 지도부는 미국의 침공이 2~3년 정도 지나야 전개될 것이니 준비할 시간이 충분하다고 봤다. 소련 군수공장 생산 라인의 문제로 이미 약속한 무기 공급마저 차질을 빚는 상황이었다. 미국이 '개념 관리' 차원에서 실시한 침공 훈련은 소련과 쿠바의 정세 인식을 일치시키는 효과가 있었다. 단적인 예로 소련 지도부는 그간 지연되던 SA-2 지대공 미사일 등을 신속하게 보내기 시작했다.[104]

소련이 급해진 데는 또 다른 변수가 존재했다. 바로 중국과의 헤게모니 경쟁이었다. 당시 쿠바 지도부에는 권력 투쟁이 있었고, 카스트로는 그간 권력 내 핵심으로 부상한 친소파의 거두 아니발 에스칼란테에 대해 크게 우려했다. 친중파의 거두는 체 게바라였다. 친소파인 에스칼란테는 흐루쇼프의 평화적 공존 노선에 따라 남미에서 파업이나 선거 등 비교적 평화적인 방법에 의한 공산주의 확산을 선호했다. 반면에 게바라는 마오쩌둥 노선에 따라 강경한 무장 폭동을 선동했다. 에스칼란테의 힘이 강화되는 데 위기감을 느낀 카스트로가 분파 행위 등의 명목으로 에스칼란테를 쿠바에서 내쫓아 망명을 보내자 쿠바 지도부 내에서의 이론적 흐름은 강경한 마오쩌둥주의로 흘렀다. 소련 지도부는 이런 상황을 크게 우려했다.

소련을 의식하지 않을 수 없었던 카스트로는 1962년 3월경 특사를 모스크바에 보내 자신의 입장을 설명하고자 했다. 특사로 파견된 라미로 발데스 내무부 장관은 소련 측에 "이제는 남미에서 공세로 전환해야" 한다고 역설하면서, 남미에서의 혁명을 능동적으로 지원하기 위해 쿠바 내에 소련군 정보센터를 설치하자고 주장했다. 소련은 카스트로와 위기감을 공유했지만 바로 그 위기감 때문에 카스트로와는 반대 해법을 생각했다. 흐루쇼프가 보기에 케네디가 쿠바 침공 명분을 호시탐탐 노리는 위태로운 상황이었다. 이런 때에 소련군 기지를 쿠바에 설치하는 것은 쿠바 침공을 위한 결정적 명분을 제공하는 셈이며, 미주기구에서 중립적인 입장을 가진 국가들을 완전히 미국편으로 만드는 결과를 낳을 터였다. 결국 소련 측은 자신들이 민족 해방 운동을 지원하지 않고, KGB가 정보를 수집할 뿐이라고 일축했다. 소련의 싸늘한 태도에 경악한 발데스는 "그러면 국제 혁명 운동은 누가 지원합니까?"라고 반문했다. 그러고는 혁명에 대한 소련의 배신 행위에 가까운 발언에 격분해 중국을 언급하면서 소련의 비위를 건드렸다.

"중국이 모든 대륙에서 영향력의 중심이 되려는 상황이니 소련도 같이 행동해야 합니다."[105]

이후 숙청당한 에스칼란테가 소련을 방문해 쿠바 권력층 내부의 분위기를 설명하자 중국에 대한 소련 지도부의 우려는 더 커졌다. 에스칼란테는 소련의 평화적 공존 노선이 어떻게 카스트로에게 배신 행위로 받아들여지는지와, 쿠바 내 친중파의 전면 부상에 대해 설명했다. 1962년 4월 12일 쿠바와의 관계 강화를 심각하게 고려하게 된 소련은 기존에 약속한 군사 지원 외에도 IL-28 중거리 폭격기 10대 등과 군사고문관 수백 명을 추가로 보냈다.[106] 원래 이집트에 보내기로 했던 SA-2 미사일을 실은 선박까지 항로를 바꾸어 쿠바로 보낸 것을 고려해볼 때 소련의 절박감이 얼마나 컸는지를 짐작할 수 있다.

여기서 흥미로운 수수께끼는 카스트로의 군사주의적 태도가 오히려 미국의 침공을 앞당길 수 있다는 베두인 전설의 역설을 인식해 카스트로를 비판했던 흐루쇼프가, 어떻게 미사일 배치라는 극단적인 군사모험주의를 감행했냐는 것이다. 비밀문서 다수가 공개된 지금도 명확하게 풀리지 않은 수수께끼다. 물론 흐루쇼프는 이미 쿠바에 군사적 지원을 함으로써 평화적 공존 노선에서 스스로 뒷걸음질 쳤다. 필자는 이를 흐루쇼프의 이중적 욕망의 모순적 공존으로 해석했다. 하지만 쿠바를 방어하는 데 도움이 되는 지대공 미사일을 더 배치하는 것과 핵미사일 배치는 그 의미와 강도에서 엄청난 차이가 있다.

흐루쇼프도 스스로 '전쟁의 신'이라고 부른 핵무기를 중요하게 생각했다. 그렇기에 핵무기를 종이호랑이라며 가볍게 여긴 중국의 모험주의적 노선과는 달리 평화적 공존을 추구한 것이다. 그런 점에서 무엇이 흐루쇼프로 하여금 단순한 군사적 지원에서 핵미사일 배치라는 질적 비약으로 나아가게 했는가는 여전히 중요한 수수께끼다.

흐루쇼프는 회고록에서 핵미사일 배치가 쿠바 방어를 위해서라고 밝혔다. 정치인의 회고록이 반드시 속내를 그대로 표현하는 것은 아니니 흐루쇼프의 말을 그대로 받아들이기는 어렵다. 필자는 앞서 케네디나 앨리슨 등이 이해한 베를린 가설은 주관적 편견에 따른 것이라고 주장했다. 흐루쇼프의 동기를 보다 정확히 이해하려면 그 당시 전후 맥락을 참고해야 한다. 필자는 비밀 해제된 문서에 근거한 푸르센코와 나프탈리의 설명이 가장 설득력 있다고 본다. 따라서 아래에서는 두 사람이 지적한 맥락을 소개하고자 한다.

문제를 더 악화시킨 것은 미국의 대규모 군사훈련보다 흐루쇼프를 더욱 불안하게 만든 미국의 핵무기였다. 1962년 4월 15일 케네디는 핵실험 금지 조약이 체결되지 않으면 핵실험을 재개할 것이라고 공언했다. 케네디의 목적은 빈 정상회담에서도 강력히 추구했던 핵실험 금지를 통한 평화적 공존 분위기를 만들어가는 것이었다.

하지만 케네디의 선언은 핵실험 재개라는 강압적 협박에 근거한 외교적 제안이라는 점에서 흐루쇼프가 오인할 만했다. 베두인 전설 프레임을 가진 흐루쇼프가 강압 외교에 쉽게 응한다는 건 상상하기 어렵다. 게다가 미국은 자국이 기술적 우위를 가진 지하 핵실험 대신 대기 중 핵실험을 금지하자고 했으니 소련의 입장에서는 의도를 의심할 수밖에 없었다.[107] 이런 상황에서 흐루쇼프는 케네디가 핵무기로 쿠바를 위협해 압살하려는 것이 아닌가 하는 의구심을 가졌다.

흐루쇼프의 우려를 가중시킨 것은 1962년 5월 케네디가 〈새터데이이브닝포스트〉와 했던 인터뷰였다. 원래 인터뷰의 초점은 핵무기 위협의 위험성이었다. 케네디는 "우리에게 필요한 것은 통제력, 유연성, 선택"이라고 강조하면서 가공할 만한 핵전쟁 위험에 대해 경고했다. 그러면서도 자신의 주장이 완전히 유화적인 것으로만 해석되는 것을 우려했는지 인터뷰 말미에 짧고 단호한 발언을 덧붙였다.

"물론 어떤 상황에서는 초기에 핵무기를 사용할 준비를 갖춰야 합니다. 예컨대 서유럽이 확실한 공격에 처할 경우 말입니다."

미국의 핵무기 위협을 두려워하던 소련은 전체 맥락보다는 인터뷰 말미의 발언에만 주목했다. 케네디가 핵무기에 의한 선제공격 독트린을 정립한 것으로 이해하고 충격을 받은 흐루쇼프는, 미국 측 인사를 만난 자리에서 "아마 소련은 노선을 재정립할 필요가 있을 것"이라고 했다.[108]

1962년 초반부터 흐루쇼프는 난해한 문제에 직면했다. 군사적 지원만으로는 쿠바 방어가 어려워 보였다. 쿠바 상실은 남미 전역에서의 전략적 불균형과 전 지구적 수세를 의미했다. 흐루쇼프는 회고록에서 "그것은 전 지구적으로 우리의 지위를 크게 약화시킬 것이며, 특히 남미에서 그랬다"고 솔직하게 털어놓았다.[109] 바로 이런 점이 필자가 앞장에서 앨리슨을 비판하며 쿠바 방어와 전략적 균형이 별개의 대상이 아님을 지적한 이유다.

앞장에서 흐루쇼프의 이중성을 지적했듯이 흐루쇼프에게는 두 가지 가치가 항상 공존했음을 잊어서는 안 된다. 흐루쇼프는 쿠바를 지키려는 욕망뿐 아니라 평화적 공존 노선도 강하게 추구했다. 더 정확히 말하면 전자는 후자를 강하게 침식하지 않는 한 유효하다. 쿠바 미사일 위기 때 흐루쇼프가 소련 내부에서 '겁쟁이'라는 치욕스런 비난을 들으면서도 미국 측에 여러 번 양보한 이유도 여기에 있다.

이런 이중적 욕망을 전제한다면 흐루쇼프가 풀어야 할 퍼즐은 쿠바의 방어력을 획기적으로 높여 전 세계 공산주의 진영의 헤게모니를 유지·강화하면서도 전쟁의 위험을 크게 감소시키는 고차방정식이었다. 이미 우리가 알고 있듯이 평화적 해법에 대한 흐루쇼프의 답은 아이러니하게도 '전쟁의 신'인 핵무기였다. "평화를 원한다면 전쟁을 준비하라"는 고대 로마의 전략가 베게티우스 레나투의 격언이자 미국 강경파의 신조를 실천한 셈이다. 이는 후대 사람들이 언뜻 납득하기 어려운 결정이다. 하지만 냉전 시절 국제정치학계에서 "미소 간의 핵무기에 의한 공포의 균형이 오히려 제3차 세계대전 위협을 감소시킨다"는 위험스러운 관점이 설득력 있게 수용되고 유행했다는 사실을 고려해볼 때 터무니없는 구상만은 아니었다. 흐루쇼프의 생각은 다음과 같은 인터뷰 내용으로 확인할 수 있다.

> 미국이 터키에 핵탄두를 배치했듯이, 소련 핵탄두가 쿠바에 배치된다고 해서 미국이 열핵전쟁을 벌이지는 않을 것이오. … 물론 우리가 미국만큼 많이 갖고 있지는 않지만, 우리 미사일도 미국을 겨냥할 거요. 하지만 핵미사일이 미국 근처에 배치된다면 미국은 훨씬 더 두려워할 거요. … 그러므로 핵미사일은 한 가지 목적만 있소. 미국을 두렵게 하고 자제하게 해서 이 사안(의 중요성)을 인식하게 하는 것이오.[110]

1962년 4월 흐루쇼프는 국방부 장관 로디온 말리놉스키와 흑해 해안을 산책하면서 터키 미사일에 대해 논의했다. 흐루쇼프는 다음과 같이 농담반 진담반으로 질문했다.

"엉클 샘의 바지에 고슴도치 한 마리를 집어넣으면 어떻게 될 것 같소?"[111]

미국이 터키에 미사일을 배치해 소련의 목줄을 겨냥했듯이, 소련도 똑같이 쿠바에 미사일을 배치해 미국의 목줄을 겨냥하자고 도발적으로 제의

한 것이다.[112] 흐루쇼프가 예리하게 포착했듯이 미국은 자국 앞마당에서 심각한 위협에 직면해본 적이 별로 없었다. 미국에 대한 여러 통찰력 있는 설명을 기록한 알렉시스 토크빌은 태평양과 대서양이라는 두 거대한 바다에 의한 격리는 미국이 받은 신의 은총이라고 봤다.

이 에피소드에서 드러나는 흐루쇼프의 복수심과 충동성, 미국의 부당함에 대한 선전의 성격을 지나치게 주목하기보다는 필자가 앞서 언급한 사건의 맥락을 볼 필요가 있다. 〈뉴욕타임스〉의 맥스 프랑켈 기자가 지적했듯이, 이 에피소드 자체가 흐루쇼프가 회고록에서 말한 것처럼 쿠바에 핵미사일을 배치하게 된 결정적 계기인지는 불분명하다. 이 일이 있기 몇 주 전 흐루쇼프는 이미 핵미사일 배치 구상을 측근인 아나스타스 미코얀에게 넌지시 이야기했다.[113] 푸르센코와 나프탈리에 따르면 흐루쇼프는 쿠바 방어보다는 전 지구적 전략의 균형을 맞추는 데 더 필요한 핵잠수함 일곱 척을 쿠바에 배치하려 했다.[114]

결국 흐루쇼프는 재래식 무기만으로는 쿠바 방어가 불가능해질 것이라는 절망감, 쿠바 상실과 연결된 남미를 포함한 전 지구적 공산주의 헤게모니 문제, 공산주의 진영 내에서 소련 헤게모니 퇴조에 대한 우려를 핵무기 배치로 해소한 뒤 평화적 공존 구도를 구축하려 했다고 할 수 있다.

하지만 흐루쇼프의 벼랑 끝 전술은 커다란 오판에 기반했다. 외교정책론 학자들이 흔히 지적하듯이 "외교 분야 지도자는 상대방이 매우 합리적으로 행동할 것이라고 쉽게 가정하는" 경향이 있다. 흐루쇼프가 바로 그랬다. 흐루쇼프는 케네디가 합리적 판단을 하기 이전에 뮌헨 트라우마에 기초한 베두인 전설 프레임을 강하게 견지할 것이라고는 예상하지 못했다. 흐루쇼프가 인터뷰에서 내뱉은 발언 중 핵심 키워드는 '두려움'과 '자제력'이다. 흐루쇼프는 핵전쟁 가능성이 자제력을 이끌어낸다고 생각한 것이다. 실제 케네디의 의식 구조에서 두려움의 형태는 두 가지였고, 흐루쇼프는 그 점을 이해하지 못했다. 하나는 흐루쇼프와 공유한 핵전쟁에 대한 두려움이며, 다른 하나는 이 과정에서 협박에 굴복할지도 모른다는 뮌헨 트라우마였다.

더구나 케네디는 이전의 강경한 공약, 강경파의 견제, 대선에서의 아슬아슬한 승리에 따른 위임된 권력의 취약성 등으로 입지가 매우 좁았다. 쿠바 미사일 위기가 가속화되는 단계에서 케네디가 조금도 주저함이 없이 스스로 '전쟁 행위'라고 자인한 해상봉쇄를 감행하고, 쿠바 침공까지 수차례 고민한 것에서 흐루쇼프의 오인이 그대로 드러난다. 물론 미코얀 같은 흐루쇼프의 측근은 미국의 정치적 지형을 정확히 읽고 흐루쇼프에게 미국이 자국 주변에 핵무기가 배치되는 상황을 절대 용인하지 않을 것이라고 경고했지만 흐루쇼프의 집착을 꺾지는 못했다.[115] 결국 흐루쇼프는 벼랑 끝 전술이 전략 목표를 달성하는 대신 전쟁에 대한 통제력 상실을 초래할 수 있다고 판단하자 도박을 포기하기에 이른다.

흐루쇼프의 오인 중 두드러진 또 하나는 전술적 오류로, 소련이 쿠바에 미사일 기지를 완공하기 전까지 미국에 들키지 않을 것이라는 판단이었다. 흐루쇼프는 10일간 비밀리에 쿠바 현지 지형을 관찰하고 온 TF팀이 야자수로 미사일 은폐가 가능하다는 어처구니없는 보고를 했을 때 곧이곧대로 받아들였다. 잎이 넓은 야자수가 커다란 미사일을 가릴 수 있다고 믿은 것은 남미의 사정을 몰랐기 때문이라고 변명할 수가 없는, 너무도 치명적인 오류다. 당시 한 소련 장군이 야자수에 의한 은폐 가능성에 대해 의문을 제기하려고 하자 옆에 있던 국방부 장관인 말리놉스키는 해당 장군의 정강이를 걷어차기도 했다.[116] 피그스만에 대한 최소한의 지리적 정보소자 없던 케네디의 관료주의적 결정이 치명적 결과를 야기했듯이, 흐루쇼프도 후일 엄청난 대가를 치르게 된다. 결정적 차이는 케네디는 피그스만의 실패를 통해 의사결정 방식과 질에서 획기적으로 발전을 이룬 반면, 흐루쇼프는 줄곧 관료주의의 길을 갔다는 사실이다.

물론 소련은 자신들의 은폐공작을 성공시키기 위해 몇 가지 노회한 기만전술을 구사했다. 핵미사일 발각을 우려한 흐루쇼프를 가장 성가시게 한 것은 U-2 정찰기였다. 흐루쇼프는 쿠바 내 정찰 중지까지는 아니더라도 쿠바로 향하는 소련의 대규모 병력과 핵미사일을 선적한 선박에 대한 정찰비행을 막는 것이 사활적으로 중요하다고 판단했다. 1962년 7월 흐루쇼프는 미국과 상호 간의 오인을 줄이려고 마련한 비밀특사채널을 가동해 보다 평화적인 관계 개선을 핑계로 공해에서의 정찰을 중지해달라고 요구했다. 그러고는 1962년 8월 25일 20미터짜리 R-12 로켓을 실은 옴스크호를 출항시켰다. 8월 31일 소련의 통신 활동을 감청한 미국의 NSA(국가안보국)는 이 화물선에 실린 무시무시한 무기를 경유 적재함으로 파악해 보고했다.[117]

케네디는 흐루쇼프의 기만적인 요구에 담긴 진의를 감지하기에는 주관적 인지틀에 지나치게 사로잡혔다. 베를린 프레임에 함몰된 나머지 중간선거 동안 베를린 문제를 수면 아래로 묻기 위해 정찰 중지의 대가로 베를린 문제 동결을 요구한 것이다. 베를린 문제와 쿠바를 연계할 생각이 없었던 흐루쇼프는 케네디의 제안을 흔쾌히 수용했다. 더구나 흐루쇼프는 평화 공세의 일환으로 당장 마음에도 없는 핵실험 금지 논의를 전개하고, 도브리닌을 케네디에게 보내 중간선거 동안 도발하지 않겠다고 약속했다.[118]

케네디를 당분간 완벽하게 속이는 데 성공한 흐루쇼프의 또 다른 근심은 "카스트로가 핵미사일 배치를 수용할 것인가?"였다. 카스트로와 친분이 있던 알렉산드르 알렉세예프 쿠바 주재 소련 대사는 카스트로가 늘 강대국으로부터 독립된, 주체적인 외교를 강조했기에 거절할 것이라고 예측했다.[119] 사실 알렉세예프의 우려대로 카스트로의 첫 반응은 남미 대륙에서 독립적이고 민족주의적인 전사로서의 이미지가 타격을 입을 것이라는 우려였다. 카스트로는 굳이 핵미사일을 배치하지 않더라도 소련과의 군사동맹과 인계철선 역할을 할 소수의 병력 지원이면 충분하다고 판단했다. 굳이 핵무기가 없어도 소련과 쿠바의 군사조약을 만천하에 공개한다면 미국의 침공을 막을 수 있다고 본 것이다.

카스트로는 예상보다 쉽게 소련의 제의를 수용했다. 무엇이 그토록 민족주의적인 카스트로로 하여금 뜻밖의 결정을 하게 했는가는 명확하지 않지만, 소련 측 기록이나 이후 국제 회의에서 카스트로가 주장한 바에 따르면 '국제적 공산주의 연대'를 위한 것이었다. 아바나 회의에서 카스트로는 공산주의동맹의 지도적 국가인 소련의 전략적 판단이 옳다고 믿었다고 주장했다.

"소련이 전 지구적 상황에 대해 더 잘 인식했기 때문이오. 그래서 소련과 미국 간의 힘의 상관관계에 대해서도 더 잘 판단하리라고 본 거요."[120]

카스트로의 설명이 타당한지 확인할 길은 없다. 하지만 평소에 국제주의적 공산주의 대의에 대한 이데올로기적 동기가 강했던 카스트로의 기질이나 독립적 이미지에 대한 집착으로 보아 그리 틀린 설명은 아닐 것이다.

흥미로운 점은 카스트로가 군사 협정 공개, 더 나아가 핵미사일 배치 의도 공개까지 주장하고 나선 것에 대해 소련 지도부가 단호히 거부했다는 사실이다. 카스트로는 미국이 소련의 은폐공작을 알아차린다면 엄청나게 분노할 테니 "대단히 큰 실수"라고 봤는데, 매우 적확한 판단이었다.[121] 케네디가 이후 강경한 태도를 취한 이유 중 하나는 소련이 여러 차례 속였기 때문이다. 케네디는 소련에 기만당했다고 생각하면서 뮌헨에서 히틀러에게 기만당한 체임벌린을 떠올렸다. 케네디에게 자신이 제2의 체임벌린이 되는 상황은 최악의 악몽이었다.

하지만 카스트로도 흐루쇼프와 마찬가지로 핵무기를 쿠바에 배치하는 것이 미국에 어떤 의미인지 거의 이해하지 못했다. 핵무기가 쿠바에 배치되는 것을 기정사실화할 수 없었던 미국이 소련과 쿠바의 핵무기 반입 의도를 선제적으로 공격할 것은 불보듯 뻔했다. 아이러니한 것은 중간선거를 앞둔 미국을 자극하지 않기 위해 핵미사일 배치를 은밀하게 추진했던 흐루쇼프가 그런 사실이 발각되면서 오히려 미국을 더 강하게 자극했고, 결국 벼랑 끝 전술로 전 세계를 제3차 세계대전 직전까지 몰아갔다는 사실이다.

한반도 평화를 위한 21가지 교훈 I

1. 위기의 본질을 이해하려면 뿌리와 맥락을 알아야 한다

쿠바 미사일 위기를 둘러싼 가장 큰 오해 중 하나는 소련이 쿠바에 미사일을 배치하면서 13일간 극적으로 전개됐다는 견해다. 존 델러리 연세대학교 국제학대학원 교수는 쿠바 미사일 위기가 "갑자기 발생한 탓에 전쟁보다 외교로 해결해야 한다는 압력"이 컸다고 분석했다. 〈중앙일보〉 칼럼니스트 배명복 대기자는 "한반도 위기는 수십 년의 불신이 누적되어 빠른 해법이 불가능하다"고 지적했다. 많은 전문가가 한반도를 '느리게 작동하는 쿠바 미사일 위기'라고 부르는 이유도 여기에 있다. 하지만 쿠바 미사일 위기도 갑자기 발생한 것이 아니라 수십 년간 누적된 일련의 사건 중 일부라는 시각이 보다 역사적 진실에 가깝다.

아바나 회의에서 카스트로는 "이 위기는 쿠바를 차지하려는 미국과 스페인이 제국주의게임을 벌이던 시절에 이미 예정"되었다고 주장했다. 반면 미국 측에 따르면 카스트로가 쿠바를 소련의 전초기지로 만들기로 했을 때 미사일 배치가 결정되었다. 어느 쪽이 옳든 이 관계의 오랜 뿌리와 맥락을 알아야 무조건적인 상대의 악마화에 근거해 오판하는 것을 막을 수 있다. 아바나 회의에 참석한 미국의 웨인 스미스 교수가 말한 "닭이냐 달걀이냐"라는 비유는 이런 관계의 맥락을 균형 있게 이해하는 사람만이 할 수 있는 비유다.

적대적 관계의 오랜 맥락을 이해하게 되면 노엄 촘스키처럼 단순히 "미국의 일방적 제국주의 탓으로만" 돌리기 어렵다. 촘스키식으로라면 "미국의 일방적 제국주의 노선 철회만이 답"이다. 반면 그레이엄 앨리슨처럼 소련이 쿠바에 미사일을 배치한 데서 찾는다면 소련과 쿠바의 일방적 굴복이 답이다. 촘스키나 앨리슨의 일면적 진단과 달리 쿠바 측의 불안감을 완전히 해소시키는 동시에 쿠바의 혁명 수출 및 소련의 쿠바 전초기지화를 금지시키는 타협안이야 말로 오랜 역사에 대한 균형 있는 진단에서 나올 수 있다.

미국은 '앞마당'인 중남미에 소련의 팽창을 위한 전초기지가 구축되는 것을 결코 허용할 수 없었다. 소련은 평화적 공존과 혁명 열기의 낭만 사이에서 오락가락했다. 이 위험한 그레이트게임의 돌파구는 13일간 위기가 격화되어 '전쟁의 신'인 핵무기가 부상하자 양측이 비로소 정신을 차리면서 마련됐다. 이후 미소 간 냉전은 덜 위험한 전선에서 덜 위험한 방식의 힘겨루기로 바뀌었다. 쿠바는 소련이 무너진 후에야 혁명의 취기에서 점차 깨어나 미국과의 국교정상화를 적극 시도했다. 이번에는 미국이 자기 앞마당에 대한 관심을 잃어버렸다. 적대적인 상호작용을 너무 오래 지속한 결과 국교정상화에 반대하는 정치 세력이 미국에 너무 단단히 뿌리를 내려버렸기 때문이다. 이 길게 얽힌 상호작용의 뿌리는 '검은 케네디'인 오바마와 실용주의자 라울이 비로소 잘라낼 수 있었지만, 블랙스완 트럼프의 등장으로 다시 자라나고 있다.

한반도 문제도 마찬가지다. 북한의 핵무기 개발 이전에 발생한 오래된 적대 관계의 역사를 알아야 올바르게 풀 수 있다. 적대적 뿌리가 핵무기와 대결을 낳았기 때문이다. 한반도 위기의 오랜 역사를 추적한 김연철 교수는 『70년의 대화』에서 "관계를 이해하기 위해서는 관계의 오랜 맥락을 알아야 한다"고 적절하게 지적한다.[122] 피델 카스트로가 아바나 회의에 불쑥 나타났듯이, 죽은 김일성이 평양에서 아바나 회의 같은 것을 연다면 한국전쟁 및 그 이후에 벌어진 일에 대해 지루한 논쟁을 벌일 것이 틀림없다. 아마 김일성은 1958년 1월 아이젠하워 대통령이 핵탄두 150개 정도를 한국

에 들여온 것이 한반도 위기의 출발점이라고 주장할지도 모른다.[123]

한국전쟁 이후 아이젠하워는 재래식 군비에 들어가는 막대한 예산을 줄이는 동시에 공산주의를 효과적으로 봉쇄하기 위해 주한미군 기지에 핵무기를 배치하기로 결정했다.[124] 이후 주한미군의 핵심 전략은 개전 초 핵무기를 사용하는 것으로 전환됐다. 북한이 병력의 80퍼센트를 비무장 지대 인근에 배치한 이유도 미군의 핵공격에 대비한 방어적 목적을 달성하기 위한 것이다.[125]

지금은 널리 알려진 이야기지만 박정희 대통령이 1972년 비밀리에 프랑스와 협력해 핵물질 재처리 시설을 획득하려 한 것도 김일성에게 큰 위기감을 줬을 것이다. 김일성은 기회만 있으면 "30년간이나 핵무기 위협을 받아온 우리의 심각한 우려가 가시지 않고 있다"고 앵무새처럼 반복했다.[126] 김일성 입장에서 이런 위협은 NPT(핵확산금지조약)의 "비핵 국가에 대한 핵무기 위협 금지" 조항을 위배한 것이다. 1996년 헤이그 국제사법재판소는 이 위협을 "궁극적인 악"이라며 강력히 비난했다.[127]

반면 미국은 북한이 1945년에 확정한 민주기지론과 그에 따른 남조선 혁명론 때문에 불가피하게 핵무기 배치를 결정했다고 주장할 것이다. 민주기지론이란 북한을 혁명의 전초기지로 삼아 한반도 전역의 적화를 실현한다는 군사모험주의적 발상이다. 이미 한국전쟁으로 엄청난 민간인 사상자를 낸 김일성이 여전히 정신을 못차리고 군사적 공산화 야욕을 드러낸 것이다. 북한은 이 노선을 줄곧 유지해오다가 1970년 제5차 당대회에서 이를 더 구체화한 '민족해방 인민민주주의혁명' 전략을 선언했다.

북한은 쿠바 미사일 위기 발발 1년 전인 1961년 7월 소련과 '조소 우호 협조 및 호상 원조에 관한 조약'을 체결해서 한반도 전쟁 발발 시 소련이 자동 개입하게 했다. 당시 평화적 공존 노선을 통해 제3세계에서의 확전보다는 국내 경제 개발에 집중하고 싶었던 흐루쇼프는 쿠바 방어를 위해 쿠바와 상호방위조약을 맺고자 했듯이 북한 방어 목적으로 이 조약을 맺었다.

이후 미국과 북한은 정보수집선 푸에블로호 나포 사건(1968)을 비롯한 대결과 7·4 남북공동성명 발표(1972)와 남북기본합의서 채택(1991)이라는 타협의 사이클을 무수히 반복했다. 특히 푸에블로호 나포 사건 당시 분노한 미국은 평양을 핵공격하는 계획까지 검토했고, 북한은 전쟁 불사 메시지를 소련 측에 보내 소련을 경악시키기도 했다. 박정희 대통령과 김일성은 정권의 필요에 따라 긴장 상황을 부추기거나 긴장 완화를 위한 화해의 손길을 내밀었다.

여기까지가 한반도 위기의 오랜 뿌리라면, 1989년 미국이 영변 5메가와트 원자로를 발견한 것은 '느리고 긴' 한반도판 쿠바 미사일 위기의 시발점이다. 카리브해에서처럼 한반도에서도 오랜 적대적 관계는 피로를 누적시켰고, 관계정상화에 반대하는 정치 세력도 뿌리를 단단하게 내렸다.

고르디아스의 매듭 같던 쿠바·이란 문제도 푼 오바마도 한반도의 매듭은 풀기는커녕 더 단단하게 조여버렸다. 놀랍게도 이 매듭은 미치광이 전술을 뼛속까지 신봉하는 반이성주의자 트럼프와 고모부를 처형한 '무시무시한 김정은', 그리고 수수께끼 같은 두 정상을 잘 연결한 이성주의 협상가 문재인 대통령에 의해 풀리기 시작했다. 한반도에서 처음으로 기묘하지만 선순환적인 상호작용의 사이클이 가동하기 시작한 것이다. 한반도에서도 긴 위기의 뿌리와 상호작용의 관점으로 접근해야 균형 잡힌 해법을 찾을 수 있을 것이다.

2. 국가 간 위기는 불완전한 정보에 기반한 상호 오인의 무덤이다

쿠바 미사일 위기 과정을 보면 '전문가'들은 자신이 가진 정보를 과대평가하거나, 상대 국가의 행위를 잘 정제된 전략적 판단이라고 가정하는 경향이 있다. 대체로 자신이 획득한 정보의 제한성을 겸허하게 인정한 뒤 그런 기반 위에서 절제되고 열린 판단을 하기보다는, 완결된 자신만의 논리 체계를 구성하곤 한다.

쿠바 미사일 위기의 13일간 벌어진 무수한 오인은 제쳐두고라도, 쿠바 혁명 이후 미사일 발견에 이르기까지의 역사를 세밀하게 들여다보면 미국·소련·쿠바의 정보 판단과 전략이 얼마나 부정확했고 많은 오인에 기반을 두었는지를 알 수 있다. 쿠바 혁명 직후 미국과 소련은 카스트로의 진의를 두고 갈팡질팡했다. 케네디와 CIA는 처음에는 카스트로의 민족주의적 성향을 과대평가했고 공산주의적 성향은 과소평가했다. 이후 케네디는 쿠바에서의 수상한 징후에 대한 보고가 속속 올라오는데도 베를린 도발 프레임에만 집착했다. 빈 정상회담에서는 흐루쇼프의 불안감에서 나오는 방어적 허장성세를 거꾸로 베를린 도발의 공세적 전조로 오인했다. 케네디는 쿠바에서 벌어지는 징후에 대해 너무 늦은 1962년 5월에야 관심을 보이기 시작했다. 쿠바섬의 이상징후에 관한 정황증거에도 불구하고 미사일 은폐 계략을 숨기려고 했던 흐루쇼프의 유화책에 속아넘어간 것이다.

닉슨을 비롯한 미국 강경파도 나을 게 없었다. 카스트로에 대한 의심과 직관은 옳았지만 한참 후에야 쿠바와 소련 간의 비밀거래를 파악했다. 다소 희극적이기까지 한 어설픈 파괴 공작으로 쿠바를 붕괴시킬 수 있다는 어리석은 판단에 따라 오히려 카스트로 체제가 공고해지도록 도와줬다. 미국 강경파의 어리석은 믿음은 오늘날에도 계속되고 있다.

흐루쇼프와 카스트로는 미국의 '개념 관리' 전략에 속아 미국의 쿠바 침공이 임박했다고 믿었다. 피그스만 침공은 이후 미국의 쿠바 재침공을 어렵게 한 재앙이었다. 그럼에도 소련과 쿠바의 두 지도자는 오히려 더 강력한 2차 침공이 임박했다고 오판한 것이다. 카스트로의 군사모험주의가 미국을 이롭게 한다고 비판했던 흐루쇼프가 잘못된 정보 판단에 기초해 오히려 '모험주의의 끝판왕'이라고 할 핵미사일 배치 시도로 쿠바를 결정적 위기에 빠뜨린 것이다. 카스트로는 남미로의 혁명 수출이 미국의 발을 묶을 것이라는 어리석은 판단을 해 오히려 쿠바를 미국의 침공 대상으로 만들었다. 또한 피그스만 침공 이후 언제든 미국의 재침공이 있을 수 있다는 두려움과 피포위 의식 때문에 미국과의 갈등을 악화시켰다. 쿠바의 선군 노선은 미국의 봉쇄 및 소련의 지원 철회와 더불어 그렇잖아도 무기력한 쿠바 경제를 더욱 나락으로 떨어뜨렸다.

냉전 시절 이런 수많은 오인의 원인을 미소 간의 핫라인 부재 같은 제도적 요인 탓으로만 돌릴 수 있을까? 오늘날 최신 기술을 이용한 위성정찰과 실무 협상 채널 가동 등으로 미국과 쿠바, 혹은 미국과 북한 사이에 상호 오인은 거의 없다고 확신할 수 있을까? 물론 미국-쿠바 간, 미국-북한 간 핫라인과 신뢰할 만한 실무 채널이 상시 가동된다면 상호 오인을 훨씬 줄일 수 있을 것이다. 부단한 접촉으로 상대의 의도를 파악하는 것은 서로에 대한 오인을 줄이는 데 필수적이다. 우리도 이명박·박근혜 정권 시절에 북한과의 대화 채널이 차단되면서 한국의 역할이 축소되고 북한 핵무장은 강화되며, 북한 내부에서 벌어지는 새로운 변화의 징후를 파악하는 능력도 감소되는 상황을 경험했다.

오늘날 김정은이라는 신세대 리더십과 북한 내 시장경제 생성이라는 변화는 이미 오래전에 감지됐지만, 남북정상회담이라는 큰 사건이 벌어지면서 부랴부랴 변화의 강도에 대해 법석을 떠는 모습을 보노라면 접촉의 일상화와 다면화가 얼마나 중요한지 알 수 있다. 아무리 접촉이 확장되어도 고정관념을 배제하고 상대의 의도와 배경, 그리고 오래된 관계의 맥락에 대해 균형 있게 통찰하려는 태도가 없다면 자기의 편견만 확인하게 될 뿐이다.

쿠바 미사일 위기가 본격적으로 전개되기 전, 이 위기의 씨앗이 발아되는 과정에서 소련과 쿠바의 미국에 대한 불안감, 혁명적 열정 분출, 쿠바가 소련의 공격적 전초기지가 되는 데 대한 미국의 단호한 대응 등에 관한 정보가 넘쳐났다. 다만 이 정보들을 역지사지의 관점에서 균형 있게 해석해 상대방을 깊이 이해하고 자신이 가진 정보를 부단히 수정하면서 창의적인 대책을 모색하기에는 냉전의 그림자가 너무 짙게 깔려있었다. 미국과 소련·쿠바는 서로를 깊은 산속 어디선가에서 불쑥 튀어나올지 모를 잔혹한 발톱을 지닌 곰처럼 여겼다. 서로에 대한 불신과 적대적 상호의존은 13일에 걸친 쿠바 미사일 위기 기간은 물론, 냉전 이후 미국과 쿠바 간의 긴 협상 과정에서도 모래시계 돌리듯이 반복된다. 물론 냉전의 마지막 유산인 한반도에서는 지금도 익숙한 풍경이다.

'들어가며'에서 인용한 빅터 차 교수의 진단처럼, 미국은 한반도에서 정보 부족과 안이함으로 수많은 오판을 거듭해왔다. 최근 미국 전문가들은 다시 한 번 자신들의 오판을 뼈저리게 깨달아야 했다. 미치광이 지도자가 이끄는 가난한 북한이 예상보다 빨리 ICBM을 '완성'해 미국 전역을 위협하면서 미국이 협상장으로 끌려나왔기 때문이다. 그런 점에서 〈뉴욕타임스〉는 2017년에 벌어진 이 예측 실패를 미국 역사상 정보 분야에서의 가장 중요한 실패 사례로 규정했다.[128] 미국은 쿠바와 베트남에 대해서 그랬듯이 북한을 이해하지 못한 것이다. 결국 정보를 분석하는 건 인간의 뇌다. 그리고 인간의 뇌는 언제나 편견과 왜곡에 매우 취약하다.

3. 정권 교체 전략은 군산복합체와 1인 지배 체제 국가 모두에 축복이다

강압 전략이 쿠바나 북한 같은 전체주의 특성을 가진 국가를 길들이고 압박하는 데 효과적이라고 보는 사람도 많다. 물론 강압 전략은 국제정치에서 상대 국가에 자국이 원하는 행동을 강요하는 데 효과적인 도구다. 미국이 1962년 쿠바 미사일 위기 때 채택한 해상봉쇄나 1990년대 중반 유고슬라비아의 독재자 슬로보단 밀로세비치를 협상장으로 나오게 강제한 제한적 폭격 등이 강압 전략의 성공 사례로 흔히 거론된다.

하지만 쿠바 미사일 위기의 뿌리를 보면 미국 군부가 소련이나 쿠바를 길들이겠다는 목표를 가졌는지 의구심이 든다. 오히려 진짜 목표는 카스트로의 신경발작적 행동을 유도해 쿠바 침공 빌미를 만드는 것이라고 보는 것이 더 타당하다. 쿠바 미사일 위기 과정을 되돌아본 아바나 회의에서 한 미국 측 참석자는 그런 사실을 솔직히 인정하면서 '개념 관리'라는 표현을 사용했다. 개념 관리란 미국이 실제로 침공할지 모른다는 개념을 적국에 심어주는 전략이다. 미국이 빈번하게 실행한 카리브해 군사훈련이나 정찰 비행에는 카스트로 체제 붕괴 및 이후 쿠바 침공을 위한 토대를 닦으려는 숨은 목표가 있었다. 13일간의 위기가 끝난 지 한참 후인 1980년대에도 소련은 레이건 행정부가 침공할지 모른다고 믿었다. 제2차 세계대전 당시 독일이 소련을 절대 침공하지 않을 것이라고 믿다가 벌어진 재앙의 트라우마에서 헤어 나오지 못한 것이다.[129]

북한은 소련이나 쿠바 못지않은 트라우마를 가지고 있다. 무자비하다는 명성이 자자한 커티스 르메이의 자랑처럼 미국은 한국전쟁에서 필요 이상의 폭격으로 북한을 사실상 석기시대로 돌려놓은 바 있다. 이 폭격의 트라우마와 이후 미국의 가공할 만한 핵전력은 북한으로 하여금 전략 무기가 전개되는 한미 연합군사훈련에 대해 격심한 신경발작적 반응을 보이게 했다. 과장된 피포위심리와 공포감으로 인해, 마치 쿠바에 대한 미국의 저고도 비행이 그렇듯, 한미 연합군사훈련과 예방적 공격 사이에는 구분하기 힘든 경계선이 있다. 실제로 한국전쟁 당시 미국은 '허드슨 하버' 작전이라는 이름으로 B-29 폭격기를 동원해 평양에 모의 핵폭탄을 투하한 적도 있다. 머리 위로 떨어지는 거대한 폭탄이 핵폭탄인지 일반 폭탄인지 알 길이

없는 북한 지도부가 느꼈을 공포와 트라우마는 가히 상상을 넘어선다.[130]

끔찍했던 전쟁은 끝났지만 미국 전략 무기가 훈련에 참여하는 한미 연합군사훈련을 북한은 핵 위협으로 받아들인다. 결국 그런 점을 인정해서 한 미국 관리는 팀스피리트 훈련이 불필요하게 도발적이고 비용이 많이 드니 훈련 취소가 정치적으로 실익을 가져다줄 것이라고 지적한 적이 있다. 미국이 북한과의 대화 분위기가 조성되면서 팀스프리트 훈련을 중지했다가 1993년 재개하자 북한이 상당히 민감한 반응을 보인 것도 이런 이유 때문이었다. 팀스피리트 훈련 재개 외에도 미국은 '작계 5027'로 김일성 정권을 교체하는 보다 공격적인 개념을 수립했다.[131] 북한은 이를 빌미로 NPT 체제에서 탈퇴하는 초강수를 두었다.

오늘날 주한미군의 군사훈련은 1962년 미국이 쿠바 미사일 위기 직전에 실시한 오트사크(ORTSAC: CASTRO의 알파벳 철자를 뒤집은 말) 같은 훈련과는 비교하기 힘들 정도로 매우 공격적인 훈련이다. 예컨대 2017년 12월 한반도에서 실시한 '비질런트 에이스' 한미 연합군사훈련에서 유사시 대규모 침공 및 선제타격을 한다는 독트린에 기초해 가공할 만한 첨단 전략무기 수십 대를 전개했는데, 과장된 피포위 심리를 가진 북한이 느꼈을 공포감은 상당할 수밖에 없다.[132]

미국의 쿠바에 대한 '개념 관리'는 정권 교체의 계기까지는 만들어내지 못했다. 오히려 개념 관리나 피그스만 침공은 카스트로 체제에 반미 항전과 독재 체제 결속의 정당성을 부여했다. 오죽했으면 카스트로와 게바라가 케네디의 피그스만 침공에 대해 고맙다고 했겠는가. 피그스만 침공을 계기로 카스트로는 친소파 등 눈엣가시 같던 분파들을 제거해 유일 체제를 수립할 수 있었다. 쿠바 정권 교체 가능성은 오히려 개념 관리나 체제 전복 같은 의도가 없던 오바마 행정부 시기에 높아졌다. 미국과의 국교정상화 이후 평화적 분위기하에서 카스트로 형제 체제의 반대파와 시민사회가 숨 쉴 공간이 생겼기 때문이다. 마찬가지로 미국은 한미 연합군사훈련이나 참수 작전과 같은 개념 관리로도 정권 교체에 성공하지 못했다. 오히려 쿠바와 마찬가지로 북한도 이를 유리하게 활용해 전체주의 체제를 강화했다. 쿠바에 더 이상 친소파나 친중파가 존재하지 않는 것처럼 북한도 이미 오래전에 두 정파를 효과적으로 제거했다. 아울러 북한은 반미 항전을 핑계로 선군 체제를 마련하고 북한 전역을 병영국가로 개편했다.

쿠바나 북한처럼 적대적 상호의존의 수혜를 받는 또 다른 세력이 있다. 바로 아이젠하워 대통령이 퇴임 직전 경고한 군산복합체와, 이들과 결탁한 정치 세력이다. 이들은 쿠바나 북한 같은 '불량국가'들에 대한 나쁜 인식을 먹고 자라는 잡초다. 카스트로가 피그스만 침공을 한 케네디에게 고마워했듯이, 미국 군산복합체는 카스트로가 남미에 혁명 수출을 한 사실에 고마워했을 것이다. 보수적인 쿠바계 미국인 공동체는 카스트로의 폭정 덕분에 막강한 정치적 영향력을 행사해왔다. 플로리다 주 선거 정도가 아니라 미국 대선 자체를 좌지우지할 정도로 이들이 성장했다는 점에서 이들이 가장 고마워해야 할 사람은 역시 피델 카스트로다.

김일성과 북한의 군부 세력도 미국의 핵무기 위협과 한국의 실미도 북파공작원 같은 공작 덕분에 병영국가 건설 명분을 얻었으니 미국과 한국 지도부에 고마워했을 것이다. 미국 군산복합체와 보수적 정치 세력도 북한이 1983년 미얀마에서의 테러 행위를 비롯한 군사모험주의적 도발을 해줘서 고마울 것이다. 특히 1994년에 미국과 북한이 체결한 제네바 협정을 북한이 파기한 것은 미국 공화당과 군산복합체가 주도한 미사일 방어 체계 가동에 최고의 명분과 동력을 제공했다.[133] 냉전 최후의 결전장이 된 한반도는 각종 첨단 무기의 창의적 실험장이자 판매처이기도 하다.

〈녹색평론〉 발행인 김종철은 비밀 해제된 미국 문서를 근거로 미국 정보당국이 파키스탄의 핵무기 개발 주역인 압둘 카디르 칸 박사가 북한에 비밀기술을 전파한 것을 알고 있었다고 했다. 김종철은 이 문제를 오랫동안 추적한 다니구치 나가요를 인용하면서 미국이 이런 중대 범죄를 잘 알면서도 그대로 놔둔 이유는 긴장 고조에 따른 이해관계를 가진 군산복합체 때문이며, 아시아는 냉전 종료 후 미국 군산복합체에는 환상적인 새 시장이라고 했다. 또한 2018년 3월 9일 〈한겨레신문〉에서는 스톡홀름 국제평화연구소의 「세계 군사비 동향 보고서」도 인용해 2007~2016년에 한반도·동중국해·남중국해 등지에서의 긴장 고조에 따라 군사비가 무려 74퍼센트 증가했다고 주장했다. 냉전 종료 후 활력을 잃을 수도 있었던 미국 군산복합체와 한국의 강경보수 세력에 북한은 너무나 사랑스러운 악마인 셈이다.

냉전이 끝난 지 한참 후 아프리카 등지에 대한 쿠바의 혁명 수출은 눈에 띄게 감소했다. 쿠바는 혁명 수출 활동을 중지하겠다는 조건을 제시하며 협상에 나섰지만 이미 미국의 쿠바 악마화가 끝난 뒤였고, 카스트로가 퇴진하고 라울이 집권한 후에야 비로소 정상국가화의 길이 열렸다. 라울은 이제 '실용주의자 라울'이라는 이미지를 굳혀가고 있다.

북한은 1988년에 이르러 테러 수출이나 노골적인 반미 선동을 자제했지만, 이미 고착화된 불량국가 이미지는 북한의 행위에 대한 미국의 기본 프레임을 확고하게 구성했다.[134] 북한은 테러 행위와 제네바 협정 파기, 미국이 설정한 이란 등 다른 악의 축 국가와의 수상스러운 거래 등으로 오늘날 할리우드가 사랑하는 최고의 악마가 됐다. 미국 정부의 예산 조정 시기가 올 때마다 묘한 우연의 일치처럼 북한 등 '불량국가'들의 위협이 크게 증대되는 상황이 별로 이상하지 않을 정도다.

쿠바의 라울처럼 북한도 김정은이 새롭게 경제 우선 노선을 세운 다음에야 비로소 미국 군산복합체의 명분이 흔들리기 시작했다. 하지만 미국 내 쿠바이탈주민 공동체처럼 이미 단단하게 뿌리를 내린 군산복합체라는 괴물이 새로운 명분과 시장을 찾아 부단히 움직이리라는 건 불 보듯 뻔하다. 한반도 비핵화를 방해하는 걸림돌이 북한에 있는 수많은 핵무기 관련 종사자만은 아닌 셈이다.

제3장

1962년 10월의 '13일', 무슨 일이 벌어졌나?

"매듭을 팽팽하게 당겨
세계를 핵전쟁의 재앙으로 몰고 갈 의향이 없으시다면,
매듭 끝을 당기고 있는 힘을 약하게 할 뿐만 아니라
매듭을 풀 대책을 마련합시다."
_ 흐루쇼프, 1962년 10월 26일 케네디에게 보낸 친서

1962년 10월

일	월	화	수	목	금	토
	1	2	3	4	5	6
7	8	9	10	11	12	13
14	15	**16**	**17**	**18**	**19**	**20**
21	**22**	**23**	**24**	**25**	**26**	**27**
28	29	30	31			

★

2장에서 1962년 10월의 '13일' 이전에 상대방에 대한 오인으로 점철된 뿌리를 이해하면 더 포괄적인 교훈을 얻을 수 있다고 강조했다. 이 장에서는 흔히 '쿠바 미사일 위기'라고 불리는 '13일'의 긴박한 드라마를 직접 살펴보겠다.

1차 자료로 쿠바 미사일 위기 비밀녹취록인 『케네디 테이프*The Kennedy Tapes*』를 바탕으로 하고, 푸르센코와 나프탈리의 『대단한 도박*One Hell of a Gamble*』과 마이클 돕스의 『0시 1분 전』 등 최근 연구 성과로 보완했다. 쿠바 미사일 위기를 다룬 수많은 저작물 중 『대단한 도박』과 『0시 1분 전』은 독보적인 작품이다. 비밀 해제된 회의 내용 이면에 담긴 미국·소련·쿠바 간의 관계를 치밀한 자료 추적을 통해 재구성했기 때문이다. 필자의 이 책은 베두인 전설 프레임의 완고한 지속과 한반도에 주는 시사점이라는 두 가지 프리즘에 집중했다는 점에서 두 책과 차별화된다.

'13일' 5개월 전

일반적으로 쿠바 미사일 위기는 1962년 10월 16일 쿠바에 배치된 소련 미사일에 대해 케네디가 보고받은 시점부터 시작된 것으로 본다. 하지만 위기의 긴 뿌리는 논외로 하더라도 위기 발발 5개월 전인 1962년 5월 케네디 행정부는 긴급 회의를 이미 소집했다. 소련 측의 보다 강경한 징후를 감지하면서 아이젠하워 전 대통령 등 일부 유력 인사들이 소련과 벌이게 될 대결의 필연성을 강조하자 주변에 머물던 소련 전문가를 대거 소집해 소련의 동기를 총체적으로 파악하려 한 것이다. 이때 소련 주재 미국 대사 출신으로 누구보다 소련을 잘 이해하는 조지 케넌과 찰스 볼렌이라는 두 걸출한 소련통들은 서로 다른 인식을 확연히 드러냈다.

그중에서도 케넌의 정세 인식은 매우 흥미로웠다. 케넌은 다른 소련 전문가의 진단과는 정반대로 소련의 강경한 태도가 U-2 정찰기의 소련 영공 침범과 피그스만 침공 등이 누적된 효과라고 분석했다. 또한 흐루쇼프가 베를린 등지에서 자신의 위신을 걸고 외교적 돌파를 시도했지만 실패했고, 이제 미국의 핵 선제공격까지 우려하게 된 것이라고 판단했다. 이런 관점은 소련의 입장에 공감하는 유화파가 아니라 냉정한 현실주의자이자 보수적 전략가로서 소련 붕괴 전략을 설계한 케넌의 진단이기에 설득력이 있었다. 하지만 정부 내에서 이런 역지사지의 관점을 공유한 이들은 오늘날과 마찬가지로 당시에도 적었다.

미국적 편견으로 철저히 무장한 볼렌과 톰슨 등 케네디가 절대적으로 신임하는 소련통들은 케넌이 말한 흐루쇼프의 베를린 문제에 대한 좌절감에 대해 이견을 드러냈다. 볼렌은 흐루쇼프가 베를린 문제를 자기 뜻대로 할 수 있을 가능성이 꽤 희박하다는 걸 이해하지 못할 인물은 아니라고 지적했다. 케넌이 말한 미국의 핵공격에 대한 소련의 공포심은 말이 안 되며, 흐루쇼프가 미국의 침공을 심각하게 우려할 리가 없다는 게 볼렌의 조언이었다.[1]

케네디는 볼렌의 손을 들어줬다. 상대방의 입장을 생각하기보다는 베두인 전설과 베를린 강박증에 사로잡힌 케네디는 볼렌의 판단이 더 설득력이 있다고 생각했다. 흐루쇼프의 입장을 미국 중심적 시각과 합리적 선택이라는 인지틀로 바라보던 전문가들은 흐루쇼프의 공세가 베두인 전설의 필사적인 심리에서 나오는 방어적 공세라는 점을 이해하기 어려웠다. 이후 쿠바에 핵미사일을 배치하는 비합리적 도박을 감행하리라고는 더더욱 상상하기 어려웠다. 미국식 합리성의 기준으로는 자살 행위나 다름없었기 때문이다.

1962년 5월 백악관 NSC에서 벌어진 베를린 논쟁은 '13일' 막바지까지 반복 재생되지만 여전히 승자는 베두인 전설파다. 케넌은 나중에 전기작가와의 인터뷰에서 폴 니츠 등 강경파와 자신의 차이를 설명했다.

"우리의 차이라면 폴 니츠는 가공의 비인간적인 소련 엘리트를 상대했고, 나는 진짜 소련 엘리트에 가까운 인물을 상대했다는 것이지요."[2]

이는 단지 니츠에 대한 설명뿐 아니라 케네디 및 여러 소련통, 아니 오늘날 소위 '전문가'라는 이들에게도 그대로 해당되는 예리한 지적이다. 이런 흐름에도 불구하고 케네디 행정부 내에서는 점차 베를린 문제와는 독립적으로 쿠바 자체에 대해 우려하는 목소리도 생겨나기 시작했다. 바로 피그스만 침공 이후 새로이 부임한 존 매콘 CIA 국장이 대표적이다. 베를린 강박증 프레임에 갇혀있지 않던 매콘은 1962년 봄부터 줄곧 쿠바에 대한 선제공격 필요성을 제기했다. 매콘은 원래 미국의 핵무기 절대 우위 유지에 집착해온 공화당 출신 초강경파로 널리 알려진 인물이었다. 케네디가 군사적 강경책보다는 체제 선전이나 내부로부터의 시민 혁명이라는 비현실적이고 소규모 방안에 기대는 것에 대해 매콘은 불만이 컸다. 매콘은 시간이 미국편이 아니며, 빨리 선제공격을 하지 않으면 쿠바가 소련의 단도미사일 기지로 바뀔 가능성이 있다며 예지력을 가지고 경고했다. 물론 결정적인 증거는 없었다. 그럼에도 매콘은 흐루쇼프의 좌절감이나 핵미사일 열세에 대한 두려움을 정확히 이해했다. 논리적 추론을 통해 전략적 열세에 시달리는 흐루쇼프가 이를 만회하기 위해 미국의 목줄을 겨냥할 수 있는 쿠바를 이용할 것이라는 결론을 내린 것이다.

흥미로운 점은 피그스만 침공 시 베를린 등지에서 벌어질 전 지구적 여파를 항시 고민하던 케네디를 고려해 소련이 쉽게 보복할 목표물이 될 터키 미사일 기지를 미리 철수시키자는 주장도 매콘의 입에서 나왔다는 사실이다. 매콘은 쿠바 미사일 위기 전 과정에서 쿠바 미사일과 터키 미사일을 교환하는 아이디어를 가장 먼저 제시한 인물인 셈이다. 물론 이는 유화노선파 스티븐슨이 제시한 평화적 해결을 위한 교환 아이디어와 달리, 쿠바 침공을 용이하게 하기 위한 강경책의 일환이었다. 매콘은 베를린 프레임에 갇힌 케네디에게 당분간 베를린과 터키를 잊으라고 주문하면서 이렇게 경고했다.

"제 생각으로는 쿠바는 남미 대륙 전체의 열쇠입니다. 쿠바가 공산화되면 남미 대륙 전체가 공산화될 겁니다."[3]

이후 아바나 회의 등에서 쿠바 방어와 핵미사일 분야의 전략적 균형을 별개로 이해한 다른 전문가들과 달리, 매콘은 쿠바 방어가 곧 전략적 헤게모니 강화의 일종이라고 사건 당시 이미 이해했다.

1962년 8월 매콘의 논리적 추론을 뒷받침해주는 근거가 하나둘 나타났다. 흐루쇼프의 달콤한 말에 속은 케네디의 실수로 정찰 활동이 중단됐지만, 미 해군은 쿠바로 향하는 소련 선박의 움직임에서 수상한 점을 감지하기 시작했다. 특히 SA-2 지대공 미사일 기지가 차근차근 완공되는 상황은 매콘의 의혹을 더 강화시켰다. 지대공 미사일 기지 구축은 미국의 항공정찰을 저지할 어떤 중대한 것이 있다는 사실을 의미했다. 1962년 9월 10일 매콘은 정찰 중단 결정에 강력히 반발하면서 하루빨리 U-2 정찰기 활동을 재개해 쿠바 전역을 감시해야 한다고 강력히 건의했다.

매콘은 베를린 등지에서의 유리한 협상을 위해 쿠바에서 문제를 일으키지 않으려는 딘 러스크 국무부 장관 등의 유화적 태도가 도저히 마음에 들지 않았다. 하지만 백악관 내에 매콘의 손을 들어주는 사람은 없었다. 대부분의 안보 관련 인사들은 등잔 밑 쿠바가 아니라 대결의 최전선인 베를린만 쳐다보고 있었다. 가히 '베를린 강박증'이라고 할 만했다. 하지만 뜻밖에도 행정부 내에서 가장 유력한 인물이 매콘의 손을 잡았다. 케네디 대통령의 동생인 로버트 케네디였다.

로버트 케네디는 피그스만 침공 때부터 카스트로 대한 복수심을 품었다. 다른 한편으로는 언젠가 쿠바가 소련의 핵미사일 기지가 될 것이라고 생각해서 카스트로를 제거할 기회를 호시탐탐 노려왔다. 로버트 케네디는 백악관 내에서 강경한 태도로 거의 고립되다시피 한 매콘을 유일하게 거들어 "봉쇄 후 침공"을 주장했다. 로버트 케네디는 자작극을 꾸며내서라도 쿠바 침공 명분을 마련하자고 제안한 인물이었다. 쿠바 정찰 시 격추를 우려하는 딘 러스크 국무부 장관에게 "딘, 도대체 어찌된 건가요? 왜 그렇게 용기가 없어요?"라고 비난했다.[4] 초강경파 로버트 케네디가 케네디 대통령 사후에 실시된 1968년 대선에서 베트남전 반대의 선봉에 선 것은 극적일 정도의 변신이었다.

베를린 프레임에 집착했던 케네디는 쿠바에 대한 선제적 행동은 베를린에서 소련의 군사 행동으로 이어질 것이라고 봤다. 처음에는 침공까지 가지 않고 봉쇄만 하더라도 '전쟁 행위'와 다를 게 없다며 단호히 거부했다.[5] 물론 결국에는 생각을 바꿔 해상봉쇄를 채택했다. 오늘날 초강경파인 네오콘도 케네디처럼 공개적인 곳에서는 봉쇄가 전쟁 행위라는 사실을 애써 무시한다.

케네디 대통령은 군사적 행동을 자제하려 했지만 쿠바에서의 불길한 징후를 무시하기가 점점 더 어려워졌다. 더구나 공화당의 케네스 키팅 상원의원은 연일 쿠바에 소련 미사일 기지가 있다며 행정부를 궁지에 몰아넣고 있었다. 1962년 9월 20일 키팅 상원의원은 공화당 동료인 호머 케이프하트 상원의원과 선제공격 결의안을 주도해 86 대 1이라는 압도적 찬성으로 통과시켰다. 키팅 상원의원이 내세운 증거는 쿠바이탈주민들이 간접적으로 목격했다는 증언뿐이지만, 케네디 대통령은 중간선거를 앞둔 상황에서 이런 공세를 무시할 수만은 없었다. 만에 하나 키팅의 주장이 사실로 판명나면 케네디 행정부의 대응은 뮌헨 사태처럼 치명적인 결과를 초래할 수도 있었다.

결국 케네디는 이런 정치적 상황을 감안해서 보다 강경한 제스처를 예비적으로 취하지 않을 수 없었다. 케네디는 의회에 예비군 15만 명 소집을 요청하고, 해상 군사훈련 계획도 발표했다. 더 나아가 소련에 대한 명확한 사전 경고로서 다음과 같은 다섯 가지 사태가 발생할 경우 "아주 중대한 이슈가 될 것"라며 레드라인을 천명했다. 첫째 쿠바 내에서 조직화된 소련 전투부대 발견, 둘째 쿠바 내에서 소련 군사기지 발견, 셋째 관타나모에 대한 미국 통제권을 인정하는 1934년 조약 위배, 넷째 공격적인 지대지 미사일 발견, 마지막으로 기타 중대한 공격 능력 발견이다.[6]

케네디 대통령은 소련과 쿠바가 이미 레드라인을 넘은 사실을 전혀 몰랐다. 베를린에서 벌어질지도 모르는 위험 상황만 우려하던 케네디 행정부는 흐루쇼프의 입에서 사태 진전을 암시하는 중대 발언이 나온 사실을 감지하지 못한 것이다. 예컨대 1962년 9월 흐루쇼프는 소련의 소치에서 스튜어트 우달 미국 내무부 장관에게 다음과 같이 간접적으로 자신감을 내비쳤다.

"미국이 우릴 어린애 다루듯 엉덩이를 때릴 수 있게 된 지 오랜 시간이 지났소. 이제 우리도 미국의 엉덩이를 때릴 수 있소."[7]

흐루쇼프와 달리 허장성세를 부리지 않던 쿠바 대통령 오스발도 도르티코스도 1962년 10월 8일 UN 연설에서 쿠바가 "새로운 세계대전의 도화선이 될 수" 있다고 경고했다. 도르티코스는 쿠바가 미국의 공격을 격퇴하는 데 필요한 무기를 이미 보유했다고 장담하며 다음과 같은 의미심장한 발언까지 발설했다.

"우리는, 거듭 말하지만, 우리 자신을 지키기 위한 무기를 충분히 갖추고 있습니다. … 물론 우리는 불가피한unavoidable 무기에 의존할 수 있습니다. 필요 없었으면 했고, 사용하지 않았으면 하는 무기 말입니다."[8]

쿠바 대통령이 한 발언의 미묘한 뉘앙스에 주의를 기울였다면 핵무기 보유를 에둘러 말한 것이라는 사실을 알아차렸을 것이다. 베를린에 집착하던 케네디 행정부는 1962년 10월 14일 재개된 U-2 정찰기의 정보 수집 뒤에야 비로소 진실을 알게 되었다.

케네디가 1962년 10월 들어 점증하는 쿠바에서의 불길한 징조들을 아예 무시하고 항공 정찰 활동마저 계속 중지시켰다면 무슨 일이 벌어졌을까? 11월 중간선거 이후 쿠바의 핵무기 보유 선언을 듣고 더 큰 충격에 휩싸였을 것이다. 이 경우 핵무기로 인한 공포의 균형이 완성됐다는 점에서 강경파의 '침공과 공습' 주장보다는 현실적인 판단에 따른 협상파의 목소리에 더 힘이 실렸을 수도 있다.

사실 케네디는 위기 초반에 침공의 유혹을 느꼈다가 일부 미사일이 이미 작전 태세를 갖췄다고 판단하자 점차 타협의 문을 두드렸다. 오늘날 화성 15형 ICBM 발사 뒤 핵무력 완성을 선언한 북한에 대해 트럼프가 대화를 선택했듯이 말이다. U-2 정찰기의 정찰 활동 재개라는 작은 결정으로 거대한 역사의 물줄기가 바뀌게 되고 향후 13일간 미국·소련·쿠바는, 아니 전 세계는 냉전 역사상 가장 위험했던 제3차 세계대전 직전의 퍼펙트 스톰으로 진입한다.

'13일'

1962년 10월 16일 화요일

10월 15일 국가사진판독센터에 U-2기 정찰사진이 도착했다. 영상 판독 결과는 놀라웠다. 쿠바에 MRBM(준중거리탄도미사일)이 배치된 것이다. 밤 늦게 그런 사실을 확인한 맥조지 번디 국가안보보좌관은 곧장 대통령에게 보고하지 않고, 다음 날인 16일 아침 케네디가 명민한 상태로 업무를 시작했을 때 이 위중한 소식을 보고했다.

"빌어먹을, 빌어먹을, 빌어먹을. 이런 러시아 개자식들."

분노를 억누르지 못하고 폭발시킨 동생 로버트 케네디와 달리 케네디는 평소 스타일답게 처음에는 냉정을 유지했다. 축구장처럼 보이는 사진에 어리둥절했지만 국가사진판독센터 소장인 아서 런달의 브리핑을 받으면서 케네디는 점차 이 사진 속 미사일이 소련의 붉은 광장에서 실시된 퍼레이드에서 포착된 미사일과 같은 미사일이라고 확신하고는 이렇게 함축적인 신음을 토해냈다.

"그 작자가 나한테 이럴 순 없어."

흐루쇼프는 케네디에게 3주 뒤에 있을 중간선거와 관련해 "대통령을 당혹하게 할 어떤 행위도 하지 않을 것"이라고 약속했었다.[9] 흐루쇼프의 말이 완전히 틀린 건 아니었다. 흐루쇼프는 미사일을 철저히 은폐했으니 중간선거 전에 발각될 일은 없으리라고 봤기 때문이다.

좀 더 평온해진 케네디는 특유의 자학적이고 냉소적인 유머로 반응했다. 이 소식을 도저히 믿지 못하던 대통령 특별보좌관 케네스 오도넬에게 이렇게 말한 것이다.

"믿는 게 좋을 거야. 방금 인디애나 주에서 케이프하트를 당선시켰어. 키팅이 아마 차기 미국 대통령이 될지도 몰라."[10]

호머 케이프하트와 케네스 키팅은 상원에서 쿠바에 미사일이 있다고 주장한 인물들이었다. 케네디의 책상에 놓인 〈뉴욕타임스〉의 톱기사 제목은 "아이젠하워, 현 정권 외교정책 나약하다 지적"이었다.[11] 쿠바에 아직 소련 핵미사일이 배치되었다는 사실을 아직 모르는 언론사의 기사 제목이 이 정도였으니, 케네디의 눈앞이 얼마나 캄캄했을지는 짐작할 수 있다.

케네디는 즉각 대책 마련을 위한 회의를 소집했다. 참가자만 많고 비효율적으로 진행되는 NSC 대신 소규모 핵심 자문그룹을 모아 엑스콤ExCom, 즉 '국가안전보장회의 집행위원회Executive Committee of the National Security Council'를 자주 개최하기로 했다. 엑스콤은 실용주의자인 케네디가 피그스만 침공 같은 실패를 겪으면서 만든 진화된 회의 모델이었다. 케네디는 각 부서의 대표자들이 방만하게 모여 비전문적인 견해들을 쏟아내는 데 진절머리가 났다. 대신 사안에 따라 관련 책임자들이 TF팀처럼 모여 신속하고 효율적으로 토론하고, NSC의 정식 일원이 아니라도 필요하다면 참여시키는 실질적인 회의를 선호했다.

'케네디 테이프(케네디가 남긴 비밀 녹음테이프)'에 따르면 1962년 10월 16일 오전 11시 50분 열린 첫 엑스콤 회의에서 케네디를 비롯한 참석자 대부분의 태도는 강경했다. 맥나마라 국방부 장관은 현명하게도 해법을 논의하기 전에 발견된 MRBM이 발사 가능한지 확인하자며 이야기를 풀어갔다. 미사일 근처에 핵탄두 보호용 방호벽이나 저장소가 없는 것을 볼 때 아직 핵탄두가 탑재되지 않아 발사 가능한 상태는 아니라고 판단한 것이다. 그러고는 현 시점부터 이후 발사가 가능한 시점까지 어떻게 대처하는가가 중요하다고 지적하면서 일단 보다 더 정확한 정보를 얻기 위한 추가 정찰을 제의했다.

러스크 국무부 장관은 두 가지 가능한 선택지를 제시했다. 첫 번째 안은 신속한 공습으로 미사일 기지를 제거하는 것이다. 두 번째 안은 강압적 외교를 통해 위기의 수위를 점차 높여서 소련이 항복하거나 쿠바가 스스로 행동을 취하게 만드는 것이다. 러스크는 소련뿐 아니라 카스트로에게 접근하는 방안도 언급했는데, 소련과 쿠바 사이를 이간질할 여지가 있다고 봤기 때문이다.

러스크는 이런 강압 전략을 위해서 즉각 미주기구 회의를 소집해 공산주의 국가에 의한 개입에 관한 리우조약의 내용을 들며 쿠바 사찰을 압박하자고 제안했다. 쿠바 주재 캐나다 대사를 통해 "흐루쇼프가 쿠바를 베를린과 맞바꾸려" 한다고 카스트로에게 직접 경고해 흐루쇼프와 카스트로 사이를 이간질하자고도 권유했다. 군사적 방안으로는 정예 병력 15만 명을 소집하고, 관타나모 기지의 경계를 강화하며, 쿠바 내 게릴라 활동을 적극 지원하자고 제안했다. 베를린 대전략 가설에 입각한 이이제이 전술이지만, 더 주목할 점은 애당초 러스크는 이 위기를 강대국만의 게임으로 생각하는 다른 이들과 달리 쿠바도 주요 행위자로 상정했다는 사실이다.

맥나마라도 두 가지 아이디어를 제안했다. 첫 번째는 미사일 기지가 작전준비를 갖추기 전에 선제공격을 하자는 것이다. 일단 미사일이 작전준비를 갖추면 공습 시 파괴되지 않은 일부 미사일이 미국 동부 해안 지역 등에 엄청난 피해를 줄 것이기 때문이다. 그런 상황은 미국이 도저히 감내할 수 없는 후폭풍을 발생시킬 것이므로 반드시 미사일이 발사 가능하지 않을 때를 노려야 한다고 강조했다. 두 번째로 미사일 기지는 물론 공군 기지 및 모든 예상 가능한 핵무기 저장소 등에 대한 전면적 공습과 후속 침공을 제의했다. 전면 공습 시에는 쿠바인이 적어도 수천 명 죽을 터였다.[12] 맥스웰 테일러 합창의장은 러스크와 맥나마라의 안을 종합해 3단계 방안으로 정리했다. 목표를 정확히 선정하기 위한 준비 단계, 해상봉쇄와 전면적 공습을 실행해 추가적인 미사일 배치를 막고 관타나모 기지의 경계를 강화하는 단계, 마지막으로 전면 침공 단계였다.

첫 엑스콤 회의에서 주목할 점은 케네디 행정부를 지속적으로 괴롭힌 퍼즐인 소련의 동기에 대해 잠시 논의가 이루어졌다는 사실이다. 초점이 소련 미사일의 작전준비 여부였으므로 미사일을 배치한 동기에 대해서는 자세히 논의되지 않았지만, 딘 러스크 국무부 장관은 소련의 동기에 대해 두 가지 설명을 제시했다. 하나는 흐루쇼프가 느꼈을 핵전력 열세에 따른 공포와 터키 미사일 기지로 인한 공포를 미국도 느끼게 해주려는 의도라는 것이었다. 다른 엑스콤 멤버와 달리 러스크는 가급적 흐루쇼프의 입장에서 문제를 생각하려고 했다.

러스크의 두 번째 설명은 미국 정부가 암묵적으로 가지고 있던 베를린 프레임과 유사한 수에즈-헝가리 사건에 관한 것이었다. 러스크는 "흐루쇼프 서기장이 베를린 문제에 대해 전적으로 이성적으로 판단하는지 의문이 들기 시작"한다고 토로했다.[13] 다시 말해 소련이 1956년 수에즈 사태를 핑계로 헝가리를 침공한 것처럼 흐루쇼프가 미국으로 하여금 쿠바에서 자극적 행동을 취하게 유도하고, 이를 핑계로 베를린에서 행동을 취할 것이라고 했다. 러스크의 의견에 케네디는 별다른 코멘트를 하지는 않았지만, 1962년 5월 위기의 징후가 보이자 케네디는 소련통인 볼렌과 같은 결론을 내린 적이 있었다. 같은날 저녁에 다시 열린 엑스콤 회의에서 케네디는 보다 분명히 베를린 프레임에 입각해 사태를 분석했다.

오전 회의 후 국방부는 신속한 공습에 이은 침공 가능성을, 국무부는 신속히 행동하면서도 동맹국들의 지지를 규합하기 위한 방안을 연구하기로 했다. 합참은 소련이 미국을 상대로 감히 핵전쟁에 나서지는 않을 것이라는 가정하에 미사일의 작전준비 여부와 관계없이 공습해야 한다고 주장했다. 합참 회의에 뒤늦게 합류한 맥나마라와 로스웰 길패트릭 부장관은 저녁 회의에서 제시할 세 가지 옵션에 대한 개요를 준비했다. 케네디 대통령은 미사일 발견 사실을 비밀로 하려고 일상적인 일정을 소화했고, 점심 식사 후 대선에 세 차례나 출마한 적이 있는 민주당 유화파의 거물인 아들라이 스티븐슨 UN 대사를 만나 쿠바 미사일의 존재를 알렸다. 예상대로 스티븐슨은 "모든 가능한 평화적 해법을 시도할 때까지는 공습을 실행에 옮기지" 말라고 제안했다.[14]

이후에도 스티븐슨은 강경한 케네디 행정부 내에서 거의 왕따가 되다시피했지만 평화적 해법을 일관되게 추구했다. 하지만 소련의 유화책에 속았다며 분개해 강경책을 심각하게 검토하던 분위기에서 유화 노선은 설 자리가 없었다. 바로 그 시간에 로버트 케네디는 그때까지 카스트로 정권 전복 음모를 꾸미던 몽구스 작전팀을 법무부에 불러 더 강경한 목소리로 작전에 박차를 가하기 위한 토론을 주도했다.

오후 6시 30분에 다시 열린 엑스콤 회의에서 맥나마라는 준비한 세 가지 방안을 제시했다. 첫째는 정치적 해결로 카스트로나 흐루쇼프에게 접근하면서 동맹국들과 공개적으로 숙의하는 것이다. 맥나마라는 이 방안은 미사일 기지 구축 시간을 벌어줄 수 있다면서 회의감도 표했다. 둘째는 공개적 감시와 봉쇄로서 정치적 해법과 군사적 해법의 중간책이었다. 봉쇄로 공격용 무기 배치를 막는 동시에 그저 기다리지 않고 전면적인 정찰 활동을 실시해 적 도발 시 즉각 공격할 태세를 갖추는 것이다. 봉쇄안은 이후 보다 다듬어져서 10월 위기를 상징하는 중요한 핵심 전략이 된다. 셋째는 쿠바에 대한 부분적 혹은 전면적 공습 또는 공습에 이은 침공이다. 맥나마라는 합참의장 테일러 등의 의견을 들며 제한적 공습은 반격에 노출될 수 있어 위험하다고 강조했다.

대응 방안에 대한 토론 뒤에는 쿠바 미사일 배치의 정치적 의미가 핵심 의제가 되었다. 번디가 예리한 질문을 던졌다.

"쿠바에 배치된 중거리 미사일이 미국의 입장에 미치는 전략적 영향이 어느 정도일까요? 미사일 배치가 전략적인 균형에 얼마나 큰 변화를 가져왔습니까?"

흥미롭게도 맥나마라와 나머지 엑스콤 멤버의 정세 인식이 확실히 갈렸다. 맥나마라는 놀랍게도 "아무런 변화가" 없다고 했다. 맥나마라의 판단은 미국이 핵미사일 전력 면에서 절대적 우위를 누리고 있다는 사실에 근거했다. 쿠바에 핵미사일 몇 개가 배치되더라도 미소 간의 전략적 균형이 바뀌지는 않고, 소련 본토에서 발사되건 쿠바에서 발사되건 큰 차이가 없다고 판단한 것이다.

하지만 사업가 출신인 맥나마라와는 달리 정치인인 케네디를 비롯한 다른 엑스콤 멤버들은 핵무기의 군사적 효과보다는 정치심리적 효과에 더 주목했다. 바로 베두인 전설 프레임이다. 국무부 미주 담당 차관보 에드윈 마틴은 다음과 같이 간결하게 요약했다.

"음, 이건 심리적 요인인데, 우리가 소련인들과 쿠바인들이 그런 짓을 하게끔 가만히 두고 본 셈입니다. 그건 직접적 위협보다 더 중요합니다."[15]

마틴의 발언은 '칠면조'를 도둑맞은 미국의 무력함이 적어도 남미 일대에 불고 올 '강간' 사태를 의미했다.

케네디 대통령과 로버트 케네디는 베두인 전설이 현실화되는 상황을 더 구체적으로 따져봤다. 로버트 케네디는 카스트로가 핵미사일을 등에 업고 베네수엘라 등지에서 미국을 협박하는 시나리오를 예상했다. 이런 정세 인식에 따라 공격의 빌미로 삼을 자작극을 벌이자는 제안까지 했다.

"어떻게든 빌미를 만들 수 있습니다. 메인함 사건 같은 걸 벌인다면…."

다음 날 백악관은 몽구스팀에 '상부'의 승인을 공식적으로 알리는 문서를 전달했다. 여기에는 놀랍게도 쿠바 주재 중국 대사관에 대한 수류탄 공격 등 파괴 공작 목표 여덟 개가 포함됐다.[16] 앞장에서도 지적했듯이 로버트 케네디가 위기 해결 후에 줄곧 내세운 도덕주의적 입장이 선전에 불과하다는 사실을 잘 보여준 문서였다.

동생 로버트 케네디가 남미가 차례로 공산화되는 도미노 사태를 떠올리는 동안 케네디 대통령은 베를린을 떠올렸다.

"그러고 나서 베를린에서 우리를 쥐어짤 준비를 시작할 겁니다."[17]

이어지는 케네디의 말은 프리드먼이 말한 베두인 전설과 흡사하다.

"하지만 우리가 허락하지 '않을 것'이라고 말했는데, 소련이 밀어붙여 그렇게 하고, 우리가 아무것도 하지 않으면 … 우리가 처한 위험이 커진다고 봐야 하지 않을까요?"[18]

케네디의 명민한 사고방식으로도 여전히 납득할 수 없는 공백이 있었다. 케네디의 종합적 판단으로는 "흐루쇼프가 베를린 문제에 대해 신중한 태도를" 보여줬기 때문이다. 케네디는 갑자기 벼랑 끝 외교를 내세우기 시작한 흐루쇼프를 도저히 이해할 수 없어서 잠시 흐루쇼프의 입장에서 문제를 보려고 했다. 1장에서 지적했듯이 케네디는 흐루쇼프의 관점을 취하려고 애쓰는 순간 어느 때보다 더 진실에 가까이 다가서게 되었다. 그것은 다음 대화에서 잘 드러난다.

케네디 그렇게 할 필요가 있을까요? 그건 마치 우리가 상당수의 MRBM을 터키에 두는 것과 같습니다. 그랬다면 끔찍할 정도로 위험했겠죠.

번디 터키에 우리 미사일을 배치했습니다, 각하

케네디 네. 그건 5년 전입니다. 지금하고는 상황이 달랐습니다.[19]

케네디는 미소 간의 대결이 격화되었을 때 터키에 탄도미사일을 배치한 것과 '평화로운' 시기에 미사일을 배치하는 것은 전혀 다르다고 생각했다. 철저히 미국적 편견에 사로잡혀 과거 아이젠하워와 지금 흐루쇼프가 동일한 동기를 가지고 있다는 점에는 애써 눈을 감은 것이다. 그 동기는 바로 전략적 열세에서 오는 공포감이다. 앞서 언급했듯이 아이젠하워 행정부는 소련의 1957년 스푸트니크 위성 발사 성공에 충격을 받아 터키에 핵미사일을 배치하기로 결정했다. 당시 상원의원이던 케네디는 아이젠하워 행정부를 강하게 몰아붙여 그런 결정이 이루어지는 데 일조했다. 소련이 쿠바에 핵미사일을 배치한 것도 전략적 열세, 더구나 미국의 쿠바 침공이 임박했다는 공포감 때문에 취한 행동이었으니 아이젠하워의 터키 핵미사일 배치와 다를 게 없었다. 케네디가 평화롭다고 생각한다고 해서 흐루쇼프도 그렇게 느끼리라 생각하는 건 편견이다. 흐루쇼프와 카스트로는 평화롭다고 느끼기는커녕 미국의 해상 군사훈련 등을 실질적 침공 준비로 인식했다.

케네디는 터키 핵미사일 배치가 아이젠하워 시절인 1957년에 결정됐지만, 실제 배치와 작전준비는 바로 케네디의 임기 중인 1962년에 완료됐다는 사실을 간과했다. 그런 점에서 자신도 모르게 터키 핵미사일 배치를 "극도로 위험한 아이디어"라고 내뱉은 케네디는 아이러니하게도 자신이 바로 쿠바 미사일 위기에 중요한 계기를 제공했다고 실토한 셈이다. 임상심리학자가 말하듯이 논리적으로 정제된 표현보다 무의식적으로 내뱉은 말이 진실을 더 잘 드러내는 편이다. 그런 점에서 케네디의 이런 발언은 그간 해상봉쇄 등에 집중해온 쿠바 미사일 위기 연구에서 거의 주목받지 못했지만 가장 진실된 순간이라고 할 수 있다.

같은 날 소련 지도부에서는 두 가지 주요 사안이 토의됐다. 하나는 쿠바 미사일이 발견될 경우에 대비한 선전전이다. 예컨대 드미트리 쇼스타코비치 등 서구에서도 저명한 작곡가를 활용해 미국의 경제적·정치적 봉쇄에 대한 선전전을 강화하는 방안이 논의됐다. 하지만 미국이 중간선거 시즌에 돌입한 시점에서 상대를 불필요하게 자극할 수 있어서 실행되지 않았다. 그 대신 장 폴 사르트르처럼 미국의 개입주의에 비판적인 서구의 진보적 지성들에 대한 비밀접촉을 시도하기로 결정했다. 사르트르나 루이제 린저 같은 순진한 진보지식인은 한동안 소련에 대해(이후 북한 체제에 대해서도) 낭만적 동경의식을 가졌기에 소련에는 좋은 홍보 도구였다.

소련 지도부는 아울러 10월 18일 케네디 대통령을 접견할 예정인 안드레이 그로미코 외무부 장관에게 지침을 내렸다. 케네디가 미사일을 발견할 경우 그냥 받아들일지 떠볼 생각이었던 것이다.[20] 이는 소련 지도부가 케네디 행정부의 문제의식이나 분위기에 대해 얼마나 착각했는가를 상징적으로 보여준다. 소련 입장에서 쿠바 미사일은 자신들의 앞마당인 터키에 미국이 미사일을 배치한 것에 상응하는 조치일 뿐이었다. 실제로 영국 측도 쿠바 미사일이 발견되고 나서 호들갑을 떠는 미국을 이해하기 어려웠다고 한다. 영국 측은 유달리 법석을 떠는 케네디를 진정시키려고 소련과의 타협책으로서 영국에 배치된 미사일의 불능화 조치를 제안하기도 했다.[21] 사실 유럽인들은 이런 위기를 일상적으로 겪기 때문에 케네디의 눈으로 이 사태를 보기가 어려웠다. 미국은 1812년 발발한 미영 전쟁 때 백악관이 불에 타 잿더미가 되는 굴욕을 겪은 뒤로 본토가 심각한 위협에 노출된 적이 없었고, 따라서 미사일 위협에 대해 느끼는 강도가 사뭇 달랐다. 오늘날 북한 김정은은 그런 사실을 잘 이해했기에 ICBM 개발을 통해 할아버지 김일성이나 아버지 김정일도 실패한 미국 정상의 관심을 끄는 데 성공했다. 이에 대해서는 나중에 다시 자세히 설명하겠다.

10월 17일 수요일

오전 8시 30분 케네디의 보좌관들이 모인 회의에서 조지 볼 국무부 차관은 군사적 공격 옵션을 반대하면서, 소련 지도부가 자신들의 행동이 의미하는 바가 뭔지 모를 가능성이 있다고 주장했다. 그러자 소련 전문가인 톰슨은 대통령에게 전날 조언했던 대로 소련의 행동은 의도가 명확하며, 궁극적으로 베를린을 노린 것이라고 반박했다.[22] 적국의 행동은 반드시 합리적 계산에 따라 이루어진다는 믿음이 정책결정자 사이에 널리 퍼져있다는 사실을 고려하면 이날 회의에서 테일러 합참의장 등 대부분 참석자가 톰슨의 의견에 지지를 보낸 것은 당연했다. 이들에게는 노회한 공산주의자들이 전략적 행동의 정치적 심각성을 이해하지 못했다는 볼의 주장은 순진한 생각에 불과했다. 나중에 비밀 해제된 문서는 결국 '합리적 판단' 같은 이론적 틀에 얽매이지 않은 조지 볼이나 조지 케넌이 옳았음을 보여준다.

하지만 당시에는 케네디 정부 인사뿐 아니라 케네디가 무시하기 어려운 외부 전문가까지 거들면서 강경한 목소리가 주류를 이뤘다. 국무부 장관 출신으로 풍부한 외교 경험을 가진 딘 애치슨도 마찬가지였다. 제2차 세계대전 영웅으로 퇴임 뒤에도 대중적 영향력을 유지한 아이젠하워 전 대통령도 강경한 군사대응을 조언했다. 아이젠하워는 터키 미사일 배치와 피그스만 침공 계획을 만들어낸 장본인이지만 집권 기간에는 쿠바 미사일 위기 같은 절체절명의 사태에 직면하지는 않았다. 자신이 뿌린 위기의 씨앗이 케네디 행정부에서 만개하자 아이젠하워는 너무 손쉽게 전쟁의 신에 의존했다. 케네디가 전직 대통령의 무시 못할 영향력과 식견을 존중해 군사작전을 벌였다면 최악의 참극을 벌인 미국 대통령으로 역사에 기록될 뿐 아니라 틀림없이 대통령직을 내놓아야 했을 것이다.

모든 '전직'이 다 호전적인 대응을 주문하지는 않았다. 스티븐슨 대사는 케네디에게 메모를 보내 흐루쇼프와 카스트로에게 개인특사를 보내는 외교적 해법을 간곡히 제안했다. 이 메모에 따르면 스티븐슨도 베를린 대전략 가설을 굳게 믿었고, 미국의 공세적 행동이 베를린이나 터키에서 위기 확산을 초래할 것으로 판단했다. 따라서 미국의 다른 핵미사일 기지와 쿠바 미사일을 맞교환하는 방안을 검토할 것을 주문했다.[23]

케네디는 어제에 이어 다시 스티븐슨의 제안을 일고의 가치도 없다고 판단해 무시했다. 특히 케네디가 보기에 카스트로는 게임의 주요 행위자가 아니었다. 케네디의 머릿속을 지배한 문제는 오직 같은 강대국의 입장에서 핵게임을 벌이는 흐루쇼프의 진정한 동기였다. 이날 케네디도 군사적 방안으로 기우는 듯했다. 이날 회의 말미에 로버트 케네디는 미국이 취할 수 있는 방안을 다섯 가지로 정리했다.[24]

· 최후통첩 후 공습
· 사전 경고나 협상 없이, 일부 동맹국에 통보 후 제한적 공습
· 정치적 경고 후 해상봉쇄 및 추가적인 군사 행동 준비
· 정치적 준비 이후 대규모 공습
· 직접 침공

특이한 점은 케네디 형제가 점차 공습을 하는 쪽으로 마음이 기울어지고, 소련 측이 미사일 발각에 따라 전면적 선전전을 계획하는 바로 그 시점에 그토록 상황을 비관하던 쿠바가 오히려 잠시 낙관론에 빠졌다는 것이다. 쿠바 측의 낙관론은 이날 쿠바에 도착한 카스트로의 절친한 친구이자 알제리 총리인 아메드 벤 벨라가 가져온 희망에 찬 소식 때문이었다. 최근 케네디를 접견한 벨라는 케네디 행정부는 쿠바를 침공할 어떠한 의사도 없다고 했다. 카스트로는 벨라가 덧붙인 단서조항을 흘려들었다. 미국은 쿠바를 침공할 의사가 없지만, 쿠바가 소련의 공격적인 전초기지로 전락하는 경우에는 어떤 행동을 할지 장담할 수 없다는 말이었다. 그런 상황을 걱정한 벨라는 카스트로에게 침공의 명분이 될 수 있는 어떠한 도발도 하지 말라고, 특별히 신중하라고 재차 당부했다.

벨라는 한발 더 나아가 귀중한 충고를 덧붙였다. 현재 국제정치 지형상 알제리가 국제적 민족 해방 운동을 주도하고, 쿠바는 자제하는 것이 좋겠다는 전술적 조언이었다. 벨라의 충고는 미사일 배치라는 도발적 결정을 하기 전에 흐루쇼프가 계속 지적한 말과 일맥상통하는 경고였다. 하지만

쿠바가 핵무기 보유 국가가 됐다는 자신감 때문인지 카스트로는 현명한 조언을 한쪽 귀로 흘려버렸다.[25] 수십 년이 지나서야 카스트로는 자신의 철없던 행동을 후회했다.

물론 낙관주의에 빠진 카스트로는 전쟁 태세의 고삐를 늦추지는 않았다. 카스트로의 자신감은 핵무기 보유 외에도 미국이 침공하더라도 충분히 격퇴할 수 있는 전쟁 태세를 갖추었다는 생각에서 연유한다. 카스트로는 미국의 침공에 대비해 두 가지 충격적 계획을 세워두었기에 자신만만할 수 있었다. 하나는 남미의 미국 요인과 시설에 대한 비밀공격이고, 다른 하나는 '부메랑Boomerang' 작전이라는 뉴욕 시 테러 계획이었다.[26] 미국은 자국의 주요 도시를 위험에 빠뜨릴 수도 있는 카스트로의 반미결사항전 준비에 대해서는 안이하게 생각하고, 그저 소련과의 게임에만 정신이 팔려있었다. 위기 과정에서 미국은 쿠바를 U-2 정찰기에서 내려다본 소란스러운 난쟁이로 인식한 것이다.

10월 18일 목요일

속개된 엑스콤 회의의 분위기는 더 강경한 쪽으로 기울어지기 시작했다. 정찰 사진을 판독한 결과 기존 MRBM 기지 외에도 사거리가 훨씬 더 긴 미사일이 배치된 증거가 발견됐기 때문이다. 315도 각도로 설치된 발사대와 통제 벙커는 소련이 자랑하는 R-14 IRBM(중거리탄도미사일)이 배치된 사실을 뒷받침했다. R-14는 사정거리가 R-12 MRBM의 두 배인 약 4500킬로미터고 탄두가 5메가톤에 달해서 태평양 북서부를 제외한 미국 전역을 강타할 수 있었다. 이런 상황에서 회의 참석자들의 머릿속에 가장 먼저 떠오른 것이 베두인 전설 프레임인 건 너무도 당연하다. 러스크는 이를 다음과 같이 명료하게 표현했다.[27]

"우리가 아무런 행동을 하지 않는다면, 그것이 소련에 미칠 영향도 고려해야 합니다. 우리의 무대응을 소련 측이 결정적인 후퇴로 판단한다면, 소련이 전 세계 다른 지역에서 하고자 하는 어떠한 개입 행위도 자유롭게 할 수 있다는 의미로 여길 겁니다."

테일러 합참의장도 IRBM이 발견되어서인지 전면적 침공을 주장하고 나섰다. 시간이 미국편이 아니라고 판단하고 대통령의 행동을 재촉한 것이다. 반면 조지 볼 국무부 차관은 강경파의 선제공격 요구를 도덕적 이유에서 강력히 비판했다. 볼은 선제공격을 미국이 혐오하는 일본군의 진주만 공습에 비유하며 다음과 같이 지적했다.[28]

"선제공격은 소련 같은 나라나 저지를 거라고 여겨지는 행동입니다. 미국이 할 짓이 아닙니다."

볼 차관이 이날 발언 등을 위해 작성한 문서에는 "미국은 진주만에 대한 기습공격을 이유로 일본인들을 전범으로 기소"했다는 내용도 있었다.[29] 선제공격을 통해 미사일 위기가 해결된 뒤 미국이 전범으로 기소되는 상황까지 우려했다고 볼 수는 없지만, 적어도 '선제공격을 한 국가'라는 낙인은 씻을 수 없는 오명이었을 것이었다. 볼 차관은 이를 "남은 일생 동안 카인의 낙인을 이마에 달고 다니는 일"이라고 비유했다.[30]

이날의 케네디 테이프에서 흥미로운 점은 볼 차관의 도덕주의 담론을 다름 아닌 로버트 케네디가 지지하고 나선 점이다. 로버트 케네디는 앞서 제2의 메인함 사건을 언급하는 등 비도덕적인 공작을 제안한 전력이 있는 인물이어서 의외의 반전이다. 로버트 케네디는 볼의 주장에 맞장구를 치면서 "우리가 작은 나라에 그런 짓을 벌이면 엄청난 부담이 될" 것이라고 지적했다.[31] 로버트 케네디의 속마음을 정확히 헤아릴 길이 없다. 다만 대통령인 형에 대한 역사적 기록에 관심을 가졌기에 선제공격이 케네디에 대한 평가에 치명적일 수도 있음을 근심한 것으로 추측된다. 물론 이날 로버트 케네디는 이런 도덕주의적 태도와는 별개로 쿠바에 대한 파괴 공작을 흔들

림 없이 실행하라고 지시했다.[32]

한편 강경파의 베두인 프레임에 반대한 온건파인 톰슨 대사는 잠시라도 흐루쇼프의 입장에서 문제를 보고자 했다. 톰슨은 흐루쇼프의 선전전 내용을 다음과 같이 예상했다.[33]

"왜 그렇게 흥분하십니까? 미국에 망명한 쿠바인들의 공격 위협에 대처하려는 쿠바인들이 미사일 몇 기를 요구했을 뿐입니다. 미사일은 단지 방어용입니다. 미국이 터키에 배치한 미사일보다 훨씬 덜 위협적입니다. 미국은 터키 미사일에 핵탄두를 장착했습니다. 우리는 아직 쿠바인들에게 핵무기를 제공하지는 않았습니다. 이 미사일은 쿠바에 대한 위협에 대처하기 위한 것일 뿐입니다."

톰슨 대사는 또한 쿠바 미사일 배치가 터키 미사일을 둘러싼 협상을 위한 강압적 외교의 수단이라고 판단했다. 쿠바 내에서 미사일 위장 작업이 허술했던 것에 대해서는 흐루쇼프가 의도한 일일 수 있다고 의심했다. 일부러 미사일을 노출시켜 이후 협상을 유리하게 끌고 가려는 전술적 제스처라는 것이었다. 물론 그런 추측은 결과적으로 오류로 판명났다. 소련군 미사일 부대는 소련 바깥에서 미사일 기지를 구축한 적이 없었고, 그래서 '위장' 절차가 없었다.

어쨌거나 흐루쇼프의 도발이 협상을 위한 카드일 뿐이니 과도하게 반응해 전쟁을 유발하지는 말아야 한다는 톰슨의 문제의식은 타당했다. 톰슨은 해상봉쇄를 통해 미사일의 추가 배치를 막으면서 본격적인 협상을 시도하자고 건의했다. 선제공격론을 격렬히 비판한 온건파인 볼 국무부 차관도 이에 발맞춰 협상의 내용으로 터키에 배치된 미사일과 맞바꾸는 제의를 하자고 주장했다.[34] 이 제안은 결국 위기 해소에 결정적 공헌을 했지만, 아직까지 이 단계에서는 큰 반향을 얻지는 못했다.

온건파는 섣부른 공습이나 침공 방안에 반대했지만, 적어도 해상봉쇄의 필요성에는 공감했다. 물론 필자가 '온건파'라고 부른 이들과 해상봉쇄라는 '전쟁 행위'에 가까운 방안이 어울리는 건 아니다. 하지만 여기서 '강경파'와 '온건파' 구분은 상대적이다. 아예 정치적으로 왕따가 된 유화노선파 스티븐슨을 제외하고는 온건파조차 일찌감치 해상봉쇄에 동의한 사실은 당시 정치적 지형이 강경함 쪽으로 흘렀음을 의미한다.

이날 회의에서 맥나마라 국방부 장관도 온건파의 해상봉쇄 의견과 뜻을 같이 했다. 맥나마라는 앞서 언급한 톰슨의 강압적 외교 전략의 관점에서 해상봉쇄를 이해했다. 흐루쇼프를 압박해 협상을 이끌어내려고 한 것이다. 맥나마라도 톰슨처럼 궁극적으로 터키나 이탈리아 기지의 미사일과 쿠바 미사일을 맞교환하는 상황을 상정했다. 봉쇄에도 불구하고 소련이 미사일 기지를 계속 건설할 수 있지 않겠느냐는 로버트 케네디의 문제 제기에 대한 맥나마라의 대답은 강압적 외교 전략의 관점을 잘 드러내준다.

"봉쇄가 진행되는 동안 카스트로는 계속 목이 졸리는 기분일 겁니다."[35]

이날 케네디팀은 해상봉쇄의 법적 근거에 대한 논의도 발전시켰다. 먼저 케네디가 봉쇄를 하려면 전쟁을 선포해야 하는 게 아니냐며 문제를 제기했다. 케네디 테이프에 따르면 이름을 특정할 수 없는 한 참석자가 전쟁 선포 없는 해상봉쇄는 국제법상 불법이라고 했다. 또 다른 인사는 리우조약 제8조에 의거해 이번 해상봉쇄는 합법이라고 지적했다.[36] 이에 따라 케네디팀은 미주기구 회의에서 봉쇄 조치에 대한 지지를 이끌어내기 위한 방안을 협의했다.

이날 오전 회의에서는 오후에 예정된 그로미코 소련 외무부 장관과의 면담 전략이 주요하게 다뤄졌다. 두 가지 점이 중요했다. 하나는 미사일 발견 사실을 눈치채지 못하게 하면서 소련 측 분위기를 감지하는 것이고, 다른 하나는 혹시 있을지 모르는 미사일 거래 제안에 대한 대응 방안이었다. 국무부 장관 러스크는 케네디가 1962년 9월 4일 공격용 무기에 대해 경고한 성명 내용을 직접 읽어주면서 그로미코의 반응을 확인하자고 제안했다. 터키와 쿠바 미사일 맞교환 제안에 대해서는 리우조약에 따라 공산주의 국가가 개입하는 상황의 부당성을 제기하고, 헝가리가 소련의 영향권에 있듯이 쿠바도 미국의 영향권에 있다는 주장으로 강력히 대응하자고 주장했다.

오후 5시에 케네디와 그로미코의 면담이 이루어졌다. 그로미코는 케네디의 주된 관심사인 베를린 문제로 대화를 풀어나갔다. 케네디를 안심시키기 위해 중간선거 동안 베를린 문제로 도발하지 않겠다고 재확인해준 것이다. 케네디도 쿠바를 침공할 의사가 없다고 했다. 다만 그로미코는 중간선거 이후 베를린 주둔 서방연합군을 "썩은 충치"처럼 빼야 한다고 강조했다. 곧이어 쿠바 문제를 언급한 그로미코는 미국의 군사적 위협을 비난하면서 소련은 쿠바 방어를 위한 지원을 할 뿐이라고 강조했다. 면담을 마친 케네디는 자신의 면전에서 새빨간 거짓말을 늘어놓은 그로미코에게 분노한 나머지 당장이라도 서랍에서 정찰사진을 꺼내고 싶은 유혹에 시달렸다고 고백했다.[37]

경험이 많고 노회한 그로미코였지만 면담 중에 케네디의 감춰진 분노를 읽을 수는 없었다. 그래서 평소 과묵하던 러스크 국무부 장관의 얼굴이 새빨개져서 의아함을 표했지만 케네디 행정부가 얼마나 분노했는지는 상상조차 하지 못했다.[38] 그로미코는 케네디가 평소보다 신중해 보였을 뿐 자신과의 면담이 소련의 진의를 알아내려는 일종의 함정수사라는 사실을 깨닫지 못했다. 따라서 그로미코는 쿠바와 관련해서는 "전적으로 만족할" 만하다는 부정확한 전문을 보냈다.

그로미코는 한 발 더 나아가 미국의 미디어와 고위 관료들이 베를린을 미소 간 주요 대결장으로 강조하는 워싱턴의 분위기를 보고, "쿠바 이슈가 가라앉은 징후"라고 보고했다. 이는 소련 지도부가 미국의 베를린 프레임에 얼마나 무지했는가를 잘 보여준다. 이런 일련의 오인에 기초해 그로미

코는 다음과 같은 엉터리 정세평가를 했다.[39]

"(미국의) 이너서클은 쿠바를 지원하는 소련의 용기에 놀라고 있음. … 이런 상황에서 쿠바에 대한 미국의 군사적 모험은 상상조차 불가능함."

이날 저녁 엑스콤 회의는 기자들의 주의를 끌지 않기 위해 백악관 웨스트윙 대신에 케네디가 거주하는 이스트윙 2층에서 열렸기 때문에 비밀녹취가 이루어지지 않아서 세부 내용을 확인할 길은 없다. 다만 회의 뒤 집무실로 돌아온 케네디가 녹음 기록을 남긴 내용을 들어보면, 차츰 해상봉쇄 쪽으로 의견이 모아진 사실을 알 수 있다. 맥조디 번디 국가안보보좌관은 봉쇄가 소련의 베를린에서의 보복을 야기할 것이며, 미국의 어떠한 행동도 소련이 만든 게임의 룰에 빠질 거라며 반대했지만 대다수는 일단 봉쇄로 시작하는 것이 좋다고 판단했다.

엑스콤 회의가 열리기 전 국무부에서 봉쇄의 법적·정치적 문제에 대해 회의한 결과 봉쇄blockade라는 표현 대신 대외적으로 격리quarantine라는 용어를 쓰기로 한 사실도 중요하다. 당시 국무부 법률자문관 대행인 레오나르드 미커는 "봉쇄는 전쟁 행위로 해석될 수 있고, 국제법적으로도 문제를 야기할" 수 있으므로 "방어적 격리"라는 표현을 제안했다.[40] 이후 미국은 정치적 노력의 일환으로 "격리"라는 표현을 일관되게 사용해 미국의 행위가 방어적이라는 점을 분명히 했다.

10월 19일 금요일

케네디는 오전에 언론이 쿠바 상황을 눈치채지 못하게 하려고 일정에 따라 중간선거 지원유세에 나섰다. 떠나기 직전에는 해상봉쇄안 정도의 대응에 만족하지 못한 합참 인사들을 만나 분위기를 파악했다. 쿠데타까지 벌어질 가능성은 없었지만 군부의 강경한 입장을 신경 쓰지 않을 수 없었다. 케네디는 회의를 시작하면서 자신이 쿠바 문제 때문에 처한 곤경을 전 지구적 관점에서 제시해 군부가 무조건적인 호전적 태도를 버리고 균형 있는 조언을 할 수 있는 분위기를 만들려고 했다. 이때도 케네디는 쿠바가 아니라 궁극적으로 흐루쇼프가 집착하는 베를린이 진짜 문제라고 판단하고 있었다.

하루 전날 그로미코와 면담을 할 때도 자신의 베를린 프레임을 강화시켜주는 증거를 직접 확인했다. 그로미코가 베를린에 대한 집착을 드러내면서 중간선거 이후 이 문제를 기어코 해결하겠다고 협박했기 때문이다. 바로 그 점이 쿠바에 대한 케네디의 구상을 어지럽히는 요인이었다. 공습을 하면 쿠바 자체의 문제는 신속히 해결될 가능성도 있지만, 전 지구적 시야로 보면 필연적으로 베를린에서의 보복으로 이어질 수 있었다. 쿠바 해상봉쇄도 서베를린에 대한 봉쇄를 유발할 가능성이 높았다. 그렇다고 쿠바 문제를 방치하면 유약한 이미지가 굳어져서 베를린에서의 도발로 이어질 터였다. 이런 상황에서 어떻게 대응하는 것이 현명한지가 케네디를 곤혹스럽게 하는 화두였다.

케네디는 이런 곤혹스러움에 대해 군부가 문제의식을 공유하기를 원했지만, 미군 수뇌부는 케네디의 우유부단함으로 받아들였다. 군 내부에서도 여러 목소리가 존재했지만, 대체로 봉쇄안으로 기울어진 듯한 케네디를 강하게 압박했다. 특히 공군 참모총장 커티스 르메이는 강경한 목소리를 주도적으로 내며 전면적 공습을 옹호했다. 르메이는 핵전쟁을 다룬 블랙코미디 영화 〈닥터 스트레인지러브〉에서 튀어나온 듯한 인물이었다. 케네디는 태평양 전쟁 때는 일본을, 한국전쟁 때는 북한을 무자비하게 폭격해 석기시대로 되돌려놓았다고 떠벌리던 르메이를 항상 경계했다.

르메이는 봉쇄나 협상 시도로는 케네디의 희망과 달리 오히려 서서히 전쟁으로 이어질 수 밖에 없다고 비판했다. 또한 기습적인 선제공격을 하는 편이 나중에 억지로 전쟁에 끌려 들어가는 것보다 군사적으로 유리하다는 확신을 가졌다. 따라서 봉쇄가 소련이 한 짓에 비하면 지나칠 정도로 유

약한 대응이라고 비판하면서, 케네디에게 트라우마로 각인된 '뮌헨'까지 서슴없이 들먹였다.[41]

"봉쇄나 정치적 해결은 뮌헨에서의 유화책만큼이나 나쁩니다."

군부가 특히 이해할 수 없었던 것은 케네디의 유약한 점진주의적 위기 관리 방식이었다. 케네디는 봉쇄안의 장점을 들며 위기가 확대되거나 전략적 불균형으로 인해 결국 핵전쟁이 벌어지는 사태도 방지할 수 있다고 지적했다.[42] 군부가 보기에는 전형적인 미국 리버럴 정치인의 일처리 방식이었다. 르메이는 과거 소련에 대한 핵전쟁 시나리오를 검토할 때 민간인 사상자를 최소화할 방안을 고민하는 맥나마라 국방부 장관의 자세를 "정신 나간 것"이라고 생각할 정도로 호전적 태도를 보였다. 전쟁 행위에 가까운 해상봉쇄안을 주도한 맥나마라 국방부 장관마저 유약하다고 본 르메이에게 케네디와 같은 리버럴 정치인은 당연히 경멸의 대상이었다. 회의가 끝나고 케네디가 떠난 직후 아직 비밀 녹음테이프가 돌아가는 줄도 모르던 데이비드 슈프 해병대 사령관은 르메이와 함께 노골적으로 케네디 행정부를 욕하기 시작했다.

데이비드 슈프 대통령이 "확전"을 언급했을 때, 그걸로 끝났죠. 누가 꾸물거리지 않고 처리시켰으면 좋겠는데, 그건 우리 문제죠. 거기 가서 미사일 주변에서 세월아 네월아 해보라지. 일이 개판되지.

커티스 르메이 내 말이 그 말이오.

데이비드 슈프 개판이야. 개판. 개판 … "개자식아. 똑바로 하란 말이야. 꾸물거리지 말고"라고 말할 수도 있을 텐데. … 세월아 네월아 하면서 미사일 기지를 때리고, 그 다음에 SAM(지대공미사일) 기지를 때릴 순 없지. 들어가서 우릴 가로막을 빌어먹을 물건을 제거해야 하는데 말이야.[43]

케네디는 군부의 호전적 태도를 잘 알고 있었다. 하지만 국가의 운명을 책임진 대통령으로서는 핵전쟁의 위험을 두고 도박을 벌일 수는 없었다. 무책임한 군부에 대한 케네디의 생각은 측근에게 토로한 냉소적 유머에서도 잘 드러난다.

“머리에 별 단 작자들은 아주 유리한 입장에 있어. 말을 들어줘서 이들이 원하는 대로 하면 나중에 살아남아 잘못을 지적할 사람이 없을 테니까.”[44]

결국 역사는 케네디의 강압적인 외교 전략을 통한 점진주의적 해결이 적어도 군부가 제시한 호전적인 해결책보다는 현명했다는 사실을 보여준다. 당시에는 몰랐지만 쿠바에는 이미 핵탄두가 배치되었기 때문이다. 이 극적인 위기에서 압박 작전의 대성공은 후일 소련이 먼저 굴복했다는 신화를 창조하면서 미국 리버럴 진영이 강압 전략을 신주단지 모시듯이 신봉하는 결정적 계기가 된다. 이후 해상봉쇄는 전가의 보도처럼 인식되어 북한 문제에서 빈번하게 제기된다. 정작 먼저 물었어야 할 위기의 원인은 점차 미국 정책결정자들의 머릿속에서 사라졌다.

강압 전략은 미국 강경보수 진영에는 유약함의 상징이 됐다. 군부의 솔직한 속내는 향후 미국의 점진주의적 강압 전략에 대한 강경보수파의 강한 비판을 예시처럼 잘 보여준다. 베트남 전쟁을 거치면서 이런 해결책이 실패하자, 강경보수파는 미국 리버럴의 유약함을 상징하는 실패작이라며 비난했다. 미국 네오콘은 베트남 전쟁 실패를 자신들의 베두인 전설이나 도미노이론에서 찾는 대신 ‘핵 한 방’을 사용하지 않은 점진주의적 전략의 유약함에서 찾았다. 선제공격이나 ‘충격과 공포’에 의한 해결책이 일부 초강경파만이 아니라 미국 국방정책을 담당하는 주류에까지 서서히 침투할 것이다.

합참 수뇌부와의 회의 뒤에 케네디는 중간선거 유세를 위해 시카고로 향했다. 떠나기 직전에는 측근들에게 자신이 돌아올 때까지 쿠바 문제에 대한 합의안을 만들도록 지시했다. 심각한 위기에 빠진 미국 시민들을 설득해 정책을 일사불란하게 펼치기 위해서였다. 대통령 부재 중에는 동생 로버트 케네디 법무부 장관이 엑스콤 회의를 이끌었다. 사안의 복잡성과 미사일의 발사준비 정도 등에 대한 부정확한 정보 때문에 합의가 쉽지 않았다.

회의 참석자들의 생각은 수시로 변했다. 예컨대 맥조지 번디 국가안보보좌관은 며칠 사이에 공습, 봉쇄, 소련의 추가 행동이 있을 때까지 기다리기 등을 오가며 여러 차례 의견을 바꿔서 케네디를 짜증나게 했다. 로버트 케네디도 마찬가지였다. 사전 경고 없는 선제공습으로 기울어지다가 진주만을 떠올리며 반대하는 등 갈팡질팡했다. 결국 로버트 케네디는 후세 역사가들이 형을 어떻게 평가할까 고려하면서 최종적으로는 해상봉쇄를 지지하기로 결정했다. 결국 행정부 차원의 최종 결정은 케네디가 돌아온 10월 20일에 내려졌다.

10월 20일 토요일

이날 회의도 녹취록이 없지만 회의 내용을 기록한 문서가 부분적으로 존재하기에 주요 토론 내용은 파악할 수 있다. 회의는 아서 런달 국가사진판독센터 소장의 정보브리핑으로 시작됐다. 이 브리핑에서 주목할 점은 IRBM 기지 최소 두 곳이 작전준비를 갖췄고, 일주일 내로 다섯 곳 전부 작전준비가 가능한 것으로 보고된 사실이었다.

더 불길한 점은 핵탄두 보유 가능성에 대한 정보였다. 미국 정보당국은 아바나 근처에서 핵탄두 보관소로 보이는 시설을 발견했고, 12월 1일경 미사일 기지와 함께 시설이 완공될 것으로 예측했다. IRBM 기지당 발사대 4개가 있다는 점을 감안하면 전체 기지가 완공되는 경우 미국 전역이 1메가톤짜리 핵탄두를 탑재한 미사일 20기의 사정거리에 놓이게 되었다. 런달

소장의 구체적이고 시의적절한 정보 제공에 케네디 대통령은 감사 표시를 했는데, 이런 대통령의 태도는 런달을 당혹스럽게 했다.[45] 케네디의 행동은 쿠바에 핵탄두가 배치된 사실을 모른 채 공습이 진행되는 경우 벌어졌을 대참사를 막았다는 안도감에서 비롯된 것으로 보인다.

위험천만한 쿠바 상황에 대한 정보 보고 때문인지 이후 토론에서 다수는 상당한 위험을 내포한 공습안보다는 봉쇄안으로 돌아섰다. 이날 논의된 방안은 다음과 같이 네 가지로 요약할 수 있다.

첫째는 공습안으로 테일러 합참의장과 맥조지 번디 국가안보보좌관이 지지했다.

둘째는 봉쇄 후 공습을 하는 방안으로, 봉쇄 자체가 목적이 아니라 봉쇄를 뒤이은 공습에 대한 최후통첩으로 활용하는 것이었다. 이 방안은 강경한 방안에 미련을 가진 로버트 케네디 법무부 장관, 더글러스 딜런 재무부 장관, 존 매콘 CIA 국장이 지지했다.

셋째는 봉쇄로 일단 소련의 행동을 동결시킨 뒤 추후 방안을 재논의하는 것으로, 러스크 국무부 장관이 지지했다.

넷째는 봉쇄 후 정상회담 등으로 타협을 모색하는 안으로, 두 번째 안과 달리 궁극적으로 소련과의 타협을 위한 전 단계로 봉쇄를 설정했다. 위의 두 번째 안이 군사적 성격이 강한 봉쇄안이라면, 이 네 번째 안은 '정치적 봉쇄안'이라고 부를 수 있는 것으로 로버트 맥나마라 국방부 장관, 아들라이 스티븐슨 UN 대사, 시어도어 소렌슨 특별보좌관이 지지했다. 유화파인 스티븐슨도 타협의 방안으로 봉쇄안에 동의한 것이다.

맥나마라 국방부 장관은 특유의 예리함으로 봉쇄안의 장단점을 정리했다. 봉쇄 실행은 시간이 많이 걸리고, 미국 내에서 정치적으로 큰 논란이 초래될 수 있으며, 미국의 국제적 지위가 약화될 가능성이 있다는 단점이 있었다. 케네디는 봉쇄가 진행되는 동안 무기가 추가로 도입되는 것을 막을 수 있지만, 쿠바 현지에서 미사일 기지 구축 작업이 계속 진행되어 위협이 증대된다는 점을 추가했다.

맥나마라가 제시한 봉쇄의 장점으로는 군사적 침공에 비해 동맹국들과의 마찰을 덜 초래하고, 미국의 전통에 위배된 기습공격을 하지 않아도 되며, 자유세계의 지도적 위치에 있는 미국이 선택할 수 있는 현실적 방안이고, 갑작스러운 군사적 행동으로 인한 급속한 위기 확산을 피할 수 있다는 점 등이 있었다.[46] 이런 방안의 장단점에 대한 정교한 검토는 케네디 행정부의 의사결정 방식이 피그스만 침공 때와는 질적으로 다르다는 사실을 잘 보여준다.

주목할 것은 정치적 봉쇄안에서 타협의 구체적 내용이 아직 명확하게 일치되지는 않았다는 것이다. 엑스콤 멤버들은 주로 터키나 이탈리아에 배치한 미사일과의 거래를 염두에 둔 듯했다. 물론 온건파인 스티븐슨은 관타나모 기지 철수 등 획기적 양보를 일관되게 주장했다. 회의 내용을 기록한 문서에 따르면 강경한 노선을 일관되게 택한 것으로 알려진 맥나마라도 관타나모 기지 사용 시한을 정하는 것을 제시했다는 점은 흥미롭다.[47] 이런 기록이 남아있음에도 불구하고 나중에 맥나마라는 회의에서 스티븐슨 대사가 했을 만한 발언을 한 사실을 부인했는데, 이는 자신이 유화파와 동일시되는 것을 원하지 않았기 때문으로 추정된다.

맥나마라 국방부 장관처럼 정부 내 주요 인물이 잠시만이라도 이런 대폭적 양보안까지 고려했다는 점은 주목할 만하다. 소련이나 쿠바가 위기 초기에 이런 양보를 요구하고 국제사회의 정당성을 획득하는 전술을 구사했다면 이후 타협의 지형은 미세하게라도 달라졌을 수도 있었기 때문이다. 이후 강대국 간의 논의에서 철저히 배제된 카스트로는 뒤늦게라도 관타나모 기지 문제를 협상안에 집어넣으려고 했지만, 어느 쪽도 카스트로의 말에 귀를 기울이지는 않았다.

이 회의에서 케네디는 관타나모 기지 반환을 당근으로 제시하는 스티븐슨 대사의 제안을 단호하게 거부했다. 뮌헨 트라우마가 있는 케네디가 관타나모 기지 반환을 제안하기는 어려웠다. 너무 나약하게 보일 수 있어서였다. 터키나 이탈리아 미사일 거래는 추후 고려해볼 수 있지만, 아직은 그런 타협안을 내놓을 때가 아니라고 판단했다. 봉쇄를 통해 소련의 진정한 의도와 의지가 어디에 있는가를 시험해보는 것이 먼저였다.

이 회의에서 또 하나 주목할 것은 토론 과정에서 핵무기 제거와 정권 교체 목표 사이의 경계가 분명하게 그어졌다는 사실이다. 그 계기는 조지 볼 국무부 차관의 전면적 봉쇄안이었다. 조지 볼은 공격적 무기에만 국한된 봉쇄를 확대하자고 제의했다. 러스크 국무부 장관은 그러한 방안은 핵무기 제거와 쿠바 정권 교체 사이의 경계를 불분명하게 할 것이라며 "지금은 정권 교체가 아니라 핵무기를 제거할 때"라고 적절하게 지적했다.[48]

격렬한 토론 뒤 케네디는 자신이 이름 붙인 것으로 알려진 대중적 국제정치 용어인 '매파'와 '비둘기파' 사이에서의 절충안으로 봉쇄안을 택했다. 아직 양보안을 제시하지 않고 공습 가능성을 여전히 열어놓았다는 점에서 강경파의 문제의식을 수용한 셈이다. 한편으로 봉쇄로 흐루쇼프에게 물러설 기회를 제공했고, 나중에 양보안을 제시할 가능성도 열어뒀다는 점에서는 온건파의 문제의식도 수용한 셈이다.

이날 회의는 녹음되지 않았지만 참석자들의 전언에 따르면 강도 높은 토론이 진행되어 어색한 침묵의 순간까지 연출됐다. 이날 결정이 제3차 세계대전을 촉발시킬 수 있었다는 점을 고려하면 참석자들이 느낀 압박감이 어느 정도였는지 미루어 짐작할 수 있다. 한 참석자는 회의를 마치고 새벽에 차를 몰고 귀가하다가 아무 생각 없이 길가의 나무를 들이박을 만큼 신경쇠약증세를 보였다. 얼 휠러 육군참모총장의 말에서도 회의 참석자가 느꼈을 스트레스가 잘 드러난다.

"살아생전 전쟁을 벌여야겠다고 생각한 날이 다시 올 것이라고는 꿈에도 생각하지 못했다."[49]

정부 차원의 결정이 난 후 케네디는 로버트 케네디와 소렌슨 등 마음을 터놓고 이야기할 수 있는 최측근과 백악관 남쪽 정원이 내려다보이는 트루먼 발코니로 나가 국내정치에 미칠 파장에 대한 대화를 이어갔다. 긴 회의 끝에 미국 국익을 위한 최선의 결정을 이미 내린 상태에서 보다 자유롭게 국내정치적 의미에 대해 이야기하고 싶었을 것이다. 냉소적인 학자들의 지적처럼 케네디는 이 절체절명의 순간에는 잠시나마 국내 정치적 계산을 후순위로 미루었다. 하지만 정치인 케네디의 머릿속에서 국내정치에 관한 계산이 떠날 리는 없었다.

발코니 대화에서 케네디는 이번 위기가 다가오는 중간선거에서 민주당에 부정적으로 작용할 것을 우려했다. 공화당 의원들이 줄곧 경고해왔던 소련의 쿠바 미사일 배치가 현실화됐기 때문이다. 소렌슨은 그들의 영원한 악몽인 뮌헨을 떠올리며 줄곧 위기를 경고했던 "케이프하트 상원의원이 우리 세대의 처칠인 셈"이라고 자조적으로 내뱉었다.[50] 케네디의 '다키스트 아워Darkest Hour'가 서서히 다가오고 있었다.

10월 21일 일요일

케네디는 정부의 공식 방침으로 해상봉쇄를 택한 뒤에도 미래에 대한 불안감을 지울 수 없었다. 흐루쇼프가 봉쇄선을 무시하는 경우 어떤 일이 발생할지는 아무도 장담할 수 없었다. 그런 불안감 때문인지 케네디는 이날 친한 친구이자 주미 영국 대사인 데이비드 옴스비-고어와 찰스 바틀렛 기자를 만났다.

면담 자리에서 케네디는 두 사람에게 미사일 맞교환 문제를 슬쩍 흘렸는데, 단지 상의 차원을 넘어 유화책을 조심스럽게 노출해서 주변 반응을 살피고 향후 사태 악화에 대비하려 한 게 아닌가 하는 추측도 가능하다. 이런 '의도적 사전 누설'은 워싱턴 정가에서 정치적 부담을 지지 않으면서 여론의 반응을 떠보기 위해 종종 사용하는 방식이다. 성급하게 정부의 공식 정책으로 제시하면 국내적으로는 소련의 공갈에 굴복하는 유약한 리더라는 평가를 받고, 대외적으로는 터키 같은 동맹국에 심각한 배신감을 줄 수 있다. 따라서 부인할 수 있는 방식으로 미소 간 타협의 계기를 창출할 필요가 있었다. 이런 타협안은 위기가 악화됐을 때 본격적으로 제기될 수 밖에 없고, 그때는 정부가 그런 방안을 자연스럽게 수용하면 되는 것이다.

만난 이들의 면면을 들여다보면 케네디가 단지 의견을 구하기 위해 만난 것만은 아니라는 걸 짐작할 수 있다. 옴스비-고어는 케네디의 아버지 조지프 케네디가 주영 대사였던 시절부터 친분이 있던 인물이었다. 영국 총리 해롤드 맥밀런은 케네디의 요청에 따라 1961년 옴스비-고어를 주미 영국 대사로 임명했다. 로버트 케네디의 회고에 따르면 옴스비-고어는 단순한 대사가 아니었다. "거의 영국 정부의 일부분"으로 기능했고, 케네디는 옴스비-고어를 크게 신뢰했다.[51]

봉쇄로 쿠바 침공의 기회를 저버리는 셈이 아닌가 하는 미련을 가진 케네디에게 옴스비-고어는 봉쇄의 필요성을 적극적으로 강조했다고 한다. 옴스비-고어는 마치 케네디의 머릿속을 들여다보듯이 봉쇄가 적절한 해법인 이유를 케네디가 생각하던 것과 똑같은 이유를 들며 역설했다.

바틀렛도 케네디와 1946년부터 알아온 사이로 백악관 가족 모임에 자주 초대받을 정도로 두 사람은 가까웠다. 위기 당시 바틀렛은 〈차타누가타임스〉의 기자였다. 한 사람은 주미 영국 대사고 다른 한 사람은 언론인이니 타협안을 떠보기에 딱 알맞았다.

케네디가 의도적 누설로 의심되는 발언을 하는 동안 〈뉴욕타임스〉나 〈워싱턴포스트〉도 심상치 않은 기운을 감지했다. 구체적 정보는 없었지만 쿠바 내 소련의 미사일 기지와 관련된 것이라고 추정했다. 정부의 공식 발표 전에 두 신문이 기사를 내보내면 사태의 주도권이 소련에 넘어갈 수 있었다. 케네디는 두 신문사 발행인과 직접 통화해 보도 유보를 요청했다. 〈워싱턴포스트〉의 필립 그레이엄은 케네디의 후원자나 다름없어서 쉽게 동의했다. 반면 〈뉴욕타임스〉는 피그스만 침공 때도 미루다가 특종을 놓친 적이 있기에 설득하는 게 쉽지 않았다. 대통령이 자신의 명예를 걸고 "당장 쿠바 침공이 임박한 것은 아니"라고 장담해서 겨우 설득할 수 있었다. 결국 '위기의 기운' 같은 모호한 제목의 기사가 나갔다.

〈뉴욕타임스〉의 맥스 프랑켈 기자의 지적처럼 당시만 하더라도 대통령의 '명예를 건 약속'은 꽤 무게가 있었다.[52] 지금과 달리 정치권에 대한 언론의 냉소와 의구심이 극에 달하지는 않았던 것이다. 닉슨의 불법 도청이 드러난 워터게이트 사건이나 베트남 전쟁 당시 정부의 연이은 거짓말로 정치권에 대한 신뢰가 추락하기 시작한 후 대통령의 약속이 갖는 무게는 땅에 떨어졌다.

언론이 위기의 초기 단계에 정보를 입수하고 이를 공개했다면 10월 위기는 전혀 다른 방향으로 진행됐을 가능성이 높다. 미사일 배치라는 충격적 소식을 접한 시민들은 패닉에 빠지고 애국주의적 물결에 휩쓸려 신중하지 못한 강경한 대응을 요구했을 가능성이 높다. 정부는 봉쇄의 장단점을 치밀하게 논의해 신중한 의사결정을 내리기가 어려웠을 것이다. 오늘날처럼 미디어가 선정적 기사 경쟁으로 달구어지고 SNS를 통해 정보가 빛의 속도로 유통되는 환경에서는 위기가 걷잡을 수 없이 악화되었을 가능성이 높다. 백악관 정책결정자들에게는 운이 좋았던 시절인 셈이다.

이날 밤 케네디는 이후 정부의 결정이 언론에 공개될 경우 반드시 정부를 지지해주어야 할 두 사람에게 사람을 보내기로 했다. 바로 아이젠하워 전 대통령과 존슨 부통령이었다. 아이젠하워 전 대통령은 선제공격 방안을 선호했지만 봉쇄를 결정할 수 밖에 없었던 상황을 이해하고 결국 초당적 지지를 보내기로 했다. 존슨 부통령은 텍사스 주 남부의 보수적 상원의원 출신답게 평소 케네디와 같은 리버럴의 유약한 대응에 대해 비판적이었다. 존슨은 케네디의 봉쇄안이 "우리의 주먹 가격을 전보를 쳐서 알리는 격이자 말이 달아난 후 마굿간을 잠그는 격"이라며 신랄하게 비난했다. 그런 존슨도 아이젠하워 전 대통령이 봉쇄안에 지지를 표했다는 소식을 듣고는 미온적이나마 정부 방침에 지지를 표명했다.[53] 존슨은 케네디가 암살되어 대통령의 자리에 오른 후 베트남 등을 상대로 마음껏 마초게임을 벌이다 미국의 힘을 결정적으로 약화시키는 패착을 범했다. 1960년 민주당 예비경선에서 존슨 대신 케네디가 승리한 것이 미국과 세계를 위해 얼마나 다행인지 모른다.

10월 22일 월요일

이날은 정부의 긴 논의 끝에 내린 결정이 대중에게 공개되어 위기가 본격적인 궤도에 오른 중요한 분기점이다. 미국 대통령의 주요 대국민 연설이 예정되었다는 소식은 연설 한 시간 전 소련 지도부에도 전해졌다. 소련 측은 구체적인 정보를 가지고 있지는 않았지만 직관적으로 쿠바 문제와 관련된 것이라고 제대로 예측했다. 이제 소련에도 미국에서와 마찬가지로 핵전쟁의 불길한 기운이 현실로 다가오기 시작했다. 흐루쇼프는 먼저 자신의 의도를 오인한 케네디 행정부에 분노와 실망감을 토로했다.

"우리는 반카스트로 세력을 억지하려고 위협을 하고자 했을 뿐인데."

흐루쇼프는 사태의 심각성과 자신의 결기를 소련 지도부에 보이기 위해서인지 "미국이 공격해올 수 있고 우리도 응할 것"이라고 선언했다. 그러고는 담담하게 "엄청난 전쟁으로 귀결될 수"도 있다고 토로했다.[54]

이때 흐루쇼프의 뇌리에 제일 먼저 떠오른 것은 두 가지 후회였을 것이다. 우선 쿠바 미사일이 아직 작전준비를 갖추지 못했을 때 들킨 사실을 아쉬워했다. 또 하나는 카스트로의 제안에 따라 소련-쿠바 방위조약을 공개했다면 미국이 함부로 나오지는 못했을 것이라는 후회다.[55] 물론 중간선거를 앞둔 케네디 행정부를 조약 공개로 자극하고 싶지는 않았기에 카스트로의 제안을 받아들이지 않았다. 결과적으로 미국 중간선거가 다가오는 시기에 케네디를 아주 충격적으로 자극한 반면, 미국의 공격에 대항할 수 있는 대비 태세는 아직 갖추지 못한 최악의 상황을 맞이했다.

처음에 소련 지도부는 케네디가 대국민 연설에서 해상봉쇄를 선언할 것이라고 보지는 않았다. 바로 쿠바를 공격할 수도 있다고 판단한 것이다. 그래서 사태를 불필요하게 악화시키지 않기 위해 쿠바 주둔 소련 장군 이사플리예프에게 자제 명령을 내렸다. 처음에는 경계 태세를 갖추되 어떤 핵무기도 임의로 사용하지 말라는 지침서를 작성했다. 하지만 미국이 압도적 군사력을 내세워 침공하는 경우 제대로 반격할 수 있는 유일한 무기가 핵무기뿐이라는 사실을 깨닫고는 미군 상륙 시 전술핵무기 사용을 허락하는 지침을 다시 작성했다. 물론 전략핵무기는 소련 지도부의 직접적인 지시하에서만 사용할 수 있도록 했다.

전술핵무기의 위력도 가공할 만했다. 미군 상륙 시 전술핵무기가 사용되면 반경 약 500미터 안의 무기체계가 파괴되고 약 1킬로미터 안의 병력은 죽거나 살아남더라도 방사능에 노출되어 2주 안에 고통스럽게 죽게 된다. 흐루쇼프는 전술핵무기 사용을 허락한 사실을 들킬 경우 핵공격의 빌미가 될 수 있다는 국방부 장관 로디온 말리놉스키의 건의를 받아들여 '핵무기 임의 사용 금지'라는 첫 번째 지침만 일단 하달하고 전술핵무기 사용지침 하달은 보류했다. 그런 다음에는 케네디의 연설을 기다리며 전쟁의 순간이 시시각각 다가오는 것을 초조하게 지켜볼 도리밖에 없었다.[56]

이때만 해도 미국은 쿠바에 핵탄두가 있을 가능성이 있다고 판단했지만, 미군 상륙 부대가 전술핵 공격에 노출될 수 있다는 사실은 까맣게 몰랐다. 케네디가 쿠바 침공을 명령했다면 이후 미소 간의 사활을 건 핵전쟁까지는 논외로 하더라도 쿠바에 상륙한 미군이 괴멸하는 전대미문의 대참사가 발생할 수 있었다. 쿠바 내 소련 무기 배치 상황에 대한 확실한 정보가 없던 상황에서 침공은 "엄청난 도박"이라며 거부한 것은 결과적으로 옳은 판단이었다. 물론 여기에는 베를린 강박증도 크게 작용했다.

소련 지도부가 쿠바 주둔 사령부에 핵무기 사용 지침을 하달하는 사이에 미국 정부는 대통령 연설에 대한 주요 정치인들의 지지를 확보하기 위해 분주하게 움직였다. 아이젠하워 전 대통령의 지지표명 기사가 나왔다. 아이젠하워는 ABC 뉴스에 직접 나와 정부의 외교 정책에 힘을 실어주어야 한다고 역설하기도 했다. 정부의 언론 공략은 성공적이었다.

이제 남은 것은 의회의 초당적 지지였다. 정부는 의회가 휴회 중이라 급히 긴급 메시지를 보내 유력한 의원 20명을 백악관으로 불러들였다. 특히 중요한 인물은 상원 군사위원회 의장인 리처드 러셀, 외교위원회 의장인 윌리엄 풀브라이트였다. 러셀은 남부 지역 민주당원들을 대표하는 전설적인 상원의원으로, 비록 영향력이 예전만 못했지만 여전히 상원에서 무시하지 못할 권위를 누리고 있었다. 백악관에서 러셀은 존슨 부통령처럼 정부의 나약한 대응에 불만을 표했다. 케네디 테이프에 따르면 러셀은 러스크 국무부 장관이 봉쇄를 통해 흐루쇼프에게 생각할 시간을 주자고 하자 불편한 심기를 드러냈다.

"국무부 장관께서 흐루쇼프에게 하던 일을 멈추고 생각할 시간을 주자고 말했습니다. 흐루쇼프는 그 시간을 더 잘 준비하는 데 이용해먹을 겁니다. … 우리가 결정을 더 미룰수록 흐루쇼프는 우리가 의미 있는 행동을 개시하거나 실제로 싸우는 걸 두려워한다고 더욱 확신할 겁니다."[57]

풀브라이트의 반응은 더 부정적이었다. 풀브라이트는 러셀 다음으로 외교 문제에서 영향력이 큰 의원이어서 그의 지지도 절대적으로 필요했다. 케네디는 풀브라이트가 인종주의적 태도를 보이지만 않았다면 국무부 장관으로 임명하려고 했을 정도로 매우 높이 평가했다. 풀브라이트는 갓 취임한 대통령 케네디에게 쿠바 문제에 너무 집착해 쿠바를 "목을 겨누는 칼"로 봄으로써 일을 그르치지는 말라는 현명한 충고를 했다. 케네디는 그런 충고를 무시하고 피그스만 침공을 벌여 일을 그르쳤다. 이제 쿠바는 실제로 케네디의 목을 겨누고 있었다. 풀브라이트는 과거와 달리 쿠바 침공을 권유하면서 봉쇄가 "최악의 방안"이라고 신랄하게 비판했다.[58]

우군인 민주당 진영의 거물들이 힘을 모아주기는커녕 강력히 비난하자 케네디도 심란했을 것이다. 미팅 후 케네디는 분통을 터뜨렸다.

"제기랄, 대통령 자릴 원하는 놈이 있으면 가져가라고 해. 전혀 달갑지 않은 자리니까."[59]

저녁 7시가 되자 모든 정규방송이 중단되고 대통령 담화가 방송됐다. 케네디는 먼저 소련이 쿠바에 탄도미사일을 배치했으며, 워싱턴 D.C. 등 남동부 지역 전체가 사정거리에 들었다고 공표해 미국민들을 충격의 도가니로 몰아넣었다.

그러고는 소련의 행위가 쿠바를 소련의 전초기지로 만드는 공격적 행동으로서, 1947년에 체결된 리우조약을 위반하는 것이라고 분명하게 주장했다. 케네디는 리우조약만으로는 설득력이 떨어진다는 것을 잘 알고 있었다. 과거 미국이 쿠바의 안보를 수차례 위협해왔기 때문이다. 또한 엑스콤 회의에서 케네디가 실토했듯이, 미국의 터키 미사일 배치는 소련의 안보를 위협하는 것이었기 때문이다. 따라서 연설의 상당 부분을 소련의 기만적 성격을 성토하는 데 할애했다.

이런 행동은 쿠바의 군사력 증강이 원래의 방어적 성격을 유지하고, 외국 영토에 전략 미사일을 배치할 필요나 의향이 없다고 거듭 말한 소련 대변인의 공식·비공식적인 확언과도 모순됩니다. … 미국은 누구를 속이거나 몰래 전략 미사일을 타국 영토에 배치한 적이 없습니다.[60]

이어서 뮌헨의 역사적 교훈에 기초한 처칠 스타일의 단호한 의지를 표시한 후 공격용 무기를 선적한 배에 대한 해상격리 실시를 선언했다.

1930년대는 우리에게 확실한 교훈을 주었습니다. 그것은 공격적인 행위를 의심하지 않고 내버려두면 결국 전쟁으로 이어진다는 사실입니다.[61]

다소 모호하기는 하지만 다음과 같은 추가적인 위협도 잊지 않았다.

공격용 군사력 구축이 지속되어 서반구에 대한 위협이 증가하면 추가 조치가 정당화될 것입니다. 저는 군에 만일의 사태에 준비하라고 지시했습니다.[62]

그럼에도 불구하고 케네디는 연설 말미에는 타협의 가능성을 열어놓았다는 점 또한 주목할 필요가 있다.

우리는 쿠바가 완전한 독립을 통해 자국의 운명을 자유롭게 결정할 가능성을 포함해 긴장을 완화할 새로운 계획에 대해 대화할 준비가 되어있습니다.[63]

여기에는 케네디의 해상봉쇄가 '전쟁 행위'지만 궁극적인 목적이 비교적 강압 전략이라는 점이 내포되어있었다. 다행히 노련한 흐루쇼프는 이 신호를 읽었다. 케네디가 연설하기 한 시간 전에 소집한 소련 지도부에서는 케네디가 전쟁을 선포할 것이며, 쿠바 침공이 임박했다고 예상했다. 소련 시간으로 새벽 1시에 연설문을 받아본 흐루쇼프는 케네디가 쿠바 공격을 선언하지 않은 사실에 크게 안도했다.

대국민 연설에 이어 흐루쇼프에게 보낸 케네디의 친서도 미국 측이 단호하지만 신중하게 문제에 접근했다는 사실을 재차 확인시켜줬다. 그런 분위기를 감지한 흐루쇼프는 활기찬 목소리로 이렇게 말했다.

"우리가 쿠바를 구했소."[64]

문제는 남은 시간 동안에 무엇을 할 것인가였다. 당장 흐루쇼프의 머릿속에는 쿠바로 향하는 소련 선박이 떠올랐다. 10월 22일 월요일 선박 30척이 쿠바로 향하고 있었다. 그중에서도 알렉산드롭스크호가 가장 중요했다. 알렉산드롭스크호는 R-14 미사일용 1메가톤 핵탄두 24개를 싣고 있었다. 핵어뢰를 탑재한 잠수함 네 척도 쿠바로 향했다. 소련 지도부에 천만다행으로 알렉산드롭스크호는 미국이 해상봉쇄를 시작하기 전에 가까운 쿠바 항구에 도착할 예정이었다.

흐루쇼프는 미국의 봉쇄로 차단될 우려가 없는 IRBM 미사일을 선적한 선박 4척과 잠수함은 예정된 항로를 유지하고 나머지 선박은 귀환하도록 지시했다.[65] 흐루쇼프는 봉쇄에도 불구하고 쿠바에 배치한 미사일 작전준비에 박차를 가하려고 했고, 그런 점에서 엑스콤 회의에서 봉쇄가 공격용 무기의 추가 배치를 막는 조치일 뿐이라는 치명적 단점이 거론된 것은 어느 정도는 일리가 있었던 셈이다.

그렇다고 해상봉쇄가 흐루쇼프에게 시간을 벌게 해줄 뿐이라는 미국 강경파의 주장이 꼭 옳지만은 않았다. 케네디에게 전달된 친서에 따르면, 흐루쇼프는 자신의 의도를 오인한 미국에 분노하고 '공격적 행위'를 강력히 규탄하면서도 상응하는 보복 행위로 위협하지는 않았다. 케네디가 우려한 쿠바-베를린 연결 프레임은 친서에 언급되지 않고, 쿠바에서의 군비 증강이 '방어적'이라고 강변하며 봉쇄를 철회하라고 주장했을 뿐이다.[66]

흐루쇼프는 카스트로에게도 친서를 보냈다. 흐루쇼프는 위기감에 빠진 카스트로를 달래기 위해 "미국의 봉쇄에 대항해 적극적으로 투쟁할 의지"를 내비쳤고, 소련군은 "완전한 전투 태세"를 갖췄다고 호기롭게 말했다. 카스트로는 흐루쇼프가 전달한 메시지의 정확한 의미를 오해한 듯하다. 흐루쇼프가 어떤 일이 있어도 쿠바 방어를 위해 헌신하겠다는 결의를 표했다고 이해한 것이다. 〈뉴욕타임스〉의 맥스 프랑켈 기자가 지적했듯이 흐루쇼프가 구체적으로 언급한 행동이라고는 고작 UN에서의 강력한 규탄 약속이었다.[67]

물론 흐루쇼프의 쿠바 방어 의지는 확고했다. 다만 핵전쟁 가능성을 차단하는 것이 더 중요했다. 따라서 단호한 방어 의지를 드러낸 것과 이후 협상 가능성을 열어둔 것은 모순적인 행보가 아니었다. 케네디가 연설에서 단호함과 협상의 여지를 동시에 제기한 것과 같다. 하지만 카스트로는 위기가 격화되는 와중에 타협의 가능성을 고려하지 않은 것 같다. 흐루쇼프의 친서 내용마저 마치 이제 미소 양국이 전쟁이냐 항복이냐의 이분법적 선택만을 남겨놓은 결사항전의 의지 표시로 오인하기까지 했다.

겉으로 보면 카스트로의 판단은 움직일 수 없는 사실로 보였다. 주미 소련 대사관에서는 전쟁이 임박한 듯이 하루 종일 기밀문서를 소각했고, 미국 측의 단전 조치에 대비해 비상 발전기를 점검했다. 미국 시민들도 공황 상태까지는 아니더라도 공포에 질려있었다. 많은 미국인이 식료품과 연료 사재기에 나섰다. 과거 소련의 핵공격에 대한 과장된 공포감 때문에 집 뒤뜰에 설치했던 방공호를 점검하는 등 법석을 떨기도 했다. 리처드 뉴스타트 교수의 말처럼 학생들은 생존할 수 있을지에 대해 이야기하면서 겁에 질려있었다.[68] 하지만 물밑에서는 위기 해소를 위한 움직임이 서서히 시작되고 있었다.

10월 23일 화요일

위기 해소를 위한 노력의 첫 징조는 게오르기 볼샤코브와의 통화였다. 볼샤코프는 1961년 4월 이후 미국 측이 물밑에서 소련의 진의를 확인하기 위한 수단으로 선호한 소련 첩보원이었다. 그간 소련의 일련의 수상스러운 움직임에 대해 볼샤코프는 단지 방어적인 것이라고 했기에 결국 미사일 배치를 위한 기만에 활용된 셈이었다. 이런 점을 고려한다면 폐기되어야 할 자신에게 케네디의 연설 다음 날 〈데일리뉴스〉의 프랭크 홀먼 기자를 매개로 국무부 쪽에서 걸려온 접촉은 놀라운 신호였다. 케네디 형제는 아직 비밀채널을 폐기할 생각이 없었다.

볼샤코브를 더욱 놀라게 한 것은 홀먼이 전한 국무부의 제안이었다. 홀먼은 미국 정부는 소련의 쿠바 미사일 배치 동기를 터키에 있는 주피터 미사일에 대한 대응으로 이해한다고 전했다. 따라서 로버트 케네디는 미국이 터키나 이탈리아에 있는 미국 미사일 기지를 제거하고, 소련도 상응하는 조치를 쿠바에서 하도록 제안했다. 물론 로버트 케네디는 유약하게 보이지 않으려고 단서조항을 덧붙였다.[69]

"그러한 거래 조건은 평화로운 분위기에서나 검토될 수 있는 것이지, 전쟁 협박 속에서 다루어질 수 없습니다."

소련의 동기와 관련해 케네디 행정부가 일관되게 견지한 관점이 쿠바-베를린 연결 프레임이었다는 점을 고려하면 터키에 대한 홀먼의 설명은 다분히 미국의 전술적 의도로 보인다. 다시 말해 미국은 본심과 달리 소련의 행동을 터키 미사일에 대한 방어적인 것으로 설정해 한편으로는 소련의 입장을 이해했다고 알리려 했고, 다른 한편으로는 소련의 동기를 터키에 대한 것으로 한정해 위기를 최소한의 양보로 끝내고자 한 것으로 보인다. 터키 미사일 철수는 미국의 안보 공약을 철석같이 믿는 동맹국과의 관계가 걸린 문제지만, 어차피 노후화된 미사일이라서 미국 측도 크게 잃을 것이 없는 절묘한 카드였다.

기이하게도 볼샤코브는 미국의 이런 중차대한 제안을 소련 상부에 즉각 보고하지 않았다. 아마 이때까지 홀먼의 제안이 미국 기자의 독자적 개입인지 아니면 케네디 행정부의 무게가 실렸는지 분명히 확인해야 한다고 판단한 듯하다. 어쨌든 절체절명의 위기 순간에 결정적인 정보를 묵힌 점은 어떠한 이유로도 현명한 일이 아니다.

공들여 접촉을 시도했는데도 소련 측이 즉각적인 반응을 보이지 않자 안달이 난 케네디 행정부는 저녁에 더 강한 메시지로 접촉한 듯하다. 로버트 케네디는 이번에는 대통령도 비밀특사를 통한 거래를 인지했다고 확인시켜주기 위해 찰스 바틀렛 기자를 보내어 재차 같은 제안을 했다.[70] 케네디 행정부의 위기감을 잘 보여주는 것은 이날만 하더라도 바틀렛을 통한 비밀접촉을 두 차례나 가졌다는 사실이다. 바틀렛의 1차 접촉에서 볼샤코브의 반응이 여전히 틀에 박힌 대응에서 벗어나지 않자 조바심을 내며 두 번째 접촉을 시도했다. 소련 측이 미국의 위기의식을 제대로 모른다고 생각한 케네디 행정부는 이번에는 정찰사진까지 볼샤코프에게 보여주며 강한 메시지를 소련 본국으로 던지고자 했다.

로버트 케네디의 물밑 활동은 여기에서 그치지 않았다. 밤 9시 30분에는 주미 소련 대사 아나톨리 도브리닌을 직접 방문했다. 사실 소련 측은 케네디 형제의 의도와는 달리 볼샤코브보다는 도브리닌을 통한 공식 채널을 더 선호했다. 하지만 도브리닌을 비롯한 공식 채널은 볼샤코브와는 비교할 수 없을 정도로 미국 측의 불신을 받고 있었다. 수차례에 걸쳐 명백한 거짓말을 하더니, 10월 18일 미국을 방문해 케네디를 직접 만난 그로미코 외무부 장관마저 미사일의 존재에 대해 뻔뻔스럽게 부인했기 때문이다.

로버트 케네디와 도브리닌의 만남은 격렬한 언쟁으로 점철됐다. 로버트 케네디는 흐루쇼프의 위선과 케네디 대통령에게 했던 거짓말에 대해 따져

묻는 데 상당한 시간을 할애했다. 도브리닌은 소련 당국의 원론적인 답변만을 반복할 뿐 어떠한 해법도 제시하지 못했다. 도브리닌의 관성적 태도를 보면서 로버트 케네디는 도브리닌이 의도적으로 미국을 속인 것이 아니라 그 자신도 몰랐을 수도 있다는 생각을 하기 시작했다. 면담이 끝나갈 때쯤 혹시나 하는 마음에 미국의 봉쇄안에 대한 소련의 대응을 묻는 로버트 케네디에게 도브리닌은 봉쇄가 국제법을 위반한 행위라는 의례적 주장만 반복했다. 결국 도브리닌에게서 기대할 게 없다는 사실이 명백해졌다.

위기 초반 소련 측이 노련하고 경험 많은 주미 소련 대사를 거의 허수아비로 만들었던 것은 현명한 조치가 아니었다. 도브리닌이 확실한 정보와 위임된 권한을 가졌다면 여러 특사채널로 접촉하면서 생긴 혼선을 어느 정도 줄일 수 있었을 것이다. 이 자리에서 도브리닌은 볼샤코브에 신경쓰지 말라고 충고했다.[71] 하지만 이미 신뢰를 잃은 도브리닌의 말은 아무런 무게감이 없었다.

도브리닌과 로버트 케네디의 만남이 전혀 의미가 없던 것은 아니었다. 노회한 소련 대사에게 미국의 의사를 분명히 전달함으로써 볼샤코브 외에도 소통 창구를 하나 살려놓은 셈이었기 때문이다. 나중에 로버트 케네디의 판단은 옳았던 것으로 드러났다. 결국 도브리닌을 통해 미국의 주요 제안이 전달됐기 때문이다.

이날 밤에는 다음 날인 10월 24일 수요일 오전 10시에 발효될 해상봉쇄의 실제 적용을 둘러싸고 맥나마라 국방부 장관과 조지 앤더슨 해군 참모총장의 격렬한 언쟁이 벌어졌다. 영화 〈D-13〉에서도 생생히 묘사된 두 사람 간 언쟁의 발단은 봉쇄가 내포한 고도의 정치적 의미를 정확히 숙지하지 못한 해군이 소련과 우발적 충돌을 벌일까봐 우려한 케네디가 맥나마라에게 철저한 감독을 당부하는 것이었다.

대통령의 특별 지시에 따라 맥나마라는 해군 작전 상황실에 머물면서 앤더슨 제독의 사소한 지시사항에도 시시콜콜 질문을 하며 간섭했다. 심지어 수면 아래의 소련 잠수함이 미국 구축함이 위에 떠있는 것을 어떻게 아느냐는, 국방부 장관의 질문이라고는 믿어지지 않는 질문까지 던져 앤더슨을 기가 막히게 했다.[72] 맥나마라의 지나친 간섭에 진절머리가 난 앤더슨은 봉쇄가 지침에 따라 집행되며 존 폴 존스 시절부터 시행해오고 있다고 훈계했다. 존 폴 존스는 미 해군의 아버지라고 불리는 미국 독립 전쟁 때의 제독이다. 앤더슨의 가시 돋친 발언에 맥나마라는 "존 폴 존스라면 어떻게 대처했을지 손톱만큼도 관심이" 없다며 퉁명스럽게 대꾸했다. 맥나마라는 "난 제독이 무엇을 하려는지 알고 싶습니다. 당장 말입니다"라고 집요하게 몰아붙이고는 봉쇄가 군사작전이 아니라 정치적 게임인 이유를 두고 따끔하게 훈계했다. 맥나마라는 그래도 분이 풀리지 않았는지 집무실로 이동하면서 길패트릭 부장관에게 "이걸로 앤더슨은 끝"이라고 했다. 이런 일 때문인지 위기가 해소된 뒤 앤더슨은 결국 포르투갈 대사로 좌천됐다.[73]

이 논쟁은 케네디와 군부의 인식 차이를 압축적으로 보여준다. 앤더슨 제독 입장에서는 민간인 출신 장관이 큰 틀의 지시가 아니라 봉쇄 작전의 세세한 내용에 대해 간섭하는 것을 이해할 수 없었다. 바로 그 점이 이들이 대통령의 의도를 전혀 이해하지 못했다는 증거다. 케네디에게 봉쇄는 소련을 상대로 의사를 타진하는 새로운 형태의 커뮤니케이션 방법이었다. 다행히도 흐루쇼프는 카스트로와 달리 케네디의 새로운 언어를 제대로 이해했고, 무조건 강경한 대응을 하기보다는 타협을 모색했다.

이날 미국 시각으로 저녁 9시 35분 카스트로는 국영 방송에 출연해 다음과 같은 반미결사항전 의지를 담은 전투적 연설을 늘어놓았다.

"우리는 양키의 도움을 받은 것이 아니라, 우리 힘으로 독립했습니다. … 지구상에서 우리를 제거해야만 우리의 주권을 앗아갈 수 있습니다. … 우리 쿠바는 누구의 사찰도 받지 않을 겁니다. 누구에게도 그런 행동을 허락하지 않을 것이기 때문입니다."

카스트로의 연설이 끝난 뒤에는 촛불과 횃불을 든 쿠바 시민들이 거리로 쏟아져 나와 반미결사항전 의지를 다졌다.[74]

10월 24일 수요일~10월 25일 목요일 새벽 3시

드디어 봉쇄가 발효됐다. 케네디를 고무시킨 것은 오후 3시 미주기구 회의에서 봉쇄를 뒷받침하는 결의안이 만장일치로 채택됐다는 소식이었다. 시각에 따라서는 전쟁 행위라고도 볼 수 있는 미국 정부의 해상봉쇄에 법적 정당성을 부여하는 것이기에 중요했다. 동시에 미군은 군 경계 태세인 데프콘을 2단계로 격상시켰다. 미군 폭격기는 핵폭탄을 탑재하고 공중에서 대기했다. 소련 내 '최우선 임무 목표 1'에 해당되는 총 220개 시설이 공습 대상이었다. 전 세계 수십 곳에 달하는 미 공군 기지와 미사일 기지에 내려진 이 명령은 의도적으로 소련군이 감청하는 고주파 무선 통신을 통해 하달되었다.[75]

이 책 2장에서 밝혔듯이 그레이엄 앨리슨은 케네디의 데프콘 격상에 대해 훌륭한 강압전략이라며 칭찬했다. 하지만 흐루쇼프가 이미 타협 쪽으로 기울어졌다는 점을 감안하면 우발적 전쟁으로 이어질 위험천만한 조치이기도 했다. 며칠 후인 10월 27일 토요일에는 미국 U-2 정찰기 한 대가 실수로 소련 영공을 침범하는 사태가 벌어졌다. 소련의 입장에서 미국이 데프콘 2로 핵전쟁 대비 태세에 돌입한 상태에서 정찰기로 자국 영공을 침범한 상황은 핵전쟁을 벌이려는 의도로 오인하기 딱 좋았다.

한편, 케네디는 봉쇄의 범위를 신중하게 설정해 위기를 관리하려 했다. 케네디는 전날 그가 신뢰하는 옴스비-고어의 충고를 수용해 봉쇄선을 쿠바에서부터 직선거리로 800마일에 설치하는 대신 500마일로 축소했다. 맥나마라는 500마일 지점은 소련 폭격기의 작전 반경 안이므로 위험할 수 있다며 반대했지만, 케네디가 판단하기에는 봉쇄 대상에 포함되는 소련 선박 수를 줄이고 소련 측에 결정할 시간을 더 많이 주어 충돌 가능성을 줄이는 것이 더 중요했다.[76]

계획대로 봉쇄선이 800마일 지점에 설치되었다면 어떻게 되었을까? 이 경우 미 해군은 키몹스크호를 나포했을 수도 있었다. 키몹스크호는 R-14 미사일을 실은 화물선이었다.[77] 그랬다면 미국은 소련의 공격적 행위를 현장에서 포착할 수 있고, 국제여론을 미국에 더 호의적으로 만들 수 있었을 것이다. 하지만 미사일을 실은 소련 화물선이 격리에 순순히 응했을까? 더구나 키몹스크호에서 20~30마일 떨어진 곳에서는 소련 잠수함이 따라오는 중이었다. 소련 선박이 나포되는 굴욕을 맛본 흐루쇼프는 더 강경한 보복 행위를 해야 한다는 심리적 압박을 받게 되면서 위기가 서서히 두 정상의 통제를 벗어났을 가능성이 있었다.

미국의 신중한 봉쇄선 이동에 소련도 긍정적으로 반응하는 듯했다. 오전 10시 엑스콤 회의 중에 매콘 CIA 국장은 해군정보국이 전한 긴급 메모를 케네디에게 보고했다. 소련 선박 여섯 척이 항해를 중단하거나 항로를 돌린다는 내용이었다. 소련이 물러선 데 대해 러스크 국무부 장관이 어린 시절 고향에서 친구들과 했던 눈싸움 놀이를 떠올리고는 이렇게 말했다.

"서로 눈싸움을 벌이다 방금 상대방이 눈을 깜박거린 것 같군요."[78]

격리선에서 충돌하기 직전에 아슬아슬하게 물러섰다는 이야기는 쿠바 미사일 위기의 극적인 성격을 강조하기 위해 대중적으로 회자되었지만 과장된 전설에 불과하다. 이미 전날 아침 흐루쇼프는 쿠바로 향하던 선박에 회항 명령을 내렸다. 따라서 봉쇄선을 지키던 미국 항공모함 에세스로부터 유리 가가린호는 500마일, 키몹스크호는 800마일이나 떨어져있다가 회항했다.[79] 극적인 충돌 모면이라는 '가짜 뉴스'는 이후 강압 전략 신화의 핵심을 이루면서 부단히 재생산되고 있다.

흐루쇼프는 미사일이 발각된 시점에 물러설 것을 고려했고, 실제로 다양한 채널로 타협을 모색했다. 저명한 비판적 지성인 버트런드 러셀의 평화를 호소하는 편지에 대한 공개 답신에서 흐루쇼프는 "제기된 문제를 다루기 위해 유용한 고위급 회담을 고려해야" 한다고 주장했다. 또한 같은 날 소련을 사업차 방문한 미국 사업가 윌리엄 녹스를 전격적으로 불러 세 시간이나 환담하면서 정상회담 제안을 되풀이했다. 녹스가 유명한 기업 CEO라는 말을 들은 흐루쇼프는 녹스를 미국 정부에 간접적 신호를 보내는 메신저로 활용하려 한 것이다. 흐루쇼프가 쿠바에 전략핵무기와 전술핵무기를 이미 배치했다고 하자 사업가에 불과한 녹스는 기겁했다. 흐루쇼프는 특유의 거친 언사로 위협했다.

"나는 인류를 멸망시키는 데 관심이 없소. 하지만 우리 모두가 지옥에서 만나길 원한다면, 그건 미국에 달려있소."[80]

이런 허장성세에도 불구하고 흐루쇼프의 진짜 의도는 소련이나 중립국에서 정상회담을 하자는 것이었다.[81] 미국 측 특사 자격이 없는 사업가에게 중요 제안을 전달하는 것은 외교 관례상 기이한 행동이지만, 공산주의 국가의 지도자는 돌출적인 행동을 선호하는 경향이 있다. 카스트로도 느닷없이 쿠바 방문자의 호텔방에 들이닥치곤 했다. 우리로서는 남북정상회담 당시 북한 김정은 위원장의 군사분계선 월경 제안이나 백두산 등반 제안 등의 깜짝쇼로도 이미 익숙한 일이다.

흐루쇼프는 더 세련된 물밑 활동도 전개했다. 바로 UN을 활용한 타협 모색이다. 미국과 소련 사이에서 중재 활동을 시도하려는 우탄트 UN 사무총장을 통해 2~4주간 상황을 악화시키는 행동을 동결하는 협상을 제안했다. 우탄트는 보다 구체적인 해법으로 소련은 미사일 추가 배치를 중단하고, 미국은 봉쇄를 철회할 것을 제안했다. 일단 위기를 가라앉히기 위한 이 아이디어는 영국의 해럴드 맥밀런 총리도 제안했던 것이다.

하지만 맥밀런 총리와의 전화 통화에서 케네디는 무기 배치 여부나 미사일 기지 건설 여부를 확인할 사찰단의 존재 없이 동결만으로 봉쇄를 철회할 수는 없다고 분명히 말했다. 맥밀런 총리도 결국 사찰의 필요성에 대한 케네디의 생각에 공감을 표했다.[82] 우탄트의 제안은 거부됐지만, 어쨌든 위기 해소를 향한 해법이 흐루쇼프를 포함해 여기저기서 나오고 있다는 점은 긍정적이었다. 물론 타협 분위기가 점진적으로 조성되었지만 위기의 불꽃이 완전히 꺼진 건 아니었다. 흐루쇼프는 아침 일찍 이미 핵탄두를 선적한 알렉산드롭스크호가 안전하게 쿠바의 라이사벨라 항구에 도착했다는 보고를 받았다.

쿠바 주둔 소련군은 전날 알렉산드롭스크호 때문에 법석을 떨었다. 미 해군이 핵무기를 선적한 배를 추적하고 있다는 통신을 포착했고, 배가 도착하기로 예정된 마리엘 항구에 미국 정찰기가 나타나 극도의 긴장 상태에 빠졌기 때문이다. 알렉산드롭스크호는 항로를 급히 변경해 라이사벨라 항구로 향했다. 이 항구에는 핵탄두 보관 시설이 없어서 소련군은 위기가 가라앉을 때까지 핵탄두를 배에 그대로 실어두기로 했다.[83] 소련군에는 절대적으로 중요한 이 핵탄두는 결국 봉쇄 개시 몇 시간 전에 안전하게 쿠바 내 소련군 손에 들어갔다. 흐루쇼프는 이미 IRBM을 실은 나머지 네 척에도 항로 유지를 지시했다. 쿠바에 있는 IRBM 기지는 공사를 재촉한 끝에 마무리 단계에 있었다. 이제 흐루쇼프는 보다 여유로운 조건에서 미국의 다음 행보를 주시했다.

지금 다시 생각해보면 핵탄두를 라이사벨라 항구에 정박한 배에 실어둔 것은 위험천만한 결정이었다. 백악관은 일주일 전에 쿠바 파괴 공작 중 하나인 수중 폭파 작업을 승인한 상태였다.[84] 백악관이 위기 수습에 정신이 팔려 까맣게 잊고 있었으니 망정이지, 이 작전을 챙겼으면 배가 폭발하면서 핵탄두도 터져 핵전쟁의 도화선이 될 수도 있었다. 이후에도 일촉즉발의 사건이 수차례 더 발생하게 된다.

이날 밤 9시 30분에 미국 측에 전달된 흐루쇼프의 친서는 다음과 같은 강경한 톤으로 일관했다.

대통령님, 대통령님께서는 격리를 선포하신 것이 아니라 미국의 요구에 굴복하지 않으면 무력을 사용하겠다는 최후통첩을 하면서 위협하고 계십니다. 하신 말씀을 잘 생각해 보십시오! 그러고도 여기에 동의하기를 바라십니까! 이런 요구에 동의하는 것이 무엇을 의미하겠습니까? 그것은 다른 나라와의 관계를 이성이 아니라 자의에 따라 끌고 가는 것을 의미합니다. 대통령님께서는 더 이상 이성에 호소하지 않고 협박하시려고 합니다.[85]

흐루쇼프는 말미에 미국을 놀라게 한 다음과 같은 문구를 넣었다.

쿠바로 향하는 소련 선박의 선장에게 쿠바섬을 봉쇄하고 있는 미국 해군의 지시에 따르라고 명령할 수 없습니다. 소련 선원들은 공해상 항해에 대해 보편적으로 인정되는 규범을 엄격하게 준수하고, 거기에서 한 발짝도 물러서지 않을 것입니다.[86]

친서 내용은 해상봉쇄선을 무시하고 돌파하겠다는 선언으로 들릴 수밖에 없었다. 소련 유조선 부쿠레슈티호가 봉쇄선 근처로 시시각각 다가왔고, 다음 날 아침이면 봉쇄선에서 미국 해군 함정과 대치할 가능성이 높았다. 이번에는 케네디가 우탄트 UN 사무총장을 이용할 시점이었다. 케네디는 흐루쇼프의 체면을 살려주면서도 소련 선박이 봉쇄선을 돌파하지 않게 만들 방법을 고심했다. 그래서 우탄트가 소련 측에 쿠바로 향하는 선박의 항해를 며칠 멈추고 뉴욕에서 양국 고위급 회담을 개최하자고 공개적으로 제안하게 했다. 케네디는 지나치게 유화적인 스티븐슨이 미덥지 않았지만 10월 25일 새벽 2시에 뉴욕에 있는 스티븐슨에게 긴급 메시지를 보내 우탄트를 깨우도록 했다. 그리고 동시에 흐루쇼프에게도 친서를 보냈다.[87]

봉쇄 실행에 아주 신중한 케네디와 맥나마라였지만, 두 사람은 핵전쟁을 일으킬 뻔한 상황을 제대로 인식하지 못했다. 10월 22일 소련 잠수함이 "일주일 후 쿠바에 도착할 수" 있다는 매콘 CIA 국장의 보고는 미국 입장에서 경악할 만한 소식이었다. 오대양을 지배하는 제국으로서 다른 대륙 근해를 마음껏 오간 미국으로서는 적 함대가 자국 해안가에 대담하게 전개한 상황이 이례적이기에 쿠바에 공격용 미사일이 배치된 것만큼이나 충격적 소식이었다.[88]

10월 24일 수요일 오전 10시 엑스콤 회의에서는 소련 잠수함 문제가 심각하게 검토됐다. 케네디가 소련 잠수함이 미국 구축함을 공격할 경우에 대비한 계획에 대해 맥나마라에게 묻자, 맥나마라는 "잠수함을 부상시킬 신호 체계"를 준비했다고 보고했다.[89] 맥나마라가 말한 '신호 체계'란 폭약이 매우 적은 연습용 폭뢰를 투하해 잠수함 동체가 상하지 않을 정도의 작은 충격을 가해 부상시키는 것이었다. 회의에 참석한 실무자가 이 새로운 신호 체계를 소련이 받아들였냐고 묻자 평소에 신중한 맥나마라는 의외의 답을 했다.

"아뇨, 내가 해군에 지시해 어제 만든 겁니다."[90]

전날 소련 당국과 대사관에 통보한 신호 체계는 당연하게도 소련 해군 잠수함 함장에게까지 전달되지 않았다. 더구나 새로운 신호 체계가 준 '작은 충격'이 실제로 핵무장한 잠수함의 선체에 손상을 가하고 일부 승무원들을 실신시켰다. 소련 잠수함이 공격으로 오인했다면 핵어뢰를 발사했을 것이고, 제3차 세계대전의 도화선이 될 수도 있었다고 생각하면 털끝이 쭈뼛해질 정도다. 이 일만 보더라도 합리적으로 의도된 계획이 얼마나 다양한 우연에 의해 전혀 엉뚱한 궤도를 그리며 역사를 이루어나가는지 알 수 있다.

24일 저녁에서 25일 새벽 사이에는 역사의 물줄기를 바꿀 또 다른 에피소드가 진행되고 있었다. 내셔널프레스클럽에 있는 술집이 그 무대였다. 술집 바텐더 조니 프로고프는 리투아니아 출신이었다. 프로고프는 문을 닫으려 할 때쯤 들른 소련 스파이 고르스키에게 밤 10시경 〈뉴욕헤럴드트리뷴〉의 기자 두 명이 나눈 이야기를 들려줬다. 귀를 의심할 충격적인 이야기였다. 로버트 도너번이라는 기자가 쿠바 침공을 취재하기 위해 그날 밤 현지로 떠날 예정이라는 내용이었다.

물론 가짜 뉴스였다. 두 기자는 국방부가 혹시 있을지도 모를 침공에 대비해 현지 취재 기자를 미리 신문사별로 선발한 리스트에 대해 언급했을 뿐이었다. 하지만 고르스키는 KGB의 워싱턴 지국장인 페클리소프를 거쳐 급히 소련 대사관에 보고했다.[91] 소련 대사관 측은 술집에 있던 워렌 로저스 기자의 의중을 간접적으로 떠본 후 목요일 점심 식사를 하며 다시 한 번 이 '가짜 뉴스'가 맞다고 확신해 즉시 본국으로 긴급 전문을 보냈다.[92] 흐루쇼프에게까지 보고되었을 이 황당한 오보는 이후 흐루쇼프가 황급히 케네디에게 쿠바 불침공을 조건으로 미사일을 철수하겠다는 내용의 친서를 보내는 계기가 되었을 가능성이 있다.

10월 25일 목요일

오전 10시 엑스콤 회의가 열렸다. 우탄트 UN 사무총장의 제안처럼 위기를 단순히 동결하는 조치는 시간만 지연시키고 미사일 제거라는 목표를 흐리게 한다는 우려가 팽배했다. 사실 미국 입장에서 미사일 제거보다는 동결에 목적을 두는 듯한 제안은 불편했다. 이는 봉쇄의 핵심 목적에 대한 맥나마라의 예리한 지적에서도 드러난다.

"격리는 공격용 무기 배치를 멈추게 하는 것이 아닙니다. … 격리는 이 무기들을 분명히 제거하기 위한 압박의 형태입니다."[93]

맥나마라가 보기에 봉쇄를 풀고 동결을 시도하는 것은 궁극적으로 미국의 목적을 달성하는 데 조금도 도움이 되지 않았다. 회의에서 쿠바에 대한 저공정찰을 할 필요가 있다고 제안한 이유도 여기에 있었다. 맥나마라는 세 가지 사안을 제기했다. 첫째는 우선 더 정확한 정보가 필요하다는 것이다. 둘째는 저공정찰을 반복하면 쿠바 방공망에 혼란을 줄 수 있어서 향후 공습의 효율성을 높일 수 있다. 쿠바군 입장에서 저공정찰은 저공비행으로 이루어지는 '공습'과 구별하기 어렵다. 셋째는 미국의 목적이 쿠바에 공격용 무기 반입을 중단시키는 것뿐 아니라 이미 배치된 무기를 제거하는 것이라고 전 세계에 분명히 밝히는 것이다.[94]

맥나마라의 또 다른 제안도 같은 우려에서 비롯된 듯하다. 맥나마라는 우탄트의 의견에 따라 제안한 UN 사찰단의 조사 활동이 UN 안보리에서 자연스럽게 소련 측에 의해 거부되도록 유도하자고 제안했다. 이런 상황은 쿠바 공습의 명분이 될 수 있었다. 케네디의 다음 발언은 미국의 숨은 의도를 명백히 보여준다.[95]

"격리는 UN이 무기 배치 금지를 효과적으로 보장할 때만 비로소 철회될 수 있습니다. 물론 UN은 보장할 수 없습니다. 하지만 적어도 우리가 그렇게 나쁘지 않게 보이도록 해줍니다."

오후 4시 UN 안보리에서 미국이 벌인 명분 전쟁은 대단한 성공을 거뒀다. TV로 중계되는 가운데 스티븐슨 UN 대사가 소련의 발레리안 조린 UN 대사를 꼼짝 못하게 밀어붙이면서 전 세계적으로 소련에 대한 비난 여론을 확산시켰나. 미국 정부는 지나치게 유화적인 스티븐슨이 UN에서 단호한 태도를 보일 수 있을까 우려했고, 이 때문에 거친 협상가로 알려진 존 매클로이가 스티븐슨을 견제하게 했다.

스티븐슨은 조린 대사에게 미사일이 쿠바에 있는지 없는지 분명하게 밝히라고 몰아붙였다.

"대사님은 지금 세계 여론의 법정에 서계십니다. '네', '아니오'로 답하실 수 있습니다. 미사일의 존재를 부인하셨는데, 제가 제대로 이해한 것인지 알고 싶습니다."

스티븐슨의 뜻밖의 강경한 질문에 당황한 조린은 대답을 기다리라고 궁색하게 응답했다. 이 기회를 놓치지 않고 스티븐슨은 이렇게 조롱했다.

"정 그러시다면 답하실 때까지 주구장창 기다릴 용의가 있습니다."[96]

미사일을 포착한 사진이 제시되자 소련의 입장은 더욱 난처해졌다. 소련 지도부는 도브리닌 주미 대사에게 쿠바 미사일에 대한 정보를 주지 않은 것과 마찬가지로, 중요한 선전전에서 UN 대사를 준비시키지 못하는 무능을 드러냈다.

오후 5시에 재개된 엑스콤 회의에서는 보다 강경한 방안이 논의됐다. 공격용 무기를 겨냥한 봉쇄의 효과에 대한 의구심에서 비롯된 것으로, 봉쇄 항목에 석유까지 포함시키는 등 봉쇄의 수위를 높이는 것이 검토됐다.

먼저 월트 로스토 교수가 봉쇄 수위를 높이는 것이 효과적이라며 찬성하는 브리핑을 했다. 로스토는 국무부 자문위원이자 한국에 경제 발전 중심의 근대화이론을 전파한 것으로도 잘 알려진 인물이다. 국방부는 압박 수위를 높이는 조치는 직접 침공만큼 직접적인 효과가 없을 것이라며 반대했다. 석유 공급 중지도 두 달, 길게는 반년이 지나야 비로소 효과를 발휘할 터였다. 결국 명확한 결론을 내리지 않고 회의가 끝났다.[97] 회의 종료 직전 톰슨 대사가 유고슬라비아 대사의 다음과 같은 흥미로운 견해를 전해왔다.

"이거 하나만 말하고 싶습니다. 저는 말입니다, 흐루쇼프가 미국이 행동하는 걸 겁낸다거나 유약하다는 당신들의 그 잘난 보고서에 동의할 수 없습니다. 저는 흐루쇼프와 대화를 많이 나눴습니다. 흐루쇼프는 그렇게 생각하지 않는다고 말했죠."[98]

극적 위기가 해소되고 한참 후 공개된 비밀문서나 국제회의 내용은 유고슬라비아 대사의 지적이 정확했다는 사실을 확인시켜준다. 오히려 흐루쇼프는 미국의 강압적 접근에 심각한 위기감을 가졌고, 반대로 미국이 자신을 유약하다고 생각할까봐 근심했다. 케네디는 톰슨의 의미심장한 보고를 받고도 조금도 고민하지 않은 채 다음과 같이 내뱉었다.[99]

"흐루쇼프가 쿠바에 미사일을 배치한 것은 그것 때문이 아닙니다. 베를린에서 좌절했기 때문입니다."

이날 소련 시각으로 정오쯤 흐루쇼프가 이미 먼저 양보할 것을 결심했다는 사실을 케네디는 까맣게 몰랐다. 이날 아침 깨어난 흐루쇼프에게 케네디가 보낸 친서가 도착했다. 케네디는 소련의 사기극을 강경하게 비판하며 이렇게 강조했다.

"먼저 도전을 한 것은 제가 아닙니다. 이런 사실의 견지에서 보면 쿠바에서의 행위에 대해서 제가 공표한 대응은 불가피한 것이었습니다."[100]

친서에는 흐루쇼프의 정상회담 제의에 대한 응답은 없었다. 흐루쇼프는 갑자기 최고회의 간부회의를 소집했다. 회의 참석자들은 케네디의 반복적인 협박에 대한 흐루쇼프의 분노에 찬 응답을 예상했지만 흐루쇼프는 더 이상 케네디와 "자극적 언사"를 교환하지 않겠다는 의외의 발언을 했다. 그러고는 IRBM 미사일을 실은 채 쿠바로 향하는 배를 되돌리고 쿠바를 "평화 지대"로 만들겠다고 선언했다. 흐루쇼프가 자세히 설명하지는 않았지만 소련의 핵미사일 철수뿐 아니라 미국도 앞으로 쿠바에 대한 어떠한 공격적 행위도 하지 않는, 평화를 이루자는 걸 의미한 듯하다. 소련이 중부 유럽에 제안했던 비핵지대화 구상은 소련이 붕괴한 뒤 남미에서 본격적으로 탄력을 받게 된다. 쿠바는 1992년이 되어서야 동의했다.

흐루쇼프는 황급히 양보할 것이 아니라 케네디로부터 어떠한 양보를 이끌어낼 수 있는지 여유를 가지고 "둘러봐야" 한다고 지적했다. 흐루쇼프가 우선 염두에 둔 것은 쿠바에 대한 미국의 불가침 선언이고, 그에 상응해 UN 사찰단의 사찰을 허용하는 안이었다. 소련 최고회의 간부회의 참석자들은 흐루쇼프의 독단적 결정을 승인했을 뿐이다. 외무부 장관 안드레이 그로미코나 국방부 장관 로리온 말리놉스키 같은 영향력 있는 고위급 인사들도 침묵하긴 마찬가지였지만, 고참 볼셰비키들이 보기에 미국의 불가침 선언 약속을 믿는 흐루쇼프의 순진함이 어처구니없었을 것이다. 케네디는 피그스만 침공 직전 때도 쿠바 불가침 선언을 했었다. 더구나 쿠바 불가침 선언은 추가적으로 이끌어낸 양보도 아니고 며칠 전 케네디가 그로미코 외무부 장관에게 기꺼이 받아들일 수 있다고 암시한 것이다.[101] 미국과 소련의 배짱 대결로 생각하는 소련 간부들과 달리 흐루쇼프는 위기가 쉽게 제3차 세계대전으로 비화될 수 있다고 판단한 듯하다. 흐루쇼프는 아들 세르게이에게 "한번 총격을 시작하면 마음대로 멈출 수가 없는 법"이라고 문제의 핵심을 정확히 지적했다.[102]

최고회의 간부회의가 끝난 뒤 흐루쇼프는 긴장 완화를 보여주는 상징적 제스처로 볼쇼이 발레를 관람하기로 했다. 발레 공연을 보는 이 늙은 볼셰비키의 마음속에는 후회와 안도감 등 만감이 교차했을 것이다. 흐루쇼프는 '10월의 포성'이 발발하기 전에 자신이 중단시켰다고 생각했겠지만, 본격적인 위기는 아직 시작도 하지 않았다.

10월 26일 금요일

흐루쇼프가 극적으로 타협을 택한 사실을 모르는 미국 측은 세 가지 방안을 논의했다. 첫째, 석유를 반입 금지 품목에 넣는 봉쇄 확장이다. 둘째, UN을 통한 협상에 박차를 가하는 것이다. 셋째, 공습과 필요하다면 침공까지 이어지는 무력에 의한 해결이다.

러스크 국무부 장관은 브라질을 매개로 하는 비핵지대화 제의로 대타협을 이루자고 했다. 비핵지대화는 소련도 수년간 이야기해온 사안이라 상대의 체면을 살려줄 수 있고, UN에서 미국이 정당성을 강화할 수단도 될 수 있었다. 국방부는 새로운 제안이 미사일 제거라는 당면 목표에 대한 주의를 분산시킨다며 반발했다. 군부는 테일러 합참의장이 언급했듯이 "파나마 문제와 남미에서의 대잠수함 작전상의 고려" 등 군사적인 방안에 집중했다.[103]

러스크는 직접 카스트로에게 접근해 쿠바의 주권을 강조하는, 즉 쿠바를 강대국 간 대결의 터전으로 삼는 소련의 의도를 전달해 두 국가를 이간질하려는 방안도 거듭 제안했다. 실제로 카스트로는 미국이 쿠바와 소련 관계를 틀어지게 하려는 징후를 매우 우려했다. 미국 측이 쿠바 주둔 소련군의 수를 크게 과소평가함으로써 소련의 역할을 축소하고 미국과 쿠바 간의 문제로 전환해 소련이 발을 뺄 구실을 주려 한다고 본 것이다.[104] 카스트로의 판단은 사실과는 거리가 있었다. 미국은 쿠바에 배치된 소련군 수를 미국식 인권 개념과 합리적 이성으로 계산해 추산했다. 실제로 소련이 배에 구겨 넣듯이 탑승시킨 소련군 병사의 수는 미국 기준으로는 경악할 수준이었다. 이 무렵 쿠바에는 애초에 배치하기로 한 4만 5000명 중 4만 2822명이 도착했다.[105]

스티븐슨 대사는 비핵지대화까지 포함해 아주 정교하게 짜여진 행동 대 행동의 단계별 일괄 타결안을 강력히 주창했다. 스티븐슨의 문제의식의 핵심은 1단계에서 미사일뿐 아니라 모든 무기 배치나 기지 건설 중단에 상응하는 조치로 봉쇄를 잠시 해제하는 것이었다. 문제의 근원적 해결보다는 위기를 진정시키기 위한 '동결'이 목적이었다. 2단계는 2주 정도의 협상 과정을 통해 미사일 철수와 기지 해체에 상응하는 조치로 쿠바의 안전 보장과 터키나 이탈리아의 미사일을 철수하는 것이었다(케네디와 친분이 두터운 맥밀런 영국 총리는 미국과 영국이 공동으로 통제하는 소어 미사일 30기를 불능화하자고 제안했다). 러스크가 말한 비핵지대화도 이 단계에 포함될 수 있다.

스티븐슨은 강경파를 고려해서인지 쿠바가 이후 남미에서 전복·침투 행위를 못하도록 명문화하는 것도 포함시킬 수도 있다고 했다. 스티븐슨은 소련이 물러서기 위해 쿠바 불가침 선언과 터키 미사일 철수와의 맞교환 아이디어를 제안할 것이라고 주장하는 등 앞으로 벌어질 일을 정확히 예측했다. 하지만 외교 협상을 담당한 국무부 장관 러스크마저 스티븐슨에게 힘을 보태주지 않았다.[106]

유화파의 타협 노력에도 불구하고, 대세는 점차 무력 사용으로 기울어졌다. 매콘 CIA 국장 등은 일괄타결안에 반발하면서 봉쇄를 해제하기 전에 미사일이 먼저 제거되어야 한다고 강조했다. 매콘은 미사일 제거가 선행되지 않은 채 봉쇄가 해제되면 결국 쉽지 않은 봉쇄 재개 과정 중에 흐루쇼프가 미사일 기지를 완성시킬 여유를 줄 것으로 판단했다.

밤새 저공정찰 비행을 통해 입수된 정보는 백악관을 경악시키기 충분했다. 더 선명하게 보이는 다양한 미사일 시설들은 이제 일반인이 보더라도 분명했다. 그간 정보당국이 말한 '소련 기술자들'은 소련군 병사들이었으며, 생각했던 것보다 많았다. 길이가 11미터나 되는 루나 전술핵미사일은 물론, MRBM 기지 여섯 곳 중 네 곳이 이미 작전준비를 완료한 듯했다. 대부분은 6~8시간 내에 발사가 가능하고, 나머지 미사일 기지 두 곳도 며칠 내로 작전이 가능해 보였다. 탑재된 탄두가 재래식인지 핵탄두인지는 분간할 수 없지만, 핵탄두일 가능성이 매우 높았다. 이제 미국 본토의 주요 도시뿐 아니라 상륙군도 전술핵 공격에 노출될 가능성이 높았다(40년이 지난 뒤 당시 크루즈 미사일도 작전준비를 갖춘 사실이 확인되면서 실제 상황은 더 위험했다는 사실이 드러났다). 이제 새로운 국면에 들어선 듯했다. 매콘은 물론 케네디도 무시무시한 무기들을 빨리 공습으로 제거하려는 유혹에 시달렸다.[107]

매콘은 일단 봉쇄를 해제하면 재실행하기 어렵고, 또 해제를 하더라도 소련이 스스로 미사일을 제거하겠느냐고 의문을 제기했다. 또한 미국의 전략 목표를 핵무기 제거에서 더 나아가 쿠바 정권 교체로 바꾸자는 제안도 했다. 봉쇄를 정치적 해결안으로 해석한 맥나마라도 제한적 공습 쪽으로 기울었다. 이런 상황은 미국 측 분위기의 변화를 분명하게 보여준다. 하지만 케네디는 쿠바 정권 교체나 무력을 통한 해결에 완전히 설득되지는 않았다. 한 번 더 타협에 기대를 걸려고 했다. 이 와중에 합참은 쿠바 전면 침공 계획을 준비하여 위기를 더욱 고조시켰다.[108]

케네디의 직감은 옳았다. 전날 양보를 극적으로 결정하면서 마지막 양보를 얻으려고 했던 흐루쇼프는 이날 아침 더 이상 기다릴 시간이 없다는 사실을 깨달았다. 우선 워싱턴의 술집에서 기자들이 나눈 쿠바 침공 임박 정보가 흐루쇼프의 책상에 놓였다. 미국 국방부는 이미 데프콘 2를 발령했고, 미국 병원에는 사상자 운송에 대비하라는 지침까지 내려졌다.[109] 흐루쇼프는 케네디가 한편으로 타협 메시지를 보내고 있다고 생각했지만, 일련의 정보 보고 내용은 무시하기에는 너무 위중했다. 따라서 쿠바 불가침 선언만 하면 미사일을 철수한다는 친서를 급히 작성했다.

흥미로운 점은 이날 회의에서 그로미코 외무부 장관이 친서에 베를린 문제를 넣자고 제안했을 때 흐루쇼프가 보인 반응이다. 아들 세르게이의 증언에 따르면 흐루쇼프는 당장이라도 전쟁이 시작될 수 있는 마당에 다른 이슈까지 연루시키면 상황이 더 악화될 것이라고 지적했다. 흐루쇼프가 보기에 "상황이 너무 위험해졌다."[110] 세르게이가 한 증언의 타당성은 흐루쇼프가 작성한 친서에서도 확인된다. 흐루쇼프는 자신이 빈 정상회담 때부터 거칠게 반복하던 핵공갈 대신 매우 신중한 주장을 했고, 다음과 같이 미국과의 인식차를 인정했다.

쿠바에 배치된 소련 무기가 공격용이라고 생각하시는 것은 오해입니다. 하지만 이 점에 대해 왈가왈부하지 맙시다. 결국 제가 대통령님을 납득시킬 수 없을 것입니다.[111]

위기가 조금씩 통제 범위를 벗어나고 있다는 흐루쇼프의 심각한 위기의식은 다음과 같은 지혜로운 말에 잘 드러나있다.

대통령님, 대통령님이 묶으신 전쟁의 매듭 끝을 양측이 잡아당기지 않아야 합니다. 더 세게 잡아당길수록 매듭이 더 단단하게 묶이기 때문입니다. 너무 단단하게 묶여서 묶은 사람조차 풀 힘이 모자라 매듭을 잘라야만 할 순간이 올지도 모릅니다. 양국이 보유한 끔직한 군사력을 대통령님께서 누구보다 잘 아실 테니 이런 상황이 무엇을 뜻하는지는 굳이 설명하지 않아도 될 것입니다. 매듭을 팽팽하게 당겨 세계를 핵전쟁의 재앙으로 몰고 갈 의향이 없으시다면, 매듭 끝을 당기고 있는 힘을 약하게 할 뿐 아니라 매듭을 풀 대책을 마련합시다.[112]

흐루쇼프의 진정성은 대서양 너머 미국에 전해졌다. 조지 볼 국무부 차관은 "진심어린 호소"라고 해석했다. 물론 호전주의자인 르메이 공군 참모총장은 친서가 "개소리" 로 가득하며 거기에 속아넘어가면 "등신"이라고 생각했지만 말이다.[113] 흐루쇼프는 이 순간 로프를 잡아당기는 데 자기가 까맣게 잊고 있던 맹방인 쿠바도 합류했다는 걸 몰랐다. 카스트로는 케네디가 우탄트 UN 사무총장에게 미국의 최종 입장을 통보한 것을 선전포고로 받아들였다. 며칠 내로 전쟁이 일어나는 걸 기다리는 상황에서 미국을 자극하지 말자는 이전 방침은 점차 무의미해졌다. 카스트로는 전군에 경계태세를 발령하고 미국 정찰기를 격추하라고 명령했다.

소련의 수동적 대응에 쿠바는 불만의 목소리를 점차 높였다. 카스트로는 쿠바 주둔 소련 간부들을 통해 흐루쇼프에게 자신의 인내심이 거의 고갈됐다고 밝혔다. 10월 27일 새벽 1시에는 알렉산드르 알렉세예프 쿠바 주재 소련 대사를 느닷없이 방문했다. 그러고는 오랜 시간 공들여 그 유명한 선제공격 촉구 친서를 쓰기 시작했다. 아직 잠이 덜 깬 알렉세예프에게 카스트로가 불러주는 내용은 잠이 달아날 정도로 충격적이었다.

> 미국이 국제법을 위반하고 쿠바 침공이라는 야만적이고 비도덕적인 행동을 실행에 옮긴다면, 이런 해법이 아무리 강경하고 끔찍할지라도 다른 방법이 없기 때문에, 그때야말로 명백하게 합법적인 방어 조치를 통해 이런 위험을 영원히 제거할 기회입니다.[114]

나중에 10월 위기를 돌아보는 아바나 회의에서 카스트로는 선제공격 주장은 진심이 아니라 흐루쇼프에게 미국과 맞서는 데 필요한 투쟁 정신을 심어주려고 한 것이라고 애써 변명했다.[115] 카스트로의 주장이 진심일지라도 흐루쇼프에게는 카스트로의 선제공격 주장이 지극히 모험주의적인 언사로 읽힐 수밖에 없었다. 실제로 친서 작성 현장에서 '선제공격'에 대해 묻는 알렉세예프에게 카스트로는 "직접 말하고 싶지는 않소"라고 반쯤 긍정했다.[116]

아바나 회의에서 카스트로는 자신이 모르는 사이에 미국과 소련의 극적 타협이 이루어지고 있다는 사실을 알았다면 관타나모 기지 철수와 미국의 경제 제재 해제를 요구했을 것이라고 밝혔다.[117] 하지만 관타나모 기지 철수는 미국 측이 받아들이기 어려운 요구였다. 오히려 엑스콤 회의에서 제기된 러스크의 비핵지대화안과 접점을 찾았다면 더 생산적이었을 것이다. 어쨌든 그간 자제력을 보이던 카스트로가 미소 간의 대결에 본격적으로 동참하자 위기는 새로운 국면을 맞게 됐다.

이날 저녁 러스크 국무부 장관은 ABC 뉴스의 존 스칼리 기자로부터 소련의 새로운 협상안을 들었다. 미국이 쿠바 불가침 선언을 하면 소련이 UN의 감시하에 미사일 기지를 해체하고 어떠한 공격용 무기도 배치하지 않겠다고 약속하겠다는 내용이었다. 미국 측이 수용할 만한 안이었지만, 소련은 새로운 조건을 덧붙였다. 미국의 쿠바 불가침 선언을 검증하기 위해 플로리다 주 미군 기지와 카리브해 주변 국가에 대한 UN 사찰이 필요하다는 것이었다. 미국 측은 그런 요구를 결코 수용할 수 없었다. 게다가 스칼리 기자에게 소련의 비밀특사라면서 다가온 페클리소프는 흐루쇼프가 보낸 특사가 아니라 모스크바 최상층에 끈을 연결하고 싶어 안달이 난 KGB 워싱턴 지국장에 불과했다.[118] 이처럼 공식 특사와 비밀특사, 그리고 특사를 자처하는 이들로 인해 정보가 뒤엉키면서 사태는 양측 리더의 의도대로 전개되지 않았다.

10월 27일 토요일

흐루쇼프는 이날 '전쟁의 매듭'이 느슨해졌다는 인상을 받았다. 침공이 임박했다는 정보는 양치기 소년의 외침으로 판명났다. 흐루쇼프는 이런 말로 안도감을 표했다.

"내 생각에 미국인들이 아직 침공할 준비가 안 된 것 같소."[119]

케네디가 단호한 강압책으로 흐루쇼프가 눈을 깜빡거리게 만들었다고 믿은 것처럼, 흐루쇼프도 단호한 대응으로 케네디의 침공을 막았다고 해석했다. 둘 다 베두인 전설의 신봉자였으니 이런 자의적 해석은 당연했다.

케네디는 우탄트 UN 사무총장과 협상 문제를 논의하고 있었고, 그런 사실은 아직 미국이 쿠바 침공 결정을 내리지 않았다는 걸 의미했다. 심리적 여유가 생긴 흐루쇼프는 추가적인 떡고물을 다시 찾아보려고 했다. 흐루쇼프는 케네디에게 보낸 1차 친서를 작성할 때 그로미코 외무부 장관의 터키 미사일 거래 제안을 단호하게 거부한 사실을 다시 떠올렸다. 위기 초기부터 케네디는 바틀렛 등을 통해 이 아이디어를 언론에 흘렸다. 저명한 칼럼리스트인 월터 리프먼도 10월 25일 〈뉴욕타임스〉 칼럼을 통해 터키 이슈를 부각시켰다. 리프먼의 영향력을 고려하면 흐루쇼프로서는 케네디 행정부 핵심 인사들이 리프먼을 통해 소련에 메시지를 보내고 있다고 추정할 수밖에 없었다.

실제로 이날 회의 전 흐루쇼프는 리프먼의 칼럼 내용이 담긴 KGB 보고서를 받았다. 러스크 국무부 장관이 비공개 브리핑에서 미사일 맞교환 아이디어를 기자들에게 언급했는데, 〈시카고선타임스〉 기자가 그런 사실을 KGB 요원에게 전달한 것이다.[120] 미국은 이미 터키 주변에 최신 폴라리스 핵미사일 탑재 잠수함을 배치할 예정이었다. 따라서 노후화된 터키 미사일을 철수하더라도 전략적으로 손해가 아니었다. 이미 미사일을 철수하기로 결심한 흐루쇼프는 미국이 받아들일 만한 양보를 추가로 얻는다면 체면을 덜 구길 수 있었고, 따라서 다음과 같이 선언했다.

"터키 미사일 기지를 추가로 제거하면 우리가 승리하는 셈이다."[121]

이렇게 소련 최고회의 간부회의에서 그로미코가 제안한 것 말고는 거의 제기되지 않은 터키 미사일 맞교환 이슈가 전면에 등장했다. 필자는 1장에서 흐루쇼프의 미사일 배치 동기를 두고 쿠바 방어 가설을 비판한 앨리슨 교수의 논리에 대해 의문을 제기했다. 앨리슨은 흐루쇼프가 터키 미사일 거래에 집착하여 쿠바 방어보다는 전략 균형 해소에 집중했다는 논리를 전개했다.

하지만 쿠바 미사일과 터키 미사일 맞교환은 어디까지나 미국이 일관되게 주도했고, 흐루쇼프는 위기를 해소하는 최종 단계에서 명예로운 후퇴의 수단으로 새롭게 고려했을 뿐이다. 이제 판단이 선 흐루쇼프는 쿠바 불가침 선언을 타협 조건으로 내세운 1차 친서에 이어 터키 미사일과의 맞교환을 추가한 2차 친서를 작성했다. 위기의 마지막 국면에서 내용이 다른 두 편지를 놓고 케네디 행정부를 혼란에 빠지게 한 유명한 에피소드의 막이 서서히 오르는 순간이었다.

흐루쇼프는 미국이 도발을 감행할지도 모른다는 측근들의 조언에 따라 일련의 조치를 승인했다. 우선 공식 채널로 친서를 전달하는 경우 시간이 오래 걸리는 걸 감안해 친서 내용을 라디오 방송으로 내보내기로 했다. 또 다른 신중한 조치의 일환으로서 라이사벨라 항구에 도착한 알렉산드롭스크호를 모스크바로 되돌려보내라는 지시도 내렸다. 혹시 모를 미국의 도발 시 나포될 가능성을 우려한 조치였다. 쿠바 현지 지휘관인 이사 플레예프에게는 모스크바의 승인 없이는 핵탄두 탑재를 금한다는 명령도 내렸다.[122]

아이러니하게도 흐루쇼프가 이런 신중한 조치를 명령한 지 바로 한 시간 만에 쿠바 현지의 소련군이 U-2 정찰기를 격추하는 위험천만한 순간이 연출됐다. 쿠바 주둔 소련군 사령관인 플레예프는 공습을 받는 경우 방어 조치를 할 권한을 허락 받았지만, 휘하 병력에 교전 시 반드시 자신의 사전 승인을 받도록 지시했다. 이런 상황에서 플레예프가 자리를 비우자, 쿠바 주둔 소련군 부사령관은 미군 정찰기가 순식간에 사라질 수 있다는 순간적 판단에 따라 지대공 미사일 발사를 명령했다.[123]

쿠바 현지 주둔 소련군은 미국의 공습이 임박했다고 철석같이 믿고 있었고, 긴장감이 극에 달한 시점에 소련군이 발사 유혹을 뿌리치기란 매우 어려웠다. 결국 정찰기는 격추되었고, 흐루쇼프가 전쟁의 매듭을 풀려고 하는 바로 그 순간에 소련군에 의해 위기가 걷잡을 수 없이 확대되기 시작했다. 그런 사실을 모르던 흐루쇼프는 측근에게 카스트로의 짓이라며 화를 냈다.

이날 아침 10시 백악관은 흐루쇼프가 보낸 1차 친서를 놓고 대책 회의를 하고 있었다. 친서는 전날 밤 늦게 도착했지만 극심한 피로에 녹초가 된 케네디는 먼저 전문가가 꼼꼼히 검토한 후 아침에 명민한 상태에서 검토하기로 했다. 회의는 먼저 매콘 CIA 국장이 IRBM 기지가 작전준비를 거의 갖춘 것 같다는 불길한 보고를 하면서 시작됐다. 이어 맥나마라가 당일 오후 두 차례에 걸친 정찰비행을 제안했는데, 그 와중에 케네디가 소렌슨으로부터 건네받은 뉴스 속보를 소리 내어 읽자 다들 경악했다. 흐루쇼프가 쿠바 미사일 철수 조건으로 터키 미사일 철수를 원한다는 뉴스 속보였다.

간밤에 1차 친서를 꼼꼼히 검토한 엑스콤 멤버들은 혹시 일부 내용을 누락했는지 의심하면서 친서를 재확인했다. 맥나마라는 어처구니 없어했다.

"답변을 하기도 전에 협상 내용을 바꾸고, 우리한테 협상 내용을 건네기도 전에 공개해버리는 사람들과 어떻게 협상할 수 있습니까?"[124]

번디는 모스크바에서 쿠데타가 일어난 게 아닌가 추측했다. 1차 친서에 쿠바 불가침뿐 아니라 터키 미사일 맞교환까지 포함되었으면 미국 측이 이처럼 혼란스럽지는 않았을 것이다.[125] 얼마 후 흐루쇼프는 미사일 철수에 필요한 새로운 조건을 담은 2차 친서를 보내왔다. 2차 친서는 1차와 달리 〈라디오 모스크바〉를 통해 전 세계에 방송되었다. 미국의 동맹국인 터키에 배치한 미사일 철수가 공공연하게 거래에 포함되면 미국으로서는 받아들이기가 힘들었다. 이미 위기 이전에 철수가 논의된 무기였지만, 소련의 공개적인 요구에 따라 철수하는 경우 미국이 국익을 위해 동맹국의 안보를 헌신짝처럼 버리는 것으로 보일 수 있었다. 터키뿐 아니라 NATO 동맹국 전체에 미국의 안보 공약이 언제든지 공수표가 될 수 있다는 신호로 보일 수도 있었다. 터키 주재 미국 대사인 레이먼드 헤어는 터키 미사일 철수는 쿠바 미사일 위기가 지난 다음에, 더군다나 비밀리에 실행되어야만 가능하다고 분명하게 경고했다.[126]

여기서 케네디의 베를린 강박증이 다시 나타났다. 흐루쇼프는 공개적 발표를 통해 미국의 도발적 행동을 억제하려고 했지만, 결과적으로 미국으로 하여금 타협안을 덥석 수용하기 어렵게 만들었다. 케네디는 바로 이런 역설 때문에 흐루쇼프의 행동을 도저히 이해하기 어려웠다. 케네디는 소련의 입장에서 문제를 보고자 한 톰슨 대사에게 다음과 같이 물었다.

"그들이 진심이라면 왜 사적인 채널에서 말하지 않았을까요?"[127]

케네디는 소련이 타협안을 진심으로 성사시키려고 했다면 친서 내용을 공개해 미국을 궁지에 몰아놓는 어리석은 짓을 하지 않았으리라고 생각했다. 결국 케네디는 자기의 일관된 프레임에서 답을 찾았다. 즉, 흐루쇼프가 겉보기에 공평해 보이는 터키-쿠바 미사일 맞교환으로 미국이 공격적 행동을 할 명분을 없애고, 이후 소련의 베를린 장악 시 미국에 책임을 돌릴 수 있으리라 본다고 해석한 것이다.

흐루쇼프의 친서 내용 공개는 소련-쿠바 관계에서도 오해를 낳았다. 카스트로와 사전 조율을 하지 않았기 때문이다. 친서를 주고받으려면 시간이 많이 걸리고, 전화는 도청 가능성이 있어서 사용할 수가 없었다. 소련 지도부가 쿠바 주재 소련 대사인 알렉세예프에게 최대한 빨리 카스트로에게 설명하도록 지시했지만, 카스트로의 입장에서는 중요한 결정을 소련이 일방적으로 한 뒤 그 내용을 방송으로 알게 되는 상황에 배신감을 느낄 만했다.

이런 베를린 강박과 오인의 연쇄 반응에서 이날 오후 위험천만한 인화물질이 가열되기 시작했다. 미국 U-2 정찰기가 쿠바 상공에서 격추된 것이다. 미국 측 내에는 보복 조치에 반대할 수 없는 강경한 분위기가 자연스럽게 형성되기 시작했다. 격추 시점도 애매했다. 엑스콤 내 일부 멤버가 흐루쇼프의 2차 친서가 소련 강경파에 의한 쿠데타에서 비롯된 게 아닌지 의심하던 때였다. 쿠바 주둔 소련군의 행동을 당국의 지침을 제대로 따르지 않은 일탈로 볼 여지가 없었다.

이날 오후 미국도 똑같은 짓을 저질렀다. 소련 입장에서도 똑같이 미국에서 쿠데타가 일어났거나 케네디가 전쟁을 결심했다고 해석할 수 있는 사건이 발생한 것이다. 이날 오후 U-2 정찰기가 북극에서 정찰비행 중에 실수로 소련 영공을 침범했다. 알래스카 공군 기지에 있던 미군 전투기가 정찰기를 보호하기 위해 긴급 출격했다.[128] 소련이 이런 상황을 미국의 전면 도발 징후로 해석했다면 위험천만한 대결이 연출될 뻔했다. 이런 어처구니없는 실수를 보고받은 케네디는 "꼭 말귀를 못 알아먹는 개자식이 있다니까"라며 가슴을 쓸어내렸다. 미군이나 소련군이나 둘 다 '개자식'이 있었던 셈이다.

봉쇄를 통해 정치적 타결을 주도해온 맥나마라가 이번에는 강경한 분위기를 주도했다. 맥나마라는 다음 날 예정된 정찰비행 때도 도발이 있을 경우 보복 대응할 것을 제안했다. 그러고는 제한적인 공습이 아니라 전면공격을 주장하면서 카스트로 정부를 대체할 임시정부를 준비하고, 유럽에서 소련이 도발하는 경우에 대비하자고 주장했다. 문제는 일단 보복 공격이 시작되면 그 결과가 어디까지 갈지 아무도 모른다는 점이었다.

일단 케네디는 보복 대응에 대해서는 다음 날 아침에 논의하자면서 강경한 분위기를 진정시켰다. 케네디는 엑스콤 참석자 다수에게는 알리지 않고 추진한 마지막 협상카드에 기대를 걸고 있었다. 로버트 케네디가 비밀특사로 나섰다. 오후 7시 15분 로버트 케네디는 소련 대사관에 전화해 도브리닌 대사와 미팅 약속을 잡았다. 도브리닌을 만난 로버트 케네디는 "만약 우리 측이 대응 공격을 개시하면 중단시키기 매우 어려운 연쇄반응이 시작될" 것이라고 경고했다.[129] 도브리닌도 사태가 심각하다는 데 공감했고, 따라서 로버트 케네디가 약속하는 쿠바 불가침 선언은 도브리닌에게도 반가운 소식이었다.

미사일 위기 뒤 미국 논평자들은 케네디가 두 가지 상반된 편지 중에서 2차 편지를 무시하고 1차 편지에 응답하기로 지혜롭게 결정했다며 칭송하곤 했다. 이는 현실에 대한 정확한 설명이 아니다. 러스크 국부무 장관이 터키 미사일 맞교환을 대중에게 비밀에 부치고 위기가 해결된 뒤 실행에 옮기는 창의적 아이디어를 냈다. 결국 이 아이디어를 수용한 케네디는 1차 편지에 응답하면서도 동시에 흐루쇼프의 2차 편지의 핵심에 대해서도 나름대로 새로운 해법이 담긴 절묘한 제3의 해법을 만들어낸 셈이다.

로버트 케네디는 러스크의 창의적 해법에 따라 도브리닌과 타협을 모색했다. 단 2차 편지에서 언급된 터키 미사일 맞교환과 관련하여 미국 측 최종 입장을 분명히 통보했다. 거래할 수는 있지만 위기 해소 후 몇 달 이내에 비밀리에 이루어져야 한다는 것이었다. 미국 측으로서는 이런 맞교환이 공개적으로 이루어져서는 안 되었다. 겉으로는 상응하는 거래가 아니면서 실제로는 거래인 매우 미묘한 타결이 필요했다. 로버트 케네디는 접견을 마치며 일요일까지 회답을 바란다고 못 박았다. 이런 미국 입장이 "요구사항이지, 최후통첩은 아니"라는 의미심장한 말도 남겼다.[130] 로버트 케네디는 미국 정부가 공습을 하기 전에 최후통첩을 내리는 것으로 소련 측이 오인하는 것을 우려한 듯하다. 케네디 형제가 위기 과정에서 과거의 강경 입장을 완전히 버리고 유연한 타협의 태도로 진화한 것이다.

케네디 대통령은 또 다른 안전장치를 마련했다. 컬럼비아 대학교 총장이자 우탄트 UN 사무총장의 친구인 앤드류 코디어를 통해 UN 측이 터키-쿠바 미사일 맞교환을 미소 양국에 제안하도록 한 것이다. 흐루쇼프의 요구를 미국이 수용하는 것보다는 훨씬 더 미국의 체면을 살리는 장점이 있었다. 이처럼 평화적 해결에 대한 케네디의 집요한 노력을 보면 나중에 일각에서 주장하듯 타협이 무산되면 케네디가 쿠바를 공습했으리라는 가정은 설득력이 떨어진다. 맥나마라가 아바나 회의에서 주장했듯이 공습 이전에 봉쇄의 강도를 높인다든가 하는 식으로 압박의 강도를 높이면서 또 다른 타협안을 모색했을 가능성이 높다.[131]

10월 28일 일요일~10월 29일 월요일

아침 10시 45분 흐루쇼프 앞에는 다시 새로운 상황이 펼쳐졌다. 우선 미국 U-2 정찰기가 격추됐다는 불길한 소식이 도착했다. 카스트로가 선제공격을 암시하는 편지를 보낸 사실을 떠올린 흐루쇼프는 위험천만한 행동을 카스트로가 자행했다고 생각했다. 흐루쇼프에게 전의를 불어넣기 위한 카스트로의 행동은 오히려 사태가 점차 자신의 통제를 벗어나고 있다는 위기감을 조성했다.

그나마 다행한 것은 케네디가 보낸 친서에 흐루쇼프의 1차 친서 내용을 수용한다는 긍정적 메시지가 담겨있었다는 사실이다. 물론 케네디는 2차 친서에서 요구한 미사일 맞교환에 대해 확실히 답하지 않아 흐루쇼프를 실망시켰다. 그럼에도 사태가 걷잡을 수 없게 되자 추가적인 양보를 고집할 여유가 없었다. 흐루쇼프는 즉각 최고회의 간부회의를 소집해 소련의 양보를 공식화했다.

그 순간 외무부에서 걸려온 전화는 흐루쇼프를 고무시켰다. 케네디 대통령이 터키 미사일 거래 요구를 받아들였다는 보고였다. 미국식으로 변형된 수용이었지만 이미 미사일을 철수하기로 결심한 상황에서 터키 미사일 철수 수용은 가뭄 끝에 내리는 단비 같았다. 흐루쇼프는 얼른 이를 수용하는 친서를 작성하고 서둘러 라디오로 발표했다. 그러고는 쿠바 내 소련 지휘관 플레예프에게 미사일 기지 해체를 시작하라고 지시했다. 이렇게 13일간에 걸친 제3차 세계대전 문턱까지 간 위기가 대단원의 막을 내리기 시작했다.

흐루쇼프는 마음이 놓이지 않았는지 10월 29일 도브리닌 대사를 통해 친서를 보내 쿠바-터키 미사일 맞교환 여부를 케네디에게 환기시켰다. 하지만 다음 날 로버트 케네디는 도브리닌을 불러 친서를 되돌려줬다(그레이엄 앨리슨은 『결정의 본질』에서 로버트 케네디가 친서를 도브리닌의 얼굴에 집어 던졌다고 표현했다). 로버트 케네디가 보기에 이런 편지는 터키 미사일 거래를 부인할 수 없게 할 증거였다. 그래서 소련이 터키 미사일과의 거래를 어떤 형태로든 문서화한다면 그 즉시 거래가 무효화된다고 경고했다.[132]

백악관에서 뜬눈으로 토요일 밤을 새운 케네디 행정부의 인사 다수는 극도의 긴장감 속에서 일요일 아침을 맞이했다. 케네디는 평소 좋아하는 영화 〈로마의 휴일〉을 밤새도록 보며 초조감을 달랬다. 합참 수뇌부는 물밑에서 진행된 타협 움직임을 모른 채 월요일 침공 전략을 논의했다. 흐루쇼프가 터키 미사일 거래를 공개적으로 요구하는 바람에 막판 타결 가능성은 거의 없다고 판단한 것이다. 그런 상황에서 오전 9시 모스크바 라디오 방송이 케네디의 요구조건을 수락한다는 내용을 내보내자 귀를 의심했다.

미군 수뇌부는 흐루쇼프의 말을 액면 그대로 받아들이기가 어려웠다. 특히 르메이 공군 참모총장은 흐루쇼프의 지연 전술로 치부하면서 대통령을 만나야겠다며 고집을 피웠다.[133] 하지만 이제 대세가 기울어진 상황이었고, 그런 점에서 번디가 선언했듯이 이날은 "비둘기파의 날"이었다.

케네디는 끝까지 침착한 모습을 보여주었다. 결코 승리를 자축하지 말도록 측근들에게 지시했고, 언론에도 '소련의 패배'라는 표현을 쓰지 말라고 당부한 것이다. 소련이나 쿠바 내 매파에게 흐루쇼프를 공격할 빌미를 줄 터였다. 흐루쇼프가 실각하고 강경파가 들어선다면 더 큰 위기가 나타날 수 있었다. 그리고 협상이 완전히 끝나지 않았으며, 당분간 봉쇄도 지속될 터였다.

결국 케네디 대통령의 통찰은 옳았다. 극적 위기 해소 후에 다시 무수한 교착 상태와 또 다른 대결의 위기가 기다리고 있었다. 케네디는 에이브러햄 링컨 대통령이 남북전쟁이 끝난 뒤 포드 극장에 갔다가 암살당한 걸 떠올리며 "오늘 밤이야말로 극장 가기 딱이지"라고 말했다. 로버트 케네디는 "형이 가면 나도 갈래"라며 재치있게 응수했다.[134] 극장에서 암살당한 링컨의 비극적 운명이 저주처럼 케네디 형제를 기다리고 있었다. 케네디 대통령은 이후 쿠바와의 국교정상화를 위한 정상회담 직전에 댈러스에서 암살당했다. 파괴 공작의 배후에서 1968년 베트남 전쟁 반대라는 기치 아래 진보의 아이콘으로 변신한 동생 로버트 케네디는 대통령 선거 운동 중 암살당했다.

한편 쿠바인들은 믿음이 가지 않는 '불가침 선언'에 물러서버린 소련에 배신감을 느꼈다. 물밑에서 쿠바 미사일과 터키 미사일을 맞교환한 사실까지 알았다면 쿠바인들의 분노는 배가 되었을 것이다. 쿠바의 주권이 강대국들의 체스게임에 희생된 것처럼 보였기 때문이다. 아무런 사전 통보도 못 받은 채 언론을 통해 자신의 운명을 알게 된 카스트로는 격노했다. 카스트로는 비밀리에 미국과 타협해버린 흐루쇼프를 두고 "개자식" 같은 험한 욕설을 한참 퍼부었다. 카스트로의 신경을 더욱 건드린 것은 그런 상황에서 가르치는 듯한 흐루쇼프의 친서 내용이었다. 흐루쇼프는 카스트로에게 감정에 휘둘리지 말고 인내심을 가지고서 도발을 자제하라고 훈계했다.

> 우리는 죽기 위해 제국주의와 투쟁하는 것이 아니오. 우리의 가능성을 최대한 활용해, 더 적게 잃고 더 많이 승리하면서 공산주의를 달성하고 승리를 쟁취하려는 것이오.[135]

흐루쇼프는 카스트로가 U-2 정찰기를 격추시킨 탓에 위기가 악화되었다고 꾸짖었다. 소련군이 U-2기를 격추한 사실을 아직 몰랐던 것이다. 카스트로 입장에서는 위로를 받아도 시원찮을 판에 하지도 않은 짓에 대한 비난과 훈계까지 받으니 참기 어려웠다. 카스트로 나름대로는 우탄트 UN 사무총장이 타협안을 제시하던 때에도 자제력을 발휘하려고 애쓴 적도 있었다. 애초에 카스트로는 핵미사일 배치에 반대했다가 국제공산주의의 대의를 위해 위험을 감수하면서까지 찬성하기로 마음을 바꿨다. 그런 자신을 흐루쇼프는 성가신 사고뭉치이자 군사모험주의자라고 책망했다.

어처구니 없는 상황에 분노하고 좌절감에 빠진 카스트로는 쿠바가 서구에 의해 버려지고 히틀러에게 잡아먹힌 체코슬로바키아 같다고 생각했다. 이런 위기를 노린 쿠바 내 반정부파의 책동과 정권 와해도 우려되었다. 카스트로는 자신만큼이나 분노한 쿠바의 대학생들과 함께 "흐루쇼프, 이 동성애자야, 한번 준 건 다시 가져가는 게 아니야!"라고 외치며 거리를 행진했다.[136] 강대국의 그레이트게임에 끼인 약소국의 운명이란 이런 것이다.

흐루쇼프는 카스트로의 감정적 반응을 이해할 수 없었다. 카스트로의 무책임한 선제공격 선동에 진절머리가 난 상태이기도 했다. 100퍼센트 만족스러운 타협은 아니지만 쿠바가 불바다가 되는 재앙을 막은 자신을 그토록 비난하는 카스트로를 도저히 이해할 수 없었다. 강대국의 수장인 흐루쇼프도 미국의 쿠바 침공이 임박했다고 믿던 상황에서 약소국의 자포자기 심리를 이해하지 못한 셈이다.

흐루쇼프에게는 제3차 세계대전을 막는 일이 가장 큰 관심사였지만, 카스트로에게는 어떻게 하면 필연적으로 다가올 '미제국주의'의 발톱에 짓밟히지 않을까가 더 큰 관심사였다. 더 극단적으로 말하면 카스트로는 전쟁이 나는 한이 있더라도 미국으로부터 확실한 양보안을 받아내려고 했다. 흐루쇼프는 미국에서 날아올 미사일을 겁낼 이유가 별로 없었지만, 매일같이 정찰기인지 폭격기인지 모를 미군기가 제집 드나들 듯 머리 위를 오가는 상황에 시달리는 쿠바인들에게 어정쩡한 타협은 앞으로도 악몽이 계속될 거라는 사실을 의미했다. 케네디의 불가침 선언은 아무런 안전장치가 되지 못한다는 걸 카스트로는 잘 알고 있었다.

이런 사실을 전혀 가슴으로 이해하지 못하던 소련인들은 심지어 카스트로의 극단적 반응을 "남미인 특유의 비합리적 기질"로 돌리는 인종주의적

편견까지 보였다.[137]

쿠바의 운명이 강대국의 손아귀에서 결정된다는 사실에 당혹한 카스트로는 뒤늦게 다섯 가지 조건을 내걸었다. 미국의 경제 봉쇄 해제, 모든 정권 전복적 행위 중단, 미군의 모든 '해적질 같은 공격' 행위 중단, 쿠바의 영공·영해 존중, 관타나모 기지 반환이었다.[138] 하지만 강대국들은 쿠바의 목소리에 귀를 기울이지 않았다. 흐루쇼프가 미국을 상대로 한 협상에서 효과적으로 대응하지 못한 탓이기도 했다. 강경한 분위기에 빠졌던 백악관에서마저 러스크의 비핵지대화 같은 창조적 해법이 논의된 반면, 소련 지도부는 상응하는 아이디어를 내지 못했다. 쿠바-터키 미사일 맞교환도 미국 측 아이디어였다. 케네디 행정부가 소련에 대한 잘못된 인지 프레임에 계속 사로잡히긴 했음에도 불구하고 다양한 아이디어를 논의할 수 있었던 것은 피그스만 침공 실패 후 의사결정 방식을 획기적으로 보강한 결과였다.

쿠바도 자국이 처한 곤경에 대한 책임을 강대국에만 돌릴 수는 없었다. 카스트로는 전쟁이 필연적이라는 모험주의적 정세 인식과 자신이 좋아하는 돈키호테처럼 만용과 허세를 부렸을 뿐, 강대국들의 틈바구니에서 지혜로운 해법을 발휘하지 못했다. 카스트로는 소련의 기를 북돋우려고 한 것일지라도 오히려 불리한 타협안만 강요한 셈이 되어버렸다. 결국 위기 해소 뒤 본격적으로 시작된 협상에서도 철저히 배제되었다. 쿠바는 카스트로가 제안한 "그 다섯 가지 조건을 향후 27년간 이루지 못했다."[139] 결국 이런 한탄은 아바나 회의 후에도 한참이 흘러 오바마와의 극적인 수교에 이르러서야 비로소 희망의 빛줄기로 바뀌게 된다.

'13일' 직후

이렇게 13일간의 아슬아슬한 위기가 끝났다. 위기가 극적으로 해소된 다음

날인 10월 29일 월요일 오전 10시 케네디는 엑스콤 회의를 재소집했다. 아직 케네디의 근심거리가 완전히 없어진 건 아니었기 때문이다. 일단 흐루쇼프가 물러섰지만 목구멍에 박힌 가시 같은 카스트로는 남았다. 소련 미사일이 철수되더라도 카스트로는 남미 혁명을 계속 지원해서 미국을 두고두고 괴롭힐 터였다. 따라서 이날 맥나마라는 협상팀의 과제 중 하나로 쿠바의 남미 혁명 지원 중단을 확실히 거론해야 한다고 강조했다.

미국 측은 원래 흐루쇼프의 1차 친서에 대한 답장을 할 때 이 문제를 거론하려고 했다. 실제로 10월 27일 토요일 오전 4시 엑스콤 회의에서 친서 초안을 논의할 때 "카리브해 지역에서의 평화"라는 문구를 삽입해 미국의 불가침 선언의 전제가 카스트로의 남미 혁명 지원 중단이라는 점을 명시했다. 하지만 최종적으로 흐루쇼프에게 보낸 친서에는 이 문구가 빠졌다. 그런 사실을 잊은 로버트 케네디는 도브리닌 대사를 만난 자리에서 다시 "카리브해 지역에서의 평화"를 조건으로 내걸었다. 국무부 미주 담당 차관보 에드윈 마틴이 이 문구가 누락된 상황의 심각성을 제기한 뒤 미국 측은 서둘러 남미 지역 미국 대사관에 불가침 선언은 무조건적인 것이 아니라 쿠바인들의 행동에 달려있다는 급전을 보냈다.[140] 핵전쟁 위기가 해소되자 카스트로의 남미 혁명 지원이 케네디 행정부의 관심사로 떠오르기 시작한 것이다. 핵무기는 어디까지나 원인이 아니라 냉전의 적대적 관계의 산물이라는 평범한 진실이 이들 앞에 다가온 셈이다.

물론 흐루쇼프에 대한 근심도 완전히 사라지지는 않았다. 흐루쇼프는 10월 29일 도브리닌 대사를 통해 쿠바-터키 미사일 맞교환을 재확인하려고 시도하면서 미국의 골치를 아프게 했다. 만에 하나 미국 언론이 낌새를 눈치 채서 그런 사실을 공개한다면 애써 마련한 극적 타협이 물거품이 될 수도 있었다. 로버트 케네디가 편지를 돌려주며 단호하게 경고했지만 문제는 거기서 끝나지 않았다.

10월 30일 화요일 흐루쇼프가 다시 케네디에게 친서를 보냈다. 이번에는 봉쇄를 즉각 해제하고 관타나모 기지에서 미군을 철수하라고 요구하는 내용이었다. 흐루쇼프의 진의를 의심하기 시작한 케네디는 만약에 대비해 쿠바 침공 계획을 재검토했다.[141] 며칠 만에 위기가 다시 시작된 것이다.

이날 본격적인 위기 해소 절차를 밟으려고 쿠바를 방문해 카스트로를 만난 우탄트 사무총장은 단단한 벽에 부딪혔다. 카스트로는 만만한 상대가 아니었다. 소련의 배신에 분노를 표하는 데 그치지 않고 우탄트에게도 "제국주의의 하수인"이라는 등의 악담을 퍼부었다.[142] 그러고는 미사일 철수에 대한 UN의 사찰에 절대 협조할 수 없다면서 앞서 밝힌 다섯 가지 요구조건을 앵무새처럼 반복하기만 했다. 이런 분위기를 고려하면 미국 측이 U-2 정찰기 비행을 계속하는 경우 쿠바가 격추로 맞대응할 것이 뻔했다.

이렇게 우탄트 UN 사무총장과 카스트로의 회담은 극도로 비우호적인 분위기에서 이루어졌다. 소련 측 협상 대표인 아나스타스 미코얀 내각회의 제1부의장과 카스트로의 만남은 더 험악한 분위기에서 진행되었다. 그렇잖아도 타결이 거의 불가능한 협상이었는데, 그 와중에 협상에 기름을 붓는 일도 벌어졌다. 앞서 언급했듯이 흐루쇼프는 카스트로를 위로하기는 커녕 훈계조의 친서를 보내 카스트로의 분노를 폭발시켰다. 미국은 미코얀이 쿠바로 떠나기 전에 스티븐슨 대사를 통해 제거되어야 할 "공격용 무기" 목록을 건네서 미코얀을 더욱 곤혹스럽게 했다. 이 "공격용 무기"에는 IRBM뿐 아니라 IL-28 폭격기도 포함되었다. 소련 입장에서는 미국이 이참에 쿠바를 완전히 무장해제하려고 덤비는 듯했다.

미국의 공세적인 행동의 원인은 흐루쇼프가 제공한 측면이 있었다. 애초에 "공격용 무기"라는 모호한 표현을 친서에 사용한 사람은 흐루쇼프였고, 그걸 빌미로 미국 측은 미사일뿐 아니라 다른 무기의 철수도 요구할 수 있었다. 쿠바 혁명 직후부터 카스트로와 긴밀한 협조 관계를 맺어 소련에서는 '카스트로의 사람'으로까지 불린 미코얀이었지만 이런 상황에서 협상은 해보나마나였다.

결국 미코얀은 쿠바로 떠나기 직전에 카스트로를 달래기 위해 다섯 가지 요구조건을 수락한다는 성명을 발표했다. 카스트로는 이 성명을 접하고 태도를 180도 바꾸었다. 요구가 관철된다면 위기의 최대 수혜자는 쿠바가 되기 때문이다. 카스트로는 친히 내각 전체를 이끌고 미코얀을 영접하러 공항으로 나갔다.[143]

미코얀이 보기에 처음에는 회담이 순조롭게 진행되는 듯했다. 미코얀은 UN 사찰이 쿠바 전역에 대한 포괄적인 사찰이 아니라 미사일 배치 지역에 대한 제한적인 사찰이며, 며칠 안에 끝날 거라면서 카스트로를 설득하려고 했다. 미코얀은 쿠바에 있는 동안 아내가 사망했다는 비극적 소식을 전해 들었음에도 귀국하지 않고 회담 성공을 위해 모든 것을 바쳤다. 미코얀의 처절한 노력에도 불구하고 카스트로는 듣기만 했다. 그러고는 11월 5일부터는 카스트로 특유의 장광설로 어떠한 형태의 사찰이든 쿠바의 주권을 침해하는 걸 거부한다고 선언했다.

카스트로는 사찰을 강요하는 흐루쇼프의 태도를 과거 미국이 쿠바 내정에 언제든지 개입할 수 있게 만든 '플랫 수정안(1898년 미국-스페인 전쟁에서 승리한 미국이 쿠바를 지배하기 위해 마련한 법)'에 비유하기까지 했다.[144] 카스트로의 극단적 성미와 주권에 대한 예민한 자존심에 진절머리가 난 미코얀은 소련 당국에 전보를 보내 카스트로의 입장을 수용할 수밖에 없다고 했다.

한편 흐루쇼프는 미국이 폭격기 철수라는 새로운 조건을 덧붙이자 분노했다. 케네디가 흐루쇼프에게 다른 속셈이 있는 건 아닌가 의심하던 바로 그 시점에서 흐루쇼프도 케네디가 미사일 철수뿐 아니라 카스트로 정권 교체까지 하려는 것으로 의심했다. 그래서 케네디에게 친서를 보내 "제기하신 요구조건을 보니 분명하게도 … 뭔가 다른 목표를 추구하시는 겁니까?"

라고 경고했다.[145] 미국은 요지부동이었다. 미국은 쿠바 침공 준비를 본격적으로 재개하는 식으로 소련을 압박했다. 극적인 위기 동안에 재미를 본 강압 전략이 부활한 것이다. 그러면서 밀사외교도 병행했다. 11월 9일 로버트 케네디는 위기 초반에 시도했던 볼샤코프 채널을 다시 가동시켜 두 가지 양보안을 제시했다.

첫째, 폭격기 철수 시점을 구체적으로 명기하지 않은 채 "빨리" 철수한다고만 공언한다. 둘째, 폭격기는 반드시 소련군이 운영한다. 폭격기 문제에 대해 타협의 여지를 준 안이었다. 하지만 미국 정부는 볼샤코프에게 타협안을 제시한 지 채 한 시간도 되지 않아 거둬들였다. 폭격기 철수 시점을 명기하지 않은 점이 나중에 악용될 수 있다고 우려했기 때문이다.

우왕좌왕하는 미국의 태도에 흐루쇼프는 어이가 없었다. 흐루쇼프가 보기에 터키 미사일 철수 문제를 미국에 위임한 이상 폭격기 문제에도 상응하는 유연성을 발휘하는 것이 도리였다. 결국 흐루쇼프는 "철수 시기가 무르익으면" 철수하겠다고 약속했다.[146] 사실 흐루쇼프는 노후화된 터키 미사일이 미국 측에 군사적 가치가 없는 것처럼, 낡은 폭격기도 소련 측에 군사적으로 큰 가치가 없다고 판단했다. 문제는 정치적 효과다. 그렇잖아도 쿠바로부터 배신자 취급을 받는 상황에서 미국의 강압 전략에 굴복해 폭격기마저 철수한다는 비난을 감당하기가 어려웠다. 그래서 적어도 이번에는 카스트로에게 사전 통보를 해줌으로써 분노를 누그러뜨리려고 했다.

흐루쇼프의 지시를 받은 미코얀은 난감했다. 11월 12일 카스트로를 접견한 자리에서 미코얀은 민감한 이슈를 직접 꺼내지 못하고 빙빙 돌려 이야기를 했다. 참을성이 없는 카스트로는 말을 끊으며 도대체 원하는 게 뭐냐고 물었다. 미코얀의 발언에 카스트로는 자신의 귀를 의심했다.[147]

"쿠바에서 폭격기를 철수하는 데 합의하면 미국으로부터 공식적인 협정을 이끌어낼 수 있습니다."

얼굴이 일그러지기 시작하는 카스트로에게 미코얀은 이렇게 덧붙였다.

"다른 공격용 무기 철수에는 미국 측에 철저하고 단호한 거부를 표시할 겁니다."

카스트로는 소련의 천진난만함에 어처구니가 없었다. 이미 미국의 불가침 선언을 진지하게 받아들여 핵미사일 철수라는 엄청난 양보를 한 상태였다. 여기에 미국은 폭격기 철수를 추가로 요구했고, 소련은 이를 다시 순진하게 수용한 것이다. 결국 분노가 폭발한 카스트로는 미코얀에게 훈계를 늘어놓았다.

"소련이 어떤 입장을 취하든, 폭격기를 제거하든 안하든, 미국은 사찰을 고집할 것이고 쿠바가 수용하기 어렵다는 것을 핑계 삼아 봉쇄를 지속할 겁니다."[148]

카스트로는 협상의 최소 전제조건으로 해상봉쇄 해제와 정찰비행 중단을 요구했다. 하지만 미국과 소련의 협상단은 자신이 승인한 합의안과는 다른 내용으로 합의를 시도하는 등 카스트로를 협상에서 철저히 배제시켰다. 위기감을 느낀 카스트로는 벼랑 끝 전술로 두 강대국을 충격에 몰아넣기로 작정했다. 11월 14일 미코얀을 다시 만난 카스트로는 미국이 쿠바 영공 정찰을 지속하는 경우 정찰기를 격추하겠다고 선언했다. 미국 정찰기가 격추되면 지금까지 미국과 소련이 공들여온 협상도 물거품이 될 것이 뻔했다. 미코얀은 지금까지 미국 측이 승리를 자축하지 않는 등 신중함을 보인 사례를 설명하며 쿠바도 상응하는 행동을 취하라고 했지만 카스트로는 요지부동이었다.

카스트로의 비타협적 태도를 보고받은 흐루쇼프는 다시 한 번 카스트로에게 진절머리를 내기 시작했다. 흐루쇼프는 미국이 볼샤코프를 통해 최후통첩의 뉘앙스까지 풍기며 압박해왔기에 조바심이 났다. 쿠바와의 동맹 재고까지 고민했다. 결국 카스트로에게 마지막으로 몇 가지 선택지를 주기로 했다. UN 대표나 아직 카스트로와 외교 관계를 가진 남미 5개국 대표 혹은 10개 중립국 대표에 의한 사찰이었다.[149]

11월 20일 예정된 대국민 연설을 준비해야 하는 케네디도 조바심을 내기는 마찬가지였다. 결국 미사일 기지 사찰이라는 원래 입장을 포기하고 철수 상황을 해상 정찰을 통해 확인하는 양보안을 제시했다. 11월 20일 케네디는 소련이 한 달 안에 폭격기를 철수할 예정이며, 미국은 이에 상응하는 조치로 봉쇄를 해제한다고 발표했다. 그러면서 미사일 기지 사찰은 없지만 정찰비행은 지속한다고 강조했다. 그렇게 위기가 해소되는 것처럼 보였다.

하지만 폭격기 문제 등 계속되는 소련의 양보에 점차 불안해진 카스트로는 쿠바에 남아있는 핵무기에 눈을 돌리기 시작했다. 미사일을 반환하더라도 핵탄두를 계속 보유한다면 이후 있을지 모르는 미국의 침공을 막을 수 있다고 판단한 것이다. 쿠바 외무부 장관 라울 로아는 UN 주재 쿠바 대사에게 쿠바가 "전술핵탄두를 여전히 보유하고 있고, 반드시 유지해야" 한다고 전하기까지 했다.[150]

쿠바인들이 핵무기에 대해 의견을 교환하는 걸 알게 된 소련 당국은 경악을 금치 못했다. 미국 측이 그런 사실을 도청을 통해 알게 되면 그간 공을 들인 타협안도 헛수고가 될 수 있었다. 11월 20일에도 말리놉스키 국방부 장관의 지시로 전술핵탄두가 쿠바에 남아있었다. 수상한 낌새를 눈치 챈 로버트 케네디는 도브리닌 주미 대사에게 핵탄두가 쿠바에 남아있다며 소련을 압박했다.[151] 미코얀은 흐루쇼프의 허락을 받아 카스트로를 설득해 모든 핵무기를 철수하기로 했다.

드디어 미사일을 둘러싼 위기는 공식적으로 끝났다. 카스트로의 희망과 달리 쿠바 방어에 반드시 필요한 핵미사일은 전부 철수됐고, 소련군 교관들과 소련군이 남기고 간 방어용 무기만 남았다. 어쩌면 핵미사일보다 더 중요한 것은 소련이 가져가버린 '연대정신'이었다. 카스트로한테 여러 차례 질려버린 흐루쇼프는 이제 쿠바와 동맹을 맺을 기분마저 싹 사라졌다. 이제는 미국과의 평화적 공존과 제3세계 민족 해방이라는 두 과제 중 평화적 공존에 더 마음이 기울었다. 다른 대륙은 모르지만 적어도 쿠바와 관련해서는 민족 해방 운동은 더 이상 늙은 볼셰비키의 피를 끓게 하는 이슈가 아니었다. 흐루쇼프는 악다구니를 쓰며 선제공격을 외친 카스트로를 잊을 수가 없었다.

미국도 제3차 세계대전 일보직전의 위기를 겪으면서 소련과의 평화적 공존을 위한 구체적 행보가 필요하다는 사실을 절감했다. 하지만 쿠바는 사라진 이슈가 아니었다. 핵미사일이라는 비수는 제거했지만 카스트로가 건재한 쿠바는 목구멍의 가시였다. 카스트로 정권 교체라는 목표는 변함이 없었다. 미소 간 위기가 해결된 이후에도 카스트로는 수십 년간 여전히 비슷한 위기에 직면해야만 했다. 쿠바는 해결한 게 아무것도 없었다. 냉전 상황에서 소련과의 연대정신이 약화되면서 쿠바인들을 기다리는 것은 쿠바판 고난의 행군이었다.

4. 베두인 전설은 끈질기게 살아남는다

13일간의 위기에서 미국·소련·쿠바 지도자의 머릿속을 일관되게 지배한 프레임은 베두인 전설이었다. 학습 능력이 탁월한 케네디조차 위기가 해소되는 마지막까지도 새로운 가능성에 대한 단서를 무시하고 쿠바 문제와 베를린 문제를 연관해서 생각했다. 물론 아이러니하게도 베를린을 잃을 수도 있다는 생각은 흐루쇼프에게 베를린 침공 명분을 주지 않기 위한 노력으로 나타나는 긍정적 효과도 있었다. 다행히 흐루쇼프와 함께 핵전쟁의 위험을 깨달은 케네디는 이후 피스메이커로서 과감한 조치에 나섰지만, 비극적으로 암살당했다.

흐루쇼프는 평화적 공존을 원하면서도 허장성세와 쿠바에서의 군사모험주의로 미국에 의한 '강간'을 막을 수 있다고 믿었다. 그럼에도 은밀하게 기획한 핵무기 배치가 들키자 제3차 세계대전의 도화선이 될 수도 있다는 걸 깨닫고는 일찌감치 베두인 전설을 버렸다. 팽창주의자 스탈린조차도 하지 않은 모험주의와 뒤이은 철수 결정은 경제 개혁 실패와 함께 흐루쇼프의 몰락을 촉진시켰다.

흐루쇼프가 뿌린 평화적 공존이라는 씨앗은 한참 뒤인 미하일 고르바초프 시절에 싹이 텄다. 고르바초프의 실험은 너무 늦었고 너무 성급히 진행됐다. 오랫동안 진행된 허세에 찬 냉전 대결로 체제의 내구성과 탄력성이 떨어진 소련은 내부 모순으로 쉽게 붕괴됐다. 무기력한 소련 제국의 붕괴와 자신감에 찬 미국의 강력한 압박의 여파로 오늘날에는 블라디미르 푸틴에 의해 또 다른 베두인 전설이 러시아에서 부활했다. 푸틴은 미국과의 신냉전을 준비하면서 남미에서 흐루쇼프 시대의 영광을 되찾으려고 노력하고 있다.

카스트로 버전의 베두인 전설은 더 복잡하다. 카스트로는 때로는 베두인 전설 덕분에 생존의 힘을 얻었다. 미국은 카스트로가 작은 이슈에서 유연하게 보이면 오히려 "유약해서 무너뜨릴 수 있는 호기로" 판단하곤 했다. 베두인 족장의 경고가 틀리지 않은 셈이다. 카스트로는 이 전설에 과도하게 집착한 결과 소련을 초대하고 남미에 혁명을 수출해 체제를 공고히 하는 한편, 미국의 불신을 초래하여 침공 가능성을 높였다. 카스트로식 선군 노선에서 허세와 자주성은 부유한 제국 귀퉁이에서의 배고프고 허울뿐인 독립으로 귀결됐다. 카스트로는 자칫 제3차 세계대전을 촉발시킬 수 있는 편지를 보내고도 정신을 못 차리고, 1980년대에 미국 대통령 로널드 레이건에게도 핵무기에 의한 선제공격 노선을 유도했다.[152]

한반도에서도 베두인 전설은 빈번하게 작동했다. 냉전 시기 가장 위험했던 순간 중 하나인 푸에블로호 사건에 대해 딘 러스크 국무부 장관이나 리처드 헬름스 CIA 국장은 소련이 베트남 문제에서 미국을 압박하려는 일종의 베두인 전설 전략이라고 봤다. 두 사람의 생각과 달리 당시 알렉세이 코시긴 소련 총리는 이 사건을 언론을 통해 알았다며 북한에 불만을 퍼부었다.[153] 쿠바 미사일 위기를 겪은 후에도 러스크는 여전히 베를린 강박증에 집착한 셈이다.

물론 베두인 전설이 항상 틀린 것은 아니다. 때로는 소련이 한반도에서 미국의 베를린 강박을 확인시켜주기도 했다. 과거 스탈린이 한국전쟁 발발을 방기하거나 휴전 협정을 반대했던 이유는 한반도에 미국의 발목을 묶어 유럽에서 영향력을 확대하고자 했기 때문이다.[154] 과거 케네디가 흐루쇼프에게 품은 베를린 대전략 가설이 적어도 스탈린에 대해서는 사실이었다는 게 확인된 셈이다.

북한의 유화 공세에 이은 남침으로 시작된 한국전쟁이라는 한반도판 뮌헨 트라우마를 가진 미국과 한국의 보수파는 북한에 대한 사소한 양보가 한반도 적화통일을 가져올 거라고 부단히 경고해왔다. 김일성과 김정일이 펼친 민주기지 노선은 미국과 한국의 사소한 양보가 이들의 오판을 불러올 위험이 있다고 경고해준 셈이었다. 소련 몰락과 경제 붕괴로 의기소침해진 북한의 사소한 양보에 한국의 보수진영은 드디어 북한이 흔들리고 있으니 곧 붕괴하리라고 판단해왔다.

그레이엄 앨리슨 교수는 쿠바 미사일 위기 50주년에 쓴 논문에서 이란과 북한이 끊임없이 약속을 위반하는데도 미국 정부가 과거 쿠바의 경우처럼 강력한 대응을 하지 않는다고 불평했다. 그러면서도 이란-이라크 전쟁 때 변변한 탄도미사일 하나 없어 이라크군의 공습에 무기력하게 당하기만 했던 이란과, 한미동맹의 압도적 군사력에 위협을 느끼는 북한의 생존 전략에 대해서는 말을 아꼈다.

이런 맥락에서 소련이 쿠바에 미사일을 배치한 의도가 쿠바 방어와 전략적 불균형을 바로잡으려는 것이었듯이, 오늘날 이란이나 북한의 베두인 전설에도 방어적 허세가 많다. 서보혁 교수는 북한이 한국을 적화통일하려는 의도를 반영한 것처럼 보이는 병력 전진배치 전략도 사실은 방어적 전략이라고 적절하게 지적했다.

> 북한의 전진배치 전략이 위협적이지만, 탈냉전기 북한이 처한 안보현실을 감안하면 그것은 남한의 전진배치 전략, 미국의 전술핵무기 공격 가능성, 공습과 장기전에 불리한 북한의 수송 체계 등 대내외적으로 취약한 안보 불안 요인에 대응하는 의미로도 볼 수 있다.[155]

소련의 쿠바 미사일 배치에 대한 케네디 행정부 내 논쟁에서 조지 케넌의 역지사지 관점처럼 북한의 미사일 개발에 대해서도 역지사지 관점이 필요하다. 케넌의 자세로 북한 문제에 대해 질문을 집요하게 던져보면 흥미로운 퍼즐이 나온다. 아울러 수십 년간 북한 문제를 연구한 리온 시걸 박사와 브루스 커밍스 교수의 다음과 같은 질문에 쉽게 답하기는 어렵다.

> 만약 북한이 그토록 핵무기를 획득하려고 했다면 왜 영변을 국제사찰단이 시찰하도록 허용할 안전협정으로 타협을 시도하겠는가? 왜 핵물질 재처리 금지를 고려하는가? 왜 무작정 핵폭탄을 만들지 않는가?[156]

> 북한이 핵무기를 은폐하려고 했다면 이스라엘처럼 모든 것을 지하에 건설했을 것이다.[157]

> 만약 북한이 단순히 핵무기만 원했다면 이스라엘·인도·파키스탄처럼 애당초 NPT에 가입하지 않았을 것이다.[158]

이 질문에 대한 논리적인 답은 결국 다음과 같을 것이다. 김일성·김정일·김정은은 핵무기 완성보다 체제 유지를 더 원했다. 체제 보장과 핵무기 카드를 맞바꾸고자 했기에 핵무기 개발에 매진하기보다는 미국과 부단히 흥정해온 것이다. 이삼성 교수는 애초 북한의 핵무기 개발 의도는 흔히 한국과 미국의 보수파가 생각하듯이 핵무력 완성이 아니라 군사력 격차 해소와 에너지난 해결이라고 주장한다. 미국과의 상호작용 과정에서 핵협상이 체제 보장을 담보하지 못하자 더욱 강력한 군사적 카드로 기울어졌다는 것이다.[159]

흥미롭게도 김정은은 비슷한 질문을 자기 아버지에게 던졌다고 한다. 김정은은 할아버지와 아버지의 핵무기 개발이라는 게임이 실패했다고 판단했다. 오히려 협상의 문을 닫고 그냥 뚝심 있게 핵무력을 완성했더라면 미국도 관심을 가지고 협상에 나섰으리라고 본 것이다.

카스트로의 핵무기 배치 도박은 케네디도 인정했듯이 미국의 쿠바 침공을 막는 억지력을 제공했지만, 동시에 미국 강경파에 쿠바 정권 교체 명분도 제공했다. 한반도에서도 비슷한 상황이 벌어지고 있다. 13일간의 위기 초반 엑스콤 회의에서는 선제공격이 대세였다. 하지만 이후 저공정찰 등을 통해 쿠바에 핵무기가 배치된 징후가 확인된 뒤 로버트 케네디 등은 쿠바를 선제공격했다는 비난으로부터 대통령을 보호하기 위해서라도 타협으로 기울어졌다.

마찬가지로 북한의 핵무력 추구는 한편으로는 억지력으로도 작용했다. 1991년 영변 핵물질 재처리 시설에 대한 미국의 선제공격 검토와, 같은 해 11월에 이루어진 미국의 딕 체니 국방부 장관과 한국의 이종구 국방부 장관의 합의는, 이후 CIA가 북한이 핵무기 한두 개를 보유한 것 같다고 보고하면서 무의미해졌다.[160] 하지만 쿠바와 마찬가지로 북한의 핵무력 추구는 북한을 수십 년간 미국의 봉쇄와 정권 교체 대상으로 전락시켰으며, 북한은 생존을 걱정해야 하는 가난한 나라가 되어버렸다.

최근 김정은은 할아버지와 아버지가 성취하지 못한 북미정상회담을 성사시킴으로써, 핵무기 개발 시도보다는 실제로 핵무기 개발을 달성한 뒤 협상을 시도하는 편이 미국의 관심을 끌기에 유리했다는 것을 증명한다. 이 도박은 본토가 공격받을 수 있다는 안보 위기를 느낀 미국의 북한 공격 위험을 크게 증대시키기도 했다. 김정은은 한국 대통령에게 왜 자신이 자기 눈을 찌르는 짓을 하겠느냐고 천연덕스럽게 반문했다.

아슬아슬한 순간에 멈춘 김정은의 국교정상화 시도가 최종적으로 성공할지는 아직 알 수 없다. 라울 카스트로의 국교정상화 실험의 성공 여부도 아직 알 수 없다. 라울 카스트로는 경제적 성과를 내야 하고, 부단히 자라나는 쿠바 시민사회의 도전도 받고 있다. 김정은에게도 베두인 전설 시대가 통치하기가 더 쉬웠을 수 있다. 미국을 핑계로 한 병영국가 유지보다 경제적 성과를 내면서 정치적 통제를 완화하는 것이 더 난해한 문제이기 때문이다. 게다가 여전히 피포위 심리에 갇혀있는 북한은 베두인 전설을 완전히 버리는 데 많은 시간이 필요할 것이고, 분단 체제에서 이익을 얻는 세력들은 베두인 전설을 유지하려고 애를 쓸 것이다.

5. 해상봉쇄는 전가의 보도가 아니다

'쿠바 미사일 위기'가 성공적으로 해소된 후 해상봉쇄는 케네디가 강경파와 온건파 사이에서 타협 수단으로서 선택한 정치적 선택이라는 인식은 사라지고 전가의 보도처럼 회자되기 시작했다. 조지 W. 부시 행정부 시절 네오콘에 의해 본격적으로 논의된 북한 정권 교체 방안에는 해상봉쇄안도 포함되었다.

우리가 쿠바 미사일 위기에서 확인한 것은 해상봉쇄의 의도다. 앞서 이야기했듯이 10월 위기 당시 해상봉쇄에 대해서는 이를 의사소통 수단으로 이해한 케네디와, 이를 침공의 빌미를 얻기 위한 함정으로 이해한 군부 사이에 커다란 인식 차이가 있었다. 대표적인 강경파인 폴 니츠는 1962년 10월 25일 맥나마라 국방부 장관을 만난 자리에서 해상봉쇄로 소련을 자극해 전쟁을 유발시키자는 이야기를 했다.[161] 니츠의 메모에 적힌 이 구상을 누가 먼저 제안했는지는 확실하지 않지만 평소 니츠의 입장을 고려해보면 자신의 의견일 가능성이 높다. 군부를 비롯한 강경파에게 이런 구상은 최선의 노선으로 받아들여지는 듯했다.

오늘날 미국 강경파의 의도는 앞에서 '개념 관리'로 설명했듯이 정치적 신호보다는 불필요한 자극과 붕괴에 더 중점이 맞춰진 듯하다. 개념 관리는 빈번히 활용되는데, 단적인 예가 보수주의자인 빅터 차 교수의 인식이다. 트럼프 행정부의 주한 미국 대사 내정 철회 과정에서 차 교수는 언론에 트럼프의 강경한 노선에 반대한 온건파처럼 묘사됐다. 하지만 차 교수는 2002년 〈포린어페어〉에 발표한 글에서 니츠의 관점을 녹인 '강경한 포용 정책'을 주장하며 다음과 같이 밝혔다.

> 이 정책의 진정한 목표는 핵무기 및 생화학무기 개발, 미군 축출, 적화통일에 이르는 북한의 의도를 폭로해서 북한을 응징하는 토대를 닦는 것이다. … 강경한 포용 정책은 포용을 미래의 북한 응징을 위해 동맹국들을 규합하기 위한 가장 우월한 실용적 방법으로 간주한다. 동맹은 북한에 압박을 가하기 위해 필요하다. 그러나 동맹을 유지시키려면 북한과의 충돌 이외의 방법을 모두 사용해 버렸다는 것을 동맹국들에 납득시켜야 한다. 강경한 포용 정책은 동맹국들에 비강제적인 전략들은 이미 모두 시행됐고 실패했다는 것을 확신시켜야 하는 것이다.[162]

오늘날 북한에 대한 전면적 해상봉쇄까지는 아니더라도 일부 의심스러운 선박에 대한 해상차단 조치는 일상이 됐다. 한국은 2009년 대량살상무기 확산방지구상에 가입한 후 미국, 일본, 호주, 뉴질랜드, 싱가포르 등과 해상차단 훈련을 여러 번 했다. 이 훈련의 목적은 대량살상무기 관련 물품을 적재한 것으로 의심되는 북한 선박을 수색하는 것이다.[163] 2010년에 핵탄두나 탄도미사일 관련 기술을 싣고서 미얀마로 향하던 북한 선박은 '격리'하겠다는 통보를 받자 되돌아갔다.[164] 북한은 이를 '전쟁 행위'인 해상봉쇄와 다를 바 없다며 강하게 반발했다. 쿠바 미사일 위기 때 케네디의 해상봉쇄가 불가피한 조치였다면, 오늘날 핵무기 관련 기술 수출을 의심받는 선박에 대한 격리 조치는 더 큰 불행을 막기 위해 불가피하다. 북한과의 협상에 오랜 경험을 가진 한 미국 외교관은 적절한 강압의 지혜에 대해 다음과 같은 말을 남겼다.

"북한은 압박에 굴복하지 않습니다. 하지만 압박이 없다면 반응하지도 않지요."[165]

물론 모든 의심스러운 선박에 대한 '격리'는 중국 등 관련 국가의 공조가 필요하므로 실효성이 다소 떨어진다. 하지만 네오콘이 노리는 해상차단의 핵심은 보수주의자 빅터 차 교수가 무심코 시사했고 로버트 조지프 전 NSC 확산방지국장이 주도할 때 이미 드러났듯이 핵무기 수출 사전 발견에만 있지 않다. 오히려 쿠바 미사일 위기 당시 니츠나 르메이 같은 강경파의 의도가 그랬듯이 선박 격리 과정에서 북한군과의 우발적 충돌과, 이로 인한 긴장 고조와 궁극적으로는 북한 정권 붕괴다.

케네디와 맥나마라는 봉쇄가 또 다른 위기를 만들어내지 않도록 극도로 조심했지만, 봉쇄는 언제든 군사적 행동으로 비화될 수도 있는 양날의 칼이었다. 흐루쇼프가 미사일이 발각된 뒤 타협으로 선회하지 않고 봉쇄선 돌파를 시도했다면 제3차 세계대전이 일어났을 수 있다. 앤더슨 제독처럼 지침대로 행동하는 군인이 민간인 출신인 맥나마라 국방부 장관의 통제를 벗어났더라면 우발적 충돌도 가능했으리라.

다행히 오늘날 한반도는 평화 국면으로 대전환을 했고, 그래서 얼마 전까지만 해도 미국 정부의 주요 의제였던 해상봉쇄는 덜 중요해졌다. 하지만 미국 네오콘과 북한 강경파는 평화 체제가 정착되기 전까지는 갖가지 구실과 사건을 만들어낼 것이다. 그런 점에서 쿠바 미사일 위기 때 해상봉쇄의 정치적 맥락에 대한 정확한 이해와, 봉쇄를 전쟁으로 가는 디딤돌로 활용하려는 이들의 의도를 간파하는 것은 한반도의 미래를 위해서도 꼭 필요하다.

6. 위기 시 지혜로운 리더의 역할과 의사결정 시스템은 매우 중요하다

해상봉쇄가 조심스럽게 시행되더라도 전쟁을 촉발시킬 수 있었다는 점을 감안하면 위기 국면에서 누가 리더였냐는 절대적으로 중요한 변수다. 케네디와 흐루쇼프는 둘 다 위기를 만들어낸 책임이 있었다. 하지만 일단 위기가 발생하자 평화적 공존에 대한 두 리더의 진정성 있는 믿음이 위기 해결의 단초가 되었다. 만약 다른 사람이 두 정상의 자리에 있었다면 어떻게 되었을까?

케네디는 정무적 타협안이 필요했기에 해상봉쇄라는 강경책을 구사했다. 반면 스티븐슨 대사 등 유화파는 위기 초반에 관타나모 기지 반환, 터키 미사일 철수, 카스트로와의 비밀협상 등을 제기했다. 겉으로 보기에 유화파의 논리는 합리적이었다. 위기의 책임은 미국에도 있기 때문이다. 하지만 논리적 정합성과 현실 정치 논리는 전혀 다르다. 케네디가 유화파의 건의을 받아들였다면 보수적인 정치 지형에서 큰 타격을 입었을 것이다. 결국 케네디는 봉쇄를 택해 유약한 이미지를 벗으면서도 타협의 신호를 보내고자 했다. 그 과정에서 소련의 체면을 살릴 협상책도 모색했다.

제임스 블라이트와 재닛 랭은 케네디뿐 아니라 흐루쇼프의 역할도 높이 평가했다. 카스트로의 철없는 군사모험주의를 결정적으로 제어한 사람이 흐루쇼프였기 때문이다. 흐루쇼프와 케네디는 위기 과정에서 점차 서로의 평화적 해결 의지를 확인해나갔고, 이 신뢰가 위기 이후 핫라인 설치로 이어졌다. 블라이트와 랭은 오늘날 이란에서 미국이 벌이는 위험천만한 게임을 두고 "이번에는 흐루쇼프가 없다"고 아쉬워했다.[166]

개인인 리더만큼 중요한 변수는 집단 의사결정 시스템이다. 케네디는 혼자 숙고에 빠지지 않고 엑스콤에서 다양한 제안의 장단점을 세밀히 검토하게 하여 정부 내 합의의 수준을 높여갔다는 점에서 흐루쇼프보다 현명했다. 이는 피그스만 침공 당시 다양한 견해를 검토하지 못한 데 따른 치명적 오류에 대한 반성에서 비롯됐다. 다른 한편으로는 동생 로버트 케네디와 같은 신뢰할 만한 특사를 통해 위기의 확대를 막았다.

케네디는 피그스만 침공 때와는 달리 현명한 방안을 선택할 수 있었다. 케네디는 핵무기 제거와 정권 교체를 한꺼번에 시도하자는 무모한 제안을 단호히 거부했다. 카스트로의 반발을 불러와 핵무기 제거를 통한 제3차 세계대전 방지라는 가장 주요한 목표에 혼선을 일으킬 수 있는 제안으로 본 것이다. 케네디는 실용주의자답게 카스트로 제거 기회라는 유혹에 빠지지 않고서 쿠바 미사일 위기를 해결했다. 쿠바 미사일 위기가 종료된 후 동생 로버트 케네디는 엑스콤 회의에 참여한 14인 중 케네디가 아닌 다른 누군가가 대통령이었다면 제3차 세계대전이 일어났을 것이라며 가슴을 쓸어내렸다.[167]

지금 우리는 케네디가 미국 대통령이 아닌 시대에서 살고 있다. 조지 W. 부시 행정부 때 케네디 대통령의 동생 에드워드 케네디 상원의원은 한 TV 프로그램에 나와서 쿠바 미사일 위기 당시 조지 W. 부시가 대통령이 아니었던 것이 다행이라고 말했다. 조지 W. 부시는 쿠바 미사일 위기 고유의 정치적 지형에서 불가피하게 선택된 봉쇄를 정권 교체의 수단으로 부활시켰다. 조지 W. 부시 전 대통령의 귀를 매파인 네오콘이 장악했기 때문이었다. 신중하고 지혜로운 콜린 파월 국무부 장관은 네오콘에 의해 철저히 고립됐다. 조지 W. 부시 행정부는 쿠바에 대한 정권 교체라는 헛된 꿈을 키웠다. 하지만 집권 2기를 맞이한 후 네오콘이 퇴조하면서 강경 노선이 무용하다는 걸 깨닫고 북한에 대해서는 타협 노선으로 전환했다.

지금은 쿠바 미사일 위기 당시 트럼프가 대통령이 아니었던 게 다행이라고 말할 수 있을 것이다. 카스트로 못지않은 트럼프의 미치광이 전술과 벼랑 끝 전술을 생각하면 모골이 송연해진다. 미치광이 전술의 주창자인 리처드 닉슨은 그나마 오랜 외교적 경륜에 기초한 전술로서 이를 제시했고, 헨리 키신저 등 주변 전문가의 자문을 중시했다. 반면 트럼프는 역사적 사례나 외교적 문법에 무지하고, 전문가의 자문에 관심을 보이지 않는다. 임기 초반에 주한미군 가족 철수와 전쟁을 심각하게 고려한 행위는 우발적 전쟁을 촉발시킬 수도 있는 위험천만한 도발 행위였다.[168]

트럼프의 충동적이고 국제관계의 문법을 완전히 무시한 행위는 어느 미국 고위 인사가 〈뉴욕타임스〉에 익명으로 '내부 저항 세력'을 언급하도록 만드는 전무후무한 사건까지 야기했다. 북한 실무자와 대화해온 미국의 북한 전문가인 프랭크 자누지는 2018년 5월 25일에 열린 인클루시브 코리아 컨퍼런스에서 "주변에 수십 년간 북한 외교 언어의 미묘한 문법을 읽어온 전문가들이 있음에도 이들의 자문에 철저히 무관심한" 트럼프를 강하게 비판했다. 물론 케네디에 대한 부풀려진 신화와 달리 케네디도 쿠바 미사일 위기 당시 지나친 편견과 오인으로 위기를 무수히 악화시켰다. 하지만 오늘날 미국과 한국에서 강압카드가 얼마나 위험하고 조심스럽게 사용되어야 하는지를 잊은 리더들을 보면 케네디라는 리더 변수와 엑스콤이라는 의사결정 시스템이 더욱 돋보인다.

7. 무조건적인 벼랑 끝 전술은 얻을 것도 다 잃게 만든다

13일간의 위기에서 미국·소련·쿠바는 무엇을 얻고 무엇을 잃었을까? 미국은 자국의 목을 겨누는 날카로운 칼을 터키에 있던 이빨 빠진 칼과 맞바꾸는 거래를 했다. 쿠바는 소련의 전초기지로서의 가치를 잃게 되었다. 소련은 미국의 쿠바 불가침 선언을 공개적으로 이끌어냈다. 미소 양국과 전 세계는 위기가 제3차 세계대전으로 번지는 걸 막았고, 핫라인 개설과 미소 간 군축 노력으로 평화로의 일보 진전을 이루었다.

쿠바는 어떨까? 피그스만 침공 실패 뒤 미국은 쿠바를 침공할 마음이 없었으므로 미국의 불가침 선언은 쿠바에 실질적인 의미가 없었다. 위기가 해결된 뒤 미국은 쿠바 정권을 교체하려는 생각을 거두지 않았고, 소련은 쿠바에서 멀어졌다. 소련군 일부가 쿠바에 남았고 소련의 무기 지원도 계속 받게 된 정도가 그나마 쿠바가 얻은 소득이었다. 물론 카스트로는 병영국가 체제를 더욱 강고히 하고 반대파를 숙청할 수 있었다.

위기의 본질은 미소 간의 그레이트게임이었다. 양 강대국이 보기에 쿠바는 체스판의 말이었다. 미국의 침공이 필연적으로 임박했다고 믿은 카스트로는 위기가 한창일 때 창의적 타협 방법을 모색하지 않았다. 오히려 흐루쇼프에게 제3차 세계대전을 각오하자는 편지를 보내 자신의 의도와 달리 타협을 촉진시켰다. 카스트로가 지나치게 호전적인 태도를 보이는 바람에 이후 미소 간의 타협 과정에서 소외를 자초했고, 뒤늦게 요구했던 불가침 협정조차 얻어내지 못했다.

쿠바에 대해 오랫동안 탐사보도를 해온 앤 루이스 바르다크 기자는 가미카제나 사무라이의 할복을 연상시키는 극단적인 태도에 대해 쿠바 문화를 바탕으로 설명했다. 1500년대에 벌어진 스페인의 잔혹한 제국주의 침탈 당시 쿠바 원주민 중 3분의 1은 스스로 절벽에서 뛰어내린 적이 있었다. 이런 자살은 '쿠바식 죽음'이라고 일컬어질 정도로 쿠바인의 국가적 감수성에 깊게 뿌리내리고 있다고 바르다크 기자는 지적했다.[169] 죽음에 대한 카스트로의 초월적이고 숙명론적인 태도는 미국의 침공이 임박했다는 정세 판단 이상의 더 뿌리 깊은 배경이 있는 것이다.

북한도 쿠바처럼 한국전쟁 이후 언제 미군 폭격기가 핵폭탄을 투하하려고 나타날지 모른다는 생각을 하며 살아왔다. 하지만 카스트로의 절망적이고 종말론적인 정세 인식과 달리 벼랑 끝 전술이라는 허장성세로 체제를 인정받는다는 믿음을 계속 유지해왔다. 하지만 반복된 벼랑 끝 전술은 피로를 가중시켜왔다.

1968년 푸에블로호 나포 사건 이후 수십 년간 북한의 허장성세와 거친 위협은 변하지 않았다. 클린턴 행정부 말기 북한은 워싱턴의 초대를 단칼에 거절해버리기까지 했다. 수십 년간 북한의 허장성세와 시간 끌기 전략에 지친 미국의 리버럴 진영도 북한과의 협상을 주저하게 되었다. 크리스토퍼 힐 같은 탁월한 협상가마저 오늘날 미국 정가에서 '제2의 체임벌린'이라는 놀림을 당할 정도다. 과거에 북한과의 접촉 노선을 강조하던 로버트 갈루치 같은 인물마저 북한에 대한 압박에 쉽게 동의하는 이유도 여기에 있다.

이제 미국 정가에서 북한과의 접촉 노선을 일관되게 강조해온 리온 시걸 같은 리버럴은 찾기 힘들어졌다. 북한이 과거와 같은 허세와 자극적 주장을 되풀이할 경우 우호적으로 받아줄 집단은 워싱턴에서 거의 사라졌다. 반면 북한이 다시 베두인 전설 문법을 들먹일 경우, 북한 정권 교체를 노리는 네오콘이 피 냄새를 맡은 상어처럼 덤벼든다. 정세현 전 통일부 장관은 〈프레시안〉과의 2018년 5월 25일 인터뷰에서 트럼프의 정상회담 취소 소동의 명분이 된 북한 외무부 관계자의 대미 압박 메시지는 네오콘 출신 강경파 참모들에게 둘러싸인 트럼프의 "외로운 선택"을 이해하지 못한 데 따른 결과라고 비판했다.

쿠바 미사일 위기와 달리 한반도에는 한국이라는 변수가 존재한다. 한국의 지나칠 정도로 강경한 태도도 협상에서 유리하게만 작용하지 않았다. 1994년 한반도 위기 당시 김영삼 대통령의 강경한 태도는 결국 북미 간 협상에서 한국이 소외되고 이후 경수로 건설 비용마저 주로 분담하는 의도하지 않은 부정적 결과를 초래했다. 이후 이명박·박근혜 정부를 거치면서 한국의 무조건적인 강경책은 미국과 북한 사이에서 운전자 역할을 잃게 만들었다. 미국은 중재 능력이 전혀 없는 한국이라는 변수를 고려할 필요가 적어졌고, 북한은 한국을 무시하고 미국을 직접 상대하려 했다. 다행히 오늘날 문재인 대통령의 집권으로 과거 비현실적이라고 비판을 받은 균형자론이 실행 가능해졌고, 한반도는 평화 체제로 나아가기 시작했다. '쿠바 미사일 위기'는 협상에서는 기회의 창이 열리는 타이밍 포착이 중요하고, 무조건적인 허세는 잠시 지나가는 기회마저 다 날려버린다는 것을 생생히 보여준다.

8. 위기 해결 직후에도 위기 관리가 필요하다

흔히 '쿠바 미사일 위기'는 1962년 10월 28일에 끝난 것으로 알려져있다. 로버트 케네디의 쿠바 미사일 위기 회고록과 사건 이후 출간된 연구서 다수가 10월 28일까지 다룬 것이 이 신화에 한몫했다. 하지만 흐루쇼프의 미사일 철수 발표 뒤에도 위기의 순간이 여러 차례 있었다. 10월 29일 월요일 미국은 터키 미사일 맞교환을 명문화하려는 흐루쇼프의 집착을 보면서 소련 측의 저의를 의심하기 시작했다. 미국도 합의조건을 수정했다. 쿠바의 혁명 수출 중단을 전제로 쿠바 불침공을 약속한다는 조건을 추가한 것이다. 카스트로도 봉쇄 즉각 해제와 관타나모 기지에서의 미군 철수까지 요구하면서 이 조건이 받아들여지지 않으면 사찰을 허락할 수 없다고 버텼다. 결국 케네디는 침공 계획을 다시 테이블에 올렸다. 이런 상황에서 쿠바 영공을 정찰하는 U-2기가 격추되면 위기가 곧장 재발할 수 있었다. '13일'의 위기가 해소된 직후의 위기 관리가 매우 중요했다.

당시 핵무기 검증 과정은 꽤나 허술했다. 케네디 행정부가 미사일 기지 직접 사찰이 아니라 정찰비행이라는 방식으로 한발 물러선 것은 제3차 세계대전을 피하기 위한 불가피한 결정이었지만, 오늘날 미국의 시점에서 보면 안이한 발상이다. 한참 뒤 쿠바에 여전히 소련군 자문단 일부가 체류한 사실이 밝혀지자 미국에서 소동이 벌어지기도 했다.

지금은 UN 산하의 국제원자력기구가 상당한 수준의 정보력과 전문성을 겸비해 체계적 사찰을 하기 때문에 1962년과 같은 어설픈 타협은 없다. 미국이 이란과 맺은 '포괄적공동행동계획'은 의심스러운 시설에 대한 불시 사찰로 비밀리에 핵무기가 제조되는 경우를 원천적으로 차단했다. 2018년 5월 6일 〈뉴욕타임스〉가 인용한 랜드 연구소의 추정에 따르면 북한은 적어도 핵탄두 20~60개, 핵시설 40~100개, 400동 이상의 건물을 갖춘 원자력 단지를 가지고 있다. 북한에 대해 미국은 전례 없는 수준과 강도의 사찰을 요구할 것이다. 이 과정에서 네오콘이 조지 W. 부시 시절에 그랬듯이 사찰을 빌미로 "북한의 군사 지역을 마음대로 돌아다닐 수 있는 권한"을 요구할 가능성이 높다.[170] 반면 미국의 제네바 협정 파기라는 쓰라린 경험을 가지고 있는 북한도 핵폭탄을 숨기고 싶은 유혹에 빠질 가능성이 높다.

한반도가 평화 체제로 가는 과정에서는 쿠바 미사일 위기 해소 과정과는 비교할 수도 없을 정도로 많은 장애물이 있을 것이다. 포괄적 협정을 맺더라도 미국이 이란과 맺은 합의에 대해 트럼프가 수정을 요구한 경우처럼 합의조건 수정이 제기될 수도 있다. 수십 년간 불신이 쌓인 미국과 북한 관계를 고려하면 하루아침에 적대적 긴장으로 돌아설 수도 있다.

케네디가 쿠바 미사일 위기를 해소하는 과정에서 핵무기 제거와 정권 교체를 명확하게 분리한 행위는 현명했다. 하지만 소련과의 대타협이라는 그레이트게임이 끝나자 핵무기에 집중하지 않고 쿠바의 혁명 수출을 거론한 것은 어리석은 행동이었다. 쿠바는 아랑곳하지 않고 남미와 아프리카에서 혁명 수출을 전개했다. 혁명 수출이나 인권 같은 이슈는 1962년 당시 미국과 쿠바가 이 위기와는 별도로 포괄적 평화 체제 구축에 대해 논의할 때 거론해야 했던 문제다. 한반도에서도 유사한 일들은 앞으로 얼마든지 벌어질 수 있다.

9. 위기와 전쟁은 통제되지 않는다

쿠바 미사일 위기의 가장 큰 교훈 중 하나는 위기와 전쟁은 적절히 통제할 수 없다는 사실이다. 해상봉쇄는 어느 정도 관리된 전쟁 행위였지만, 이후 제3차 세계대전을 유발할 수도 있었던 우발적 충돌이 무수히 벌어졌다. 데프콘 2 상황에서 U-2 정찰기가 소련 영공을 침범했다. 소련 측에 제대로 알리지도 않고 소련 핵잠수함의 승조원이 실신할 정도로 위험한 신호 체계를 실행했다. 소련군은 소련 당국의 허가도 받지 않고 쿠바섬을 정찰하는 U-2 정찰기를 격추했다. 다행히 케네디와 흐루쇼프는 위기 전개 과정에서 상황을 자신들이 완벽히 통제할 수 없다는 걸 깨닫고 평화적 공존 쪽으로 나아갔다. 핵전쟁이 벌어지지 않은 것은 행운이었다.

오늘날 한반도에 다시 위기의 먹구름이 드리운다면 우리에게도 그런 천운이 따를까? 미국과 한국의 일부 초강경파는 강압 전략으로 북한 군부를 굴복시켜 눈을 깜박거리게 할 수 있다고 강하게 믿고 있다. 강압 전략이 통하지 않더라도 임박한 공격에 대비한 핵무기에 의한 선제공격 전략으로 승리할 수 있다고도 생각한다. 이들은 합리적 행위자 논리가 한국전쟁 당시 미 공군의 폭격으로 "석기시대"로 돌아간 적이 있는 북한에는 통하지 않는다는 사실을 아직도 모르고 있다.

북한은 자기중심적 지구관을 가지고 있기에 자포자기 상황에서라면 공세적 반격을 할 가능성이 매우 높다. 더구나 미국이 과거에 천명했던 핵무기에 의한 선제공격 전략을 잘 아는 북한은 미국보다 먼저 공격하고 싶은 유혹에 시달릴 것이다. 안전하게 방어하기 위한 선제공격이 오히려 상호 간에 "전쟁 임박"이라는 오인을 유발하고, 먼저 행동하도록 만들 가능성도 더 커진 셈이다. 카스트로가 제3차 세계대전을 각오하자는 편지를 흐루쇼프에게 보냈던 것처럼 푸에블로호 나포 사건 당시 김일성도 소련에 전쟁 지원을 요구했다. 다행히 두 경우는 모두 카스트로와 김일성의 의도와는 정반대로 미소 간 타협을 촉진했다. 핵무기에 의한 공포의 균형이 전쟁을 방지한다는 과거의 신화는 이제 지적 게으름이거나 서구 합리주의자들의 천진난만한 믿음일 뿐이다.

10. 쿠바 미사일 위기는 북한에 선군 노선이 필요하다는 교훈을 줬다

카리브해 위기와 한반도 위기는 발생한 공간과 시간이 다르므로 전혀 상관이 없어 보인다. 사실 두 위기는 긴밀한 관계를 가지고 있다. 카리브해 위기가 쿠바는 물론 북한에 끼친 심리적 영향이 막대하기 때문이다.

카스트로와 쿠바인들은 자신들이 숭상하는 혁명의 원조이자 후원국인 소련의 배신에 상당한 충격을 받았다. 원래 두 나라 관계는 그리 우호적이지는 않았다. 흐루쇼프는 노동자 계급에 의한 혁명이라는 마르크스-레닌주의의 가르침을 위반하는 이 한 줌도 안 되는 쿠바 모험주의 엘리트들의 혁명을 처음부터 불편해했다. 흐루쇼프는 쿠바의 혁명가들을 길들이려고 부단히 노력했다. 쿠바 미사일 위기 중에는 카스트로의 지나친 혁명적 열정에 진절머리를 내면서 라틴계 인종의 특성이라는 식으로 인종주의적 편견을 드러내기도 했다. 이후 쿠바에 대한 혁명적 열정이 사라지자 소련과 쿠바는 갑과 을로 변해버렸다. 이런 경험 탓에 카스트로는 소련을 신뢰하지 않았다. 때로는 적대국 미국보다 소련을 향해 더 거친 악담을 퍼붓기도 했다.

또 하나의 돈키호테 나라인 북한도 이 위기 과정에서 소련이 쿠바와 사전 조율도 하지 않고 미사일을 철수시킨 사실에 큰 충격을 받고 '투항주의'라며 맹비난했다. 그렇잖아도 소련과 중국 등 강대국의 배신을 여러 차례 겪은 김일성은 이 사건 뒤 강대국에 북한의 안보를 맡길 수 없다는 위기의식을 더 많이 가지게 됐다. 주체사상과 선군 노선, 그리고 핵무기 개발 가속화에는 쿠바의 경험도 일부 녹아있다.

쿠바보다 더 오래전부터 김일성은 소련과 중국이라는 강대국에 대해 어떠한 혁명적 기대도 하고 있지 않았다. 반대로 소련이나 중국이 보기에는 북한인은 종종 도움이 되는 게릴라지만 지나치게 자존심이 세고 믿을 수 없는 골치 아픈 인종일 뿐이었다. 쿠바-소련 관계와 달리 북한-소련, 북한-중국 관계는 일본과의 전쟁에서 맺어진 혈맹이라고도 할 수 있다. 하지만 소련과 중국은 강대국의 오만과 인종주의로 혁명의 동지들인 북한 인사들에 대해 갖가지 마녀사냥과 탄압을 자행했다.[171]

김일성은 스탈린과 마오쩌둥이 보기에 자신은 체스판의 말에 불과하다는 걸 너무나 잘 알고 있었다. 오죽했으면 김일성이 죽으면서 중국을 믿지 말라고 했겠는가. 카스트로가 중국과의 경쟁에 신경을 쓰는 소련을 자극해 무기를 얻어냈듯이, 김일성도 강대국들 간의 게임을 절묘하게 활용하는 등거리 외교라는 노회한 수를 발휘했다.

쿠바 미사일 위기는 1962년 12월 북한 노동당 제4기 제5차 전원회의에서 '4대 군사노선'을 채택하는 등 '국방에서의 자위' 노선 채택에도 영향을 미쳤다. 1963년 후반부터 시작된 미국의 각종 군사훈련에 더 큰 위협을 느낀 북한은 핵무기 보유에 총력을 기울였다.[172] 1961년에 확정한 중공업과 경공업의 병진 발전을 통한 주민 생활의 질 향상이라는 목표는 쿠바 미사일 위기 뒤 선군 노선으로 바뀌게 된다.[173] 이처럼 카리브해 위기는 한반도 위기 전개 과정의 일부이자 중요한 전환점이다.

제4장

왜 미국과의 평화협상은 시간 끌기로 귀결되는가?

"이제 알겠나? 길을 아는 것과 길을 직접 걸어가는 것의 차이를…."

_ 영화 〈매트릭스〉

★

카스트로의 표현처럼 어쩌면 1962년 10월의 13일간은 세계가 쿠바의 행보를 숨죽이며 지켜본 "슬프지만 빛나던 순간"이었다. 소련과 전 세계의 관심이 시들해지면서 쿠바는 미국과 끝나지 않을 것 같은 게임을 다시 시작해야만 했다. 미국과 쿠바는 오랜 적대 관계에도 국교정상화의 길을 부단히 모색했다는 점에 주목해야 한다. 13일간의 위기 과정에서 임박한 제3차 세계대전의 화약 냄새를 즐기는 듯했던 카스트로는 이후 부단히 협상을 시도했다. 작은 이슈에서 약해보이지 않으려고 노력한 베두인의 전사였던 카스트로지만, 이제는 작은 이슈에 대해 먼저 손을 내밀기도 했다. 결코 '악의 축'과는 타협하지 않을 것 같았던 레이건 대통령도 쿠바와의 협상 시도를 마다하지 않았다.

한국에는 쿠바 미사일 위기를 다룬 책이 몇 권 출간되었지만, 장기적인 관점에서 미국-쿠바 관계를 다룬 책이 드물다. 미국에는 두 나라 사이의 긴 협상과 반복되는 위기를 잘 이해할 수 있는 책이 몇 권 있다. 남미 전문가인 윌리엄 리오그랑데와 국가안보문서보관소 쿠바 자료 프로젝트 담당관인 피터 콘블루의 『쿠바 물밑 접촉*Back Channel to Cuba*』, 1960년대 CIA 쿠바 정보분석관으로 일한 브라이언 라텔의 『피델 이후*After Fidel*』, 쿠바 주재 미국 이익대표부 대표인 비키 허들스턴의 『아바나의 여자*Our Woman in Havana*』 등이다. 여기서는 이런 자료를 바탕으로 짧았던 케네디 정부의 정상회담 시도에서부터 오늘날 트럼프 정부에 이르기까지 양국의 협상과 교착의 역사를 소개한다.

'13일' 이후의 존 F. 케네디

끔찍한 악몽이라도 꾼 것처럼 케네디와 흐루쇼프는 다시 빈 정상회담 직전의 상황으로 돌아왔다. 이제 어떻게 하면 상호 오인을 피하고 평화적 공존을 이룰 것인가가 다시 화두로 등장했다. 역사가 잠시 궤도를 이탈했다가 다시 제자리로 돌아온 것처럼 보였다. 하지만 빈 정상회담 직전과 13일간의 위기를 겪고 난 뒤 두 지도자의 생각은 많이 달라졌다. 제3차 세계대전 일촉즉발이라는 시나리오를 생생하게 체험했기 때문이다.

케네디의 머릿속은 미소 간의 긴장 완화를 위해 당장 무엇을 할 것인가 하는 구체적 고민으로 가득찼다. 케네디는 쿠바 미사일 위기 당시 바바라 터크먼의 『8월의 포성』이라는 역사책을 떠올리며 화제로 삼을 정도로 역사광이었다. 위기 해소 뒤 케네디가 제일 먼저 시작한 일 중 하나도 역사 기록이었다. 물론 역사가 이전에 정치인인 케네디는 역사를 사실대로 충실하게 전달하지 않고 왜곡했다. 찰스 바틀렛 기자의 제안을 받아들여 터키 미사일을 철수하기로 한 밀약을 부정하는 기록을 집필하게 했다. 소문으로 떠돌던 터키 밀약을 시민들이 알게 되면 사태 해결을 위해 터키라는 동맹국을 팔아먹었다는 비난에 직면할 것이 분명했기 때문이다.

케네디에게는 그만의 약점이 있었다. 미국 보수파가 지적해온 '유약한 케네디'이자 뮌헨 회담 당시 히틀러의 공갈에 굴복한 주영 대사의 아들이라는 이미지는 터키 미사일 철수로 완전히 굳어질 수 있었다. 터키를 비롯한 NATO 동맹국들의 분노와 충격도 미국의 지도력에 심각한 생채기를 입힐 터였다. 이런 우려 때문에 역사 왜곡을 지시한 것이다. 우리로 따지면 김대중 대통령이 평화적 대북 관계의 미래를 위해 대북 송금 사실을 철저히 비밀로 한 것과도 유사하다. 국제관계에서 지도자의 도덕과 현실 국가 운영 사이에서의 선택의 어려움을 잘 보여주는 사례다.

다음 사례는 케네디의 냉혹한 정치인 면모를 잘 드러낸다. 케네디는 미디어를 잘 활용하던 정치인답게 노회하게도 거짓정보를 흘리면서 희생양을 만들었다. 번디 국가안보보좌관의 측근인 마이클 포레스탈을 통해 터키 관련 소문의 근원지가 스티븐슨 대사이며, 스티븐슨이 터키 미사일 맞교환을 케네디에게 제안하자 대통령이 격노했다는 가짜뉴스를 언론에 흘리도록 한 것이다.[1] 수십 년간 원칙을 지켜오며 많은 존경을 받은 노정객에 대한 비열한 공작이었다.

스티븐슨은 이미 미국 정부가 준 '거짓정보'를 들고 UN에서 피그스만 침공 관련 증언을 하는 바람에 평생 쌓아온 도덕적 이미지에 흠을 남겼다. 그럼에도 쿠바 미사일 위기 때는 평화적 해법을 일관되게 제시했고, UN에서 미국의 정당성을 전면에 부각시킨 공신이었다. 그런 스티븐슨은 위기가 끝나자 정권의 희생양이 되었다. 역사를 조작한 케네디의 시도는 성공했다. 1963년 4월 터키에서 미사일이 철수됐지만 이미 이 이슈는 쿠바와의 연계성을 상실한 후였다. 우여곡절은 있었지만 스티븐슨 대사가 애초에 제안한 쿠바-터키 미사일 맞교환을 통해 핵전쟁의 위기가 해소된 것이다.

근대 정치 이념의 새 장을 연 마키아벨리는 두 얼굴을 가졌다. 하나는 잘 알려진 냉정한 현실주의 경세가고, 다른 하나는 절대군주 시대에 이미 현실주의 게임을 너머 자유로운 공화국을 꿈꾼 이상주의자다. 케네디는 마키아벨리처럼 두 얼굴의 정치인이었다. 쿠바 미사일 위기에 대한 역사 왜곡에 성공하자 냉혹한 현실주의자는 사라지고 이상주의적인 정치인이 등장할 차례가 왔다. 케네디는 1963년 6월 10일 아메리칸 대학교에서 이상주의적인 비전을 제시했다. 아메리칸 대학교 연설은 역대 미국 대통령의 연설 중에서도 백미로 꼽힌다. 이 연설의 주 목적은 냉전적 사고에 젖어있던 미국인들에게 지구의 봄을 앞당기자는 비전을 제시하는 것이었다. 국적을 떠나 지구의 공기를 함께 쉬며 살아갈 수밖에 없고, 유한한 생명을 지니며 미래 세대를 소중히 여기는 지구인이라는 공통의 운명을 강조했다.

> 궁극적으로 우리의 가장 근본적이고 공통적인 유대감은 우리 모두가 작은 지구에서 살고 있다는 사실에서 비롯됩니다. 우리 모두 같은 공기를 마시고 삽니다. 우리 모두 자녀들의 미래를 소중히 여깁니다. 우리 모두는 결국 유한한 생명이라는 운명을 가지고 있습니다.

이 연설은 미국 대통령이 소련을 더 이상 냉전 시대의 경쟁 상대가 아니라 광활한 우주 속 조그마한 행성인 지구에 거주하는 필멸의 인간이라는 철학적 틀로 바라본 '지구행성 정치학planetary politics'의 출발이었다. 지금까지 어떤 미국 대통령도 인류의 운명을 이토록 원대하게 표현하지 않았다. 그간 미국 국민이나 엘리트 사이에는 소련이 '악마의 제국'이라는 이미지가 만연했다. 지구적 공존을 추구한 케네디는 자신이 유연한 대소 정책을 시도하면 유화책이라는 비난을 받은 원인이 여기에 있다는 사실을 뼈저리게 느꼈을 것이다. 따라서 "어떤 정부나 사회 체제도 덕을 결여했다고 간주할 만큼 완전히 사악하지는" 않다고 지적하며 소련을 무조건 악마화하지 말 것을 강조했다. 오늘날 쿠바와 북한을 무조건 악마화하는 미국 지도자들이 귀 기울여야 할 메시지다.

케네디는 냉전 종결을 위한 첫 단추로 '포괄적핵실험금지조약'을 체결하겠다고 선언했다. 포괄적핵실험금지조약은 빈 정상회담 때 주력한 문제였지만, 당시만 해도 상호 불신과 오인으로 추진할 수 없었다. 케네디는 쿠바 미사일 위기를 겪은 뒤 분위기가 무르익었다고 판단한 듯하다. 쿠바 미사일 위기 이전부터 미국과의 평화적 공존에 집착해온 흐루쇼프도 적극적으로 응했다. 흐루쇼프는 케네디의 아메리칸 대학교 연설이 케네디가 가진 이상주의적 면모를 보여주는 전환점이라는 사실을 직감했다.

흐루쇼프는 미국 강경파가 핵실험 사찰을 트로이의 목마처럼 활용할 것이라며 의심했지만, 적어도 사찰이 필요 없는 대기권 핵실험 금지에는 합의할 수 있었다. 과거 소련의 전면적 상호 무장 해제 아니면 교착 상태라는 식의 극단적 입장과 비교해보면 큰 진전이었다. 그런 점에서 흐루쇼프도 쿠바 미사일 위기를 통해 진화한 셈이다. 또 다른 중요한 진전은 두 정상 간에 최초로 핫라인이 설치된 것이다. 위기의 절정에서 몇 시간이나 걸리던 소통 과정과 해석을 둘러싼 소동에 두 정상은 진저리쳤다. 이제 전화 한 통화로 오인을 줄일 수 있게 되었다.

물론 두 정상은 상대방 체제를 언젠가는 무너뜨릴 수 있다는 믿음과, 이를 위한 전초기지로서 제3세계 전선의 전략적 거점에 대한 지원을 완전히 포기한 것은 아니었다. 흐루쇼프는 여전히 알제리를 지원했고, 케네디는 남베트남을 지원했다. 하지만 과거와 같은 군사적 수단보다는 덜 대결적인 방법을 선호했다. 그런 점에서 비록 위기의 극한까지 갔었지만 얻은 것도 많았다.

케네디의 동생이자 정권의 2인자인 로버트 케네디도 보다 외교적인 해법과 평화적 공존에 대한 관심을 보였다. 로버트 케네디는 베트남에서 기존 도미노이론의 환상을 버리고 정치적 해법을 고려했으며, 사석에서는 자신이 대통령이 되면 베트남에서 미군을 즉각 철수시키겠다고 했다.[2] 실제로 1968년 대선에서 로버트 케네디는 반전운동의 선봉에 서서 진보진영의 아이콘이 되었다.

쿠바 미사일 위기의 종료는 두 강대국에 희망찬 미래를 의미했지만, 틈바구니에 낀 카스트로에게는 악몽이 계속되고 있었다. 카스트로의 눈에 비친 미국은 쿠바를 제거하기 위해 여전히 호시탐탐 기회를 노리는 늑대였다. 소련과 평화적 공존을 추구하는 케네디조차 쿠바에 대해서는 국내정치 세력의 눈치를 보며 호전적인 언사를 이어나갔다. 케네디는 쿠바 미사일 위기 종료 3일 후 마이애미에서 피그스만 침공에 참가했던 부대의 깃발을 들며 "이 깃발이 정권 교체로 해방된 아바나에서 부대에 반환되리라고 여러분께 공언합니다"라고 외쳐 카스트로를 자극했다.

거친 발언에도 불구하고 일단 쿠바 불가침 선언을 약속한 케네디는 쿠바를 상대로 군사 행동에 나설 생각은 없었다. 하지만 쿠바 정권 교체까지 포기하지는 않았다. 몽구스 작전과 같은 규모는 아니지만 은밀한 카스트로 정권 전복 활동과 쿠바 경제 압살 정책을 통해 계속 카스트로의 목을 조였다. 쿠바도 자체적으로 베네수엘라 등에 혁명을 수출하는 등 혁명의 전초기지 역할을 계속했다. 케네디로서는 절대로 용납할 수 없는 행위였다. 미국은 제임스 도너번을 쿠바와의 수교를 위한 특사로 보내놓고도 카스트로에게 보내는 스킨스쿠버 장비 선물을 세균으로 오염시켜 암살을 시도하는 황당한 음모를 꾸미기도 했다.[3]

흐루쇼프에게도 카스트로는 성가신 면이 있는 존재였다. 1962년 10월 쿠바 미사일 위기가 벌어지기 이전에도 흐루쇼프는 쿠바가 남미에 모험주의적 혁명 수출을 하는 데 대해 경고했고, 그런 상황에서 카스트로가 제3세계 해방의 대변자 역할을 자청하고 나서자 국내의 정적들에게 더 신경을 쓰라고 훈계했다. 카스트로는 그런 흐루쇼프의 간섭이 불쾌했다. 카스트로가 보기에 흐루쇼프는 미국의 핵공갈에 겁을 먹고 쿠바를 배신한 인물이었다. 그런 상황에서 흐루쇼프는 쿠바의 혁명 수출을 비판하고 베트남 혁명을 방기하는 등 공산주의자로서의 대의를 계속 저버리고 있었다. 두 강대국 정상을 매료시킨 평화적 공존이라는 개념은 제임스 블라이트 교수가 적절히 지적하듯 카스트로에게는 약소국의 희생을 대가로 한 강대국끼리의

담합에 불과했다.[4]

카스트로도 국제관계의 냉엄한 현실을 무시할 수 없었다. 소련이 완전히 등을 돌리면 쿠바는 미국이라는 사자 앞에 던져진 토끼 신세였다. 결국 카스트로는 흐루쇼프의 구애를 받아들여 1963년 4월 소련을 방문했다. 아바나 회의에서 카스트로는 "분노를 통제할 수밖에" 없었다고 토로했다.[5] 미국의 불가침 선언이라는 공허한 약속을 믿을 수 없었던 카스트로는 소련 방문 내내 몸을 숙이고 소련으로부터 안전 보장에 대한 담보를 가급적 많이 끌어내려 했다.

흐루쇼프는 공식적으로 조약을 맺는 대신 핵우산 보장을 명시하는 쪽을 선호했다. 그 정도도 미국의 위협에 노출된 카스트로에게는 큰 힘이 되었다. 소련 측은 쿠바에 병력을 남겨 미국의 침공에 대비한 인계철선 역할을 시키고 무기도 향후 30년간 무상으로 원조해주기로 약속했다. 이런 상황은 카스트로로서는 "10월 위기의 긍정적 측면 중 하나"였다.[6]

흐루쇼프는 카스트로와 화해하기 위해 31쪽에 달하는 친서로 카스트로를 초청해 한 달에 걸쳐 환대를 했다. 하지만 그 와중에 외교 역사상 보기 드문 실수를 범했다. 카스트로에게 쿠바 미사일 위기 때 케네디와 주고받은 친서를 읽어주다가 무심코 쿠바-터키 미사일 맞교환 사실까지 이야기해버린 것이다. 카스트로의 증언에 따르면 당시 카스트로는 자신의 귀를 의심하여 다시 한 번만 읽어줄 것을 요구했고, 그때서야 사태의 심각성을 깨달은 흐루쇼프가 어색한 웃음을 지었다고 한다.[7]

결국 카스트로는 터키 밀약에서도 드러나듯이 '주체적 외교'를 해야 한다는 것을 뼈저리게 절감했다. 카스트로는 제3세계 해방 운동의 지도자로 정립되기 위해 특별히 노력했고, 그런 노력의 결실로 1966년에는 아프리카·아시아·남미 등 세 대륙의 민족 해방 운동 단체가 참여하는 국제 연대기구를 조직하는 데 성공한다. 북한과 북베트남도 참가한 이 기구는 본부를 아바나에 설치하고 향후 혁명 수출을 결의했다.

카스트로보다 더 혁명가적 DNA를 가진 게바라는 혁명 수출의 국제적 지도자로 부각되어 반제국주의를 선동했다. 게바라는 심지어 증오를 "투쟁의 요소" 중 핵심으로 상정했고, 이로써 "인간의 한계를 넘어 살인기계로 전환되어야" 한다는 극단적 언사를 서슴지 않았다.[8]

위기의 손익 계산에서 국내정치적 요소만 따지면 카스트로는 최대 수혜자였다. 카스트로는 미국과의 첨예한 대결 뒤 쿠바 민중에게 명실상부한 국부가 되었고, 반대파를 손쉽게 숙청했다. 1968년 1월 친소파의 거두인 에스칼란테 인민사회주의당 당수를 반역죄로 숙청했는데, 김일성이 한국전쟁의 책임을 물어 남로당 지도자 박헌영을 숙청한 과정과도 유사하다.

가장 위태로워 보였던 카스트로의 권력은 위기를 통해 오히려 강화됐지만, 두 강대국 정상은 위기에서 비롯된 압력에 희생됐다. 미사일 위기 때문만은 아니지만, 흐루쇼프는 지도력에 상처를 입고 실각했다. 케네디는 1963년 11월 22일 댈러스에서 리 하비 오스월드의 총에 맞아 숨을 거뒀다. 암살 배후는 아직도 수수께끼지만, 당시 로버트 케네디나 소련 KGB가 추정했듯이 미국 내 극우강경파의 소행일 가능성이 높다.[9]

케네디가 살아있었다면 쿠바의 운명은 어떻게 되었을까? 케네디의 죽음을 가장 안타까워한 사람 중 하나가 카스트로였다는 사실은 의미심장하다. 물론 케네디는 쿠바 정권 교체를 위한 활동을 지속했고, 위기 이후 쿠바의 혁명 수출에 극도의 반감을 가졌다. 그럼에도 소련을 '악의 제국'이라고 부르기를 거부한 실용주의자답게 언제든지 카스트로와 만나 문제 해결의 실마리를 풀려고도 했다. 케네디는 특히 쿠바 미사일 위기 후 카스트로가 소련에 버림을 받았다는 생각을 가지고 있다는 점을 간파했다.

결국 케네디는 쿠바와의 국교정상화에 적극적으로 나섰다. 제임스 도너번을 특사로 활용해 대담한 돌파구를 열려고 한 것이다. 도너번은 소련 영공 정찰 중 격추된 U-2기 조종사 게리 파워즈와 소련 스파이 루돌프 아벨을 맞교환하는 1962년 2월 협상을 성사시킨 인물이었다. 도너번은 기대를 저버리지 않고 피그스만 침공 때 포로가 된 1113명이 석방되게 하는 등 큰 성과를 끌어냈다. 더 중요한 성과는 카스트로와의 신뢰 관계를 구축해 이후 특사외교의 기반을 조성한 점이다.[10]

1963년 10월에는 결정적 기회가 찾아왔다. 쿠바와 미국 사이에 협상 채널을 만들려는 움직임이 프랑스의 시사주간지 〈렉스프레스〉의 편집장 장 다니엘을 중심으로 이루어지기 시작한 것이다. 다니엘은 케네디와 만난 자리에서 자신이 특사로 나설 용의가 있다고 했다. 놀랍게도 카스트로와 만날 생각이 있냐는 다니엘의 질문에 케네디는 이렇게 답했다.

"당연히 만나겠습니다. 돌아오시면 말씀해주세요."[11]

1963년 11월 18일 케네디 대통령의 마이애미 연설은 미국-쿠바 정상회담이 성공할 가능성을 보여줬다. 이 연설에서 케네디는 "모든 것이 가능"하다며 국교정상화에 대한 강한 의지를 피력했다.[12] 11월 20일 대통령 특사로 카스트로를 만나 여섯 시간 동안 대화를 주고받은 다니엘은 희망의 빛줄기를 발견했다. 카스트로도 케네디의 제안이 진심이라고 판단해 정상회담 제의를 수용했기 때문이다. 이때 카스트로는 다음과 같은 놀라운 제안까지 했다.[13]

"케네디 대통령을 다시 만나면, 골드워터가 내 친구라고 선언할 의향이 있다고 말해주시오. 그게 케네디 대통령의 재선을 보장한다면 말이오!"

배리 골드워터는 1964년 대선에 출마한 공화당 대선 후보였다. 골드워터의 극단적 반공주의 성향을 고려하면 카스트로가 그런 발언을 한다고 해서 미국 유권자들이 쉽게 받아들이기는 어려웠다. 하지만 중요한 것은 카스트로의 절박한 진심이었다. 케네디 같은 영민한 지도자는 이런 황당한 제의에 담긴 진의를 읽기가 쉬웠다. 하지만 카스트로의 회고에 따르면 다니엘과 접견을 하던 시점에 카스트로는 케네디가 암살되었다는 비보를 들었다. 아쉬운 기회를 날려버린 카스트로는 아바나 회의에서 역사의 짓궂은 장난에 대해 대단히 애석해했다.[14]

물론 누구도 케네디가 살아있었다면 역사가 어떻게 달라졌을지 장담할 수 없다. 쿠바가 지금과 달리 혁명 수출 전략을 포기하지 않았던 점을 고려하거나, 반대로 미국의 관타나모 기지 등에 대한 케네디의 완고한 입장을 생각한다면 양자 사이에서 획기적 해결책이 나오기는 어려웠을 수도 있다. 케네디가 베트남 문제에 대해 다시 베를린 프레임을 기계적으로 반복해 강압적 대응을 시도했다는 사실을 고려하면 더욱 그러하다. 하지만 실용주의자인 케네디의 기질이나, 안전 보장이 절실하게 필요했던 카스트로의 처지를 고려하면 긴장 완화를 향한 작은 주춧돌을 놓았을 가능성도 배제할 수는 없다. 케네디가 암살되자 쿠바는 '검은 케네디' 오바마의 등장까지 수십 년을 더 기다리고 나서야 미국과 국교를 정상화할 수 있었다.

린든 B. 존슨

케네디의 서거 이후 대통령직을 승계한 린든 존슨은 민주당 내에서 강경한 마초로 유명했다. 케네디는 뮌헨 트라우마 때문에 마초로 보이려고 노력했다면, 존슨은 마초 그 자체였다. 존슨은 부통령이라는 허울만 좋은 위치 때문에 쿠바 미사일 위기 동안 거의 자기 목소리를 내지 않았지만 케네디처럼 집안 좋고 학벌 좋은 리버럴의 유약함을 경멸했다.

케네디와 타협할 기회를 잃고 아쉬워한 카스트로는 강경파인 존슨에게 큰 기대를 걸지는 않으면서도 대담한 국교정상화 메시지를 리자 하워드 기자를 통해 비밀리에 보냈다. 그런 사실은 카스트로가 미국과의 국교정상화를 얼마나 절실히 원했는지 잘 보여준다. 카스트로는 1964년 대선에서 존슨이 정치적인 이유로 쿠바에 대해 적대적인 발언이나 행동을 하더라도 이해하겠다고 했다. 그러면서도 베두인 전설에 근거해 자신의 유화적 메시지를 존슨이 오해할까봐 "대화에 대한 열망을 유약함으로 해석하진" 말라고 강조하면서 혁명이 여전히 강력한 힘을 가지고 있다고 엄포를 놓았다.[15]

하지만 존슨 주변의 참모진은 베네수엘라와 브라질에 대한 쿠바의 혁명 수출 전략을 근거로 미주기구에서 쿠바를 고립시키는 전략을 택했다. 미국은 영해 근처에서 조업하던 쿠바 어부 네 명을 체포·구금하기도 했는데, 분노한 카스트로는 관타나모 기지에 대한 수도 공급을 끊어버렸다. 카스트로가 U-2기를 격추하겠다고 위협하자 양국 간 긴장은 차츰 더 고조되었다.[16] 1963년 12월 존슨 대통령은 쿠바를 옥죄는 강경한 외국 원조 법령에 사인했다. 카스트로가 통치하는 쿠바로 배를 보내는 나라에는 어떠한 자금 지원도 하지 않는다는 내용이었다.[17] 이후 쿠바에 대한 식료품과 의약품 수출도 극도로 제한되고, 여행 금지 조치에 따른 처벌도 강화됐다. 제재 강화 조치로 인해 쿠바인의 삶의 질은 급격히 악화되기 시작했다.

놀라운 점은 존슨 행정부의 지속적인 고립 정책에도 불구하고 카스트로는 국교정상화를 위해 더 대담한 제안을 했다는 사실이다. 1964년 6월 5일 〈뉴욕타임스〉의 리처드 에더 기자와의 인터뷰에서 카스트로는 미국이 쿠바이탈주민을 동원한 파괴 공작을 중지한다면 남미로의 혁명 수출을 중지할 용의가 있다고 밝혔다. 아울러 정치범을 석방하고, 궁극적으로 국교정상화 합의가 이루어지면 몰수했던 미국 자산에 대한 배상 조치까지 할 용의가 있다고 했다. 더 놀라운 점은 자존심이 세고 허세를 부리던 카스트로가 양국 관계가 망가진 것에 대해 "혁명 초기에 흔히 나타나는 열정과 극단주의" 현상을 야기한 본인에게도 책임이 있다고 시인한 사실이다. 2주 후 카스트로는 기자회견을 통해 협상의 전제조건으로 강하게 요구하던 제재 철회 조치 요구도 거둬들였다.[18]

국제주의 노선까지 버릴 준비가 된 카스트로의 전례 없는 평화 공세에 존슨 행정부는 오히려 더 강하게 대응했다. 카스트로의 바뀐 태도를 미국의 제재가 먹혔다는 신호로 해석했고, 미주기구에서 쿠바가 고립당하는 것을 방지하기 위해 시간을 끄는 계략으로 받아들인 것이다. 이런 상황에서 1964년 9월 CIA는 쿠바이탈주민을 동원해 테러를 감행했다. 하지만 이들은 어처구니없게도 스페인 상선을 쿠바 배로 착각하고 공격해 사상자까지 냈다. CIA의 파괴 공작은 잦아들었지만 대신 쿠바 대통령과 카스트로 사이를 이간질하는 등 보다 간접적인 교란 전술로 전환했다.[19] 1965년 9월 카스트로가 대대적인 망명을 눈감아주자 오히려 쿠바이탈주민을 적극 유도하는 기획 탈출을 통해 카스트로 정권을 흔들려고 했다. 이 와중에 유화파인 스티븐슨 UN 대사나 유진 매카시 상원의원은 쿠바와의 국교정상화 가능성을 꾸준히 타진했지만 존슨 정부의 강경한 태도 탓에 별 성과를 거두지 못했다.

여기서 주목할 점은 쿠바 미사일 위기 기간에 창조적 해법을 제시한 러스크 국무부 장관의 지혜다. 러스크는 존슨 행정부 초기에 대통령에게 알리지 않고 미주기구 국가 중 멕시코만이라도 쿠바와의 접촉을 유지하게 했다. 어떤 상황에서도 대화를 할 창구를 남겨둬야 위기를 해쳐나갈 수 있기 때문이었다.[20] 결국 멕시코는 독특한 위치를 잘 활용해 남미 33개국의 비핵지대화조약 체결에서 큰 기여를 했다. 멕시코의 이중적 역할은 한반도에서 미국과 북한 사이에 한국이 갖는 독특한 역할과도 유사하다. 우리는 이 역할마저 차단됐을 때 위기가 어떻게 격화되는지를 이명박·박근혜 정권을 거치면서 생생히 봤다.

존슨 행정부 기간인 1967년에 벌어진 체 게바라 피살은 반카스트로 진영에는 축복이었다. 하지만 카스트로의 기세와 남미에서의 혁명적 분위기는 결코 소멸하지 않았다. 존슨 행정부의 쿠바 고립과 파괴 작전은 효과가 없었다. 미국의 망상 같은 쿠바 조기붕괴론과 달리 카스트로가 건재하자 존슨 행정부는 기존 정책을 전면 재검토했다.

그 결과 능동적인 봉쇄로 전환하자는 제안이 나왔다. 강압만이 아니라 적절한 보상책을 제공해 행동의 변화를 유도하는 '행동 대 행동'이라는 단계적 전략이었다. 예컨대 쿠바 측이 반미 주장과 행동을 완화하는 경우 미국도 반카스트로 주장을 완화하고, 여행 금지 조치도 어느 정도 느슨하게 하는 등 쿠바의 반응에 상응하는 보상책을 치밀하게 마련하기로 한 것이다. 하지만 존슨 행정부 말기에 이런 정책을 실행할 시간이 많지 않았고, 새로운 노선의 실행은 리처드 닉슨 행정부로 미루어졌다.[21]

강경한 마초 존슨이 쿠바의 목을 죄는 상황에서 소련은 쿠바의 혁명 수출을 노골적으로 견제했다. 흐루쇼프가 실각한 뒤 새로 집권한 레오니트 브레즈네프 때도 마찬가지였다. 냉혹한 스탈린 같은 브레즈네프는 소비에트 제국의 이익만 고려하는 현실주의자였고, 미국과의 관계 회복으로 대등한 강대국 지위를 구축하려는 마당이라 쿠바를 성가신 존재로 여겼다. 결국 1967년 6월 알렉세이 코시긴 총리를 쿠바에 보내 볼리비아 등지에서의 모험주의적 행동에 대해 강력히 경고했다.

카스트로는 소련 당국이 볼리비아 공산당에 게바라를 돕지 말라는 지령을 보내는 등 일련의 반혁명 행위를 한 데 분노했다. 카스트로는 볼리비아 혁명에 모든 것을 걸고 있었다. 볼리비아 혁명이 남미 전역에 혁명의 불꽃을 일으켜 강대국들의 야합 분위기에 찬물을 끼얹고 지구적인 혁명 운동을 고양시키리라 믿었기 때문이다. 카스트로가 보기에 볼리비아는 "자본주의의 가장 약한 고리"였다. 소련이 쿠바에 등을 돌리자 볼리비아의 정글에서 불리한 싸움을 거듭하던 게바라는 1967년 10월 8일 체포되어 다음 날 처형당했다. 게바라는 이 죽음으로 혁명의 성인으로 추앙받았고, 이후 쿠바의 어린이들은 "우리는 게바라처럼 될 것이다"라고 매일 암송해야 했다.[22]

게바라의 삶은 매력적으로 보일지 모르지만 쿠바에는 끔찍한 악몽이 기다리고 있었다. 게바라와 같은 군사모험주의자를 도저히 인내할 수 없었던 소련이 본격적으로 제재에 나섰기 때문이다. 소련은 쿠바가 사용하던 석유의 98퍼센트에 달하던 공급량을 줄이고, "쿠바 스파이"라고 불릴 정도로 카스트로와 가깝던 알렉세예프 쿠바 주재 소련 대사를 알렉산드르 솔다토프 대사로 교체해버렸다. 더 이상 쿠바는 소련의 특별보호 대상이 아니었고, 쿠바의 앞날에는 험난한 여정이 기다렸다. 이런 상황에서 존슨보다 더 강경한 닉슨이 대통령직을 넘겨받았다.

리처드 닉슨과 제럴드 포드

리처드 닉슨 대통령은 과거 카스트로의 첫 방미 때 면담을 한 뒤 카스트로에 대해 줄곧 부정적 인상을 가지고 있었다. 카스트로 입장에서 그나마 희망적인 신호는 닉슨 행정부에 걸출한 외교의 달인인 헨리 키신저가 있다는 점이었다. 키신저는 당시 공산주의의 종주국 소련보다 더 과격한 노선으로 악명 높았던 중국을 상대로 대담한 국교정상화를 성사시켰다. 뜻밖의 대담한 접근에 놀란 미국 보수파는 닉슨을 공산주의자로 오인하기까지 했다.

키신저는 원래 쿠바에 대해 강경한 태도를 취했지만 곧 이전과 다른 대담한 접근을 구상했다. 키신저의 진화에는 쿠바 제재의 효용성에 대한 의문이 점차 확산되던 분위기도 한몫했다. 1973~1974년 미국 상원에서는 제럴드 포드 등 공화당 온건파를 중심으로 쿠바 정책을 재검토하라는 요구가 강력하게 제기됐다. 미주기구 내에서도 제재 철회에 대한 공감대가 확산됐다.[23] 이런 상황에서는 키신저의 활동 공간이 생길 수 있었다. 하지만 키신저의 대담한 접촉 구상은 쿠바에 대한 혐오감을 유지하던 닉슨의 강한 반대로 번번이 좌절됐다.

하지만 미국과 쿠바의 접촉은 필연적이었다. 특히 카스트로의 입장에서는 쿠바인 망명자에 의한 비행기 납치는 골칫덩어리였다. 카스트로는 이런 문제를 해결하면서 미국과 국교정상화의 길을 닦으려고 했다. 노회하고 자신감이 가득한 키신저는 카스트로에 대해 부정적인 닉슨 대통령의 기질을 잘 알기에 초기에는 대통령에게 알리지 않고 비밀접촉을 개시했고, 나중에는 공식적으로는 부인할 수 있도록 공화당 인사가 아니라 민주당 진보주의자를 비밀특사로 삼아 1974년 쿠바와의 비밀협상을 시도했다.[24]

워터게이트 사건으로 닉슨 대통령이 하야한 뒤 대통령 자리에 오른 제럴드 포드는 공화당 온건파였다. 이 때문에 키신저는 훨씬 더 유연하게 활동할 수 있었고, 1975년 7월 9일 쿠바와의 국교정상화를 위한 첫 공식 실무회담을 뉴욕에서 개최했다. 키신저가 신뢰하는 측근인 로렌스 이글버거를 중심으로 한 미국 실무팀은 '상호 행동 대 행동' 같은 일련의 보상 프로그램을 제시하면서 국교정상화를 논의했다. 양국의 협상은 쿠바 입장에서 주권국의 권리에 해당되는 소련과의 외교 관계 단절과, 푸에르토리코 등 남미 국가에 대한 무기 지원 등을 둘러싸고 난항을 겪었지만 우호적인 분위기에서 종료됐다. 양국 실무팀은 일주일간 충분한 검토를 거쳐 보다 생산적인 합의를 하기로 했다.[25]

키신저는 쿠바 측으로부터 상응하는 양보를 이끌어내기 위해 포드 대통령을 설득해 1975년 7월 29일 쿠바에 대한 미주기구의 경제 제재 해제를 주도했다. 8월 초 카스트로는 이전에 민주당의 조지 맥거번 상원의원과 면담했을 때 약속했던 대로 1972년 11월 10~11일 서던 항공사 여객기 납치 사건 당시 납치범들이 아바나에 여객기를 강제 착륙시켰던 것과 관련, 서던 항공사로부터 받았던 200만 달러를 되돌려줬다. 동력을 얻은 키신저는 카스트로로 하여금 더 높은 단계의 상응하는 행동을 유발시키기 위해 다시 포드 대통령을 설득해 8월 21일부로 제3세계에서 활동하는 미국 기업이 쿠바와 무역 거래를 더욱 쉽게 할 수 있도록 조치했다.

미국-쿠바 관계 개선이 계속 순조롭게 진행되지는 않았다. 쿠바는 같은 날 UN의 식민주의위원회에서 미국령인 푸에르토리코의 자주 독립을 요구하는 결의안을 통과시켜 미국을 자극했다. 또한 쿠바는 포드 대통령이 군사 지원을 강화한 남아프리카공화국군에 대항해 1975년 11월 앙골라 신정부의 지원 요청을 수락해 군대를 파견했다. 키신저처럼 합리적 전략을 중시하는 전략가가 보기에 쿠바의 모험주의적 행동은 도저히 이해할 수 없었다. 소련 제국도 아닌 남미의 작은 공산주의 국가가 미국에 대항해 먼 아프리카에서 헤게모니를 행사하고자 한 사실은 수수께끼였다.[26]

키신저의 이런 태도는 '쿠바 미사일 위기' 내내 흐루쇼프의 혁명적 낭만주의를 이해하지 못한 엑스콤 멤버들을 연상시킨다. 서구적 합리성 교육을 받은 미국 엘리트에게 소련은 물론 쿠바의 혁명적 열정과 낭만주의는 말도 안 되는 일이었다. 하지만 쿠바인들이 보기에 미국 제국주의자들이 아프리카에 친미 국가 체제를 마음대로 구성하고 있으니, 자신들도 이에 대항하는 연대를 구축하는 것이 이상하지는 않았다. 물론 키신저가 보기에 쿠바의 행동은 도를 넘었다. 특히 공화당 내 로널드 레이건이라는 강경보수파 후보의 도전을 받던 온건파인 포드가 '유화적'이라는 낙인이 찍히는 건 정치적으로 매우 위험했다. 결국 쿠바와의 국교정상화가 이르다고 판단한 포드는 1975년 12월 쿠바와의 대화 포기를 공식적으로 선언했다.[27]

이후 키신저와 포드는 카스트로에게 치명타를 줄 노선을 선택하고 1976년 3월 쿠바 침공 계획을 수립하는 등 쿠바를 압박했다. 카스트로 입장에서는 쿠바가 다른 대륙의 혁명을 지원하는 건 숭고한 국제주의 연대정신을 의미했지만, 키신저의 입장에서는 쿠바가 아프리카에서 혁명을 지원하는 활동을 두고 볼 수만은 없었다. 키신저는 아프리카의 "로디지아(짐바브웨)가 무너지면 나미비아가, 그 다음에는 남아프리카공화국이 단 5년 내로"

무너질 수밖에 없다고 판단했다.[28] 말 그대로 키신저판 도미노이론이었다.

중국과의 국교정상화를 대담하게 성취한 키신저도, 그보다 쉬워 보였던 쿠바와의 국교정상화에 실패했다. 미국-쿠바의 관계는 미중 관계보다 훨씬 복잡하다. 기본적으로 양국 모두 여전히 베두인 전설 프레임을 가지고 있었기 때문이다. 미국 정부는 제재 완화 조치를 획기적으로 펼치고 싶지만 카스트로가 아프리카에서 모험주의적 행동을 하자 자칫 국내정치적으로 무기력한 유화파로 몰리게 되리라 판단했다. 반면 카스트로는 미국과의 국교정상화에 따른 실익 때문에 평생 추구해온 국제주의 혁명 노선을 포기하기가 어려웠다. 더구나 앙골라의 국제 연대 요구를 뿌리치면 그간 쌓은 국제적 명성이 무너지리라는 두려움이 있었다. 상대방이 먼저 대담한 양보를 해주기를 기대했지만, 어느 누구도 움직일 수 없는 교착 상태에 빠졌다.

1976년 10월 6일 쿠바인 망명자와 전직 CIA 요원 등으로 구성된 테러리스트 그룹이 쿠바 여객기를 폭파시켜 탑승객 73명 전원이 사망했다. 카스트로는 테러리스트를 숨겨주는 미국에 대한 격분을 담은 연설을 하면서 1973년에 맺은 '비행기 납치 반대 협정' 폐기를 선언했다. 협상가 키신저도 손을 털고 나오자 미국-쿠바 관계는 다시 얼어붙었다. 결국 무척 유연해진 카스트로와 협상가 키신저의 조합도 미국과 쿠바 간의 고르디아스의 매듭을 풀지는 못했다. 카스트로는 맥거번 상원의원에게 상호주의의 지혜를 강조하는 친서를 보냈지만 엎질러진 물이었다.

> 우리 관계는 전쟁 때의 다리와도 같습니다. 이 다리는 파괴되는 속도만큼 빨리 복구되지는 않습니다. 긴 시간이 걸립니다. 만약 양 당사자가 다리의 자신 쪽 부분을 복구한다면 우리는 승자나 패자 없이 합의에 도달할 수 있습니다.[29]

지미 카터

냉혹하고 야비한 현실주의자 닉슨이 탄핵되고 1976년 대선에서 이상주의자 지미 카터가 당선되었다. 카스트로 입장에서는 그때까지 만날 수 있던 미국 대통령 중 가장 상대하기 좋은 미국 대통령이었을 것이다. 카터는 냉전 시대의 자유주의자였던 케네디처럼 반공주의에 집착하지 않았으며, 인권 같은 보편적인 국제 규범 준수를 강조했다. 카터는 제3세계의 입장에 대해서도 상당한 공감대를 가진 정치인이었다. 그래서인지 김일성도 카터를 아주 친밀하게 대했다. 그런 점에서 보면 카터는 쿠바 미사일 위기 당시 유화적인 입장 때문에 정권에서 소외된 스티븐슨 대사와 비슷했다.

카터는 취임 직후인 1977년 1월 말 쿠바 측의 조업권 협상 제안에 응했다. 또 인공위성으로 정찰이 가능한데 쓸데없이 쿠바를 자극할 필요가 있느냐면서 취임 한 달 만에 쿠바 정찰비행을 중지시켰다. 새 대통령의 성향에 맞춰 국무부는 미국 농구팀의 쿠바 여행을 허락하는 등 해빙 분위기를 열었다.

쿠바도 아프리카에서 벌이던 군사모험주의 활동을 서서히 줄였다. 이제 이미 마련된 행동 대 행동 프로그램만 가동시키면 국교정상화가 시작될 듯했다. 협상의 여지가 생긴 것이다. 사이러스 밴스 국무부 장관을 비롯한 국무부는 행동 대 행동을 유발시키는 첫 조치로 부분적 제재 완화를 시도하려 했다.

하지만 카터 행정부 내에도 비둘기파와 매파가 존재했다. 대화를 강조하는 사이러스 밴스 국무부 장관과 베두인 전설을 믿는 즈비그뉴 브레진스키 국가안보보좌관이 양 노선을 대표했는데, 두 사람의 갈등이 심했다. 국무부는 일단 조업 재개 등 합의가 가능한 이슈에서 시작해 궁극적으로 큰 걸림돌인 쿠바가 아프리카에서 벌이던 군사모험주의를 다루고자 했다. 반면에 브레진스키는 보다 중요한 큰 틀의 프레임이 정해지지 않고는 한 발도 나갈 수 없다는 입장이었다.

브레진스키는 줄어드는 추세지만 여전히 아프리카에 혁명 수출을 하는 쿠바와 협상을 재개하는 것은 소련에 더 큰 자신감을 줄 뿐이라며 우려했다. 전 지구적 안보 구도라는 더 큰 전략적 수를 고민하던 브레진스키가 보기에 쿠바를 소련으로부터 떼어낼 필요는 있지만, 굳이 미국이 먼저 제재 완화에 나설 이유가 없었다. 양측의 의견이 첨예하게 달라서 쿠바와의 협상테이블에서 서로 다른 주장을 하는 어처구니없는 일도 잦았다.[30]

문제를 악화시키는 것은 미국 내부의 혼선만이 아니었다. 1977년 초부터 미국 정보당국은 자이르(콩고)의 샤바 지방을 침공하는 망명자 집단이 쿠바의 지원을 받고 있다고 판단했다. 쿠바 정부는 강하게 부인했다. 정보당국으로부터 "자이르 인근에서 쿠바 병력이 증원되거나, 에티오피아에 쿠바 군사고문단이 파견"되고 있다고 보고를 받은 브레진스키는 쿠바 측 주장을 믿기 어려웠다. 1978년 5월 망명자 집단은 자이르를 재침공했다.

그런 상황에서 카스트로는 다시 카터에게 정상화를 절실하게 원하는 친서를 몇 차례 보냈고, 쿠바이탈주민 공동체에서 온건파에 속하는 버나드 베네스라는 은행가를 통해 국교정상화의 길을 모색했다. 베네스의 주선으로 카스트로는 정치범 3000명을 석방하는 대담한 양보를 감행했다. 카스트로 입장에서는 피그스만 침공 이후 가장 큰 규모로, 그것도 선제적으로 양보를 한 셈이었다. 미국 NSC는 1978년 4월 14일 뉴욕에서 비밀실무회담을 해서 협상 가능성을 다시 조심스럽게 타진했다.[31]

1978년 10월 말 쿠바에 소련제 MIG-23 전투기가 배치됐다는 소식이 언론에 보도되자 양국 관계는 다시 얼어붙었다. MIG-23 전투기는 핵무기를 탑재할 수 있어서 과거 케네디와 흐루쇼프가 맺은 '공격용 무기' 배치 금지 약속 위반으로도 해석될 수 있었다. 이런 상황에서 대화에 적극적인 카터의 입지는 줄어들 수밖에 없었다. 미국 보수파가 '제2의 쿠바 미사일 위기'라고 호들갑을 떨며 주장하자 카터는 보다 강경한 조치를 취할 수밖에 없었다. 결국 취임 초 중지했던 정찰비행이 재개되었고 미군과 영국군은 사전에 쿠바에 알리는 전례를 무시하고 쿠바 근해에서 해상 군사훈련을 재실시했다.

설상가상으로 1979년 8월에는 완전히 철수한 줄 알았던 소련군 일부가 쿠바에 남아있는 게 드러나면서 양국 관계는 더 악화됐다. 1962년 당시 카스트로는 '연대의 상징'으로서 일부 소련군 병력이 남아있기를 원했고, 소련도 마지못해 동의했다. 쿠바와 소련은 잔존 병력이 전투부대가 아니라 쿠바군 훈련을 위한 군사고문단일 뿐이라고 주장했지만, 미국 측은 기만행위로 여기고 브레진스키를 비롯한 반협상파를 중심으로 더 강경한 목소리를 냈다.

1977년 12월 24일 소련이 아프가니스탄을 침공하자 미국과 쿠바 관계는 극도로 얼어붙었다. 미국이 보기에 쿠바는 소련과 관련이 없는 척하면서 비동맹 운동을 선동하고, 다른 한편으로는 여전히 소련의 전초기지 역할을 했다. 사실 소련의 아프가니스탄 침공에 대한 쿠바의 전략적 침묵, 즉 소련의 원조를 고려한 타협은 다른 비동맹국가들을 실망시킨 행동이었다. 결국 1979년 카터는 쿠바를 고립시키는 전략을 마련하도록 대통령령으로 지시했다. 브레진스키 국가안보보좌관의 끈질기고 강경한 조언을 수용한 것이다.

미국 국무부 쿠바 담당관이던 웨인 스미스는 쿠바가 아프리카에서 지원 활동을 벌이는 데 대한 과장된 편견을 불식시키려고 애를 썼다. 하지만 NSC 측은 웨인 스미스에게 "소련과 쿠바가 침략자"라는 것을 강조하는 데만 관심 있다고 '조언'했다.[32] NSC에서 쿠바와의 국교정상화를 추진했던 로버트 패스터 남미 담당관마저 쿠바가 국교정상화 의지가 별로 없다고 결론을 내렸다.

카스트로는 쿠바의 골칫거리였던 불만분자 12만 명이 미국으로 망명하는 것을 방치하는 식으로 카터에게 앙갚음했다. 주민 통제를 강경하게 하는 북한과 달리 쿠바 정부는 불만분자들을 아예 배출해버리는 방식으로 체제를 공고히했던 것이다.[33] 위기가 지속되자 카스트로는 1980년 미국 대선 정국에서 강경보수파인 로널드 레이건이 당선되는 데 기여하게 될까봐 우려했지만 이미 늦었다. 카터는 12만 명에 달하는 쿠바 난민 스캔들과 소련의 아프가니스탄 침공을 막지 못한 일 등으로 '유약한 리더'라는 낙인이 찍혔고, 1979년 말 이란 인질극 사태까지 터지면서 결국 대선에서 레이건에게 패배했다.

물론 소련의 아프가니스탄 침공을 방조하거나 부추긴 것은 소련을 허약하게 만들기 위한 브레진스키의 탁월한 술책이었고, 실제로 소련 붕괴의 한 원인이 되었다. 하지만 당시 미국 시민들은 그런 사실을 알 수 없었다. 케네디와 존슨에게 골칫거리였던 골드워터 후보를 낙선시키기 위해 스캔들을 일으켜주겠다고 제의했던 카스트로가 이번에는 진짜 스캔들을 일으켜 카터가 대선에서 패배하는 데 어느 정도 기여했던 셈이다.

결국 쿠바와의 국교정상화에 대해 큰 열망을 가진 카터조차 실패했다. 어디서부터 단추를 잘못 끼웠을까? 퇴임 후 임기를 돌아본 카터는 그 전환점을 1970년대 말엽의 에티오피아 사건으로 봤다. 카터는 쿠바의 에티오피아 지원에 대해 미국이 신경질적인 태도를 취하지 않고 보다 유연하게 나갔어야 했다고 자책했다.[34] 하지만 아직 냉전이 진행 중이고 자유민주주의의 최종 승리가 선언되지 않은 상황에서 카터가 그런 정치적 의지를 관철시킬 수 있었을까?

카터의 자기반성에도 불구하고 이 시기 미국과 쿠바 관계에서 아주 중요한 진전이 있었다는 점에 주목해야 한다. 흔히 미국과 쿠바의 관계 진전이 오바마 시기에 극적으로 이루어진 것으로 보는 경향이 있다. 하지만 카터 시절인 1977년 양국이 이익대표부를 설치한 것이 서로에 대한 오인을 부단히 줄여나갈 수 있었던 중요한 계기가 되었다.[35] 이익대표부의 활동은 이후 결국 오바마 시기의 전면적 국교정상화 합의로 빛을 봤다. 냉전 시절에도 역사는 얼마든지 진전될 수 있었다는 교훈을 카터 대통령으로부터 얻을 수 있다.

로널드 레이건과 조지 H. W. 부시

카터는 재선에 실패해 정치적 의지를 실험할 기회를 상실했고, 강경보수파이자 네오콘으로 둘러싸인 로널드 레이건이 대통령이 됐다. 국무부 장관 알렉산더 헤이그는 취임 후 남미 정책을 종합적으로 검토하는 과정에서 레이건에게 장담했다.

"명령만 내려주세요. 그 X 같은 섬을 제가 주차장으로 만들겠습니다."[36]

카스트로는 남미나 아프리카에서 쿠바가 한 행동은 주권의 영역이라는 줄곧 반복해온 주장을 카터 시절부터 자제했지만, 헤이그 국무부 장관 같은 강경파는 시간 벌기 전술로 치부했다. 국무부의 쿠바 담당관 웨인 스미스는 카스트로가 확실히 달라진 상황에서도 고정관념에만 매달리며 현실을 왜곡하는 강경파의 행태에 질린 나머지 대사직 제안을 거절하고 은퇴해 버렸다.[37]

1983년 5월 대쿠바 선전 방송인 라디오 마르티가 개국하자 카스트로는 레이건을 '미친놈'이라고 욕하며 저주를 퍼부었다. 방송국 이름으로 사용한 '마르티'는 쿠바인들이 존경하는 쿠바 혁명의 아버지 '호세 마르티'에서 딴 것이었다. 쿠바 정권 교체의 수단으로 동원된 방송국 이름을 '마르티'라고 붙이는 발상은 카스트로 입장에서 매우 오만하고 무례한 짓이었다. 부유한 쿠바이탈주민 그룹이자 강력한 이익집단으로서 미국 정치에 막강한 영향력을 행사하는 CANF(전미쿠바계미국인재단)가 만든 이 방송국은 줄곧 미국과 쿠바의 국교정상화를 가로막았다. 1983년 레이건 정부는 국제법을 어겨가며 카리브해의 작은 나라인 그레나다를 침공했는데, 이 사건은 카스트로에게 미국의 침략주의적 속성을 다시 한 번 확인시켜준 사례였다.

레이건 시절의 갈등 국면에서도 물밑에서는 협상이 여전히 진행되었다. 1982년 강경파인 헤이그 국무부 장관이 온건파인 조지 슐츠로 교체되었고, 1984년 인권운동가인 제시 잭슨 의원이 쿠바를 방문하면서 양국 간 협상의 다리가 놓였다. 레이건은 오늘날 트럼프 행정부의 국가안보보좌관으로 활동하는 존 볼턴 등 지금도 여전히 활동하는 네오콘과는 다르게 이념보다 실용을 중시했다. 특히 1984년 재선 뒤에는 네오콘의 인질에서 벗어나 피스메이커로 변신했고, 이민 협정과 남아프리카공화국의 인종문제 등을 해결하는 일이 미국에도 유익하다고 판단하고 과감하게 비밀협상에 나섰다. 대쿠바 선전 방송에 분노한 카스트로도 이민 협정의 생산적 해결이 국교정상화로 가는 길이라고 판단하고 적극적으로 임했다.[38]

1988년 12월 22일 미국·쿠바·앙골라·남아프리카공화국 등 4개국은 뉴욕 UN 본부에서 3자(미국· 앙골라·남아프리카공화국) 및 양자(쿠바·앙골라) 협정을 맺었다. 협정문에 서명한 잉크가 마르기도 전에 미국의 비밀공작과 쿠바의 인권 침해를 둘러싸고 거친 언쟁이 오갔지만, 강경보수파가 판을 치던 레이건 시대에 이런 협정이 맺어진 점은 놀라웠다. 미하일 고르바초프라는 소련의 온건한 리더의 등장도 한몫했다. 1988년 대선으로 새 대통령 내정자가 된 조지 H. W. 부시가 기존 정책을 재검토하기 전에 일을 마무리하려고 한 점도 한몫했다.

미국과 쿠바의 오랜 협상과 실패의 사이클을 보면 대개 쿠바가 위험한 상황에서 양국 간 국교정상화 논의가 상당히 진전됐다. 핵미사일이 배치된 1962년이 그랬고, 소련이 핵잠수함 지원 기지를 설치하려 하는 등 또 다른 위기가 일어날 때마다 미국은 부지런히 비밀채널을 가동했다. 한편 소련이 자체적인 모순을 견디지 못하고 무너지면서 쿠바가 냉전의 전략 요충지적 성격을 잃자 미국은 쿠바에 대한 관심을 거두었다. 1989년 12월 몰타에서 조지 H. W. 부시와 미하일 고르바초프는 냉전체제 종식을 선언하는 역사적인 정상회담을 했다. 이 자리에서 고르바초프는 쿠바 문제를 거듭 제기했지만 부시는 전혀 관심을 보이지 않았다.[39]

소련 붕괴 후 탈냉전 시대의 질서를 즐겁게 관리하느라 바쁜 조지 H. W. 부시의 행정부는 쿠바의 자연스러운 붕괴를 기다렸다. 1990년 2월 25일 남미 니카라과에서 미국의 골치를 썩이던 사회주의 정당인 산디니스타 민족해방전선이 선거에서 패배하고 몰락하자 쿠바의 협상력도 떨어졌다. 쿠바와의 관계 개선을 통해 산디니스타의 힘을 약화시킬 필요가 없어졌기 때문이다. 부시는 전임 레이건 행정부가 쿠바에 했던 약속도 이행할 마음이 없었고, 카스트로가 쿠바군을 앙골라에서 철수시킨 것을 유약하다는 증거로 이해하고 자유민주주의로의 정권 교체를 시도했다. 또 라디오 마르티에 이어 텔레비전 마르티 개국도 추진했다. TV 방송은 쿠바 정부의 방해전파로 신호 송출이 제대로 되지 않아 돈 낭비였지만, 미국 정부는 큰 고민도 하지 않고 계획대로 추진했다. 냉전이 자유민주주의의 최종 승리로 끝나면서 미국은 두려울 것이 없었다. 1991년 부시는 주저하는 고르바초프를 강하게 압박해 쿠바에 제공하는 석유에 대한 가격 할인 조치를 철회해 쿠바 경제에 타격을 주기도 했다.

그나마 고르바초프는 쿠바를 변호하기 위해 애를 쓴 편이었다. 1992년 쿠바에 대해 아무런 애정이나 연민이 없던 보리스 옐친이 등장하자 쿠바는 더 철저히 고립됐다. 옐친은 제임스 베이커 미국 국무부 장관의 압박에 굴복해 쿠바에 대한 모든 군사 원조를 중단하고 군사고문단도 철수시켰다. 과거 미국을 그토록 두렵게 한 도미노이론은 이제 역으로 공산주의 진영에 적용되었다. 쿠바는 다음 붕괴 대상으로 간주됐다. 카스트로는 그간 미국의 압박과 달콤한 국교정상화의 유혹 앞에서 공산주의 진영의 연대를 위해 아프리카를 포기하지 않았다. 그와 달리 1962년에 이어 단 한마디 상의도 없이 헌신짝처럼 쿠바를 버린 러시아인들에게 심한 분노를 표했다.

빌 클린턴

고난의 행군을 하던 쿠바에 다시 기회가 찾아왔다. 어린 시절부터 대통령의 꿈을 키워온 빌 클린턴 아칸소 주지사가 현직 대통령 조지 H. W. 부시를 누르고 대통령이 된 것이다. 클린턴에게는 쿠바에 대해 안 좋은 기억이 있었다. 카터 임기 중 카스트로의 악의적 난민 추방의 불똥이 우연히도 클린턴에게 떨어졌기 때문이다. 아칸소 주지자였던 클린턴은 카터 대통령이 아칸소 주에 난민을 수용할 것을 요구하는 바람에 정치적으로 곤경에 처했고, 재선에서 낙마했다.

클린턴의 대쿠바 정책은 정치적 판단을 중시하는 클린턴의 특성상 전임 정권의 보수주의적 그늘에서 벗어나기 힘들었다. 대선 후보 시절 클린턴은 케네디가 대선 캠페인 기간에 강경한 주장을 한 것처럼 의회가 발의한 '쿠바민주화법안(토리첼리-그레이엄 법안)'을 부시 대통령보다 먼저 지지했다. 전혀 예상치 못했던 클린턴의 행보에 보수적 유권자들이 동요할 정도였다.

케네디가 피그스만 침공 당시 추가 지원을 중단한 뒤로 보수적인 쿠바계 미국인 공동체는 공화당을 무조건 지지해왔다. 하지만 부시의 미온적인 대쿠바 정책에 실망한 CANF의 마스 카노사 회장은 보수적 행보를 보인 클린턴 민주당 후보를 지지하기로 마음을 바꿨다.[40] 클린턴은 플로리다 주 등 대통령 선거인단표 계산에서 중요한 지역의 유권자 사이에서 반공주의 정신이 투철하다는 명성을 얻고, 쿠바이탈주민 공동체의 선거자금 후원도 받았다. 플로리다 주에서 클린턴은 쿠바계 미국인 중 20퍼센트의 표를 얻었지만, 악마적 거래의 대가로 마스 카노사 회장의 영향력에 휘둘렸다. 물론 카스트로도 클린턴을 좋게 볼 수 없었다.[41]

쿠바민주화법안은 카스트로 정권을 무너뜨리는 것을 분명한 목표로 제시했다. 이를 위해 제3세계에서 활동하는 미국 기업이 쿠바와 경제 활동을 하는 걸 금지하고, 쿠바 내 비정부 조직들을 지원하여 대안 세력을 양성하려 했다. 소위 '트랙 II'라는 민간외교의 틀을 활용한 것이지만, 민간교류를 통해 협력을 강화하는 '트랙 II'의 원래 취지와 달리 트로이의 목마처럼 카스트로 정권을 내부에서부터 와해시키는 것이 목적이었다. 클린턴 집권 1기 내내 강경한 정책이 실행되었고,쿠바에서 인권과 관련한 진전이 있는 경우에만 경제 제재를 해제했다.

클린턴은 자생적으로 확대되는 피그스만 작전이 남긴 유산으로도 골치를 썩이고 있었다. 피그스만 작전 훈련에 참여한 미국 테러리스트들이 1976년 쿠바 여객기를 폭파해 민간인 73명을 살해하는 만행을 저질렀기 때문이다. 키신저는 미국 정부와는 상관 없는 일이라고 발뺌했지만 여객기 테러리스트들은 미국이 만들어낸 괴물들이었다. 카스트로는 분노를 삭여야만 했다.

피그스만 침공의 토양에서 흉측하게 자라난 발은 거기서 멈추지 않았다. '구조를 위한 형제들Brothers to the Rescue'이라는 그룹이 조직되어 기획 망명이 시도된 것이다. 해당 그룹은 인도적 활동을 하는 민간단체로 위장했지만 쿠바 내 저항 세력 확산 활동을 했고, 1996년 1월 9일과 13일에는 비행기로 아바나에 반정부 선동 삐라 수천 장을 뿌렸다. 몇 번에 걸쳐 미국 정부에 공식 창구와 비공식 특사인 빌 리처드슨 하원의원 등을 통해 도발에 대해 경고하던 쿠바 정부는 결국 2월 24일 쿠바 영공에 접근한 비행기를 격추시켰다.[42]

국제사회는 쿠바의 행동을 규탄하면서도 격추된 비행기의 정체와 영공 침범 여부에 대해 다양한 논쟁을 벌였다. 하지만 피해 당사자이자 쿠바에 대한 적대적 감정이 쌓여있던 미국 여론은 사건이 벌어지게 된 오랜 맥락을 외면하고 쿠바를 비난했다. 이를 놓칠 리 없는 보수적인 미국 의회는 백악관을 압박해 1996년 헬름즈-버튼 법안을 통과시켜 카스트로의 숨통을 더 심하게 졸랐다.[43] 헬름즈-버튼 법안의 주 목적은 외국인 투자자들의 쿠바 시장 참여를 방해하는 것이었다. 여기에 쿠바의 새 정부를 미국이 승인하는 기준으로 카스트로 형제의 참여 여부를 따지기로 해서 미래의 쿠바 정부까지 간섭을 하겠다는 의지까지 담았다. 1999년 클린턴은 헬름즈-버튼 법안을 대통령 재량으로 완화하는 유연성을 발휘했지만, 카스트로는 여전히 쿠바 정권 교체를 공언하는 클린턴의 수사를 문제 삼았다.

그럼에도 두 가지 긍정적 사건이 이후 오바마 행정부의 국교정상화 시도의 주춧돌을 놓았다. 하나는 1998년 교황 요한 바오로 2세의 쿠바 방문이고, 또 하나는 1999년 엘리안 곤잘레스 소년의 표류 사건이다.

특히 교황의 쿠바 방문은 지속적인 파장을 낳았다. 교황은 미국이 수십 년간 지속해온 제재 조치가 쿠바인들의 삶에 미친 부정적 영향에 대해 도덕적인 비판을 함으로써 미국인들의 양심을 일깨웠다. 교황의 메시지는 이후 미국 시민사회의 제재 완화 캠페인에 힘을 실어주었고, 클린턴 대통령조차 이에 기반을 둔 후속 조치를 구상해야만 했다.[44]

1999년에는 쿠바 탈출을 시도하던 배가 난파되어 탑승자들이 모두 죽고 유일하게 살아남은 여섯 살 엘리안이 극적으로 구조되는 사건이 있었다. 쿠바에 사는 엘리안의 아버지는 아들을 돌려달라고 했고, 보수적 쿠바계 미국인들은 어린아이를 전체주의 국가로 돌려보낼 수는 없다는 입장이어서 심한 갈등이 벌어졌다. 이 과정에서 미국인들은 쿠바인 아버지의 애타는 부정과 애환을 보면서 쿠바인들도 뿔 달린 도깨비가 아니라 그냥 따듯한 심장을 가진 평범한 인간이라는 진리를 깨달았다.

정치적 감각이 탁월한 카스트로는 기회를 놓치지 않았다. 직접 군중집회에 나가서 아이의 인권을 생각하는 인도주의적인 쿠바 지도자 대 비인간적인 미국 정부와 쿠바계 미국인 공동체라는 프레임을 만들어냈다. 쿠바 전역에 여섯 살 소년의 포스터가 붙여졌고, 카스트로는 전 세계 여론을 자기편으로 만들었다. 아이러니하게도 카스트로는 이 시기에 군중집회에 자주 등장하면서 건강이 나빠지면서 동생 라울에게 정권을 이양해야 했다.[45]

미국 시민과 국제 여론은 어린아이를 이념적 전쟁의 도구로 이용하는 쿠바계 미국인 공동체에 환멸을 느꼈다. 클린턴과의 악마적 거래로 민주당 정권 시절에도 강력한 영향력을 행사하던 CANF의 영향력도 서서히 쇠퇴했다. 클린턴 행정부 때 이 재단은 쿠바 여객기 테러와 아바나 호텔 폭탄 테러의 주범인 루이스 포사다 칼릴레스가 감옥에 가지 않도록 영향력을 행사하기까지 했다. 허들스턴 전 쿠바 주재 미국 이익대표부 대표는 아직도 칼릴레스가 마이애미 시내를 마음대로 활보한다며 분개했다.[46] 어쨌든 엘리안 곤잘레스 사건으로 바뀌기 시작한 미국 여론은 오바마 정권이 쿠바와의 국교정상화로 대담하게 나아가게 하는 원동력이 됐다.

조지 W. 부시

역사에 가정은 없지만 클린턴에 이어 앨 고어가 당선됐다면 전향적으로 바뀌기 시작하던 여론의 향배가 국교정상화로 이어졌을지도 모른다. 박빙이었던 2000년 미국 대선에서 플로리다 주 재검표 끝에 네오콘의 영향을 강하게 받는 조지 W. 부시가 단 500표 차이로 당선됐다. 쿠바 소년 엘리안 곤잘레스 사건이 벌어지지 않았다면 엘 고어가 대통령이 됐을지도 모른다. 클린턴은 악마의 거래로 쿠바계 미국인 표의 3분의 1을 가져온 반면 앨 고

어는 5분의 1도 못 가져왔기 때문이다.[47]

대선 캠페인 때의 강경한 주장과 달리 취임 초 조지 W. 부시의 노선은 비교적 온건했다. 쿠바 내 미국 이익대표부 대표였던 허들스턴의 증언처럼 부시는 취임 후 18개월간 클린턴 행정부 후반기의 온건 노선을 이어갔다. 신중하고 지혜로운 콜린 파월 국무부 장관이 버티고 있었기 때문이다.[48] 하지만 9·11 테러는 결정적 전환점이 됐다. 카스트로는 미국에 의료 지원을 하고 정보를 제공하는 등 최대한 협조했지만, 콘돌리사 라이스 국가안보보좌관이 솔직하게 지적했듯이 9·11 테러는 미국이 외교·안보에서 강경 노선으로 전환할 하늘이 준 기회이기도 했다.

미국의 타깃은 테러 당사자로 지목된 중동만이 아니었다. 쿠바에 대해서도 제재를 강화하고 백악관 내에 쿠바 정권 교체론자를 배치했을 뿐 아니라, 쿠바 내 인권운동가와 체제 전복 세력을 양성했다. 더 놀라운 점은 그간 외교·안보의 전통을 깨고 "불량국가"에 대한 예방적 공격까지 선언한 사실이다. 부시는 쿠바 미사일 위기 당시 검토했던 선제적 공습 방안을 좋은 역사적 선례로 들곤 했지만, 임박한 전쟁 위기 상황에서의 선제공격과 부시가 주장하는 "위기의 씨앗 단계에서 예방적 공격"은 차원이 달랐다.

부시의 선제공격 독트린은 문서로 그치지 않았다. 2003년 3월에는 이 독트린에 입각해 농약 살포용 비행기 따위가 잠재적 위험 요소라면서 이라크를 침공했다. 쿠바와 북한 같은 "불량국가"는 경악했다. 다음 타깃이 될 수 있기 때문이었다. 실제로 2003년 4월 10일 도미니카 주재 미국 대사는 이라크 상황이 쿠바에 좋은 본보기라며 노골적으로 협박했다.[49] 2001년 미국 국무부는 북한 등과 함께 쿠바를 테러리스트 국가로 재지정한 상황이었다. 1998년부터 미국 국방부나 CIA 전문가 다수가 쿠바의 군사적 위험이나 테러리스트 그룹과의 연계 가능성에 대해 회의적 목소리를 냈지만, 존 볼턴 국무부 군축국제안보 담당관 같은 네오콘은 9·11 테러를 쿠바에 대한 강경 노선을 펼칠 기회로 삼았다. 그래서 결정적 증거를 제시하지도 않은 채 2002년 5월 쿠바의 생화학무기 개발 의혹 등 다양한 논리를 만들어냈다. 콜린 파월 국무부 장관과 도널드 럼스펠드 국방부 장관은 신중한 태도를 취했지만 볼턴은 개의치 않았다.[50]

조지 W. 부시 임기 내내 쿠바 붕괴론이 유행처럼 이야기되고 강경한 제재를 했음에도 불구하고 카스트로 정권은 전혀 흔들리지 않았다.[51] 수십 년간 계속된 제재는 쿠바 엘리트들을 건드리지 못하고 일반 시민들만 더욱더 궁핍한 상황으로 밀어넣었다.

미국 보수파는 미국이 유화적 제스처를 취할 때마다 카스트로가 매번 노회한 수법으로 무산시키는 것으로 보아 미국과의 국교정상화를 바라지 않는다고 결론을 내렸다. 따라서 카스트로 형제가 살아있는 한 국교정상화의 환상을 버리고 제재와 압박을 고수하자고 주장했다. 보수파의 냉소적 표현에 따르면 카스트로는 "기회를 놓칠 기회를 절대로 놓치지 않았다." 그것만이 정권을 유지할 유일한 방법이기 때문이다.[52]

보수파의 지적대로 카스트로는 조그마한 희망의 불씨라도 보일 경우 소중하게 키우기는커녕 찬물을 끼얹는 세련되지 못한 행동을 해왔고, 미국에 신경질적으로 대응해온 것도 사실이다. 하지만 쿠바는 미국이라는 초강대국의 뒷마당의, 언제 어느 순간에 사라질지 모르는 조그만 섬나라다. 수십 년간 미국의 전복 공작을 견뎌오면서 피포위 심리라는 강박관념을 갖지 않을 수 없었다.

더구나 미국인들의 완고한 고정관념은 쿠바에서 벌어지는 변화에 눈을 감게 만들고, 새로운 기회 창출을 위한 아이디어도 차단했다. 카스트로가 앓아누운 후 전면에 등장한 라울은 대통령으로 취임하자마자 UN의 두 가지 인권 협약에 서명했다. 또 시장 자유화 조치를 제한적이나마 실시하고, 휴대폰 소지도 허락했다.[53] 이후 부침은 있었지만 쿠바에도 변화의 바람이

부는 것이 명백히 보였다. 그럼에도 미국은 그런 모습에는 주의를 기울이지 않았다. 보수파는 나중에서야 라울이 대담하게 오바마와 국교정상화 합의를 하자 당황해서 어쩔 줄 몰랐다. 우리는 이런 역사의 반복을 2018년 워싱턴과 한반도에서 다시 목격하고 있다.

미국 보수파가 카스트로의 진정성을 의심했듯이, 카스트로도 클린턴 등이 조심스럽게 보인 긍정적 조치들을 무시하고 미국의 진정성을 늘 의심했다. 2003년 조지 W. 부시 시절 미국 의회에서 제재의 무용성에 대한 여론이 일어나는 상황에서 카스트로는 반대파에 대한 잔혹한 탄압을 벌여 국제사회의 신용을 잃어버렸다.[54] 물론 카스트로가 보기에 쿠바 미사일 위기 당시에는 '공격용 무기' 제거라는 비교적 수용하기 쉬운 쟁점 때문에 제3차 세계대전 직전까지 갔지만, 수십 년이 지난 뒤 미국의 요구사항은 훨씬 더 많고 복잡해졌다. 카스트로로서는 미국의 진의를 의심할 수밖에 없었다. 아바나 회의에서 카스트로는 다음과 같이 문제를 제기했다.[55]

> 미국은 쿠바와 관련해서는 항상 새로운 이슈를 만들어내고 있소. 미국은 오랫동안 우리가 소련과 연계하는 한 관계 개선을 할 수 없다고 했소. 어느 날 갑자기 소련이 사라졌소. 미국은 오랫동안 앙골라에 군대를 파견하는 한 관계를 개선할 수 없다고 말했소. 전쟁이 끝났고 쿠바군이 철수했소. … 소련과 관계를 단절해라, 앙골라에서 철수하라, 니카라과를 떠나라 … 항상 핑계를 들이댔소. 가장 최근에는 민주화 핑계를 대고 있소. … 미국과 우리 관계는 절대로 나아지지 않을 거요. 미국이 계속 새로운 핑계를 만들 테니까. 다음 핑계가 무엇일지는 아무도 모르오.

그렇게 미국도 쿠바도 양국 간의 평화를 원하지 않는다는 명제가 진리가 되는 것처럼 보였다. 하지만 이 명제가 진리로 격상되는 순간 상상조차

하기 어려운 일이 일어나기 시작했다. 오바마와 라울에 의해서 '평화, 새로운 시작'이 시작된 것이다.

버락 오바마

카스트로와 미국의 수많은 역대 대통령들은 "기회를 놓칠 기회를 절대로 놓치지" 않았으며, 차츰 지쳐갔다. 한때 "제2의 케네디"로 불린 빌 클린턴 시절 잠시 국교정상화를 꿈꿨지만 무산되었다. 오히려 이 시기에는 쿠바에 대한 정권 교체 시도가 의회를 중심으로 활발하게 일어났고, 정치 9단인 클린턴은 결코 정치적으로 손해 보는 일을 하지 않았다. 혁명적 열정이 결코 시들지 않을 것만 같았던 카스트로도 인생의 법칙을 비껴갈 수 없었다. 2006년 잠시 권력을 내려놓은 데 이어 2008년 2월 동생 라울 카스트로에게 의장직을 물려주고 역사의 뒤안길로 사라졌다(결국 2016년 서거했다). 미국 강경파는 다시 붕괴론이라는 낡은 라디오를 틀어댔지만 카스트로 체제는 전혀 흔들림이 없었다.

이제는 "검은 케네디"라 불린 정치인이 등장하면서 다시 가느다란 희망의 빛줄기가 비췄다. 오바마라는 풋내기 상원의원이었다. 클린턴은 어릴 때부터 제2의 케네디가 되는 꿈을 가진 정치가였지만, 케네디보다는 전통적인 정치 문법에 충실한 노회한 현실주의자였다. 케네디의 사고 체계에서는 미국 건국 초기의 공화주의적 이상과 지구 제국이라는 꿈이 강하게 자리를 잡았었다. 반면 클린턴은 케네디의 이상주의와 아버지 부시의 현실주의적 관리자 역할 사이에 위치한 사고 체계를 갖고 있는, 그래서 '담대한' 희망이라기보다는 '점진주의적' 현실정치인이었다. 미국이 한동안 잃어버린 담대한 꿈과 전 지구적 소프트파워를 다시 일깨운 오바마야말로 진정한 케네디의 부활이었다.

대선 캠페인 때부터 오바마는 케네디보다 진화한 모습을 보였다. 대쿠바 관여 노선을 천명하면서 쿠바 송금, 이산가족 여행 제한 조치 해제, 교류 활성화를 공약한 것이다. 후보 시절부터 쿠바와의 관계 악화의 계기를 만드는 데 일조했던 냉전적 주장을 구사한 케네디와 클린턴에 비해 오바마는 놀라울 정도로 이상주의적 문법을 구사했다.

> 미국은 쿠바와의 새로운 시작을 추구합니다. 물론 오랜 불신을 극복하기 위해 긴 여정을 떠나야 한다는 것도 압니다. 하지만 새로운 날을 향한 중요한 단계를 내딛어야만 합니다.[56]

오바마의 담대한 주장은 빌 클린턴의 전통을 이어가는 민주당 주류 힐러리 클린턴 후보의 주장에 비해 훨씬 앞서간 것이었다. 공화당 후보인 존 매케인은 물론, 힐러리도 플로리다 주 등 전략적 요충지의 보수적 유권자를 고려해 쿠바에 대해 강경한 태도를 취했다. 힐러리는 아칸소 주지사 부인 시절부터 대통령 영부인 시절에 이르기까지 쿠바 이슈가 어떻게 남편을 괴롭혔는지 너무나 잘 알고 있었다. 그래서 결코 위험천만한 관여 노선을 천명할 수 없었고, 당내 보수파가 보인 그녀에 대한 오랜 거부 심리를 완화하려고 외교·안보 노선에서 보수적 선회를 거듭해왔다.

그런 힐러리가 이해할 수 없는 일이 벌어졌다. 오바마의 온건한 노선에도 불구하고 CANF는 오바마를 비난하기는커녕 오히려 환영한 것이다. 수십 년간의 제재와 압박에도 효과가 없자 쿠바계 미국인 공동체 내에서도 강경책에 대한 피로도가 증가했기 때문이다. 클린턴 시절 교황 방문이 이루어졌고, 엘리언 곤잘레스 사건도 일어나면서 국내외 여론이 크게 바뀌고 있었다. UN·WTO를 비롯한 국제사회도 미국의 오랜 적대 정책을 비판했다. 미국 국내에서는 CANF의 갈등 유발 행위를 비판하는 온건 시민단체인

CLC(쿠바자유회의)도 생겨났다.[57]

접촉 노선의 대중적 토대는 현실로 증명됐다. 놀랍게도 관여 노선을 천명한 오바마가 대선에서 큰 승리를 거두었다. 쿠바계 미국인 중 35퍼센트가 오바마에게 표를 주었다. 보수적인 쿠바계 미국인의 텃밭인 플로리다주에서도 오바마가 승리했다.[58] 민주당은 쿠바에 대한 유화 노선을 추진할 수 있게 됐다. 케네디가 비극적으로 암살당해서 이루지 못했던 양국 간 국교정상화의 토대가 마련된 것이다.

오바마는 2009년 1월 집권하자마자 발 빠르게 움직였다. 3월 카스트로 형제가 핵심 간부 15명을 숙청했지만 오바마 행정부는 즉시 반응하기보다는 비밀채널로 우려를 전달했다. 4월에는 대선 공약에 따라 쿠바 송금과 이산가족 여행 제한 조치를 풀었다.[59] 쿠바 학자들에게 미국 비자도 발급되는 등 문화적 교류도 확대했다. 쿠바 내 정치적 자유를 확대할 의도로 미국 통신회사가 쿠바의 TV와 인터넷 서비스 개선 계약을 맺을 수 있도록 허가했다. 힐러리 클린턴 국무부 장관은 처음에 불편한 심기를 드러냈지만, 쿠바가 "민주주의를 위해 헌신한다"는 단서조항만으로 미주기구에 다시 회원으로 받아들여질 때 거부권을 행사하지 않았다. 아바나의 미국 이익대표부도 쿠바인들에게 불쾌한 뉴스를 보내던 전광판을 철거해 상호 비방을 자제했다.

쿠바의 라울 카스트로도 2006년 집권 후 미국과의 국교정상화에 대한 강력한 의지를 일관되게 보였고, 인권과 시장 문제 등에 대해서도 전향적 개혁을 시도했다. 그런 그에게 오바마 집권과 함께 기회의 창이 열렸다. 라울은 쿠바의 주권만 존중한다면 민감한 이슈인 인권과 정치적 자유 문제도 얼마든지 논의할 수 있다고 밝혔다.[60]

하지만 수십 년에 걸친 불신의 겨울이 하루아침에 봄으로 바뀔 리는 없었다. 오바마는 2009년 4월 남미 정상들을 만난 자리에서 잠시 라울과 악수를 나누었지만 아직 보수적인 미국의 정치 지형을 고려해 정상회담 같은 대담한 제안을 하지는 못했다.[61] 쿠바에서는 이념주의자인 피델 카스트로가 실용주의자인 동생 라울의 인권에 대한 전향적 태도에 대해 찬물을 끼얹었다. 인권 문제가 국가 간 의제가 결코 될 수 없다고 주장한 것이다.[62] 그런 상황에서 새로운 행보를 보이고 싶던 라울에게 실망스럽게도 오바마 행정부도 명확한 증거를 제시하지도 않고 쿠바를 테러지원국으로 분류했다. 여행 제한 조치도 조지 W. 부시 시절에 비해 좀 느슨해졌지만 이전 클린턴 시절만큼 되돌리지는 못했다.

더 근본적인 문제는 미국이 정권 교체 노선을 버리진 않았다는 사실이다. 오바마는 이상주의적인 말로 지구인들의 귀를 사로잡았지만, 실제 미국 정부는 USAID(미국국제개발처)의 '민주주의 증진'이라는 프로그램에 예산을 아낌없이 지원했다. 프로그램의 명분은 이름처럼 쿠바의 민주주의 증진이지만, 사실은 쿠바 정권 교체를 위해 반정부 세력을 육성하는 은밀한 공작을 진행했다. 쿠바 정부는 카터 시절 선의로 개설을 허용한 이익대표부도 민간교류라는 미명하에 쿠바 내 인권운동가와 접촉하고 반정부 세력 형성을 은근히 지원하는 행태에 불만을 가지고 있었다.

오바마 행정부는 한발 더 나아가 1995년 클린턴 행정부 시절부터 시작되어 조지 W. 부시 행정부가 본격화한 사이버공격을 진행했다. 인터넷의 개방성은 쿠바 내 반정부 세력의 힘을 강화하기에 효과적이기 때문이었다. 2009년 12월에 USAID의 컨설팅 회사 직원 신분으로 쿠바에 입국한 앨런 그로스가 쿠바 내 시민운동가들에게 비밀리에 위성통신 기술을 제공한 혐의로 체포되었다. 힐러리 국무부 장관은 이 일을 근거로 쿠바가 국교정상화에 관심이 없다고 판단했지만, 쿠바 입장에서는 적반하장이었다.

미국의 사이버공격은 이후 해커를 이용한 원자력 발전소 파괴 공작으로 발전되어 이란과 북한을 대상으로도 시도됐다. 발전소 통제시스템 해킹은 북한에 대해서는 큰 성과가 없었지만, 이란을 상대로는 대성공이었다. 이란은 누가 한 짓인지도 모른 채 몇 년간 복구 작업을 해야 했다.

미국은 앨런 그로스 석방을 위한 협상 과정에서 민주주의 증진 프로그램 수정을 약속했다. 하지만 이 약속마저 라울이 보기에는 어처구니없게도 쿠바계 미국인 사회에서 강력한 영향력을 행사하는 로버트 메넨데스 민주당 상원의원의 격렬한 반대에 부딪혔다.[63]

제국의 수장인 오바마는 첫 임기에 쿠바 문제에만 집중할 수 없었다. 오바마의 전략적 비전은 중동에서 미국의 지나친 팽창을 차츰 축소하고 '아시아 회귀Pivot to Asia'로 중국을 견제하는 것이었다. 하지만 중동에는 이라크·아프가니스탄·이란 등 성가신 행위자가 너무 많았다. 빌 리처드슨 뉴멕시코 주지사나 1994년 한반도 위기 때 특사였던 지미 카터 전 대통령에게 쿠바 특사 역할을 맡겼지만, 쿠바는 무관심한 듯한 반응을 보였다. 케네디 시절과 달리 소련의 전초기지도 아니고 핵무기도 없는 쿠바는 별로 절실한 이슈가 아니었다. 상대방의 관심을 유발할 만한 가공할 힘이 없는 국가는 무시를 당한다는 국제정치의 논리가 쿠바에 적용되었고, 이런 비정한 현실은 이후 북미 관계에서도 그대로 재현된다.

오바마 행정부의 이중 플레이와 무관심, 정치적 의지박약을 잘 알던 라울이 오바마가 내민 손을 선뜻 잡긴 어려웠다. 라울이 보기에 오바마도 역대 미국 대통령과 다르지 않았다. 오바마도 쿠바 민주화를 전제조건으로 내걸었고, 그 와중에 제재와 정권 교체 공작을 멈추지 않았다.

라울은 끈기 있게 손을 내밀었다. 2012년 대선에서 오바마는 손쉽게 재선되고, 이듬해인 2013년 2월 19일 패트릭 리히 민주당 상원의원 등이 쿠바를 방문했을 때 라울 카스트로는 국교정상화 의지를 솔직히 밝혔다.

"우리 모두 실수를 했습니다. 하지만 이제 과거를 뒤로 할 필요가 있습니다."[64]

재선에 성공한 오바마도 여유를 가지고 쿠바 문제를 다룰 수 있었다. 오바마는 NSC 부보좌관 벤 로즈와 국무부 남미담당부국장 리카르도 주니거에게 비밀리에 캐나다에서 라울의 아들이자 쿠바 정보부 수장인 알레한드로를 만나게 했다.[65] 특사채널이 공개될 경우 미국 정치권의 역풍을 고려해 그로스 석방 문제를 다룬다는 핑계로 사실상 국교정상화 의지를 확인하려고 한 것이다. 양국 정상의 특사 간 비밀접촉은 효과를 발휘했고, 그로스 석방 이슈 논의 과정에서 상호 신뢰를 형성하고 포괄적 국교정상화로 의제를 확장했다.[66]

역사에서는 종종 우연이 진정어린 노력과 결합해 필연을 만들어낸다. 지미 카터 전 대통령 등 훌륭한 특사들이 두 나라 간 정상회담을 추진했지만 소득이 없었다. 이번에는 달랐다. 비밀특사채널이 단단한 주춧돌을 놓은 후인 2013년 12월 10일, 넬슨 만델라 남아프리카공화국 대통령 추모행사에서 우연히 만난 두 정상은 문제의 실마리를 풀기 시작했다.

장례식장은 성찰을 하기에 좋은 장소였다. 오바마는 과거 전형적인 미국 대통령과 달리 유달리 균형 잡힌 역사 인식을 보여줬다. 오바마는 측근인 벤 로즈와의 대화에서 남아프리카공화국의 인종 차별 정책과 관련해 레이건 행정부가 정의롭지 못한 편을 든 반면, 쿠바의 앙골라 무장투쟁 지원이 오히려 만델라에게 도움을 주었다는 역사적 사실을 언급해 로즈를 놀라게 했다.[67]

이 장례식의 백미는 오바마 특유의 연설이었다. 오바마는 1962년 쿠바 미사일 위기 해결 후 아메리칸 대학교에서 케네디가 했던 연설을 연상시키는 명연설로 대중의 마음을 사로잡았다. 오바마는 만델라의 용서와 화해 정신을 환기시키며 라울에게도 다음과 같은 의미심장한 말을 던졌다.

"우리는 차이가 아니라 공통점에 의해 규정되는 세계를 선택할 수 있습니다."[68]

오바마는 만델라 추모 행사에 가기 몇 주 전에 마이애미에서 열린 선거 자금 모금 파티에서도 의미심장한 발언을 했다.

"우리는 창의적이고 사려 깊어야 합니다. 우리의 정책을 시대에 맞춰 바꿔야만 합니다. 피델 카스트로 전 총리가 집권했을 때 저는 갓난아이였다는 사실을 떠올려보세요. 1961년에 채택한 정책이 인터넷과 구글과 세계 여행의 시대에도 여전히 효과적이라는 주장은 말이 되지 않습니다."[69]

두 정상의 만남은 강력한 돌파구가 됐다. 외교 관계도 결국 인간 간의 만남에서 시작되고 끝이 나는 법이다. 타이밍도 절묘했다. 오바마는 재선에 성공해 자신의 정치적 자본이 훼손되는 걸 걱정할 필요가 없었다. 정치적 고려보다는 오바마 특유의 건전한 상식과 이상주의가 빛을 발휘할 수 있게 된 시점에 이런 호기가 찾아온 것이다.

2015년 7월 양국은 역사적인 국교정상화를 이루었다. 2016년 3월 22일 오바마는 캘빈 쿨리지 대통령 이래 88년 만에 현직 미국 대통령으로서는 처음으로 쿠바를 방문하는 역사를 썼다. 이 방문에서 오바마는 다음과 같이 선언했다.

> 오늘 발표하는 새로운 쿠바 정책으로 쿠바 사회가 하루아침에 바뀔 것이라고 기대하지는 않습니다. 하지만 관여 정책을 통해 우리의 가치를 효과적으로 지키고 쿠바인들이 21세기로 가는 동안 자립하는 것을 도우리라고 확신합니다.[70]

정치적 균형을 세심하게 고려한 발언이었다. 오바마는 과거 미국의 제국주의적 노선에 대한 진정성 있는 성찰, 과거를 뒤로 한 국교정상화와, 그 걸림돌이 될 통상·수출 금지 조치 해제라는 큰 선물을 언급해 열렬한 박수를 받았다. 하지만 동시에 법치와 정치적 표현의 자유 등 인권과 정치 개혁의 보편적 가치도 언급했다. 연설 클라이맥스에서는 친구이자 이웃이고 가

족으로서 미국과 쿠바의 새로운 화해의 길을 말했다.[71]

흥미롭게도 오바마의 쿠바 방문 의도에 대한 벤 로즈의 설명은 라울 카스트로의 의도와 공명을 일으켰다. 라울은 미국과 쿠바 간의 적대가 자기 시대에 끝내기를 강렬히 열망했기에 과감한 행보를 시작했다. 벤 로즈에 따르면 오바마도 자신이 역사의 한 장을 마감하고 쿠바인과 쿠바계 미국인의 미래 세대에게 새로운 기회를 부여하기 위해 이 방문을 기획했다. 두 딸 샤샤와 말리아를 데리고 쿠바를 방문한 이유도 거기에 있었다.[72]

라울과 오바마의 극적 돌파구에는 남미 출신인 프란치스코 교황도 큰 기여를 했다. 쿠바는 가톨릭의 영향력이 강한 나라였다. 그래서 프란치스코 교황의 영성적이면서 진취적인 메시지가 큰 도움이 되었던 것이다. 1973년 카스트로는 강경한 쿠바계 미국인 공동체에 의해 좌지우지되는 미국의 국내정치 논리에 진절머리를 내며 다음과 같은 농담을 던졌다.

"미국이 아프리카계 대통령을 선출하고, 세계가 남미계 교황을 선출하면 그때 협상하러 와라."[73]

카스트로의 농담은 기적처럼 이루어졌다. 오바마와 교황이라는 블랙스완의 효과에 더해 라울이라는 새로운 실용주의 리더의 등장은 국교정상화에 결정적 동력으로 작용했다. 원래 라울은 형 피델보다 더 교조적인 공산주의자이자 피도 눈물도 없는 인물로 알려졌었다. 실제로 라울은 혁명 초기에 무자비한 혁명전사로 입지를 다졌으며, 2인자 자리를 굳히기 위한 전략적 행보로서 인민재판 등에 능동적으로 가담했다.[74] 이런 과격한 이미지 때문에 라울의 변신은 진의를 의심받았다. 다만 브라이언 라텔이라는 CIA 정보분석관은 2005년 이미 라울의 대변신 징후를 읽었고, 2015년에 이루어질 국교정상화 행보까지 예측했다.

라울은 혁명적 낭만주의자이자 미국과의 필연적 대결이라는 운명을 믿는 피델 카스트로와는 달리 실용주의 성향이 강하다. 또한 타인에 대한 공감 능력도 뛰어났다. 예컨대 피델의 아들이 치명적인 교통사고를 당했을 때 정작 자기 아들 일처럼 행동한 건 라울이었다고 한다.[75] 입만 열면 반미 항전을 외쳤던 형과 달리 라울은 1994년 경제 위기 당시 군중집회에서 "콩이 포탄보다 중요"하다고 연설하며 인민들의 경제적 고난에 대해 솔직한 태도를 보였다.[76]

쿠바에 무익했던 냉전이 끝나고 피델이 자리에서 내려오자 라울은 형의 그늘에서 벗어나 실용주의 노선을 걷기 시작했다.[77] 라울의 주된 관심사는 미국과 쿠바 간의 적대적 관계를 미래 세대들에게 물려주지 않는 것이었다.[78] 라울은 제재가 해제되어 미국과 평화롭게 공존하면서 중국이나 베트남처럼 번영하는 새로운 쿠바를 꿈꿨다. 이를 위해 이미지 변신을 적극 시도했다. '인권을 탄압하는 전체주의 국가'라는 이미지에서 벗어나기 위해 애를 썼고, 쿠바인들이 증오해온 관타나모 기지에서 알 카에다 조직원 구금 활동이 이루어지는 과정에 적극 협력했다.[79]

피델은 동생 라울이 권력을 안정적으로 승계할 수 있도록 노력했다. 피델 카스트로가 라울의 권력 승계를 선호한 이유는 단지 '충성스러운 동생'이기 때문만이 아니었다. 과격파로 알려진 라울의 집권이 개혁파를 두려워하게 만들 것이라고 판단해서였다. 피델은 주변에 이렇게 장담하곤 했다.

"개혁파가 라울을 두려워할 겁니다. 근심에 젖어있죠. 이게 권력 승계의 결정적 요소입니다."[80]

피델이 그토록 두려워한 개혁·개방을 다름 아닌 동생 라울이 이루었다는 사실은 역사의 아이러니다.

오바마는 이란과의 갈등도 기적과 같은 대타협으로 풀어냈다. 미국은 이란의 평화적인 핵물질 재처리 권리를 차단하려고 애썼지만 전쟁의 어두운 그림자 앞에서 결국 물러섰다. 미국 강경파의 주장과 달리, 이 대타협은 이란이 미래에 핵을 무기화할 가능성을 제거한 획기적인 돌파구였다.[81] 이렇게 쿠바와 이란이라는 두 버전의 쿠바 미사일 위기는 평화의 사도인 오바마에 의해 해소되었다.

오바마는 TPP(환태평양경제동반자협정)을 통해 중국을 전 지구적 자본주의 체제에 보다 강력히 진입시키기 위한 초대장을 발부했다. 카리브해·중동·아시아·태평양을 아우르는 야심찬 행보였다. 미국은 케네디가 꿈꾸던 비전인 '관여와 확대'의 진정한 의미를 담은 네트워크 제국으로 한 발짝 나아간 것처럼 보였다.

도널드 트럼프

2017년 1월, 케네디 시절에는 단 한 번도 주류 정치인이 되지 못한 유형의 인물이 미국 대통령이 되었다. 1960년대 국수주의·보호무역주의·백인우월주의로 악명 높았던 조지 월러스 앨라배마 주지사의 21세기 버전인 도널드 트럼프가 당선된 것이다. 트럼프는 멕시코 장벽 등 대선 공약으로만 인식되던 터무니없는 정책을 집권 후 치열하게 실천했다.

대선에서 트럼프는 쿠바계 미국인들의 열렬한 지지를 받아 플로리다 주에서 승리했다. 그런 지지에 보답이라도 하듯 트럼프는 전혀 성과가 없던 쿠바 정권 교체 카드를 다시 뽑아들었다. 공화당 경선에서 트럼프와 경쟁하기도 했던 마코 루비오 플로리다 주 상원의원 등 강경보수파의 강한 압박이 트럼프 행정부에서 다양한 정책으로 나타나기 시작했다. 트럼프는 쿠바를 과거는 물론 지금도 범죄 행위에 연루된 국가로 규정하고, 국교정상화에 대한 오바마의 '대통령행정명령presidential directive'을 무효화하는 '대통령각서presidential memorandum'에 서명했다.

그나마 다행히도 쿠바는 테러지원국으로 재지정되지 않았고, 양국 대사관도 유지되었다. 다만 이후 갈등이 격화되면서 결국 대사관 인력을 절반으로 줄이도록 강제하는 조치가 이어졌다. 트럼프 정권의 국무부는 교육이나 인도적 목적의 단체 여행을 제외한 쿠바 여행을 자제하도록 권고했다.[82]

다행히 라울은 위기를 악화시키지 않기 위해 절제된 대응을 했다. 도널드 트럼프라는 예측이 불가능한 인물의 당선에 대해 오바마의 측근인 벤 로즈가 임기 마지막 해 여행에서 라울에게 우려를 전한 적이 있었다. 그때 라울은 태연하게 답했다.

"우리는 그보다 더한 것도 겪었다오."[83]

2017년 8월에는 트럼프의 강경한 정권 교체 노선에 좋은 핑곗거리가 될 사건까지 발생했다. 쿠바에 주재하는 미국·캐나다 외교관들이 정체를 알 수 없는 음파 공격에 수십 차례 노출되어 청각·뇌 손상 및 어지럼증을 호소하며 귀국한 것이다. 라울은 쿠바 정부와는 무관한 일이라고 주장했다. FBI의 직접 조사까지 허락했지만 트럼프 정부는 의심을 거두지 않았다. 미국 보수파는 국교정상화를 방해하려는 쿠바 군부 강경파의 짓이라거나 라울의 숨겨진 본심이 따로 있는 것 아니냐며 의심했다. 쿠바 측은 CIA의 공작이라고 의심했다.[84]

마코 루비오 플로리다 주 상원의원 등 쿠바 정권 교체를 노리는 세력들은 호기를 놓치지 않았다. 2017년 11월 트럼프의 강화된 제재 조치조차 약하다고 비판하며 제재의 고삐를 더 죄도록 압박했다. 미국 재무부는 쿠바 정보당국이나 군부와 관련된 것으로 의심되는 기관과의 금융거래를 금지시켰다. 국무부도 이산가족 상봉과 같은 인도적인 목적의 교류를 위한 비자 발급마저 거부했다.[85]

트럼프 시절 쿠바에도 변화가 있었다. 미국 강경파가 예상했던 것과 달리 2018년 4월 평화적 정권 이양을 달성한 것이다. 라울은 연임 이후 약속대로 새 리더인 미겔 디아스카넬에게 국가평의회 의장 자리를 넘겼다. 물론 라울 등 혁명 1세대가 여전히 군부와 당에서 큰 영향력을 행사하고는 있지만, 평화적 이행은 미국 보수파의 예측을 뒤집는 놀라운 사건인 것은 분명하다. 허들스턴 전 쿠바 주재 미국 이익대표부 대표는 트럼프의 강경 고립 노선의 무용성에 대해 다음과 같이 평가했다.

> 미국인 여행객이 줄어들면 기존 쿠바 경제 체제 바깥에서의 활동으로 생계를 이어가는, 쿠바 정부에 저항하거나 불만을 가진 이들이 다수인 시장 개혁 진영에 피해가 돌아갈 것이다. 반면 쿠바 정보당국과 군부의 금융거래를 금지하는 조치는 이 힘 있는 기관들에 타격을 주지 못한다. 다른 나라의 투자자들이 쿠바의 관광 시설과 지주회사를 계속 후원하고 투자할 것이다. 쿠바 고급 호텔 대부분을 지은 스페인은 건축 활동을 계속할 것이고, 중국은 쿠바에 새 호텔방을 10만 8천 개나 만들 계획을 가지고 앞서 나갈 것이다.[86]

라울 카스트로 집권 후 무려 50만 명이 시장 활동에 종사한 것으로 집계됐다. 쿠바인들은 정부 허가를 받지 않고도 자유롭게 미국 마이애미를 여행하고, 라디오와 TV 같은 소비재를 사서 귀국한다. 아바나에서 시장 활동으로 여유가 생긴 몇몇 쿠바 시민들은 과거에는 들어갈 생각조차 하지 못했던 호텔에 체류하고 고급 레스토랑에서 식사하기도 한다.[87] 라울은 대외관계에서도 개혁의 박차를 가했다. 볼리비아나 니카라과 같은 남미의 좌파 연대 국가뿐 아니라 브라질과도 관계를 강화했고, EU와의 협력으로 시장을 개혁했다.

허들스턴 전 대사가 지적한 트럼프식 쿠바 고립 노선의 부작용은 쿠바 국내 시민사회의 위축만 가져온 것은 아니다. 아이러니하게도 1962년 쿠바 미사일 위기의 원인이 됐다가 이후 쿠바와 멀어진 러시아와 중국을 다시 남미로 초대했다. 현재 중국은 쿠바에 가장 중요한 무역 파트너다.[88] 중국은 쿠바는 물론 남미 전역에서 급속도로 영향력을 확대하고 있다. 중국교통건설유한공사는 2017년 초 10억 달러 규모의 파나마 항만 건설 프로젝트를 시작했다. 2017년 11월에는 브라질과 '동서횡단 동서통합 철도건설사업' 컨소시엄까지 구성했다. 렉스 틸러슨 전 국무부 장관은 중국을 "잠재적 포식자"라며 맹비난하기도 했다. 푸틴의 러시아도 다시 남미에서 팽창주의적 기지재를 켜고 있다. 2015년 니카라과와는 러시아 군함이 항구에 정박할 수 있도록 협정을 맺었고, 수리남과는 무기 판매 등과 관련한 군사 협력을 강화한 것이다.[89]

트럼프가 이란과의 핵합의를 파기하자 중국과 러시아는 그 틈도 파고들고 있다. 2018년 5월 13일 왕이 중국 국무위원 겸 외교부장은 이란 핵합의에서 탁월한 협상력을 발휘한 모하마드 자리프 이란 외무부 장관과 협력을 강화하기로 합의했다. 바로 전날인 5월 12일에는 유리 우샤코프 러시아 외교 담당 보좌관이 러시아를 포함한 유라시아경제연합 회원국들과 이란이 자유무역협정을 체결할 예정이라고 발표했다.[90] 쿠바 미사일 위기가 끝나고 반세기가 더 지난 뒤, 다른 형태이기는 하지만 또 다른 위기의 씨앗이 카리브해와 호르무즈해협에서 뿌려지기 시작한 것이다. 역사는 정말 뒤집히고 또 뒤집히는 모래시계일까?

11. 제국의 관심 대상이 아닌 국가의 운명은 험난하다

카스트로는 1962년 13일간 벌어진 위기를 "슬프지만 빛나던 시기Sad and Luminous Days"로 기억했다. 결국 미국의 위협에 미사일을 철수해야 했으니 슬펐던 것은 이해할 수 있지만, "빛나던 시기"라는 건 언뜻 이해하기 어렵다. 카스트로 입장에서 미국과 소련이라는 초강대국이 약소국 쿠바에 초유의 관심을 가지고서 격돌하고 또 구애했다는 점에서 자존심을 세운 명예로운 시기이기도 하다. 위기가 해소된 뒤 카스트로는 미국과 국교정상화를 이루기 위해 사소한 문제는 양보하는 등 무던히도 애썼다. 냉전이 끝나자 소련은 내부 문제 해결에 집중하느라 정신이 없었다. 미국도 성가시고 가난한 이웃 쿠바에 크게 관심을 두지 않았다.

카스트로는 생존에 필요한 에너지를 모조리 쏟아부을 수 있고 세계의 관심이 집중됐던 시기에 목표를 이뤘어야 했다. 레온 시걸 박사는 "소변을 오래 참은 사람과 그렇지 않은 사람의 오줌 누기 대결에서는 소변을 오래 참은 사람이 유리하다"는 재미난 비유를 들었다.[91] 시걸이 보기에 약소국은 강대국의 관심을 끌기 위해 수십 년간 총력을 기울여 (오줌을 오래 참아) 협상에 임한다. 생존이 걸린 게임이기 때문이다. 약소국만큼 집중력을 기울일 이유와 여유가 없는 강대국은 (오줌을 오래 참지 않았기에) 오줌 많이 누기 대결에서 이기기 어렵다.

사실 카스트로는 수십 년간 참은 오줌을 쏟아냈어야 할 미국과 소련의 그레이트게임 때 모험주의에 빠져 너무 늦게 게임에 참여했다. 그 시절 임박한 침공에 대한 과장된 피포위 심리와 젊은 혈기에 타협의 여지를 너무

줄여버렸다. 운도 없어서 케네디 암살로 미국과의 정상회담 기회까지 날아가버렸다. 이후 카스트로는 존슨과 닉슨 같은 마초와 상대해야 했다.

한반도에서 북한의 오줌 누기 대결은 카스트로가 해온 것보다는 성공적이다. 북한의 핵게임은 겉으로는 반미 결사 항전으로 보이지만, 그 본질은 일단 미국의 관심을 끈 뒤 벌일 오줌 누기 대결이다. 장규성 감독의 영화 〈여선생 VS 여제자〉에서 매일 지각하는 불량학생의 속셈과 비슷하다. 계속되는 지각이 못마땅했던 선생님(미국)의 예상과 달리 불량학생(북한)의 진정한 의도는 지각으로 선생님의 관심을 받는 것이었다. 북한은 핵미사일 개발이라는 카드로 미국의 관심을 끄는 데 성공했고, 때로는 여전히 냉담한 미국이 다른 곳에 관심을 기울이는 동안 꾸준히 이후를 기약했다. 결국 미국과의 오줌 누기 대결이 성사되면 북한은 목숨을 걸고 축적해온 외교력을 쏟아부었다.

하지만 결정적 순간에 북한의 리더가 사망하거나, 미국이나 한국의 정권이 교체되거나, 때로는 상호 불신이 너무 커서 대결은 중단되곤 했다. 북한이 그토록 기대했던 오바마는 북한 문제는 방치하고 쿠바·이란 문제를 먼저 풀었다. 쿠바에 대해서는 라울이라는 새로운 지도자가 등장했고, 재선된 오바마가 유권자의 눈치를 볼 필요가 없었으며, 우연히 넬슨 만델라 대통령이 타계하여 장례식에서 두 나라 지도자들이 만나는 등의 행운이 겹쳤다. 이란에 대해서는 아이러니하게도 그토록 미적지근한 태도를 취하던 오바마가 쿠바 미사일 위기처럼 일촉즉발의 전쟁 위기가 다가오니 관심을 보이면서 이루어졌다. 결국 이란의 평화적 핵물질 재처리 권한을 인정한다는 대타협 같은 선제적 행보를 취했다. 이란이 제재와 압박에 물러섰다는 빅터 차 교수 같은 보수파의 해석은 사실과는 다르다.[92] 이란은 평화적 핵물질 재처리 권한 확보를 일관되게 고수했고, 그런 점에서 미국이 양보했다는 것이 진실에 가깝다.

북한도 이란처럼 아이러니한 경우다. 오바마가 등장하자 한반도에는 다시 봄이 오는 듯했다. 2012년 미사일 실험 중지와 식량 원조를 맞교환하기로 하는 등 좋은 분위기가 잠시 형성되는 듯했지만, 그해 4월 북한이 장거리 미사일로 의심되는 "위성"을 발사하면서 양국 관계는 다시 얼어붙었다. 북한과의 관계를 개선하기에는 이르다고 판단한 오바마는 이란이나 쿠바와 달리 북한에 대해서는 "전략적 인내"라는 명분을 내세우며 문제를 방치하거나 사이버공격으로 일관했다. 이란의 원심분리기를 망가뜨리는 데 성공했던 사이버공격 덕분인지는 알 수 없지만 북한의 무수단 미사일 발사 실패율이 88퍼센트에 이르기도 했다.[93] 오바마는 1994년 클린턴 행정부가 시뮬레이션을 해본 뒤 가공할 피해 규모에 놀라서 포기한 외과수술식 선제공습을 재검토하기도 했다.[94] 과거의 실패에서 교훈을 얻지 못하고 바보짓을 반복하는 미국의 습관적 기억상실증을 잘 보여주는 사례다.

오바마의 임기 내내 성가신 존재였던 북한은 미국이 방관하는 동안 ICBM을 완성했다. 오바마의 마음을 잘 읽는 최측근인 벤 로즈 NSC 부보좌관은 힐러리 클린턴 국무부 장관과 밥 게이츠 국방부 장관 같은 기존 주류 안보라인의 현상 유지 관성을 비판했다.[95] 벤 로즈가 보기에 두 장관은 오바마와 달리 중동과 이란 등 모든 외교·안보 이슈에서 안정만 추구했다. 하지만 그런 벤 로즈도 북한 이슈에 대해서는 크게 할 말이 없었다.[96] 오바마 정부 외교·안보의 가장 큰 취약점이기 때문이다. 정권 인수인계 단계에서 오바마 행정부는 트럼프 진영에 임기 중 가장 큰 이슈가 북한 문제가 될 것이라고 경고하면서 자신들의 큰 실책을 무심결에 인정했다. 미국 본토나 전략적 구도에 가해지는 현실적 위협을 느껴야 비로소 협상 국면에 돌입하는 미국 정부의 낯익은 '불편한 진실'이 확인되는 순간이었다.

할아버지와 아버지의 핵무기 개발을 통한 타협 모색 전략과 달리, 김정은은 국제사회의 비난을 깡그리 무시하고 핵미사일 개발에 박차를 가해 미국의 결정적 관심을 끄는 데 성공했다. 미국의 입장에서 적대국이 미국 주요 도시들을 타격할 수 있는 ICBM을 거의 완성시켰다는 사실은, 제2의 쿠바 미사일 위기가 벌어진 것과 같았다. 이번 게임의 미국 대표 선수는 신중한 케네디가 아니라 미치광이 전술의 열렬한 숭배자 도널드 트럼프라는 점에서 게임은 더 아슬아슬하게 진행되었다.

트럼프는 CIA에 특별히 '북한임무센터'를 설치했다. 2018년 2월 15일 자 〈포린폴리시〉에 따르면 미국 정부는 몇 개월에 걸쳐 북한에 대한 사이버공격 기반도 구축했다. 그런 사실은 역설적으로 김정은의 도박이 성공했음을 시사한다.[97] 트럼프는 과거 클린턴과 오바마처럼 정권 초기에 선제공격 같은 군사작전과 김정은 암살이라는 카드를 만지작거리다가, 막상 북한이 "핵 무력 완성"을 선언한 뒤 손을 내밀자 역대 어느 미국 대통령도 하지 않은 북미정상회담을 하기로 덜컥 합의했다. 현재까지는 할아버지와 아버지보다는 손자가 옳았다. 오죽했으면 〈뉴욕타임스〉가 2018년 4월 27일 기사에서 미국과의 합의를 모범적으로 지키는 이란에 대해서는 합의를 깨고, 반대로 미국을 위협한 북한과 합의를 시도하는 트럼프가 미국의 위신과 신뢰를 떨어뜨렸다고 비판했겠는가.[98] 제재와 압박이 먹혔다는 트럼프 정부의 선전과 달리 미국의 전략적 오류라는 불편한 진실을 드러냈다고 볼 수 있다.

놓치지 말아야 할 차이는 흐루쇼프가 비밀리에 도박을 감행하면서 케네디로 하여금 강경한 대응을 선택하지 않을 수 없게끔 강제한 반면, 김정은은 ICBM을 쏘면서도 동시에 대화하자는 신호를 보냈다는 사실이다. 한국 정부는 김정은이 하와이가 아니라 동해로 미사일을 쏘자 이를 미국에 대한 위협이 아니라 기술 완성의 과시를 통한 대화 의지로 읽어냈다고 한다.[99] 김정은은 핵무력 완성 뒤 과거에는 상상조차 할 수 없었던 유화적 제스처를 통해 자신의 목적이 미국과의 국교정상화라는 사실을 분명히 했다.

선군 노선의 피델 카스트로 시대와 경제 우선주의의 라울 카스트로 시대가 엄청나게 달랐듯이, 김일성·김정일 시대와 김정은 시대는 전혀 다르다.

김정은의 입장에서는 운 좋게도 2017년 5월 평화 체제에 대한 강한 열정과 균형감각을 가진 협상가 문재인이 대통령으로 취임했다. 미국 대통령 트럼프도 지구적 안보 전략에 큰 관심이 없어 보이지만 자신이 주인공이 되는 게임을 좋아하는 캐릭터인 데다가 중간선거까지 앞둔 상황이라 각자의 셈법이 맞아떨어졌다. 한미 대통령 모두 집권 초기라는 점에서 국교정상화를 하는 데 필요한 시간도 충분하다. 한반도 핵게임의 역사상 타이밍과 이해관계가 이렇게 환상적으로 맞아떨어진 적은 없었다.

다만 특정 이슈에 대한 관심을 지속적으로 유지하지 않고 어디로 튈지 모르는 트럼프의 관심을 북한이 얼마나 계속 끌지가 관건이다. 갈수록 격화되는 미중 간 패권전쟁 및 중동 등 다른 지역 문제에서 발목이 잡힐 수 있는 트럼프의 상황을 고려하면 김정은에게는 쉽지만은 않은 과제다. 클린턴 전 대통령은 임기 말 북한과 국교정상화의 결정적 타이밍이 왔는데도 평양행 비행기 대신 중동행 비행기를 택했다. 클린턴을 수험생에 비유한다면, 그 당시 중동은 국영수 과목만큼 중요했지만 북한은 물리 과목 정도로 여긴 것이다. 지금 트럼프는 북한을 국영수 과목 중 하나로 다루지만, 만약 북미 관계가 진전된다면 아이러니하게도 북한과의 게임은 절박성을 상실하고 다시 물리 과목이 될 수도 있다. 위기는 이때 재발될 수 있다. 최악의 경우 그간 지구적 경찰을 자임해온 미국에서 고립주의적 경향이 강화되면 한반도 문제에 적극 개입하는 것을 꺼리게 될 수도 있다. ICBM이 없는 북한은 미국이라는 제국에 사활적 문제가 아니다.

이런 제국과 약소국 관계의 현실을 무시하고 김정은이 북한의 위치를 과대평가하는 위험도 이후 한반도 운명의 변수가 될 것이다. 진징이 베이징 대학교 교수는 2018년 인클루시브 코리아 컨퍼런스에서 "북한이 ICBM

덕분에 강대국과 대등한 '전략국가'가 됐다는 자신감을 가지면 위험해질 수 있다"고 경고했다. 진징이 교수가 만난 한 북한 학자는 "이제 북한은 강대국 장기판의 말이 아니라 장기판의 선수"라고 자신감을 보였다.

하지만 고작 ICBM 한 기 정도로 "동등한 전략국가" 운운하는 북한의 자신감이 지나칠 경우 변덕스러운 제국인 미국과의 게임은 엉뚱한 방향으로 전개될 수 있다. 북한은 아직 전략국가가 아니다. 이를 잠시라도 간과하고 결정론적으로 생각하는 순간 북한은 강대국의 그레이트게임의 틈바구니에서 우스꽝스러운 모습으로 전락하고 말 것이다. 이런 불편한 진실을 수십 년간 곱씹은 카스트로 형제의 비애를 과연 한반도의 리더들은 절실히 알고 있을까?

12. 약소국의 주권도 존중받아야 한다

쿠바처럼 제국의 귀퉁이에 있는 나라는 특히 약소국으로서의 취약점에 대해 민감하고 주권의식이 강하다. 이런 취약성 때문에 이들은 베두인 전설이나 돈키호테 우화에 더 매혹되고 작은 양보에도 극히 민감하다. 여유는 강함에서 나오는 법이다. 상류층 출신인데도 쿠바 혁명을 지지했던 호세 로드리게스 페오는 다음과 같이 냉소적으로 내뱉었다.

"카스트로를 추동하는 엔진은 두뇌가 아니라 자존심이다. 카스트로는 자존심을 지키다가 이 나라를 파괴해버렸다."[100]

카스트로의 자존심은 미국과의 대결에서만 발휘되지 않았다. 카스트로가 소련에 대해서도 매우 비판적이었던 이유는 약소국의 주권에 대한 두 강대국의 공감 능력이 극도로 적었기 때문이다. 미국에 쿠바는 자기 궤도 안에서 얌전하게 길들여지고 이에 맞춰 움직여야 할 하위 파트너다. 소련은 쿠바와 공산주의 이념을 공유했지만, 동맹이라기보다는 체스판의 말처럼 대했다. 쿠바의 벼랑 끝 전술에 대해서도 쿠바가 처한 취약한 맥락에서 이해하기보다는 인종주의적 경멸을 보였다.

주권을 존중해주면 쿠바는 때로는 유연한 태도를 취했다. 피델 카스트로가 케네디의 파괴 공작에 분노하면서도 케네디와의 정상회담에 큰 기대를 했던 이유도 케네디가 가진 공감 능력에 대한 존중 때문이었다. 피델의 동생 라울이 만델라 추모식에서 오바마와의 만남을 중요하게 여기고, 이후 국교정상화의 계기를 마련한 것도 오바마가 가진 상대방에 대한 상호 존중의 태도 때문이었다.

강대국의 틈바구니 사이에서 매우 취약한 북한도 쿠바처럼 자존심에 매달리다 '실패한 국가'가 되었다. 북한 입장에서는 자국을 석기시대로 돌려놓을 수 있는 가공할 미 제국과 대항했고, 우방인 소련과 중국을 무조건 신뢰할 수만은 없기에 자존심은 북한 최후의 무기다. 북한은 한국의 UN 가입 과정에서 소련과 중국이 공산주의 형제애보다 한국의 자본에 더 관심을 보인 모습을 생생히 봤다. 최근 이 두 '우방'은 북한을 고립시키려는 미국의 제재 조치에 적극 가담하기까지 했다.

북한이 보기에 한국은 자존심과 주권의식이 부재한 미국의 하위 동맹일 뿐이며, 북한을 가난한 나라라고 깔본다. 한반도 바깥의 기존 수교 국가들도 그간 북한의 모험주의적 태도와 갖가지 범죄에 연루된 행동에 진절머리가 나서 거리를 두려고 한다. 갈 곳이 없는 북한은 자존심과 주권에 더 매달린다.

미국 내 일각에는 북한을 대중국 전략의 하위 행위자로 보는 시각도 존재한다. 이는 역사적으로 북한이 견지해온 자존심과 강대국 사이에서의 등거리 외교에 대한 무지와 무관심에 기인한다. 미국과 소련은 이미 쿠바 미사일 위기 과정에서 쿠바가 강대국 체스판의 단순한 말이기를 온몸으로 거부한 걸 분명히 목격했다. 소련이 냉전에서 패배한 후에도 쿠바는 비록 가난하지만 주체적인 나라였고, 결국 미국과 국교정상화까지 이루었다. 여기서 교훈을 얻지 못한 미국은 베트남마저 강대국 전략의 도구로만 간주했다. 미국 정치학자 마이클 그린이 잘 지적했듯이, 외교의 달인인 닉슨과 키신저도 중국과 소련에 압력을 가해 북베트남을 타협의 장으로 내몰았지만 실패했다.[101] 오늘날 미국의 전문가 중에는 아직도 "중국이 북한에 제대로 압력을 가하기만 하면" 문제가 해결된다는 실현될 수 없는 환상에 집착하는 이들이 많다.

하지만 주체의 나라 북한도 카터나 오바마가 쿠바에 그랬던 것처럼 공감의 태도를 취하면 때로는 강경하던 자세를 푼다. 지미 카터 전 대통령이 1994년 한반도 위기가 한창일 때 김일성을 만나 위기를 동결시킬 수 있었던 것도 그래서였다. 카터 방북 직전 북한에 대해 브리핑하는 회의에 참여했던 프랭크 자누지 맨스필드 재단 이사장은 2018년 인클루시브 코리아 컨퍼런스에서 자신의 경험을 다음과 같이 털어놓았다.

카터는 브리핑에 참석한 쟁쟁한 전문가들에게 한 가지 질문을 집요하게 던졌다.

"여러분은 김일성이 원하는 게 뭔지 아십니까?"

본질적이지만 쉽게 대답하기 어려운 질문에 다들 꿀 먹은 벙어리처럼 가만히 있었다. 침묵을 깬 카터는 다음과 같이 스스로 답을 내놓았다.

"김일성은 북한을 존중해주길 원하는 겁니다. 저는 존중하는 태도를 보여주려고 합니다."

카터는 김일성과 마치 수십 년 묵은 친구처럼 회담을 진행했다. 물론 이 위기의 일시 동결이 북한과의 협상을 불편해한 클린턴 정부나 반대로 미국을 믿지 않는 김일성의 마음을 변화시키는 본질적 해결로 나아가지는 않았다. 하지만 카터는 약소국에 대한 역지사지에 무척이나 둔한 미국의 역대 대통령들과는 다른 모습을 보였고, 그런 덕분에 재임 시절 쿠바와의 이익대표부 설치라는 성취도 가능했던 것이다. 미국 소프트파워의 전초기지인 이 이익대표부는 쿠바에서 시민사회가 형성되는 데 기여해왔다. 아직도 목표를 이루지 못한 쿠바 붕괴론자들이 역지사지의 관점을 유지하면서 전체주의 국가 안에 시민사회 기반을 구축하는 데 성공한 카터를 어리석다고 할 수 있을까?

도널드 트럼프는 지미 카터와는 전혀 다른 인물이지만 공통점이 하나 있다. 그건 오직 현상 유지만을 추구하는 기존의 닳고 닳은 워싱턴 내부 정치인과는 다르다는 점이다. 김정은이 트럼프와의 대타협을 결심한 배경도 전형적인 국가안보 프레임을 가지지 않은 트럼프가 북한을 ICBM이라는 고급 상품을 가지고 동등하게 거래하려는 새로운 비즈니스 상대로 봤기 때문이라는 점도 있었다. 원래 허장성세와 자극적 주장의 선수인 김정은은 자신을 '로켓맨'이라며 비하한 트럼프의 품위 없는 메시지가 언제든 바뀔 수 있는 비즈니스맨의 협상용 수사라는 걸 잘 간파했다. 돈키호테식 허장성세 문화에 익숙한 김정은과 허세를 바탕으로 한 협상가 트럼프는 닮은꼴이기에 두 사람은 서로에게 끌린 것이다.

트럼프의 '화염과 분노'를 깊이 연구했다는 북한은 아마 기존 정치 문법과 약소국 깔보기로 일관한 역대 미국 대통령들과는 전혀 다른 트럼프의 속성을 확인하면서 회심의 미소를 지었으리라. 그래서인지 북한은 트럼프가 대선 시절부터 맥도널드 햄버거를 먹으면서 북한과 협상하겠다고 한 걸 농담으로 받아들이지 않고 협상의 신호를 부단히 보냈다.

거듭 말하지만 국가 간의 외교 협상도 인간이 하는 것이다. 인간적 상호 존중과 동등한 거래를 하려는 태도는 때로는 넘을 수 없을 것 같은 장애물도 순간적으로 돌파하게 한다.

13. 놓칠 기회를 놓치지 않는 것은 상호 간에 책임이 얽혀있어서다

미국과 쿠바 간의 오래되고 지루한 대화와 협상 결렬 과정은 결국 서로를 악마화하는 부작용을 낳았다. 진전이 이루어질 것 같으면 꼭 어디선가 방해물이 나타나거나 사건이 터졌다. 미국은 쿠바가 협상을 진심으로 하기보다는 시간이나 끌려 한다고 이해했다. 쿠바는 미국이 협상이 이루어질 것 같으면 새로운 요구조건을 덧붙여 판을 깬다고 불평했다.

오바마 시절 국무부 차관을 지낸 존 림버트는 미국과 이란이 서로 상대를 무한히 적대적이고, 악마적이며, 지배하려 하고, 비합리적이며, 사악한 것들의 집합체로 봤다고 지적했다. 상대의 제안에는 어떤 계략이 포함되어 있고, 상대를 속이려는 목적이 있다는 것이다.[102] 하지만 이런 악마화를 극복하면 상대의 고민과 서로의 공통점이 보였다. 이들은 미국의 버락 오바마와 이란의 하산 로하니 대통령 시대에 와서 포괄적 합의에 도달했다. 트럼프 대통령과 존 볼턴 국가안보보좌관은 이란의 시간 끌기 속임수라고 비난하며 다시 악마화 게임을 시작했다.

미국과 쿠바의 오랜 적대도 이란과 똑같은 과정을 거쳐 오바마 시기에 정상화 합의에 이른 것이다. 미국과 쿠바는 상대방을 무수히 속였고, 또 서로를 뿔 달린 도깨비로 묘사하기 바빴다. 하지만 만델라 추모식에서 만난 오바마와 라울은 서로에게서 평범한 인간의 모습을 발견했다. 이념과 불신이 두 나라를 갈라놓았지만 두 정상 모두 미래 세대에게는 자신들의 과오를 물려주지 않겠다는 인간다운 결의를 서로에게 발견했다. 이 확인만으로도 국교정상화의 길을 과감히 열 수 있었다. 오늘날 트럼프 시대에 들어와 아직 확실한 증거도 없으면서 벌이는 '음파 공격' 소동은 다시 양국 관계를 악마화 게임으로 되돌려버렸다. 음파 공격 소동은 최근 중국 주재 서방 대사관에서도 발생해서 원인 규명이 진행 중이다.

한반도에서도 이 교훈은 그대로 적용된다. 쿠바와 이란에서처럼 미국과 북한은 서로를 속여왔다. 1994년 제네바 합의는 시간벌기이자 속이기 게임이었기에 파기가 예정된 것이었다. 림버트가 미국과 이란 사이를 표현한 묘사가 여기에도 정확히 적용된다. 미국도 북한도 서로 상대를 무한히 적대적이고, 악마적이며, 지배하려 하고, 비합리적이며, 사악한 것들의 집합체로 본다는 것이다. 북한이 때로는 사찰에 과감히 응하는 등 어떤 긍정적 행위를 하면 미국은 유약함의 증거로 보거나 시간 끌기로 단정한다. 그런 점에서 마이클 그린이 북한은 "미국의 전략을 망쳐놓는 데 불가해한 능력을 보였다"라고 한탄한 것은 반쪽 자리 진실을 말한 것이다. 미국도 북한의 일관된 전략을 망쳐놓는 데 탁월한 재능을 보인 건 마찬가지다.

고모부 장성택 숙청 등 잔혹한 독재자의 모습을 보여온 김정은이 최근 전례 없는 강도와 폭으로 미국과의 국교정상화 의지를 보였다. 이런 상황에서도 미국 정부 일각의 초강경파는 정권 교체의 기회로 보고 북한을 부단히 자극한다. 정상회담을 열기로 극적으로 합의하고도 북한이 체제 붕괴의 최악의 사례로 가장 두려워하는 리비아 모델을 계속 언급하는 존 볼턴 국가안보보좌관은 과거 쿠바와 이란을 상대로도 똑같은 짓을 했다. 놀라울 정도로 과감하게 나왔던 북한은 2018년 6월 12일 제1차 북미정상회담을 앞두고 김계관이나 최선희 등 외무부 관계자를 통해 전술적 압박을 시도했다. 결국 대타협의 테이블에 나오기로 한 자신들을 유약해서라고 생각하지 말라는 등 베두인 전설 담론을 다시 끄집어내야만 한 것이다.

북한의 의례적인 과장 어법과 허장성세에 민감하게 반응한 트럼프는 아예 회담을 취소하는 초강수를 두었다. 상대를 길들이고 통제하려는 마초 트럼프 특유의 전술이었다. 하지만 자칫하면 판 자체를 깰 수도 있는 위험한 전술이다. 존 볼턴은 과거 트럼프의 부동산 사업 협상에서 역할 분담을 통해 악역을 수행한 로이 칸 변호사가 아니다. 네오콘의 동기와 역사에 무지한 트럼프는 허세에 기초한 자신의 '거래의 기술'과는 달리 볼턴의 압박

전술은 오직 쿠바·이란·북한에 대한 정권 교체 의도를 일관되게 가지고 있다는 사실을 제대로 알지 못한다.

볼턴과 마이크 펜스 부통령이 연일 회담 진행에 찬물을 끼얹는 상황에서도 놀랍게도 상황은 과거 익숙했던 풍경과는 다르게 전개됐다. 김정은이 절제된 태도와 현기증 나는 속도로 김계관을 통해 유화 신호를 보낸 것이다. 북한 관련 전문가들은 모두 한목소리로 북한이 이토록 유화적으로 나오는 전례를 보지 못했다고 혀를 내둘렀다. 마치 라울이 트럼프를 상대로 절제하듯이, 김정은도 절제된 게임으로 자신의 전략적 선회의 진정성을 증명했다. 라울과 김정은은 자신들의 전임자와 달리 경제 발전을 통한 강력한 사회주의 국가 건설에 대한 굳센 의지와 자신감을 가지고 있기에 이런 유연성이 가능하다. 상대방의 동기, 욕망, 구체적 행위에 대한 실사구시적 인식을 가질 때 비로소 진실이 보인다는 것을 라울과 김정은의 공통된 사례를 통해 확인할 수 있다.

14. 조기붕괴론은 환상이다

1962년 '13일' 당시 미국의 일부 강경파는 쿠바 정권 교체가 가능하다고 믿었다. 이 믿음은 이후 미국-쿠바 관계에서 수시로 부활했다. 쿠바가 먼저 유연하게 손을 내밀면 곧 쿠바가 붕괴될 징조로 해석됐다. 쿠바가 강경하게 나오면 더 강경한 강압 전략으로 쉽게 붕괴시킬 수 있으리라 믿었다. CIA는 카스트로에게 보낸 도너번 특사의 선물에 독을 묻혔다. 결국 카스트로는 장기 집권을 했고, 바뀐 건 쿠바가 아니라 미국 대통령이었다.

쿠바는 그간 온갖 '민주주의 증진' 프로그램과 공작에도 건재한 상태로 오바마 행정부와 국교정상화를 이루었다. 조기붕괴론은 환상과 헛된 희망에 기초했을 뿐인, 오래전에 파산된 노선이었다. 강경파는 수십 년간 모든 수단과 방법을 가리지 않았던 정권 교체 시도가 왜 실패했는지 이해하지 못했고, 이해하고 싶지도 않았다. 전체주의 체제는 내부에서 시민사회가 충분히 성장하기 전에는 외부의 충격이나 차단으로 쉽게 붕괴되지 않으며, 설사 붕괴되더라도 더 위험한 상황이나 진흙탕에 빠질 수 있다는 사실을 이들은 무시했다.

한반도에서도 쿠바 미사일 위기와 똑같은 일이 벌어졌다. 1994년 제네바 합의 이후 미국은 북한에 약속했던 조치 이행에 소극적이었다. 그 이유는 중간선거에서 이긴 공화당 보수파의 주도로 북한 조기붕괴론이 힘을 얻어서였다. 미국 보수 언론들도 연일 조기붕괴론을 부채질했다. 대표적으로 1994년 10월 20일 〈월스트리트저널〉은 곧 붕괴될 전체주의 국가에 돈을 퍼주려는 클린턴 행정부를 조롱하고 경고했다.[103] 1994년 7월 김일성이 죽었을 때와 2011년 12월 김정일이 죽었을 때에도, 심지어 김정은이 등장했을 때에도 이들은 며칠 내로 북한이 붕괴할 것처럼 호들갑을 떨었다. '전문가'들은 아직도 대화 대신 인내심을 가지고 제재와 압박을 계속하자고 주장한다. 그 사이에 북한은 ICBM을 완성했고, 김정은은 자신감에 찬 태도로 선군 노선을 선당 노선으로 바꾸었다.

후원국인 소련이 사라진 쿠바와 달리, 중국은 북한의 붕괴를 막는 완충장치 역할을 계속하고 있다. 북한이 붕괴해 난민이 중국에 쏟아져 들어오는 시나리오나, 북한에 아예 친미정권이 들어서서 주한미군이 중국의 목에 칼을 들이대는 시나리오를 우려하기 때문이다.

네오콘은 북한이 핵무기를 포기하고 독재자 무아마르 카다피가 민중에게 맞아죽은 리비아처럼 되기를 원한다. 존 볼턴은 북한을 자극하기 위해 이미 정상회담이 이루어진 상황에서도 아예 노골적으로 리비아 모델을 언급해 북한을 분노하게 만들었다. 미국이 제시한 '카다피 제거 군사작전'이 UN 안보리의 승인을 받은 이유는 거부권을 가진 중국과 러시아의 전략적

이익이 리비아에는 없어서였다. 러시아는 리비아 사례가 자국에 중요한 안보적 이익이 있는 시리아에 적용되어서는 안 된다는 정도의 선을 그었을 뿐이다.[104] 따라서 북한에 대해 미국이 리비아 모델을 관철하려고 할 경우 북한에 중요한 전략적 이익이 있는 중국은 결코 용인하지 않을 것이다.

쿠바와 이란과의 협상에 성공한 오바마는 북한의 초기 도발에 마음이 상해 '전략적 인내'로 정권 붕괴를 기다리다가 정권을 트럼프에게 내주었다. 왜 쿠바나 이란에서 성공한 오바마조차 북한에서는 실패했을까? 앞서 제시한 제국의 관심 결핍이 이유 중 하나다. 이웃나라 쿠바나 전략적 요충지인 중동에서 일어난 전쟁 위험만 오바마의 관심을 끈 것이다. 또 다른 이유는 역사의 종말 시대에 사이버공격과 더욱 강력한 제재를 지속하다보면 시대착오적인 나라는 얼마든지 붕괴될 수 있다는 믿음 때문이기도 했다. 레온 시걸이 말했듯이 중동이나 남미보다 더 '화성에서 온 나라' 같은 북한에 대한 철저한 무지와 무관심은 붕괴론을 부채질했다.

미국은 베트남 전쟁에서 군사적으로 승리하고도 정치적으로 패배했다. 미국은 나중에 도저히 인간이 만들었다고 믿기 어려운 구찌 땅굴을 직접 눈으로 보고 패배를 직감했다고 한다. '걸어다니는 컴퓨터'라는 별명을 가진 맥나마라 국방부 장관은 합리적으로는 계산할 수 없는 민족주의의 끈질긴 힘을 과소평가했다고 인정했다. 미국의 "안보전문가들"은 나중에 언젠가 북한의 상상을 초월하는 지하시설을 직접 보면 맥나마라 이상으로 경악할 것이다. 진정한 정권 교체는 조지 케넌의 말처럼 허구의 인물에 대한 책상머리 가정이 아니라 현실의 인물에 대한 이해로 이루어진다. 소련을 붕괴시킨 것은 네오콘이 주장한 핵무기에 의한 선제공격이 아니라 자유민주주의 공화국 미국의 활력을 유지하면서 공산주의 진영을 봉쇄한 케넌의 기본 구상과 유사한 시도 덕분이었다.

15. 아무리 상황이 나빠도 대화 창구를 유지해야 한다

미국과 쿠바 간의 오랜 적대 관계로 인해 흔히 양국 관계가 완전히 단절되고 쿠바가 철저히 고립되었다고 치부하는 경우가 많다. 하지만 이 관습적 개념은 오류다. 미국과 쿠바는 아무리 관계가 악화되어도 대화 창구를 유지했다. 소련을 상대로 선제 핵공격을 하자고 주장했던 네오콘이 득세하던 레이건 행정부 때에도 쿠바와 중요한 협상을 성공시켰다. 레이건은 소련을 '악의 축'이라고 부르긴 했어도 무조건적인 반공주의자는 아니었다. 훗날 실용주의적인 레이건에 크게 실망한 네오콘의 태도는 역설적으로 레이건을 잘 설명하는지도 모른다. 그토록 카스트로를 혐오하고 경멸했던 닉슨 행정부도 멕시코 등을 통해 비밀채널을 유지했다.

미국과 쿠바처럼 지리적으로 가까운 나라는 상호 적대적 관계에 있더라도 일상적으로 협력해야 할 일이 많았다. 이산가족 상봉과 정치범 석방에서부터 재난이나 난민 발생 등 예상치 못한 위기를 관리하는 데 이르기까지 미국과 쿠바는 긴밀히 협조할 일이 많았다. 그때마다 대화 창구 유지는 국교정상화 등 보다 중요한 협상으로 이행될 때 중요한 매개이자 출발점으로도 작용했다. 오바마 때 중대한 진전이 이루어졌다는 신화와 달리 지미 카터 시절에 이루어진 이익대표부 설치는 중요한 역사의 진전이었다. 이익대표부는 그 성격상 제한적인 비밀채널보다 더 안정적이며 관계 확장의 다면적 토대로 작용했다. 물론 이익대표부를 활용한 미국의 소프트파워 전략에 대해 쿠바는 매우 성가셔했지만, 미국과 쿠바가 상호 오인을 줄이는 데 일정한 역할을 수행했다.

한반도에서 미국은 북한과 대화 창구를 여는 것 자체를 불량국가의 행위에 대한 보상으로 이해한 경우가 많았다. 레온 시걸 교수의 지적처럼 소련이나 쿠바보다 훨씬 덜 알려진 '화성'과도 같은 북한에 대해서는 뿌리 깊은 불량국가라는 선입견 때문에 처벌에만 몰두했다. 반면 북한의 동기와 변화의 징후를 확인하려는 노력은 게을리했다. 결국 1994년 전쟁 위기까지 가는 데 일조했고, 북한의 핵무력 완성을 방조하는 데 이르렀다.

미국-쿠바의 관계와 달리 남북 및 북미 관계에서는 긴장이 조성되면 대화 창구가 쉽게 사라지곤 했다. 한국은 '조정자' 역할을 할 수 있었지만 과거 한국의 보수 정부와 전문가들은 그런 역할을 스스로 포기했다. 그럴 때마다 북한은 한국을 더 우습게 봤고, 위기는 그만큼 더 악화됐다. 북한에 대해 제재와 대화를 잘 배합하지 못했던 김영삼 정부 시절 전쟁 위기로 치닫던 상황에서 한국이 구경꾼으로 전락했던 것이 대표적인 사례다. 반면 문재인 정부가 평창동계올림픽을 통해 대화의 장을 만들고 두 차례 남북정상회담까지 성공적으로 마친 지금 누구도 한국의 조정자 역할을 부인하지 못한다.

지금까지 한반도에서 한국이 강대국 간의 그레이트게임에서 중요한 매개자로 부상한 적이 또 있었을까? 과거 멕시코가 남미 비핵지대화조약에서 큰 기여를 했듯이 한국의 조정자 역할은 동북아시아 비핵지대화와 안보포럼 구축으로 이어져야 한다. 한국은 그간 대전략이 없었지만 지혜로운 전략국가로 나아가기 위해 싱크탱크를 비롯한 지적 연구 생태계를 획기적으로 강화해야 한다. 또한 훌륭한 협상가도 육성해야 한다. 남미 비핵지대화조약을 성사시키고 노벨평화상을 받은 멕시코의 알폰소 로블레스 외무부장관이나, 미국도 찬사를 보낸 이란 핵합의의 주역 모하마드 자리프 이란 외무부 장관과 같은 이들이 우리에게도 필요하다.

태평양을 건너 먼 제국인 미국과 달리 이웃한 한국과 북한은 미국과 쿠바처럼 일상적으로 협력해야 한다. 미국-쿠바의 관계와는 비교도 할 수 없는 규모와 강도의 인류 최대 비극인 이산가족 문제 외에도 '신안보 이슈'라고 일컬어지는 재난, 난민, 미세먼지, 기후 변화, 사이버안보, 보건 등 수많은 사안이 놓여있기 때문이다. 메르스는 우리 인간이 설정해놓은 국경선을 쉽게 넘는다. 인류가 초래한 지구의 지질학적 악화를 일컫는 소위 '인류세'는 기후 변화와 관련하여 한반도는 물론 주변 4강 차원의 협력이 필수적이라는 사실을 시사한다.

개성 연락사무소 개설은 신안보 이슈에 따른 협력과 적대 관계 해소의 디딤돌로서 중요한 일보 진전이다. 공동사무소라는 점에서는 지미 카터 시절 이익대표부 개설보다도 더 큰 의의를 찾을 수 있을 것이다. 2017년 제임스 클래퍼 전 미국 국가정보국 국장은 쿠바 모델에 근거해 북한 이익대표부 개설을 주장했다. 클래퍼의 의도는 클린턴 시절에서 오바마 시절로 이어지는 내부 시민사회 육성에 있다. 클래퍼는 북한에 "부드러운 내부 파열"을 가져올 것이라고 표현했다. 유화파라 할 수 없는 클래퍼의 제언은 허들스턴 전 쿠바 주재 이익대표부 대표의 결론과도 일치한다.[105] 쿠바보다 훨씬 더 고립된 북한이 이런 관여로 인권 등 정치적 자유 이슈에서 과거보다 전향적인 태도를 취한 라울의 쿠바처럼 쉽게 바뀌리라 기대하기는 어렵다. 하지만 쿠바와 이란의 사례는 도를 넘는 행위에 대해서는 단호하면서도 동시에 '관여·확대·인내'만이 정도라는 교훈을 준다.

16. 국내정치 변수 관리도 중요하다

미국-쿠바 간 협상이 수시로 교착 상태에 빠졌던 이유는 국내정치에도 원인이 있다. 특히 자유민주주의 국가인 미국은 선거에서 유권자의 지지라는 변수가 크게 자리를 잡고 있다. 쿠바와의 평화적 공존에 대해 의지를 가진 진보적 대통령이 집권한 시절에도 국내 유권자 변수를 돌파하지는 못했다. 지미 카터는 회고록에서 정치적 의지를 좀 더 굳게 가지고 국교정상화로 나아갔어야 했다고 후회했다. 빌 클린턴은 여섯 살짜리 쿠바 난민 소년을 쿠바로 송환하는 문제에서 전향적인 태도를 취하려고 했고, 카스트로에게 굴복하는 행위라고 본 쿠바계 미국인 공동체의 격렬한 반발에 부딪쳤다. 보수적 유권자들의 희망과 달리 소년이 안전하게 쿠바에 있는 아빠의 품으로 돌아가자 차기 민주당 대선 후보인 엘 고어는 정치적 역풍을 맞았다. 오바마에 이르러 쿠바계 미국인 공동체가 보다 온건해지자 이런 문제도 완화되기 시작했다.

권위주의적 대통령제에 익숙한 한국 사람들이 흔히 오해하듯이 미국은 엄밀한 정치학적 용어로 보면 대통령 중심제가 아니다. 오히려 의회가 이슈를 이끌어가는 의회 중심의 대통령제다. 외교·안보 분야에서도 헌법적 권한과 막강한 재량권이 있는 상원은 상임위를 통해 대통령의 활동 반경을 얼마든지 제약하면서 골탕 먹일 수 있다. 따라서 대통령이 의회 내 각 분파와 어떻게 유연하게 정치연합을 구성하면서 의회를 지지기반으로 유지하는가가 매우 중요하다.

오바마 행정부 때 쿠바 문제와 관련해서는 미국 국내정치 지형이 보다 유리하게 바뀌었지만, 이란 문제에서는 그렇지 못했다. 오바마는 이란과 천신만고 끝에 비핵화에 합의한 뒤 공화당도 아니고 자당인 민주당 상하원 의원들을 상대로 피눈물 나는 전쟁을 벌여야 했다. 특히 미국에서 막강한 여론을 동원할 수 있는 로비단체인 미국·이스라엘 공공정책협의회와의 싸움은 매우 힘들었다. 오바마팀은 전방위 여론전을 벌이면서 모든 정치적 자본을 사용했다. 결국 의회가 행정부의 이란 합의를 거부하는 법안을 대통령이 거부할 수 있게 해줄 마지노선과 같은 지지표를 간신히 확보하는 데 성공했다(상원의원 중 3분의 2 이상이 찬성하면 대통령의 거부권을 의회가 기각할 수 있어서 대통령은 41표를 확보해야 했다).[106]

쿠바와 이란 사례는 대담한 국제적 거래가 미국 의회의 문턱을 넘기가 얼마나 어려운지를 생생히 보여준다. 이란과의 합의는 상원의원 중 3분의 2의 비준이 필요한 협정이 아니었다는 점에서 향후 평화협정 비준 과정도 상황 전개에 따라서는 만만치 않은 과정이 기다리고 있다.

미국-쿠바 관계에서 주요 변수가 보수적인 쿠바계 미국인 공동체인 것처럼, 한국에서는 보수 진영과 시민사회가 중요한 변수다. 북한 문제와 관련해 미국 정부의 태도는 한국 정부와 여론의 성격에 적지 않은 영향을 받아왔다. 쿠바계 미국인 공동체처럼 선거에 큰 영향력을 미치는 북한계 미국인 공동체는 미국에 없지만, 분단 체제의 일부인 한국에는 그런 공동체와 정치집단이 존재한다. 이들의 반대를 극복하고 미국과 한국의 초당적 의회 기반과 시민공동체를 단단하게 만드는 것은 한반도 평화 체제의 중요한 토양이 된다.

17. 인권 문제는 지혜롭게 제기해야 한다

인권은 국내정치적 변수에서 중요한 요소다. 미국은 행정부는 물론 의회에서도 인권 문제에 대해서는 초당적으로 목소리를 낸다. 민주당이나 공화당 어느 쪽이 집권하든 미국은 쿠바를 상대로 인권 문제를 지속적으로 제기했다. 카터 행정부가 쿠바에 개설한 이익대표부는 이후 쿠바 인권운동가들과의 접촉을 위한 전초기지 역할을 해왔다. 클린턴 후보 진영은 부시 행정부보다 의회에서 발의한 쿠바 민주화 법안을 먼저 지지한 바 있다. 주로 보수 세력만이 북한 인권 문제를 제기하는 한국의 경우와는 사뭇 다르다. 물론 미국의 인권 신장 노력은 전체주의 국가 내부의 균열을 촉진할 수 있는 날카로운 정치적 함의가 있다. 쿠바 당국은 매우 민감하게 반응하면서 쿠바 민주화 법안의 수정을 요구했다.

레이건 대통령의 소련 인권 문제에 대한 접근은 초당적이고 유익한 가이드라인을 제공해준다. 레이건은 외교·안보 이슈와 관련해 지혜로웠던 닉슨 전 대통령의 조언에 따라 고르바초프와의 관계에서 인권 문제를 매우 신중히 다뤘다. 우선 고르바초프와 충분한 신뢰 관계를 형성하려고 했다. 신뢰가 없는 상태에서 인권 문제를 제기하는 경우 상대방은 저의를 의심하기 마련이다. 따라서 레이건은 신뢰 관계에 기초해 비공개회담에서 은밀하게 인권 이슈를 제기했다. 그러면서 정상회담에서 이루어진 군축 합의안이 의회에서 원활하게 통과되게 하려는 것이라는 적절한 명분을 들었다.

고르바초프는 이미 '글라스노스트(개방 정책)'에 강한 소신을 갖고 있었다. 그런 고르바초프에게 레이건의 인권 개선 시도가 얼마나 영향을 미쳤는지 사실 알기 어렵다. 하지만 새로 비밀 해제된 회담 기록에 따르면 레이건의 꾸준한 비공개 제의에 대해 초기에는 불편해하던 고르바초프는 점차 마음을 열었고, 1987년 12월 8일 방미 정상회담에서는 소련에서도 인권이 가장 우선적 이슈라고 화답했다. 레이건이 회담 때마다 소련 내 유대인 여행 제한 등 인권 탄압 사례들을 구체적으로 언급하니 고르바초프로서도 응하지 않을 수 없었다. 정치범 석방이 이루어지고 교회가 다시 세워지는 등 고르바초프 시절에도 느리게나마 인권 개선이 이루어졌다.[107] 고르바초프의 정치 개혁 노선이 레이건의 설득 때문만은 아니었겠지만, 레이건의 신중하고 끈질긴 인권 외교는 평가받을 만하다.

닉슨의 가이드라인은 레이건만이 아니라 오바마에 의해서도 초당적으로 이어졌다. 오바마는 2016년 쿠바의 아바나에서 열린 라울과의 정상회담 당시 관여와 인권 문제 제기 사이에서 균형을 잡으려고 애썼다. 오바마는 라울 체제를 무조건 승인하는 뉘앙스를 풍기지 않으려고 연설 문구와 악수 등 세심한 부분에도 신경을 쓰는 한편. 쿠바의 반체제 인사와 면담하면서도 라울을 모욕하지 않는 방식으로 인권 문제를 제기했다.[108]

레이건이 고르바초프에게 인권 문제를 제시하면서 명분으로 든 의회 변수는 미국과 제3세계 국가의 국교정상화에서 항상 이슈가 되었다. 오늘날 모범적 사례로 흔히 꼽히는 베트남의 개혁·개방도 쉽게 이루어지지는 않았다. 미국은 베트남과 1995년에 국교정상화를 이루었지만 정상적인 교역 관계를 구축하는 양자 무역 협정은 2001년에야 체결했다. 2006년 미국 의회가 항구적 정상 교역 관계 법안을 통과시키고 이듬해 베트남이 WTO에 가입하면서 베트남은 비로소 경제적 도약을 할 수 있게 되었다. 이렇게 "정상 국가"가 되는 데 12년이나 걸린 이유는 인권 문제와 관련된 미국 국내 정치 여론 때문이었다.[109]

미국 의회나 여론이 발목을 잡으면 쿠바나 베트남 내부에서도 강경파가 목소리를 높이기 때문에 관계가 다시 얼어붙곤 했다. 그럼에도 불구하고 큰 진전을 이룬 베트남의 사례는 앞으로 인권 이슈를 둘러싸고 미국과 북한 사이에서 얼마나 지난한 과정이 전개될지, 어떤 지혜가 필요할지를 잘 보여준다. 북한 인권 문제는 쿠바나 베트남의 경우와는 비교할 수 없을 만큼 심각하니 더 어려울 수밖에 없고, 북한의 시간 끌기와 방해의 강도도 클 수밖에 없다. 김정은이 라울처럼 인권 문제에서 보다 전향적으로 나올지는 미지수다.

결국 긴 호흡을 가지고서 정부가 비밀채널로 설득하고, 국회와 시민사회가 역할 분담을 하면서 인권 문제를 끈기 있게 제기해야 한다. 아울러 신뢰를 기반으로 관련 기구를 구성한 뒤 다자적 틀에서 풀어나가는 지혜가 필요하다. 이와 관련해서 하와이 대학교 백태웅 교수는 이미 오래전에 아시아에서의 인권공동체의 필요성과 가능성을 통찰력 있게 전망해왔다. 백태웅 교수에 따르면 꾸준한 대화와 정치적 목적을 배제한 다자적 기구를 형성한다면 국내정치게임의 부정적 여파를 줄일 수 있다.[110]

18. 새로운 요구사항을 계속 제시하는 것은 현명하지 못하다

카스트로는 아바나 회의에서 미국이 처음에는 핵무기를 들더니 나중에는 혁명 수출, 인권 문제 등으로 경제 제재 해제와 수교의 조건을 계속 추가해서 강한 불신을 품게 되었다고 했다. 카스트로는 그런 행태가 궁극적으로 쿠바 정권 교체를 위한 명분 쌓기라고 봤다.[111] 그런 태도로 일관한 미국 강경파로는 트럼프 행정부의 국가안보보좌관인 존 볼턴이 대표적이다. 조지 W. 부시 시절 볼턴은 매파 중의 매파로 악명 높았다. 명확한 증거도 제시하지 않으면서 쿠바에 대해 생화학무기 개발 의혹을 제기했다. 남미 정보 분석 책임자와 국무부의 생화학무기 전문가가 반박하자 이들에 대한 인사 조치를 추진했다.[112] 국가안보보좌관으로 임명되기 전인 2018년 4월 10일에는 북한에 대한 예방적 공격 독트린을 주장하는 등 강한 적개심을 드러냈고, 국가안보보좌관이 된 뒤에는 북한과의 협상 과정에서 계속 요구사항을 추가하고 있다.[113]

북한은 이란의 압바스 아라치 외무부 차관이 그랬듯이 다시 베두인 전설을 들먹이기 시작했다. 2018년 5월 트럼프 행정부는 지난 2015년 6개국 다자간 협의로 힘들게 타결한 이란 핵협정, 즉 '포괄적공동행동계획'을 일방적으로 철회했다. 이란 입장에서 탄도미사일은 민감한 이슈다. 이란은 이라크와의 전쟁 중이던 1984년에 탄도미사일 부재로 이라크군의 공습에 속수무책이었다. 1987년에는 이라크로부터 화학무기 공격까지 받았다. 이란 입장에서는 외무부 차관인 아바스 아라치의 주장처럼 기존 합의도 지키지 않는 미국이 새로운 탄도미사일 협상에서 성실하게 협의하리라고 믿기 어렵다. 계속 양보하다보면 이란을 얕잡아보고 궁극적으로 이란 정권을 위협하리라는 게 아라치의 주장이다. 중동 국가의 외교관답게 베두인 전설의 교훈을 잘 알고 있는 셈이다.[114]

아라치의 예상은 옳았다. 미국은 탄도미사일을 걸고 넘어지다가 보다 노골적으로 속내를 드러냈다. 2018년 5월 21일에 마이크 폼페이오 국무부 장관이 '새로운 합의안'이라면서 발표한 12가지 요구사항은 미국의 의도를 잘 보여준다. '새로운 합의안'에는 이전 합의에서 제한적으로 허용했던 우라늄 농축을 중단하라는 요구와, 이란 전역에 대한 무제한적인 조사, 시리아에서 이란군 병력 전면 철수, 이슬람교 시아파 무장단체인 헤즈볼라에 대한 지원 중단 등 이란이 도저히 받아들일 수 없는 내용만 골라서 담았다. 〈뉴욕타임스〉조차 미국과 이스라엘의 군사적 행동을 위한 명분이라고 지적할 정도였다.[115] 북한 김일성도 아바나 회의에서 카스트로가 그랬듯이 다음과 같은 불평을 늘어놓은 적이 있었다.

> 저 사람들은 우리에게 셔츠를 벗으라고 합니다. 그다음엔 코트를 벗으라 하고, 또 그다음엔 바지를 벗으라고 합니다. 마침내 우리는 벌거벗은 꼴이 됩니다. 완전한 벌거숭이가 되는 거지요. 그들이 원하는 것은 자신을 지킬 비밀이 없는 인간입니다. 우리는 그것까지는 받아들일 수 없습니다. 차라리 전쟁을 선택할 겁니다. 그들이 전쟁을 결정하면 우리도 전쟁을 받아들이겠다는 겁니다.[116]

북한을 악마화하는 데 결정적인 역할을 한 제네바 합의 무산에도 미국의 이런 행태가 한몫했다. 물론 북한도 합의를 지킬 마음이 없어 시간 끌기로 일관했지만, 이삼성 교수의 분석처럼 미국은 제네바 합의의 잉크가 마르기도 전에 합의문에 명시적으로 언급되지 않은 미사일 문제를 국교정상화의 새로운 전제조건으로 내세웠다. 북한은 오늘날 이란처럼 미사일 문제는 별개이므로 미국이 상응하는 경제적 보상을 해줘야 한다고 주장했다. 그러고는 1993~1998년 협상이 진행되는 동안 미사일 발사 실험을 하지 않는 등 협상의 틀을 가급적 유지하려고 노력했다.

하지만 강경하게 나오는 미국과의 협상은 지지부진했다. 미국은 제네바 합의를 지키기는커녕 1996년 제재를 강화했다. 금창리 지하시설에 대한 특별 사찰을 요구하는 등 미국이 계속 관계정상화를 미루고 목을 조여오자 북한은 대포동 미사일을 발사했다.[117] 미국이 명분으로 내세운 '금창리 핵 시설'은 핵시설이 아닌 것으로 판명났다. 흔히 미국과 한국의 언론은 이런 상호작용과 미국의 지속적인 요구사항 늘리기에는 눈을 감고 그 결과로 나타난 북한의 나쁜 행동에만 초점을 맞춘다.

19. 내적 변화에는 인내심이 필요하다

상원의원 시절 케네디의 쿠바에 대한 선의의 판단은 틀렸다. 카스트로는 미국 방문 때 투자 유인 같은 유화적인 제스처를 보이면서도 쿠바를 차근차근 소련의 전초기지로 만들었다. 선의를 품은 필립 본살 쿠바 주재 미국 대사와 브라이언 라텔 정보분석관의 유화 노선도 실패했다. 훗날 두 사람은 자신들의 순진함을 반성했다.[118] 미국이 쿠바를 압박하는 동안 유화 노선을 펼친 캐나다도 실패했다.[119]

왜 이들 모두 실패했을까? 손뼉도 마주쳐야 소리가 난다. 이들의 선의에 카스트로 형제는 소련을 위한 전초기지화나 남미 혁명 수출로 대답했다. 나중에 카스트로가 유화 노선을 펼치려고 하자 이번에는 관심이 없는데다가 불신마저 누적된 미국이 화답하지 않았다.

강압은 성공했을까? 수십 년간의 제재와 압박에도 카스트로 체제는 흔들림이 없었다. 쿠바 국민들이 제재의 1차 피해자가 됐을 뿐이다. 라울이 미국의 제재를 버틸 수 없어 두 손을 든 걸까? 외화벌이로 주머니 사정이 좋아진 쿠바 엘리트들은 고급 호텔과 레스토랑에 출입한다. 경제성장률이 1.6퍼센트에 불과하니 일반 국민은 여전히 가난에 허덕인다. 미국이 IMF나 세계은행을 움직여 획기적 경제 지원이라도 해주지 않으면 베트남 수준의 획기적 도약은 불가능하지만, 트럼프 행정부는 그럴 생각이 전혀 없다.[120] 라울은 미국 대신 브라질과 EU 등 여러 나라와 선린외교·관광·무역 등을 확대해왔다. 실패한 제재 노선을 트럼프 행정부가 다시 시도하자 쿠바는 중국·러시아와 안보 및 경제 분야에서 협력을 강화하고 있다.

라울은 국가평의회 의장 연임 후 약속대로 평화적 정권 이양을 했다. 쿠바의 새 지도자 미겔 디아스카넬은 1960년생으로 혁명을 경험하지 않았다는 점에서 세대교체가 이루어졌다고 평가할 만하다. 물론 카스트로 가문의 영향력은 여전하다. 라울은 2021년 공산당 차기 총회 때까지는 공산당 제1서기로 남아 계속 군부를 장악할 것이다. 라울의 아들 알레한드로는 억압 체제 유지의 도구인 내무부에 여전한 영향력을 행사한다. 딸 마리엘라는 의회 의원이자 쿠바에서 가장 영향력 있는 젠더 씽크탱크인 국립성교육센터의 소장이다. 라울의 사위였던 루이스 로드리게스는 쿠바 경제의 40퍼센트를 차지하는 국영회사 가에사GAESA의 대표다.

한반도에서도 결과만 놓고 보면 유화 노선이나 강압 노선 둘 다 성공하지 못했다. 유화 노선에도 불구하고 북한은 제네바 합의를 시간 끌기 게임으로 만들어버렸다. 강압 노선에도 불구하고 붕괴하기는커녕 ICBM까지 만들었다. 대화나 제재가 쿠바나 이란이 결국 대담한 행보를 하게 된 결정적 이유는 아니었다. 중국이나 베트남처럼 선군 노선을 포기하고도 일당 독재를 유지하면서 경제 부흥의 가능성을 본 전략적 판단이 중요했다. 쿠바와 이란에서는 새로운 전략으로 선회할 수 있는 실용주의자인 라울과 로하니의 등장도 결정적이었다. 이런 전환은 끈기가 필요하다. 꾸준히 접촉하고 확대하며 불안감을 제거하면서도 경제적·정치적 자유를 확대하도록 유도해야 한다. 그 과정에서 레드라인을 넘는 행동에 대해서는 단호한 태도를 보여야 한다.

오랜 인내심이 결실을 맺은 사례가 베트남이다. 오늘날 베트남의 약진은 눈부실 정도다. 베트남 정부는 2000년에 사기업 운영 합법화 조치를 단행하고 주식시장까지 도입했다. 1990년대 후반부터 외국인 직접 투자가 급격히 증대했다. 2001년에는 미국과 무역 협정을 체결했다. 그 결과 베트남 시민의 삶이 개선되고 중국 의존도도 줄어들었다. 경제성장률은 6퍼센트로 중국 다음으로 높다. 국민 평균 나이가 2016년 기준으로 31세로 경제 활력의 잠재력이 높고 교육 수준도 상당하다. 사회주의 국가이면서 서구처럼 비판적 사고 교육을 서서히 강조하는 중이다. 환태평양경제공동체에도 가입했다. 2016년 오바마는 과거 적성국인 베트남에 대한 무기 수출 금지까지 해제했는데, 이는 베트남이 친미적 국가로 바뀐 것을 확실하게 보여주는 증거였다. 물론 베트남은 여전히 일당 지배 체제이고, 정치적 자유가 제한된다.[121] 베트남은 오늘날 옛 사회주의 국가의 변신 사례다. 라울은 그런 베트남에서 쿠바의 미래를 본다.

오늘날 쿠바는 긴 인내심의 터널 끝이 조금씩 보이는 걸 느낀다. 2016년 쿠바에는 여행객 400만 명이 입국했다. 북한의 수천 명 수준과는 차원이 다르다. 쿠바는 출국허가제를 2013년에 폐지했다. 인터넷은 비싸고 불편하지만 2017년 기준으로 쿠바인의 40퍼센트가 인터넷을 이용한다. 중국에서는 구글에 접속할 수 없지만 쿠바에서는 가능하다.[122] 1인당 GDP도 북한은 665달러인 데 비해 쿠바는 7815달러나 된다.

하지만 북한은 아직 쿠바와 베트남과는 거리가 멀다. 젊고 개혁적인 정치국원들이 모여 집단 체제로 의사결정을 하는 베트남은 1인 독재 체제의 북한과는 다르다.[123] 라울의 쿠바도 인권 문제에 대해 과감하게 대화하고 여행의 자유도 보장한다. 하지만 중요한 점은 김정은이 라울과 같은 전면적인 전략 노선 변경을 결정했다는 사실이다. 지미 카터 시절 이익대표부가 오바마 시대의 대사관으로 이어지는 주춧돌이 되었듯이, 긴 호흡을 가지고 신중하게 접근한다면 북한이 쿠바나 베트남 모델로 진화할 것이라는 꿈은 몽상에 그치지 않을 것이다.

20. 북한의 완전한 핵 포기는 가능하다?

김정은이 과거·현재·미래의 핵무기를 전부 포기할 수 있을까? 한국 보수 진영은 북한이 마지막 지렛대인 핵무기를 절대 포기하지 않을 것이라고 단언한다. 최근 탈북한 태영호 전 주영 북한 공사는 이들의 주장에 힘을 실어줬다. 태영호는 북한 지도부에 대한 생생한 목격담을 통해 김정은은 정권의 영원한 생존을 보장해줄 핵무기를 계속 보유할 것이라고 단언했다. 반면 대화파는 최근 김정은의 전략적 선회는 일시적인 것이 아니라 김정일의 선군 노선으로부터 완전히 이탈한 것이라고 단언한다. 김정은의 놀라우리만큼 유연한 행보는 대화파의 주장에 힘을 실어주는 듯하다. 나중에 역사는 누구의 손을 들어줄까?

결론적으로 둘 다 옳고 둘 다 틀렸다. 입자이면서도 동시에 파장이라는 양자역학의 기묘한 물리학 법칙 흉내내기라 비난할지도 모르겠다. 하지만 쿠바의 사례는 우리에게 슈뢰딩거의 상자를 들여다볼 조그마한 단서를 제공해준다(슈뢰딩거의 상자는 양자역학의 난점을 지적하기 위한 사고실험으로, 고양이가 죽어있으면서 동시에 살아있다는 점에서 양자역학의 대중적 설명의 소재로 자주 활용된다).

오바마 시대가 들어서기 전까지만 해도 라울 카스트로가 국교정상화에 나설 것이라는 주장은 비웃음을 샀다. 피델이 개혁을 하지 않으려고 동생에게 권력을 계승했는데, 바로 그 동생이라는 자가 국교정상화를 한다고? 그런 주장을 하는 사람은 미국과 쿠바 간 대화 무산의 긴 역사와 카스트로 형제의 속임수에 대해 강의를 지겹도록 들어야만 했을 것이다. 어쩌면 뮌헨 회담에서 속은 체임벌린 이야기도 함께 들었을지도 모른다. 오죽했으면 피델 카스트로조차도 흑인 미국 대통령과 남미계 교황이 나오기 전에는 협상하러 오지 말라는 농담을 했겠는가.

하지만 라울은 놀랍게도 형 피델과 미국의 정권 교체론자들을 하루아침에 바보로 만들었다. 오바마가 전격적으로 쿠바를 방문하고 아바나의 바에서 쿠바 젊은이들과 어울리는 모습은 마치 꿈나라를 다룬 영화 〈인셉션〉의 한 장면처럼 너무나 초현실적이었다. 이 기이한 장면은 또 하나의 초현실적 장면인 트럼프의 당선으로 한여름 밤의 꿈이 될 위험에 직면했다. 우리는 오늘날 '음파 공격'이라는 SF소설 속 음모 같은 사건으로 미국과 쿠바의 관계가 조금씩 금이 가는 슬픈 상황을 지켜보고 있다.

베이징 대학교의 진징이 교수는 필자와 비슷한 문제의식을 갖고 있다. 2018년 인클루시브 코리아 컨퍼런스에서 진징이 교수는 김정은이 핵을 유지할 것이냐 포기할 것이냐는 질문 자체가 잘못되었다고 지적했다. 진징이 교수의 분석에 따르면 북한 핵문제는 동북아시아 국제정치의 작은 우주로, 여기에 참여하는 주요 행위자들이 서로 상호작용하는 게임이다. 바둑에서 고수가 상대방이 두는 수에 따라 전략을 부단히 조정하는 것과 같다. 모든 정치는 상호작용하는 생명체와 같다. 한국에는 유독 그런 사실을 외면하고 필연적 미래를 믿는 결정론자가 너무 많다. 과거 마르크스주의의 결정론에 대해서는 그토록 핏대를 높이던 이들이 정작 자신은 더 굳은 결정론자라는 사실을 이해하지 못한다. 정치평론가가 결정론적인 미래 예측을 한 뒤 예측한대로 결과가 나오는 것은 평론가의 내공이라기보다는 상호작용게임의 결과가 우연히 일치했을 뿐인 것이다.

김정은은 쿠바의 라울이 그랬듯이 중국이나 베트남을 보고 전략 노선의 대전환을 결심했다. 라울과 김정은의 노선 전환은 오늘날 미국과 베두인 전설에 기반한 게임을 하기보다는 경제 개혁이라는 게임을 하는 것이 정권의 생존에 유리하다고 봤기 때문이다. 한국 보수 진영과 태영호 전 공사는 지난 수십 년간의 역사와 패러다임으로 판단을 하니까 대체로 타당성 있는 분석을 내놓는다. 필자도 북한식 전체주의정권의 불변하는 본질에 대한 태영호 전 공사의 통찰을 존중한다. 하지만 정치는 항상 블랙스완을 발생시키기에 과거의 눈으로 봤을 때 '타당하지 않는' 새로운 질서를 만들어왔다.

2017년 어느 날 불면의 밤을 보내면서 핵무력 완성을 선포하고 새로운 국면을 열어가려고 했던 김정은도 두 블랙스완, 즉 도널드 트럼프의 당선과 촛불 혁명에 의한 한국의 조기 대선을 지켜보았다.

트럼프를 상대로 극도의 절제심과 유연성을 보이는 라울이 변심할 가능성이 있을까? 물론이다. 미국 정부가 정권 교체 노선으로 기울어지면 라울도 다시 문을 걸어 잠그고는 중국과 러시아에 더 크게 의존할 것이며, 지금 라울이 보이는 인간적 미소는 '무시무시한' 표정으로 대체될 것이다. 설령 이후 경제 개혁이 크게 진전되더라도 중국이나 베트남과 달리 체제가 흔들리면 속도를 조절할 것이다. 라울은 고르바초프와 카다피가 어떻게 무너졌는지 너무나 잘 알고 있다.

김정은도 마찬가지다. 미국이 비핵화뿐 아니라 정권 교체를 노리는 무리한 사찰을 고집하거나 경제 개혁 속도가 지나치게 빠를 경우 전략적 선회나 속도 조절을 시도할 수 밖에 없다. 어느 순간 김정은은 WTO 가입을 눈앞에 두고도 다시 핵카드를 만지작거려야만 할지 모른다. 남북정상회담에서 그토록 공손하고 겸손했던 김정은도 고모부와 형을 죽인 '무시무시한' 김정은으로 바뀔 수 있다. 무시무시한 라울·김정은과 인간적인 라울·김정은이 한 인간 안에서 공존한다는 사실을 이해하지 못하는 사람들은 인생공부를 더 할 필요가 있다.

김정은의 입장에서는 다행히도 북한은 중국·러시아와 이웃하고 있다. 중국·러시아와 대서양으로 격리된 라울보다 지정학적으로 유리하다. 중국과 러시아는 쿠바를 지정학적으로 중요하게 여기지만, 북한을 더 중요하게 생각한다. 그리고 미국에는 북한 정권 교체보다 더 시급하고 중요한 그레이드게임이 있나. 바로 중국·러시아라는 대륙 세력과 세계 패권을 둘러싼 게임이다. 미국은 북한이 이 게임에서 큰 장애가 되지 않는다면 김정은과는 얼마든지 현상 타파라는 게임을 계속할 의사가 있다.

오늘날 미국은 갈수록 고립주의의 유혹에 빠지고 있다. 비단 트럼프라는 블랙스완만의 문제가 아니다. 제2차 세계대전 후 전 세계 경찰 역할을 한 제국의 피로가 누적되었기 때문이다. 아이러니하게도 군사기술이 현기증이 날만큼 발전한 사실은 미국이 확장보다는 역외 균형을 이루려는 유혹 쪽으로 기울어지게 한다(역외 균형은 강대국이 잠재적 적국의 부상에 대해 직접 개입하기보다 우방을 활용하는 전략이다). 그런 점에서 필자는 한국의 일부 대화파의 안이하고 결정론적인 판단과 달리 제2의 애치슨 라인을 설정하는 상황도 충분히 가능하다고 본다. 미군은 절대로 한반도를 떠나지 못한다? 과거 쿠바와 베트남 등에서 무수히 실패해온 역사를 보면 미국은 그리 지혜로운 나라가 아니라는 사실을 쉽게 알 수 있다.

결국 오바마의 국교정상화와 트럼프의 국교정상화 취소는 미래가 열려 있다는 평범한 진리를 다시 한 번 되새기게 한다. 중요한 점은 이미 개혁·개방의 매력을 경험한 라울은 과거 시에라 마에스트라 산맥에서 게릴라전을 펼치던 라울이 아니라는 점이다. 지금 마이애미와 아바나의 새로운 세대에게도 쿠바 혁명과 베두인 전설은 먼 과거에 불과하다. 오늘날 쿠바의 젊은이에게는 불편한 구글 접속과 근사한 일자리 부족이 더 큰 문제다. 마찬가지로 스위스 유학파인 김정은·김여정 남매와 북한의 '장마당 세대'는 베두인 전설 시대와는 다른 문법을 이해했다.

21. 가장 중요한 것은 미래 세대를 위한 정치적 의지다

미국과 쿠바 간의 오랜 관계가 성공으로 가는 과정에는 수많은 장애물이 존재했다. 국내정치적 저항이나 다양한 사건이 터져 거의 무르익은 협상 분위기를 깨뜨리곤 했다. 필자는 그런 장애물을 뛰어넘을 수 있으면 하는 마음에서 이 책에 다양한 교훈을 정리해두었다. 쿠바 미사일 위기의 기원,

13일간의 위기, 위기 해결 뒤의 미국-쿠바 관계는 불확실한 한반도의 미래를 위해서 우리가 한 번 이상 생각해볼 이슈라고 생각한다.

하지만 이 모든 교훈보다 더 중요한 건 결국 리더와 대중이 미래 세대를 위해 정치적 의지를 발휘하는 것이다. 카터 전 대통령 재임 시절 카스트로가 에티오피아로 혁명을 수출하는 바람에 쿠바에 대한 여론이 좋지 않았다. 그럼에도 카터 대통령은 더 강력한 정치적 의지로 여론을 돌파하지 못한 것을 후회했다. 재선에 성공한 오바마에게도 냉전 시절이 남긴 어처구니없는 유산을 청산하겠다는 강력한 의지가 더 중요했다. 오바마는 그런 의지를 상징적으로 보여주기 위해 딸 샤샤와 말리아를 아바나로 데려갔다. 마침 라울도 형과 자신의 유산을 미래 세대에 물려주지 않겠다는 의지를 갖고 있었다.

케네디는 기념비적인 아메리칸 대학교 연설에서 미래 지구행성에서 살아갈 세대를 위한 현재 세대의 책임을 진정성 있게 강조했다. 흐루쇼프와 카스트로는 케네디의 이 멋진 연설을 들으면서 새로운 미래를 함께 설계하고자 했다. 라울과 오바마는 케네디와 흐루쇼프가 결국 미래 세대에게 물려주려던 평화를 위해 진정성에서 비롯된 과업을 완수했다. 결국 모든 것은 정치적 의지로 귀결된다. 불가능해 보이는 일을 가능하게 만들어내는 것은 정치적 용기와 미래에 대한 책임의식이다.

결론

베두인 전설에서 지구행성 정치학으로

지금까지 카리브해의 과거와 현재를 재조명하면서 한반도 문제와 관련이 있는 다양한 함의를 살펴봤다. 특히 베두인 전설이라는 프리즘을 통해 미국·소련·쿠바가 어떻게 부단히 서로를 오해하고 현실을 왜곡했는지 살펴봤다.

오늘날 카리브해와 한반도에서 베두인 전설은 이제 조금씩 빛이 바래져 가는 듯하다. 라울은 쿠바 경제가 실패했다고 아주 솔직하게 고백했다. 오바마와 국교정상화의 장을 열었던 라울도 이제 무대에서 퇴장하고 새로운 세대가 쿠바의 리더십을 이어받았다. 쿠바인들은 이제 돈키호테의 팬이 아니라 오히려 스티브 잡스의 팬이다.

김정은도 북한 정권의 취약성에서 비롯된 허장성세를 버리고 오히려 자신의 허점을 솔직담백하게 드러낸다. 마치 라울처럼 전 세계인이 다 지켜보는 가운데 북한 철도망이 낙후됐다고 말을 꺼내며 사람들을 놀라게 했다. 과거의 피포위 심리에 기초한 군사·경제 병진 노선은 이제 경제우선주의 전략으로 전환됐다. 김정은의 관심사도 중국식 개혁·개방 정책이나 베트남식 사회주의를 통한 경제 부흥이다. 물론 전체주의와 병영국가로 악명 높은 북한에서 정치적 자유화는 쿠바보다 훨씬 더 더디게 진행될 가능성이 높다.

쿠바와 북한의 미래에도 수많은 장애물이 있을 것이다. 그때마다 또 베두인 전설이 등장할 것이다. 필자는 앞서 케네디에게는 두 가지 상반된 마키아벨리의 얼굴이 있었다고 지적했다. 바로 현실주의자와 이상주의자의 얼굴이다. 김대중 전 대통령의 유명한 표현을 빌면 "상인의 감각과 서생의 문제의식"이다. 케네디는 쿠바 미사일 위기의 잉태에 책임이 있었지만, 일단 위기가 발생하자 실용주의자답게 현실적이고 창의적인 해법을 부단히 모색했다. 상대방을 압박하면서도 정치적 신호와 비밀특사채널을 다양하게 운용했다. 정권 교체 유혹에 시달린 참모들과 달리 케네디는 당면한 핵무기 철수 과제와 중기 목표인 정권 교체를 선명하게 구분할 줄 알았다.

제3차 세계대전 일촉즉발의 상황에서 흐루쇼프와 손을 잡고 위기를 종결시킨 케네디는, 언론보좌관에게 미국 언론이 그 상황을 미국의 승리라고 보도하지 않게 하라고 지시했다. 흐루쇼프가 패배했다는 기분이 들지 않게 하려는 신중한 배려였다. 케네디는 후대 역사가들에게 욕을 먹을 각오를 하면서 거짓말까지 해가며 비밀협정 약속을 지켰다. 케네디는 냉엄한 현실에 일단 발을 디딘 이상 옷에 흙을 묻히지 않으면서 앞으로 나가기란 어렵다는 걸 잘 알고 있었다. '검은 케네디' 오바마는 상인의 감각을 가지고 모두가 불가능하다던 거래를 성사시켰다. 오바마는 전설적인 밴드 '부에나 비스타 소셜 클럽'으로 유명한 쿠바의 매력을 잘 이해했다. 쿠바의 경제 번영과 전면적 교류의 자유가 곧장 정치적 자유를 가져오는 것은 아니더라도 결국 민주공화국의 초석이 된다는 사실도 잘 알았다.

미국인에게 북한은 아직 화성과도 같은, 태평양 건너편의 수수께끼 같은 나라다. 냉전이 끝난 뒤 미국-쿠바 관계는 단순하지만, 한반도는 강대국 간의 훨씬 복잡한 고차방정식이 전개되는 공간이다. 한반도에는 유감스럽게도 케네디와 키신저 대신 예측 불가능한 트럼프와 미치광이 볼턴이 존재한다. 하지만 카리브해에서도 케네디와 키신저의 흔적은 아주 짧은 기간 동안만 존재했다. 그 뒤 '미치광이 전술'의 신봉자 닉슨도 있었고, 사업가였던 조지 W. 부시도 있었다. 그토록 기대를 모았던 클린턴 시기나 오바마 1기에도 세상은 별로 달라지지 않았다.

하지만 이 세상에는 영원한 교착 상태란 없다. 우연처럼 보이는 교황의 지원과 라울의 평화 공세, 재선된 뒤에 정치적으로 더 자유로워진 오바마의 대담한 행보가 맞아떨어지면서 불가능해 보였던 국교정상화가 성사되었다. 수십년 간 계속된 미국과 쿠바 간의 교착 상태를 양국 간의 의도적 방해 전략의 결과라고 설명하던 전문가들은 놀라서 벌어진 입을 다물지 못했다. 더 불가능해 보이던 일련의 성취도 있었다. 쿠바를 포함해 남미 33개국 간 비핵지대화조약이 멕시코의 지혜로운 알폰소 로블레스 전 외무부 장관의 활약 덕분에 성취된 것이다. 오바마 행정부 초기의 냉담하고 경직됐던 반응에도 불구하고 미국 정부가 찬사를 보낸 모하마드 자리프 이란 외무부 장관은 결국 '포괄적공동행동계획'을 합의해냈다.

북미 관계에 대해서도 영원한 상호 교착 의도로만 설명하는 전문가들이 많다. 하지만 한반도 지각판도 이제 새로이 움직이기 시작했다. 아이러니한 점은 역대 미국 대통령 중 가장 미치광이 전술을 신봉하는 트럼프와 '무시무시한' 김정은이 대타협의 길을 열었다는 사실이다. 물론 트럼프는 언제나 최종 계약서에 사인하기 전까지는 믿을 수 없고, 심지어 사인 이후에도 협상안을 금방 뒤집는 데 익숙한 인물이라는 악명이 높다.[1]

하지만 트럼프는 적어도 북한 문제에서는 기존 민주당계 외교·안보 인사들이 가진 편견과 관성, 기득권과는 거리를 두었다. 향후 수많은 부침을 거쳐 결국 국교정상화가 이루어질 때 소위 주류 전문가들도 놀라서 벌어진 입을 다물지 못할 것이다. 그때까지 쿠바와 이란의 사례처럼 한반도의 대타협 과정에서도 어떤 행운과 절묘한 타이밍, 지혜로운 협상가 같은 요소가 적절히 조화를 이루어야 한다. 특히 주변 강대국들이 복잡하게 얽힌 매듭에 묶인 한반도에서도 알폰소 로블레스와 모하마드 자리프 같은 지혜로운 협상가 겸 현실주의자의 역할은 너무나 막중하다. 아울러 지각판이 크게 흔들리는 상황에 처한 우리에게는 케네디의 또 다른 얼굴인 이상주의도 필요하다. 지금과 같은 시기에는 현실이 우리의 상상력을 저만치 앞서가곤 한다.

냉전의 절정기를 해체하기 위한 전환기에 현실주의자 케네디는 담대한 이상주의적 비전을 제시했다. 오늘날 카리브해와 한반도는 기존 세계의 힘의 구도가 급격히 변화되는 전환기에 직면해있다. 이를 인지한 라울은 그간 소원했던 브라질이나 EU는 물론, 중국이나 러시아에도 손을 내미는 광폭 행보를 보이고 있다. 김정은도 몇 년 전부터 "전략적 지위가 근본적으로 바뀌고 대세의 향방과 세계의 힘의 구도가 순식간에 달라져야 하는 현대 정치사의 대격변기가 도래"하고 있다고 강조해왔다.[2] 이런 대전환기에는 현실주의적 신중함만이 아니라 이상주의적 담대함도 요구된다. 새로운 이상주의는 베두인 전설을 넘는 새로운 이야기 구조가 뒷받침될 때 비로소 현실에서 힘을 가진다.

무엇이 거대한 태평양으로 격리된 두 지역의 새롭고 공통적인 이야기가 될 수 있을까? 오늘날 트럼프의 '미국을 다시 위대하게'라는 구호는 미래지향적이지도 않고, 현실에 존재한 적도 없는 '가짜 이야기'일 뿐이다. 애초에 '세계국가'이자 다문명국가였던 미국은 결코 백인만의 고립된 문명이었던 적이 없다. 오늘날 미국의 혁신과 활력, 각 주 간의 평화적 공존의 핵심 기제인 연방주의 제도도 아메리카 원주민이 미국 건국의 아버지인 토머스 제퍼슨에게 준 영감에 빚을 지고 있다.[3] 미국 백인 엘리트들은 위대한 평화주의자 추장의 지혜만 수용한 뒤 원주민에 대한 잔혹한 학살을 벌였지만, 언제나 개방적인 제국을 꿈꿨다. 열린 제국의 닫힌 운영 체제는 곧 시장자본주의와 자유민주주의 체제다. 『제국』의 두 저자 안토니오 네그리와 마이클 하트가 지적했듯이 미국은 다문명의 위계 없는 연방, 혹은 네트워크 제국을 만들지 못하고 시장에 의해 내부와 외부에 위계가 만들어진 제국을 형성했다.[4]

당연하게도 이 협소한 위계의 체계는 여기에 포함되지 못하거나 불안해 하는 이들의 퇴행적인 반격을 불러왔다. '일대일로一帶一路'라는 새로운 실크로드 전략 구상을 통해 새로운 천하제국을 꿈꾸는 중국은 위계적이라는 점에서 제국의 또 다른 변종에 불과하다. 오늘날 '미국을 중심으로 한 제국' 대 '천하제국'은 오바마 시대 중반기까지의 테스트를 거쳐 트럼프 시대에 들어서자 예정된 갈등으로 치닫고 있다. 과거 공산주의 진영의 맏형이었던 러시아도 제정 러시아 시대 특유의 팽창주의를 연상시키며 공격적 방어 전략을 펼쳐 갈등을 예고했다. 중국은 미국이 이란과 맺은 협정을 파기한 것을 계기로 '적보다 못한 친구'에 분노하는 유럽과 가까워짐으로써 미국과 유럽의 오랜 대서양 동맹에 균열 내기를 시도했다.[5]

제국의 본질은 영원불멸하지 않고, 갈등은 필연적이지 않다. 제국의 귀퉁이에는 제국 자체의 성격을 변화시킬 수도 있는 잠재력이 존재한다.[6] 오늘날 카리브해와 한반도는 제국의 입구라는 지정학적 숙명론을 버리고 오히려 기존 위계적 제국의 성격을 변화시키기 위한 능동적 행위자로 변모할 수 있다. 최근 한국에서는 기존의 운명론과 동아시아에서의 아류 제국주의의 시야에서 벗어나 새로운 네트워크 국가에 대해 고민하는 이들도 생겨나고 있다.[7] 한민족국가라는 협소한 시야에서 벗어나 네트워크의 허브로 역할을 확대하면 열린 네트워크 질서의 일부로서 한반도의 성격은 물론 주변 제국의 성격마저 변화시킬 수 있다. 오늘날 동북아시아 비핵지대화조약이나 동북아시아 안보포럼과 같은 다자적 틀이 현실 의제로 떠오르고 있다는 점에서 미래는 이미 우리에게 와있다.

능동적 행위가 성공하려면 현실주의자로서의 조정의 지혜만이 아니라 기존 제국의 꿈과 관념을 넘어 전 지구적 인간 경험을 공유할 보편적 표현으로 현실을 재구성해야 한다. 기존 근대민족주의나 발전주의 혹은 인간중심주의를 넘어서는 새로운 관념은 무엇일까? '쿠바 미사일 위기' 직후 케네디가 한 연설에 단서가 있다. 카리브해 위기의 진정한 교훈도 바로 이 케네디의 연설에 담겨있다. 지구라는 행성의 보잘 것 없는 인간들의 공통적인 운명에 대한 성찰과 미래 세대에게 평화롭고 아름다운 지구를 물려주겠다는 의지가 바로 새로운 보편적 이야기 구조의 출발점이다. 바츨라프 하벨 체코 전 대통령의 표현을 빌리면 인간을 초월하는 것에 대한 경이로운 경험을 보편적으로 공유하는 '지구행성 정치학'이라 할 수 있다.[8]

냉전의 전사였던 케네디는 인류 절멸 직전이라는 벼랑 끝에 선 순간 새로운 차원의 인식으로 도약했던 듯하다. 미국의 사회운동가 파커 파머가 말했듯이 모든 것의 가장자리는 과거·현재·미래에 대한 새로운 통찰을 준다.[9] 케네디는 새로운 차원의 영감을 남긴 채 안타깝게도 세상을 떠났다. 케네디의 동생으로 역시 비극적으로 생을 마감한 로버트 케네디나 쿠바 혁명의 국부 호세 마르티의 사상도 케네디의 영감과 서로 수렴된다.

로버트 케네디는 1968년 대선에서 미국 근대 경제주의의 정점인 시대에 지속 가능한 미래와 행복의 경제학을 주장했다. 쿠바 혁명의 영웅으로 케네디 형제처럼 비극적 죽음을 맞이한 호세 마르티도 패권 제국 미국의 수장인 시어도어 루스벨트의 물질주의와 개인주의를 넘어서는 자유와 행복의 공화국 모델을 꿈꿨다.[10] 오늘날 케네디 형제와 마르티는 새로이 해석되면서 부활하려고 한다.

문명비평가 토머스 배리는 인간의 지나친 오만이 만든 기술주의적 문명을 넘어서기 위해 새로운 이야기 구조의 중요성을 역설하면서 생태대Ecozoic Era를 제시했다.[11] 카리브해와 한반도에서 형성되는 레짐은 과거로의 복귀나 현존하는 모델의 확장이 아니라 보다 동등하고 정의로우며 민족국가나 인간국가의 경계를 넘어서는, 생태적으로 지속 가능한 레짐을 실험하는 장이 되어야 한다.

쿠바는 소련 붕괴로 석유를 원료로 하는 화학비료 부족으로 국가 비상사태에 직면했다. 아이러니하게도 이 파국은 쿠바를 생태농업의 실험장으로 변모시켰다.[12] 마르티의 꿈이 일부나마 실현된 것이다. 2018년 3월에 서거한 과학자 스티븐 호킹은 인류가 망쳐놓은 지구에 대위기가 다가오고 있다고 경고했다. 쿠바의 경우처럼 임박한 파국이 역설적으로 기존 문명과는 다른 길을 촉진시킬 것이다. 미국과 중국 등이 선도하는 사물인터넷·블록체인 혁명과 쿠바의 앞서간 생태 혁명은 이제 함께 만날 수 있다.

미국을 개척한 백인들의 기술주의 문명과 아메리카 원주민의 복고적 생태 문명은 불행하게도 접점을 찾지 못했다. 기술주의 문명은 영화 〈아바타〉의 묘사처럼 아메리카 원주민의 문명을 파괴하더니 결국 자신의 영혼마저 파괴했다. 오늘날 우리는 더 이상 '기술주의 대 복고'라는 이분법을 선택할 필요가 없다. 첨단 기술에 기반을 두면서도 지속 가능한 지구라는 행성의 미래라는 꿈이 가능한 관점과 물질적 조건이 무르익었기 때문이다. 마찬가지로 한반도에서의 새로운 길은 단지 근대 경제주의와 '통일 대박'의 미래로 확장되는 것이 아니어야 한다. '기술주의 대 복고'라는 이분법을 넘는 새로운 '퀀텀 혁명'을 상상해야 한다.

1962년 위기의 시작에 책임이 있는 케네디 형제는 위기의 극복을 염원했던 세계시민들의 집단적 꿈을 집약적이고 전위적으로 표현했다. 케네디 형제가 꿈꾼 '지구의 전 인류가 다 같이 살아가는 미래'는 냉전 시기에는 불가능한 꿈이었다. 또 다른 이상주의자인 바츨라프 하벨 전 체코 대통령은 1990년 5월 유럽 평의회에서 "인간은 실용주의를 넘어 원칙상의 꿈을 꾸어야" 한다고 주장했다. 하벨은 이 원칙상의 꿈이 유용하다는 걸 입증할 역사적 순간이 올 것이라고 예언했다.[13] 지구적이고 보편적인 가치가 유용성을 입증할 순간이 다가오고 있다. 오늘날 카리브해와 한반도의 대전환이 바로 하벨이 말한 그 역사적 순간일지도 모른다. 한반도에서 2017년 "빛으로 쓴 역사"는 이제 새로운 혁명을 탄생시키고 있다. 1980년대 혁명의 전사였던 박노해 시인은 광화문 광장에서 다음과 같이 노래했다.

> 30년 전에는 상상도 할 수 없던 이 낯설고 새로운 혁명의 한가운데서 나는 먼저 간 벗들과 오늘의 벗들과 함께 이미 시작된 다음 혁명을 향해 마주 걸어가고 있다.[14]

주석

들어가며

1. 강인선, 〈조선일보〉, 2018.4.13.
2. 마이클 그린, 〈중앙일보〉, 2018.4.13.
3. William M. LeoGrande, Peter Kornbluh, *Back Channel to Cuba: The Hidden History of Negotiations Between Washington and Havana*(Chapel Hill, NH : The University of North Carolina Press, 2014), 41
4. 김예슬, 『촛불혁명』(느림걸음, 2017)

서문

1. 셀던 M. 스턴 지음, 박수민 옮김, 『존 F. 케네디의 13일』(모던타임스, 2013), 98
2. 데이비드 레이놀즈 지음, 이종인 옮김, 『정상회담』(책과함께, 2009), 143
3. 다니엘 바이먼·매튜 왁스먼 지음, 이옥연 옮김, 『미국의 강압전략』(사회평론, 2004), 17
4. Ernest R. May and Philip D. Zelikow, *The Kennedy Tapes: Inside the White House during the Cuban Missile Crisis*(W. W. Norton & Company, 2002), 91
5. 마이클 돕스 지음, 박수민 옮김, 『0시 1분 전』(모던타임스, 2015), 74
6. James G. Blight, Bruce J. Allyn, and David A Welch, *Cuba on the Brink: Castro, the Missile Crisis and the Soviet Collapse*(newyork: rowman & littlefield publisers, 2002), xii
7. ibid., xii

8. 마이클 돕스 지음, 박수민 옮김, 『0시 1분 전』(모던타임스, 2015), 281

9. 안영옥 지음, 『돈키호테의 말』(열린책들, 2018), 78

10. 제임스 G. 블라이트·재닛 랭 공저, 박수민 옮김, 『아마겟돈 레터』(시그마북스, 2014), 205

11. James G. Blight, Bruce J. Allyn, and David A.Welch, *Cuba on the Brink: Castro, the Missile Crisis and the Soviet Collapse*(newyork: rowman & littlefield publisers, 2002), 109

12. Nicholas Thompson, *The Hawk and the Dove: Paul Nitze, George Kennan and the History of the Cold War*(New York: Henry Holt and Company, 2009), 282

13. Brian Latell, *After Fidel: The Inside Story of Castro's Regime and Cuba's Next Leader*(New York: Palgrave Macmillan, 2005) (New York: Palgrave Macmillan, 2005), 177

14. 존 루이스 개디스 지음, 박건영 옮김, 『새로 쓰는 냉전의 역사』(사회평론, 2002), 441

15. 마이클 돕스 지음, 박수민 옮김, 『0시 1분 전』(모던타임스, 2015), 391

16. James G. Blight, Bruce J. Allyn, and David A.Welch, *Cuba on the Brink: Castro, the Missile Crisis and the Soviet Collapse*(newyork: rowman & littlefield publisers, 2002), 19

17. William M. LeoGrande, Peter Kornbluh, *Back Channel to Cuba: The Hidden History of Negotiations Between Washington and Havana*(Chapel Hill, NH : The University of North Carolina Press, 2014), 20~21

18. Aleksandr Fursenko and Timothy Naftali, *One Hell of a Gamble : Khrushchev, Castro, and Kennedy, 1958-1964*(New York : W.W. Norton & Co., 1997), 141

19. ibid., 241

20. ibid., 151

21. ibid., 180

22. 마이클 돕스 지음, 박수민 옮김, 『0시 1분 전』(모던타임스, 2015), 201

제1장 미국은 "불량국가"를 어떻게 바라보는가?

1. Lana Wylie, *Perception of Cuba: Canadian and American Policies in Comparative Perceptive*(Toronto: University of Toronto Press, 2010)

2. 그레이엄 앨리슨·필립 젤리코 공저, 김태현 옮김, 『결정의 본질』(모던아카이브, 2018), 248

3. ibid., 259

4. ibid., 318

5. ibid., 295

6. ibid., 463

7. ibid., 467

8. ibid., 484

9. Are Bureaucracies Important?(Summer No 7, Foreign Policy), 164

10. ibid., 164

11. ibid., 412

12. W. R. Smyser, *Kennedy and the Berlin Wall: 'A Hell of a Lot Better than a War'* (Rowman & Littlefield Publishers, Inc, 2010), 192

13. 마이클 돕스 지음, 박수민 옮김, 『0시 1분 전』(모던타임스, 2015), 88~89

14. Aleksandr Fursenko and Timothy Naftali, *One Hell of a Gamble : Khrushchev, Castro, and Kennedy, 1958-1964*(New York : W.W. Norton & Co., 1997), 104

15. 블라디슬라프 M.주보크 지음, 김남섭 옮김, 『실패한 제국1』(아카넷, 2016), 211~212

16. 마이클 돕스 지음, 박수민 옮김, 『0시 1분 전』(모던타임스, 2015), 374

17. ibid., 373

18. ibid., 372

19. ibid., 374

20. 그레이엄 앨리슨·필립 젤리코 공저, 김태현 옮김, 『결정의 본질』(모던아카이브, 2018), 131

21. ibid., 132

22. Max Frankel, *High Noon in the Cold War: Kennedy, Khrushchev, and the Cuban Missile Crisis*(New York: Ballantine Books, 2004), 23

23. James G. Blight, Bruce J. Allyn, and David A.Welch, *Cuba on the Brink: Castro, the Missile Crisis and the Soviet Collapse*(newyork: rowman & littlefield publisers, 2002), 73

24. 마이클 돕스 지음, 박수민 옮김, 『0시 1분 전』(모던타임스, 2015), 75

25. Robert Jervis, *Perception and Misperception in International Policits*(Boston: Harvard Press, 2017)

26. James G. Blight, Bruce J. Allyn, and David A.Welch, *Cuba on the Brink: Castro, the Missile Crisis and the Soviet Collapse*(newyork: rowman & littlefield publisers, 2002), 322

27. Aleksandr Fursenko and Timothy Naftali, *One Hell of a Gamble : Khrushchev, Castro, and Kennedy, 1958-1964*(New York : W.W. Norton & Co., 1997), 185

28. Elizabeth Saunders, 〈Foreign Affairs〉, 2018.1.

29. Neta C, Crawford, *The Passion of World Politics: Propositions On Emotion and Emotional Relationships*(International Security 24, no. 4, 2000), 116~156

30. 토니 마이어스 지음, 박정수 옮김, 『누가 슬라보예 지젝을 미워하는가?』(엘피, 2005), 178

31. Ernest R. May and Philip D. Zelikow, *The Kennedy Tapes: Inside the White House during the Cuban Missile Crisis*(W. W. Norton & Company, 2002), 2

32. 토니 마이어스 지음, 박정수 옮김, 『누가 슬라보예 지젝을 미워하는가?』(엘피, 2005), 186

33. 마이클 돕스 지음, 박수민 옮김, 『0시 1분 전』(모던타임스, 2015), 386

34. Mark Atwood Lawrence, 〈The New York Times〉, 2018.4.03.

35. 히가시 다이사쿠 지음, 서각수 옮김, 『우리는 왜 전쟁을 했을까』(역사넷, 2004), 200

36. ibid., 203

37. ibid., 84

38. 브루스 커밍스 지음, 남성욱 옮김, 『김정일 코드』(따뜻한손, 2005), 278

39. Graham Allison, 〈Foreign Affairs〉, 2012.1/8

40. 마이클 돕스 지음, 박수민 옮김, 『0시 1분 전』(모던타임스, 2015), 165~166

41. ibid., 175

42. Graham Allison, 〈Foreign Affairs〉, 2012.1/8

43. Trita Parsi, *Losing an Enemy: Obama, Iran, and the Triumph of Diplomacy*(New Haven: Yale University Press, 2017)

44. Graham Allison, 〈Foreign Affairs〉, 2012.1/8

제2장 예정된 위기의 책임은 누구에게 있는가?

1. Arthur M. Schelesinger, JR., *A Thousand Days: John F. Kennedy in the White House*(-Boston: A Mariner Book, 1965), 222

2. James G. Blight, Bruce J. Allyn, and David A.Welch, *Cuba on the Brink: Castro, the Missile Crisis and the Soviet Collapse*(newyork: rowman & littlefield publisers, 2002), 146

3. Lana Wylie, *Perception of Cuba: Canadian and American Policies in Comparative Perceptive*(Toronto: University of Toronto Press, 2010), 23

4. ibid., 75

5. Brian Latell, *After Fidel: The Inside Story of Castro's Regime and Cuba's Next Leader*(New York: Palgrave Macmillan, 2005), 91

6. William M. LeoGrande and Peter Kornbluh, *Back Channel to Cuba: The Hidden History of Negotiations Between Washington and Havana*(Chapel Hill, NH : The University of North Carolina Press, 2014), 9

7. 찰머스 존슨 지음, 안병진 옮김, 『제국의 슬픔』(삼우반, 2004). 6

8. James G. Blight, Bruce J. Allyn, and David A.Welch, *Cuba on the Brink: Castro, the Missile Crisis and the Soviet Collapse*(newyork: rowman & littlefield publisers, 2002), 167-168

9. Aleksandr Fursenko and Timothy Naftali, *One Hell of a Gamble : Khrushchev, Castro, and Kennedy, 1958-1964*(New York : W.W. Norton & Co., 1997), 6

10. 로버트 E. 쿼크 지음, 이나경 옮김, 『피델 카스트로』(홍익출판사, 2002), 225

11. James G. Blight, Bruce J. Allyn, and David A.Welch, *Cuba on the Brink: Castro, the Missile Crisis and the Soviet Collapse*(newyork: rowman & littlefield publisers, 2002), 8

12. 로버트 E. 쿼크 지음, 이나경 옮김, 『피델 카스트로』(홍익출판사, 2002), 229

13. Aleksandr Fursenko and Timothy Naftali, *One Hell of a Gamble : Khrushchev, Castro, and Kennedy, 1958-1964*(New York : W.W. Norton & Co., 1997), 9

14. ibid., 9

15. ibid., 9

16. William M. LeoGrande and Peter Kornbluh, *Back Channel to Cuba: The Hidden History of Negotiations Between Washington and Havana*(Chapel Hill, NH : The University of North Carolina Press, 2014), 21

17. ibid., 17

18. 로버트 E. 쿼크 지음, 이나경 옮김, 『피델 카스트로』(홍익출판사, 2002), 231

19. David Rothkopt, *Running the World: The Inside Story of the National Security Council and the Architects of American Power*(New York: PublicAffairs, 2005), 81

20. William M. LeoGrande and Peter Kornbluh, *Back Channel to Cuba: The Hidden History of Negotiations Between Washington and Havana*(Chapel Hill, NH : The University of North Carolina Press, 2014), 11

21. ibid., 12

22. 로버트 E. 쿼크 지음, 이나경 옮김, 『피델 카스트로』(홍익출판사, 2002), 233

23. Aleksandr Fursenko and Timothy Naftali, *One Hell of a Gamble : Khrushchev, Castro, and Kennedy, 1958-1964*(New York : W.W. Norton & Co., 1997), 15

24. Brian Latell, *After Fidel: The Inside Story of Castro's Regime and Cuba's Next Leader*(New York: Palgrave Macmillan, 2005), 151

25. ibid., 120

26. ibid., 98

27. ibid., 134

28. ibid., 135

29. ibid., 33

30. 로버트 E. 쿼크 지음, 이나경 옮김, 『피델 카스트로』(홍익출판사, 2002), 243

31. William M. LeoGrande and Peter Kornbluh, *Back Channel to Cuba: The Hidden History of Negotiations Between Washington and Havana*(Chapel Hill, NH : The University of North Carolina Press, 2014), 26

32. ibid., 28

33. ibid., 27~29

34. 로버트 E. 쿼크 지음, 이나경 옮김, 『피델 카스트로』(홍익출판사, 2002), 281

35. ibid., 282

36. Aleksandr Fursenko and Timothy Naftali, *One Hell of a Gamble : Khrushchev, Castro, and Kennedy, 1958-1964*(New York : W.W. Norton & Co., 1997), 42

37. ibid., 71

38. ibid., 52

39. ibid., 23

40. James Blight and Philip Brenner, *Sad and Luminous Days: Cuba's Struggle with the Superpowers after the Missile Crisis*(New York: Rowman & Littlefield Publishers, Inc, 2002), 108

41. Aleksandr Fursenko and Timothy Naftali, *One Hell of a Gamble : Khrushchev, Castro, and Kennedy, 1958-1964*(New York : W.W. Norton & Co., 1997), 151

42. ibid., 23

43. ibid., 73

44. ibid., 45

45. 존 루이스 개디스 지음, 박건영 옮김, 『새로 쓰는 냉전의 역사』(사회평론, 2002)

46. Aleksandr Fursenko and Timothy Naftali, *One Hell of a Gamble : Khrushchev, Castro, and Kennedy, 1958-1964*(New York : W.W. Norton & Co., 1997), 104

47. Aleksandr Fursenko and Timothy Naftali, *One Hell of a Gamble : Khrushchev, Castro, and Kennedy, 1958-1964*(New York : W.W. Norton & Co., 1997), 4

48. Ernest R. May and Philip D. Zelikow, *The Kennedy Tapes: Inside the White House during the Cuban Missile Crisis*(W. W. Norton & Company, 2002), 5

49. ibid., 2

50. ibid., 3

51. Arthur M. Schelesinger, JR., *A Thousand Days: John F. Kennedy in the White House*(Boston: A Mariner Book, 1965), 72

52. 로버트 E. 쿼크 지음, 이나경 옮김, 『피델 카스트로』(홍익출판사, 2002), 322

53 Max Frankel, *High Noon in the Cold War: Kennedy, Khrushchev, and the Cuban Missile Crisis*(New York: Ballantine Books, 2004), 67

54. Arthur M. Schelesinger, JR., *A Thousand Days: John F. Kennedy in the White House*(Boston: A Mariner Book, 1965), 73

55. Aleksandr Fursenko and Timothy Naftali, *One Hell of a Gamble : Khrushchev, Castro, and Kennedy, 1958-1964*(New York : W.W. Norton & Co., 1997), 66~68

56. ibid., 70

57. ibid., 78

58. David Rothkopf, *Running the World: The Inside Story of the National Security Council and the Architects of American Power*(New York: PublicAffaies, 2005), 83

59 Max Frankel, *High Noon in the Cold War: Kennedy, Khrushchev, and the Cuban Missile Crisis*(New York: Ballantine Books, 2004), 50

60. ibid., 49

61. 로버트 E. 쿼크 지음, 이나경 옮김, 『피델 카스트로』(홍익출판사, 2002), 331

62. W. R. Smyser, *Kennedy and the Berlin Wall: 'A Hell of a Lot Better than a War'* (Rowman & Littlefield Publishers, Inc, 2010), 30

63. 로버트 E. 쿼크 지음, 이나경 옮김, 『피델 카스트로』(홍익출판사, 2002), 332

64 Max Frankel, *High Noon in the Cold War: Kennedy, Khrushchev, and the Cuban Missile Crisis*(New York: Ballantine Books, 2004), 68

65. 로버트 E. 쿼크 지음, 이나경 옮김, 『피델 카스트로』(홍익출판사, 2002), 334

66. ibid., 335

67. David Rothkopf, *Running the World: The Inside Story of the National Security Council and the Architects of American Power*(New York: PublicAffaies, 2005), 88

68. ibid., 87

69. James G. Blight, Bruce J. Allyn, and David A.Welch, *Cuba on the Brink: Castro, the Missile Crisis and the Soviet Collapse*(newyork: rowman & littlefield publisers, 2002), 71

70. Arthur M. Schelesinger, JR., *A Thousand Days: John F. Kennedy in the White House*(Boston: A Mariner Book, 1965), 286

71. Ernest R. May and Philip D. Zelikow, *The Kennedy Tapes: Inside the White House during the Cuban Missile Crisis*(W. W. Norton & Company, 2002), 26

72. Aleksandr Fursenko and Timothy Naftali, *One Hell of a Gamble : Khrushchev, Castro, and Kennedy, 1958-1964*(New York : W.W. Norton & Co., 1997), 91

73. ibid., 143

74. ibid., 99

75. Arthur M. Schelesinger, JR., *A Thousand Days: John F. Kennedy in the White House*(Boston: A Mariner Book, 1965), 226

76. Ernest R. May and Philip D. Zelikow, *The Kennedy Tapes: Inside the White House during the Cuban Missile Crisis*(W. W. Norton & Company, 2002), 28

77. Arthur M. Schelesinger, JR., *A Thousand Days: John F. Kennedy in the White House*(Boston: A Mariner Book, 1965), 297

78. David Rothkopf, *Running the World: The Inside Story of the National Security Council and the Architects of American Power*(New York: PublicAffaies, 2005), 91

79. ibid., 28

80. ibid., 297

81. Aleksandr Fursenko and Timothy Naftali, *One Hell of a Gamble : Khrushchev, Castro, and Kennedy, 1958-1964*(New York : W.W. Norton & Co., 1997), 105

82. ibid., 104

83. ibid., 105

84. ibid., 107

85. ibid., 108

86. ibid., 121

87. Arthur M. Schelesinger, JR., *A Thousand Days: John F. Kennedy in the White House*(Boston: A Mariner Book, 1965), 360

88. ibid., 361

89. ibid., 374

90. ibid., 374

91. Aleksandr Fursenko and Timothy Naftali, *One Hell of a Gamble : Khrushchev, Castro, and Kennedy, 1958-1964*(New York : W.W. Norton & Co., 1997), 131

92. Ernest R. May and Philip D. Zelikow, *The Kennedy Tapes: Inside the White House during the Cuban Missile Crisis*(W. W. Norton & Company, 2002), 30

93. Aleksandr Fursenko and Timothy Naftali, *One Hell of a Gamble : Khrushchev, Castro, and Kennedy, 1958-1964*(New York : W.W. Norton & Co., 1997), 134

94. ibid., 101

95. ibid., 143

96. ibid., 137

97. ibid., 142

98. ibid., 144

99. ibid., 153

100. James G. Blight, Bruce J. Allyn, and David A.Welch, *Cuba on the Brink: Castro, the Missile Crisis and the Soviet Collapse*(newyork: rowman & littlefield publisers, 2002), 42

101. ibid., 275

102. Aleksandr Fursenko and Timothy Naftali, *One Hell of a Gamble : Khrushchev, Castro, and Kennedy, 1958-1964*(New York : W.W. Norton & Co., 1997), 172

103. ibid., 167

104. ibid., 168

105. ibid., 170

106. ibid., 155

107. ibid., 177

108. ibid., 178

109. ibid., 186

110. 마이클 돕스 지음, 박수민 옮김, 『0시 1분 전』(모던타임스, 2015), 89

111 Max Frankel, *High Noon in the Cold War: Kennedy, Khrushchev, and the Cuban Missile Crisis*(New York: Ballantine Books, 2004), 8

112. ibid., 9

113. Aleksandr Fursenko and Timothy Naftali, *One Hell of a Gamble : Khrushchev, Castro, and Kennedy, 1958-1964*(New York : W.W. Norton & Co., 1997), 189

114 Max Frankel, *High Noon in the Cold War: Kennedy, Khrushchev, and the Cuban Missile Crisis*(New York: Ballantine Books, 2004), 11

115. ibid., 13

116. 마이클 돕스 지음, 박수민 옮김, 『0시 1분 전』(모던타임스, 2015), 59

117. Aleksandr Fursenko and Timothy Naftali, *One Hell of a Gamble : Khrushchev, Castro, and Kennedy, 1958-1964*(New York : W.W. Norton & Co., 1997), 194

118 Max Frankel, *High Noon in the Cold War: Kennedy, Khrushchev, and the Cuban Missile Crisis*(New York: Ballantine Books, 2004), 11

119. James G. Blight, Bruce J. Allyn, and David A.Welch, *Cuba on the Brink: Castro, the Missile Crisis and the Soviet Collapse*(newyork: rowman & littlefield publisers, 2002), 84

120. ibid., 205

121. 김연철 지음, 『70년의 대화』(창비, 2018), 7

122. 이삼성 지음, 『한반도의 전쟁과 평화』(한길사, 2018), 177~187

123. 김영욱 지음, 『위기 관리의 이해』(책과 길, 2002), 41

124. 브루스 커밍스 지음, 남성욱 옮김, 『김정일 코드』(따뜻한손, 2005), 204

125. 서보혁 지음, 『탈냉전기 북미관계사』(선인, 2004), 120

126. 브루스 커밍스 지음, 남성욱 옮김, 『김정일 코드』(따뜻한손, 2005), 219

127. 이삼성 지음, 『한반도의 전쟁과 평화』(한길사, 2018), 56

128. Nicholas Thomson, *The Hawk and the Dove: Paul Nitze, George Kennan, and the History of the Cold War*(New York: Henry Holt and Company, 2009), 281

129. 브루스 커밍스 지음, 남성욱 옮김, 『김정일 코드』(따뜻한손, 2005), 91

130. Leon Segal, *Disarming Strangers: Nuclear Diplomacy with North Korea*(New York: Princeton University Press, 1999), 30

131. 이삼성 지음, 『한반도의 전쟁과 평화』(한길사, 2018), 207

132. ibid., 87

133. ibid., 141

134. Leon Segal, *Disarming Strangers: Nuclear Diplomacy with North Korea*(New York: Princeton University Press, 1999), 11~12)

제3장 1962년 10월의 '13일', 무슨 일이 벌어졌나?

1. Aleksandr Fursenko and Timothy Naftali, *One Hell of a Gamble : Khrushchev, Castro, and Kennedy, 1958-1964*(New York : W.W. Norton & Co., 1997), 85

2. Nicholas Thompson, *The Hawk and the Dove: Paul Nitze, George Kennan and the History of the Cold War*(New York: Henry Holt and Company, 2009), 209

3. Aleksandr Fursenko and Timothy Naftali, *One Hell of a Gamble : Khrushchev, Castro, and Kennedy, 1958-1964*(New York : W.W. Norton & Co., 1997), 204

4. ibid., 214

5 Max Frankel, *High Noon in the Cold War: Kennedy, Khrushchev, and the Cuban Missile Crisis*(New York: Ballantine Books, 2004), 32

6. ibid., 206

7. 마이클 돕스 지음, 박수민 옮김, 『0시 1분 전』(모던타임스, 2015), 75

8. Aleksandr Fursenko and Timothy Naftali, *One Hell of a Gamble : Khrushchev, Castro, and Kennedy, 1958-1964*(New York : W.W. Norton & Co., 1997), 219

9. ibid., 6

10 Max Frankel, *High Noon in the Cold War: Kennedy, Khrushchev, and the Cuban Missile Crisis*(New York: Ballantine Books, 2004), 42

11. ibid., 41

12. Ernest R. May and Philip D. Zelikow, *The Kennedy Tapes: Inside the White House during the Cuban Missile Crisis*(W. W. Norton & Company, 2002), 57

13. ibid., 61

14. ibid., 77

15. ibid., 91

16. 마이클 돕스 지음, 박수민 옮김, 『0시 1분 전』(모던타임스, 2015), 41

17. Ernest R. May and Philip D. Zelikow, *The Kennedy Tapes: Inside the White House during the Cuban Missile Crisis*(W. W. Norton & Company, 2002), 90

18. ibid., 92

19. 셸던 M. 스턴 지음, 박수민 옮김, 『존 F. 케네디의 13일』(모던타임스, 2013), 98

20. Aleksandr Fursenko and Timothy Naftali, *One Hell of a Gamble : Khrushchev, Castro, and Kennedy, 1958-1964*(New York : W.W. Norton & Co., 1997), 229

21. 마이클 돕스 지음, 박수민 옮김, 『0시 1분 전』(모던타임스, 2015), 71

22. Ernest R. May and Philip D. Zelikow, *The Kennedy Tapes: Inside the White House during the Cuban Missile Crisis*(W. W. Norton & Company, 2002), 118

23. ibid., 118

24. ibid., 120

25. Aleksandr Fursenko and Timothy Naftali, *One Hell of a Gamble : Khrushchev, Castro, and Kennedy, 1958-1964*(New York : W.W. Norton & Co., 1997), 229~230

26 Max Frankel, *High Noon in the Cold War: Kennedy, Khrushchev, and the Cuban Missile Crisis*(New York: Ballantine Books, 2004), 86

27. Ernest R. May and Philip D. Zelikow, *The Kennedy Tapes: Inside the White House during the Cuban Missile Crisis*(W. W. Norton & Company, 2002), 127

28. ibid., 143

29. ibid., 121

30. ibid., 149

31. ibid., 149

32. 마이클 돕스 지음, 박수민 옮김, 『0시 1분 전』(모던타임스, 2015), 46

33. ibid., 139

34. ibid., 151

35. Ernest R. May and Philip D. Zelikow, *The Kennedy Tapes: Inside the White House during the Cuban Missile Crisis*(W. W. Norton & Company, 2002), 166

36. ibid., 146

37. 마이클 돕스 지음, 박수민 옮김, 『0시 1분 전』(모던타임스, 2015), 169

38. Aleksandr Fursenko and Timothy Naftali, *One Hell of a Gamble : Khrushchev, Castro, and Kennedy, 1958-1964*(New York : W.W. Norton & Co., 1997), 232

39 Max Frankel, *High Noon in the Cold War: Kennedy, Khrushchev, and the Cuban Missile Crisis*(New York: Ballantine Books, 2004), 96

40. ibid., 171

41. ibid., 178

42. ibid., 186

43. 셸던 M. 스턴 지음, 박수민 옮김, 『존 F. 케네디의 13일』(모던타임스, 2013), 133

44 Max Frankel, *High Noon in the Cold War: Kennedy, Khrushchev, and the Cuban Missile Crisis*(New York: Ballantine Books, 2004), 97

45. ibid., 192

46. ibid., 194

47. ibid., 193

48. ibid., 200

49. ibid., 203

50. ibid., 203

51. Aleksandr Fursenko and Timothy Naftali, *One Hell of a Gamble : Khrushchev, Castro, and Kennedy, 1958-1964*(New York : W.W. Norton & Co., 1997), 236

52 Max Frankel, *High Noon in the Cold War: Kennedy, Khrushchev, and the Cuban Missile Crisis*(New York: Ballantine Books, 2004), 108~109

53. ibid., 215

54. Aleksandr Fursenko and Timothy Naftali, *One Hell of a Gamble : Khrushchev, Castro, and Kennedy, 1958-1964*(New York : W.W. Norton & Co., 1997), 241

55. ibid., 241

56. Aleksandr Fursenko and Timothy Naftali, *One Hell of a Gamble : Khrushchev, Castro, and Kennedy, 1958-1964*(New York : W.W. Norton & Co., 1997), 243

57. Ernest R. May and Philip D. Zelikow, *The Kennedy Tapes: Inside the White House during the Cuban Missile Crisis*(W. W. Norton & Company, 2002), 259

58. ibid., 259

59. 마이클 돕스 지음, 박수민 옮김, 『0시 1분 전』(모던타임스, 2015), 81

60. ibid., 277

61. ibid., 278

62. ibid., 279

63. ibid., 280

64. 마이클 돕스 지음, 박수민 옮김, 『0시 1분 전』(모던타임스, 2015), 82

65. Aleksandr Fursenko and Timothy Naftali, *One Hell of a Gamble : Khrushchev, Castro, and Kennedy, 1958-1964*(New York : W.W. Norton & Co., 1997), 247

66 Max Frankel, *High Noon in the Cold War: Kennedy, Khrushchev, and the Cuban Missile Crisis*(New York: Ballantine Books, 2004), 120

67. ibid., 121

68. Ernest R. May and Philip D. Zelikow, *The Kennedy Tapes: Inside the White House during the Cuban Missile Crisis*(W. W. Norton & Company, 2002), 288

69. ibid., 250~251

70. ibid., 251

71. ibid., 343

72. 그레이엄 앨리슨·필립 젤리코 공저, 김태현 옮김, 『결정의 본질』(모던아카이브, 2018), 297

73 Max Frankel, *High Noon in the Cold War: Kennedy, Khrushchev, and the Cuban Missile Crisis*(New York: Ballantine Books, 2004), 127

74. 마이클 돕스 지음, 박수민 옮김, 『0시 1분 전』(모던타임스, 2015), 134~135

75. ibid., 175

76. ibid., 345

77. 그레이엄 앨리슨·필립 젤리코 공저, 김태현 옮김, 『결정의 본질』(모던아카이브, 2018), 294

78. 마이클 돕스 지음, 박수민 옮김, 『0시 1분 전』(모던타임스, 2015), 165

79. ibid., 165

80. ibid., 160

81. Aleksandr Fursenko and Timothy Naftali, *One Hell of a Gamble : Khrushchev, Castro, and Kennedy, 1958-1964*(New York : W.W. Norton & Co., 1997), 256

82. Ernest R. May and Philip D. Zelikow, *The Kennedy Tapes: Inside the White House during the Cuban Missile Crisis*(W. W. Norton & Company, 2002), 347

83. Aleksandr Fursenko and Timothy Naftali, *One Hell of a Gamble : Khrushchev, Castro, and Kennedy, 1958-1964*(New York : W.W. Norton & Co., 1997), 244~245

84. 마이클 돕스 지음, 박수민 옮김, 『0시 1분 전』(모던타임스, 2015), 116

85. Ernest R. May and Philip D. Zelikow, *The Kennedy Tapes: Inside the White House during the Cuban Missile Crisis*(W. W. Norton & Company, 2002), 390

86. ibid., 391

87. ibid., 392

88. 마이클 돕스 지음, 박수민 옮김, 『0시 1분 전』(모던타임스, 2015), 170

89. Ernest R. May and Philip D. Zelikow, *The Kennedy Tapes: Inside the White House during the Cuban Missile Crisis*(W. W. Norton & Company, 2002), 354

90. 그레이엄 앨리슨·필립 젤리코 공저, 김태현 옮김, 『결정의 본질』(모던아카이브, 2018), 276

91. Aleksandr Fursenko and Timothy Naftali, *One Hell of a Gamble : Khrushchev, Castro, and Kennedy, 1958-1964*(New York : W.W. Norton & Co., 1997), 254

92. 마이클 돕스 지음, 박수민 옮김, 『0시 1분 전』(모던타임스, 2015), 210

93. Ernest R. May and Philip D. Zelikow, *The Kennedy Tapes: Inside the White House during the Cuban Missile Crisis*(W. W. Norton & Company, 2002), 416

94. ibid., 400

95. ibid., 415

96. ibid., 438

97. ibid., 436

98. ibid., 438

99. ibid., 438

100. Aleksandr Fursenko and Timothy Naftali, *One Hell of a Gamble : Khrushchev, Castro, and Kennedy, 1958-1964*(New York : W.W. Norton & Co., 1997), 259

101 Max Frankel, *High Noon in the Cold War: Kennedy, Khrushchev, and the Cuban Missile Crisis*(New York: Ballantine Books, 2004), 130

102. ibid., 130

103. Ernest R. May and Philip D. Zelikow, *The Kennedy Tapes: Inside the White House during the Cuban Missile Crisis*(W. W. Norton & Company, 2002), 456~457

104. 마이클 돕스 지음, 박수민 옮김, 『0시 1분 전』(모던타임스, 2015), 260

105. ibid., 121

106. ibid., 464~465

107. 마이클 돕스 지음, 박수민 옮김, 『0시 1분 전』(모던타임스, 2015), 242 / Ernest R. May and Philip D. Zelikow, *The Kennedy Tapes: Inside the White House during the Cuban Missile Crisis*(W. W. Norton & Company, 2002), 441

108. Aleksandr Fursenko and Timothy Naftali, *One Hell of a Gamble : Khrushchev, Castro, and Kennedy, 1958-1964*(New York : W.W. Norton & Co., 1997), 267

109. ibid., 267

110 Max Frankel, *High Noon in the Cold War: Kennedy, Khrushchev, and the Cuban Missile Crisis*(New York: Ballantine Books, 2004), 136

111. Ernest R. May and Philip D. Zelikow, *The Kennedy Tapes: Inside the White House during the Cuban Missile Crisis*(W. W. Norton & Company, 2002), 490

112. ibid., 490

113. 마이클 돕스 지음, 박수민 옮김, 『0시 1분 전』(모던타임스, 2015), 284

114. 존 루이스 개디스 지음,· 박건영 옮김, 『새로 쓰는 냉전의 역사』(사회평론, 2002), 466

115. James G. Blight, Bruce J. Allyn, and David A.Welch, *Cuba on the Brink: Castro, the Missile Crisis and the Soviet Collapse*(newyork: rowman & littlefield publisers, 2002), 109

116. Aleksandr Fursenko and Timothy Naftali, *One Hell of a Gamble : Khrushchev, Castro, and Kennedy, 1958-1964*(New York : W.W. Norton & Co., 1997), 273

117. James G. Blight, Bruce J. Allyn, and David A.Welch, *Cuba on the Brink: Castro, the Missile Crisis and the Soviet Collapse*(newyork: rowman & littlefield publisers, 2002), 359

118. 마이클 돕스 지음, 박수민 옮김, 『0시 1분 전』(모던타임스, 2015), 289

119. Aleksandr Fursenko and Timothy Naftali, *One Hell of a Gamble : Khrushchev, Castro, and Kennedy, 1958-1964*(New York : W.W. Norton & Co., 1997), 274

120. ibid., 394

121. ibid., 274

122. ibid., 276

123. ibid., 277~278

124. Ernest R. May and Philip D. Zelikow, *The Kennedy Tapes: Inside the White House during the Cuban Missile Crisis*(W. W. Norton & Company, 2002), 509

125 Max Frankel, *High Noon in the Cold War: Kennedy, Khrushchev, and the Cuban Missile Crisis*(New York: Ballantine Books, 2004), 143

126. ibid., 144

127. Ernest R. May and Philip D. Zelikow, *The Kennedy Tapes: Inside the White House during the Cuban Missile Crisis*(W. W. Norton & Company, 2002), 513

128. ibid., 519

129. Aleksandr Fursenko and Timothy Naftali, *One Hell of a Gamble : Khrushchev, Castro, and Kennedy, 1958-1964*(New York : W.W. Norton & Co., 1997), 282

130. ibid., 281

131. James G. Blight, Bruce J. Allyn, and David A.Welch, *Cuba on the Brink: Castro, the Missile Crisis and the Soviet Collapse*(newyork: rowman & littlefield publisers, 2002), 162

132. Ernest R. May and Philip D. Zelikow, *The Kennedy Tapes: Inside the White House during the Cuban Missile Crisis*(W. W. Norton & Company, 2002), 664

133. Aleksandr Fursenko and Timothy Naftali, *One Hell of a Gamble : Khrushchev, Castro, and Kennedy, 1958-1964*(New York : W.W. Norton & Co., 1997), 287

134 Max Frankel, *High Noon in the Cold War: Kennedy, Khrushchev, and the Cuban Missile Crisis*(New York: Ballantine Books, 2004), 163

135. James G. Blight and Bruce J. Allyn and David A. Welch, Cuba on the Brink: Castro, the Missile Crisis, and the Soviet Collapse(Rowman & Littlefield Publishers, 2002), 514

136. James Blight and Philip Brenner, *Sad and Luminous Days: Cuba's Struggle with the Superpowers after the Missile Crisis*(New York: Rowman & Littlefield Publishers, Inc, 2002), 25

137. ibid., 79

138. James G. Blight, Bruce J. Allyn, and David A.Welch, *Cuba on the Brink: Castro, the Missile Crisis and the Soviet Collapse*(newyork: rowman & littlefield publisers, 2002), 23

139. ibid., 24

140. Ernest R. May and Philip D. Zelikow, *The Kennedy Tapes: Inside the White House during the Cuban Missile Crisis*(W. W. Norton & Company, 2002), 608

141. ibid., 664

142. ibid., 664

143. Aleksandr Fursenko and Timothy Naftali, *One Hell of a Gamble : Khrushchev, Castro, and Kennedy, 1958-1964*(New York : W.W. Norton & Co., 1997), 293

144. James Blight and Philip Brenner, *Sad and Luminous Days: Cuba's Struggle with the Superpowers after the Missile Crisis*(New York: Rowman & Littlefield Publishers, Inc, 2002), 75

145. Aleksandr Fursenko and Timothy Naftali, *One Hell of a Gamble : Khrushchev, Castro, and Kennedy, 1958-1964*(New York : W.W. Norton & Co., 1997), 298

146. ibid., 300

147. ibid., 302

148. ibid., 302

149. ibid., 306

150. ibid., 311

151. ibid., 311

152. Nicholas Thomson, *The Hawk and the Dove: Paul Nitze, George Kennan, and the History of the Cold War*(New York: Henry Holt and Company, 2009), 281

153. 김연철 지음, 『70년의 대화』(창비, 2018), 69

154. ibid., 27

155. 서보혁 지음, 『탈냉전기 북미관계사』(선인, 2004), 121

156. Leon Segal, *Disarming Strangers: Nuclear Diplomacy with North Korea*(New York: Princeton University Press, 1999), 22)

157. 브루스 커밍스 지음, 남성욱 옮김, 『김정일 코드』(따뜻한손, 2005), 74

158. ibid., 76

159. 이삼성 지음, 『한반도의 전쟁과 평화』(한길사, 2018), 197

160. 브루스 커밍스 지음, 남성욱 옮김, 『김정일 코드』(따뜻한손, 2005), 149

161. Nicholas Thompson, *The Hawk and the Dove: Paul Nitze, George Kennan and the History of the Cold War*(New York: Henry Holt and Company, 2009), 189

162. Victor Cha, 〈Foreign Affairs〉, 2002.5~6.

163. 김민석, 〈중앙일보〉 2017.12.15.

164. Robert S. Litwak, *Outlier States: American Strategies to Change, Contain, or Engage Regimes*(Washington D.C: Woodro Wilson Center Press, 2012), 174

165. ibid., 172

166. James G. Blight and Janet M. Lang, 〈The New York Times〉, 2012.10.25.

167. Thurston Clarke, *The Last Campaign: Robert F. Kennedy and 82 Days That Inspired America*(New York: Henri Holt and Company, 2008), 31

168. Bob Woodward, *Fear: Trump in the White House*(New York: Simon & Schuster, 2018), 177~178

169. Ann Louise Bardach, *Without Fidel: A Death Foretold in Miami, Havana, and Washington*(NY: Schribner, 2009) 198

170. 브루스 커밍스 지음, 남성욱 옮김, 『김정일 코드』(따뜻한손, 2005), 170

171. ibid., 34~44

172. 송평인, 〈동아일보〉, 2005.5.18.

173. 헤이즐 스미스 지음, 김재오 옮김, 『장마당과 선군정치』(창비, 2017), 165

제4장 왜 미국과의 평화협상은 시간 끌기로 귀결되는가?

1. Aleksandr Fursenko and Timothy Naftali, *One Hell of a Gamble : Khrushchev, Castro, and Kennedy, 1958-1964*(New York : W.W. Norton & Co., 1997), 321

2. Thurston Clarke, *The Last Campaign: Robert F. Kennedy and 82 Days That Inspired America*(New York: Henry Holt and Company, 2008) 76

3. William M. LeoGrande and Peter Kornbluh, *Back Channel to Cuba: The Hidden History of Negotiations Between Washington and Havana*(Chapel Hill, NH : The University of North Carolina Press, 2014), 2

4. James Blight and Philip Brenner, *Sad and Luminous Days: Cuba's Struggle with the Superpowers after the Missile Crisis*(New York: Rowman & Littlefield Publishers, Inc, 2002), 92

5. James G. Blight, Bruce J. Allyn, and David A.Welch, *Cuba on the Brink: Castro, the Missile Crisis and the Soviet Collapse*(newyork: rowman & littlefield publisers, 2002), 366

6. ibid., 366

7. ibid., 225

8. ibid., 105

9. Aleksandr Fursenko and Timothy Naftali, *One Hell of a Gamble : Khrushchev, Castro, and Kennedy, 1958-1964*(New York : W.W. Norton & Co., 1997), 343~345

10. William M. LeoGrande and Peter Kornbluh, *Back Channel to Cuba: The Hidden History of Negotiations Between Washington and Havana*(Chapel Hill, NH : The University of North Carolina Press, 2014), 67

11. 로버트 E. 쿼크 지음, 이나경 옮김, 『피델 카스트로』(홍익출판사, 2002), 430

12. William M. LeoGrande and Peter Kornbluh, *Back Channel to Cuba: The Hidden History of Negotiations Between Washington and Havana*(Chapel Hill, NH : The University of North Carolina Press, 2014), 76

13. 로버트 E. 쿼크 지음, 이나경 옮김, 『피델 카스트로』(홍익출판사, 2002), 431

14. James G. Blight, Bruce J. Allyn, and David A.Welch, *Cuba on the Brink: Castro, the Missile Crisis and the Soviet Collapse*(newyork: rowman & littlefield publisers, 2002), 193-194

15. William M. LeoGrande and Peter Kornbluh, *Back Channel to Cuba: The Hidden History of Negotiations Between Washington and Havana*(Chapel Hill, NH : The University of North Carolina Press, 2014), 87

16. ibid., 91

17. 로버트 E. 쿼크 지음, 이나경 옮김, 『피델 카스트로』(홍익출판사, 2002), 435

18. William M. LeoGrande and Peter Kornbluh, *Back Channel to Cuba: The Hidden History of Negotiations Between Washington and Havana*(Chapel Hill, NH : The University of North Carolina Press, 2014), 97

19. ibid., 101

20. ibid., 99

21. ibid., 115~116

22. James Blight and Philip Brenner, *Sad and Luminous Days: Cuba's Struggle with the Superpowers after the Missile Crisis*(New York: Rowman & Littlefield Publishers, Inc, 2002), 132

23. William M. LeoGrande and Peter Kornbluh, *Back Channel to Cuba: The Hidden History of Negotiations Between Washington and Havana*(Chapel Hill, NH : The University of North Carolina Press, 2014), 127

24. ibid., 120

25. ibid., 141

26. Brian Latell, *After Fidel: The Inside Story of Castro's Regime and Cuba's Next Leader*(New York: Palgrave Macmillan, 2005), 186

27. William M. LeoGrande and Peter Kornbluh, *Back Channel to Cuba: The Hidden History of Negotiations Between Washington and Havana*(Chapel Hill, NH : The University of North Carolina Press, 2014), 145

28. ibid., 149

29. ibid., 1

30. ibid., 190

31. ibid., 182

32. ibid., 181

33. 박보균, 〈중앙일보〉, 2018.4.19.

34. William M. LeoGrande and Peter Kornbluh, *Back Channel to Cuba: The Hidden History of Negotiations Between Washington and Havana*(Chapel Hill, NH : The University of North Carolina Press, 2014), 224

35. Vicki Huddleston, *Our Woman in Havana: A Diplomat's Chronicle of America's Long Struggle with Castro's Cuba*(New York: The Overlook Press, 2018), 266

36. William M. LeoGrande and Peter Kornbluh, *Back Channel to Cuba: The Hidden History of Negotiations Between Washington and Havana*(Chapel Hill, NH : The University of North Carolina Press, 2014), 225

37. ibid., 236

38. ibid., 225

39. ibid., 260

40. Vicki Huddleston, *Our Woman in Havana: A Diplomat's Chronicle of America's Long Struggle with Castro's Cuba*(New York: The Overlook Press, 2018), 32

41. William M. LeoGrande and Peter Kornbluh, *Back Channel to Cuba: The Hidden History of Negotiations Between Washington and Havana*(Chapel Hill, NH : The University of North Carolina Press, 2014), 271

42. Lana Wylie, *Perception of Cuba: Canadian and American Policies in Comparative Perceptive*(Toronto: University of Toronto Press, 2010), 73

43. ibid., 74

44. ibid., 100

45. Vicki Huddleston, *Our Woman in Havana: A Diplomat's Chronicle of America's Long Struggle with Castro's Cuba*(New York: The Overlook Press, 2018), 114

46. ibid., 46

47. ibid., 116

48. ibid., 123

49. ibid., 106

50. Lana Wylie, *Perception of Cuba: Canadian and American Policies in Comparative Perceptive*(Toronto: University of Toronto Press, 2010), 85~87

51. Vicki Huddleston, *Our Woman in Havana: A Diplomat's Chronicle of America's Long Struggle with Castro's Cuba*(New York: The Overlook Press, 2018), 254

52. James G. Blight, Bruce J. Allyn, and David A.Welch, *Cuba on the Brink: Castro, the Missile Crisis and the Soviet Collapse*(newyork: rowman & littlefield publisers, 2002), 159

53. Lana Wylie, *Perception of Cuba: Canadian and American Policies in Comparative Perceptive*(Toronto: University of Toronto Press, 2010), 114

54. ibid., 115

55. James G. Blight, Bruce J. Allyn, and David A.Welch, *Cuba on the Brink: Castro, the Missile Crisis and the Soviet Collapse*(newyork: rowman & littlefield publisers, 2002), 298-300

56. William M. LeoGrande and Peter Kornbluh, *Back Channel to Cuba: The Hidden History of Negotiations Between Washington and Havana*(Chapel Hill, NH : The University of North Carolina Press, 2014), 368

57. Lana Wylie, *Perception of Cuba: Canadian and American Policies in Comparative Perceptive*(Toronto: University of Toronto Press, 2010), 44

58. ibid., 368

59. Ann Louise Bardach, *Without Fidel: A Death Foretold in Miami, Havana, and Washington*(NY: Schribner, 2009) xxi

60. William M. LeoGrande and Peter Kornbluh, *Back Channel to Cuba: The Hidden History of Negotiations Between Washington and Havana*(Chapel Hill, NH : The University of

North Carolina Press, 2014), 368

61. Vicki Huddleston, *Our Woman in Havana: A Diplomat's Chronicle of America's Long Struggle with Castro's Cuba*(New York: The Overlook Press, 2018), 255

62. Ann Louise Bardach, *Without Fidel: A Death Foretold in Miami, Havana, and Washington*(NY: Schribner, 2009) xxii

63. William M. LeoGrande and Peter Kornbluh, *Back Channel to Cuba: The Hidden History of Negotiations Between Washington and Havana*(Chapel Hill, NH : The University of North Carolina Press, 2014), 379

64. ibid., 402

65. Ben Rhodes, *The World as It Is: A Memoir of the Obama White House*(New York: Random House, 2018), 213

66. ibid., 266

67. ibid., 261

68. ibid., 403

69. ibid., 403

70. Vicki Huddleston, *Our Woman in Havana: A Diplomat's Chronicle of America's Long Struggle with Castro's Cuba*(New York: The Overlook Press, 2018), 269

71. Ben Rhodes, *The World as It Is: A Memoir of the Obama White House*(New York: Random House, 2018), 358

72. ibid., 262

73. Vicki Huddleston, *Our Woman in Havana: A Diplomat's Chronicle of America's Long Struggle with Castro's Cuba*(New York: The Overlook Press, 2018), 256

74. Brian Latell, *After Fidel: The Inside Story of Castro's Regime and Cuba's Next Leader*(New York: Palgrave Macmillan, 2005), 141

75. Ann Louise Bardach, *Without Fidel: A Death Foretold in Miami, Havana, and Washington*(NY: Schribner, 2009) 193

76. ibid., 188

77. Brian Latell, *After Fidel: The Inside Story of Castro's Regime and Cuba's Next Leader*(New York: Palgrave Macmillan, 2005), 224

78. William M. LeoGrande and Peter Kornbluh, *Back Channel to Cuba: The Hidden His-*

tory of Negotiations Between Washington and Havana(Chapel Hill, NH : The University of North Carolina Press, 2014), 5

79. Brian Latell, *After Fidel: The Inside Story of Castro's Regime and Cuba's Next Leader*(New York: Palgrave Macmillan, 2005), 246
80. Ann Louise Bardach, *Without Fidel: A Death Foretold in Miami, Havana, and Washington*(NY: Schribner, 2009) 186
81. Trita Parsi, Losing an Enemy: Obama, Iran, and the Triumph of Diplomacy(New Haven: Yale University Press, 2017), 174
82. Vicki Huddleston, *Our Woman in Havana: A Diplomat's Chronicle of America's Long Struggle with Castro's Cuba*(New York: The Overlook Press, 2018), 263
83. Ben Rhodes, *The World as It Is: A Memoir of the Obama White House*(New York: Random House, 2018), 413
84. Vicki Huddleston, 〈The New York Times〉, 2017.11.22.
85. Vicki Huddleston, *Our Woman in Havana: A Diplomat's Chronicle of America's Long Struggle with Castro's Cuba*(New York: The Overlook Press, 2018), 276~281
86. ibid., 284
87. ibid., 285
88. ibid., 283
89. 김덕한, 〈조선일보〉, 2018.2.3.
90. 심진용, 〈경향신문〉, 2018.5.18.
91. 브루스 커밍스 지음, 남성욱 옮김, 『김정일 코드』(따뜻한손, 2005), 207
92. 빅터 차, 〈중앙일보〉, 2017.8.11.
93. 조의준, 〈조선일보〉, 2017.11.18.
94. Bob Woodward, *Fear: Trump in the White House*(New York: Simon & Schuster, 2018), 94
95. Ben Rhodes, *The World as It Is: A Memoir of the Obama White House*(New York: Random House, 2018), 102
96. ibid., 42
97. 노윤정, 〈KBS〉, 2018.2.16.
98. Max Fisher, 〈The New York Times International Edition〉, 2018.4.30.~5.1.
99. 정우상, 〈조선일보〉, 2018.5.8.

100. Ann Louise Bardach, *Without Fidel: A Death Foretold in Miami, Havana, and Washington*(NY: Schribner, 2009) xxi

101. 마이클 J. 그린 지음, 장휘, 권나혜 공역, 『신의 은총을 넘어서』(아산정책연구원, 2017), 471

102. Trita Parsi, Losing an Enemy: Obama, Iran, and the Triumph of Diplomacy(New Haven: Yale University Press, 2017), 235

103. 브루스 커밍스 지음, 남성욱 옮김, 『김정일 코드』(따뜻한손, 2005), 195

104. Robert S. Litwak, *Outlier States: American Strategies to Change, Contain, or Engage Regimes*(Washington D.C: Woodro Wilson Center Press, 2012), 124

105. 중앙일보 특별취재팀, 〈중앙일보〉, 2017.6.27.

106. Ben Rhodes, *The World as It Is: A Memoir of the Obama White House*(New York: Random House, 2018), 331~333

107. Martin Anderson and Annelise Anderson, *Reagan's Secret War: The untold story of his fight to save the world from nuclear disaster*(New York: Crown Publisher, 2009), 247~264

108. Ben Rhodes, *The World as It Is: A Memoir of the Obama White House*(New York: Random House, 2018), 353

109. 정은주, 방준호, 허승, 〈한겨레신문〉, 2018.5.14,

110. 백태웅 지음, 『아시아 인권공동체를 찾아서』(창비, 2017), 335

111. James G. Blight, Bruce J. Allyn, and David A.Welch, *Cuba on the Brink: Castro, the Missile Crisis and the Soviet Collapse*(newyork: rowman & littlefield publisers, 2002), 292

112. Anthony J. Blinken, 〈The New York Times International Edition〉, 2018.3.26.

113. Scott D. Sagan and Allen S. Weiner, 〈The New York Times International Edition〉,2018.4.10.

114. Maysam Behravesh, 〈The New York Times〉, 2018.4.13.

115. 강윤주, 〈한국일보〉, 2018.5.22.

116. 이삼성 지음, 『한반도의 전쟁과 평화』(한길사, 2018), 245

117. ibid., 277

118. Brian Latell, *After Fidel: The Inside Story of Castro's Regime and Cuba's Next Leader*(New York: Palgrave Macmillan, 2005), 152

119. Lana Wylie, *Perception of Cuba: Canadian and American Policies in Comparative*

Perceptive(Toronto: University of Toronto Press, 2010), 115

120. Javier Corrales and James Loxton, 〈The New York Times〉, 2018.2.26.

121. Pierre Asselin, *Vietnam's American War: A History*(New York: Cambridge University Press, 2018), 248~249

122. 채인택, 〈중앙일보〉, 2018.3.14.

123. 이재춘 지음, 『베트남과 북한의 개혁 개방』(경인문화사,2014), 319

결론

1. Emily Jane Fox, *Born Trump: Inside America's First Family*(New York: Harper, 2018), 31

2. 진징이, 〈한겨레신문〉, 2018.4.23.

3. Robert Hieronimus, *America's Secret Destiny: Spiritual Vision and the Founding of a Nation*(Destiny Books, 1989), 11~12

4. 안토니오 네그리, 마이클 하트 공저, 윤수종 옮김, 『제국』(이학사, 2001),

5. 김진호, 〈경향신문〉, 2018.5.25.

6. 헤어프리트 뮌클러 지음, 공진성 옮김, 『제국』(책세상, 2015), 98. 이 책의 핵심 논지와 해설에 대해서는 다음의 강연을 참조. 공진성, "제국의 역사는 서구중심주의에 대해 무엇을 얘기해주는가", 서강대학교 현대정치연구소 초청 강연, 2015년 9월 24일.

7. 인텔리전스코 지음, 「남북정상회담 이후의 견인차로서 평화국가연합」(동향과 전망, 2018년 여름호), 68~82

8. 바츨라프 하벨 지음, 이택광 옮김, 『불가능의 예술』(경희대학교출판문화원, 2016), 210

9. 파커 J. 파머 지음, 김찬호, 정하린 공역, 『모든 것의 가장자리에서』(글항아리, 2018), 26

10. Jose Azel, *Manana In Cuba: The Legacy Of Castroism And Transitional Challenges For Cuba*(Bloomington, IN : AuthorHouse, 2010), 38

11.토마스 배리 지음, 맹영선 옮김, 『지구의 꿈』(대화문화아카데미, 1988), 78

12. 요시다 타로 지음, 안철환 옮김, 『생태도시 아바나의 탄생』(들녘, 2004),

13. 바츨라프 하벨 지음, 이택광 옮김, 『불가능의 예술』(경희대학교출판문화원, 2016), 49

14. 김예슬 지음, 『촛불혁명』(느린걸음, 2017), 25

참고문헌

단행본

그레이엄 앨리슨 지음, 정혜윤 옮김, 『예정된 전쟁』(세종서적, 2018)

그레이엄 앨리슨·필립 젤리코 공저, 김태현 옮김, 『결정의 본질』(모던아카이브, 2018)

김연철 지음, 『협상의 전략』(휴머니스트, 2016)

김영욱 지음, 『위기 관리의 이해』(책과 길, 2002)

김우상·김재한·김태현·박건영·백창재 공저, 『국제관계론강의 1』(한울아카데미, 2015)

노엄 촘스키 지음, 강주헌 옮김, 『촘스키, 우리가 모르는 미국 그리고 세계』(시대의 창, 2008)

다니엘 바이먼 지음, 이옥연 옮김, 『미국의 강압 전략』(사회평론, 2004)

데이비드 레이놀즈 지음, 이종인 옮김, 『정상회담』(책과함께, 2009)

돈 오버도퍼 지음, 이종길 옮김, 『두 개의 한국』(길산, 2002)

로버트 E. 쿼크 지음, 이나경 옮김, 『피델 카스트로』(홍익출판사, 2002)

마이클 그린. 『신의 은총을 넘어서』(아산정책연구원, 2018)

마이클 K. 본 지음, 신현돈 옮김. 『백악관 상황실』(북키앙, 2003)

마이클 돕스 지음, 박수민 옮김, 『0시 1분 전』(모던타임스, 2015)

블라디슬라프 M.주보크 지음, 김남섭 옮김, 『실패한 제국1』(아카넷, 2016)

안영옥 지음, 『돈키호테의 말』(열린책들, 2018)

역사비평 편집위원회 지음, 『지도자들』(역사비평사, 2013)

이삼성 지음, 『한반도의 전쟁과 평화』(한길사, 2018)

제임스 G. 블라이트·재닛 M. 랭 공저, 박수민 옮김, 『아마겟돈 레터』(시그마북스, 2014)

존 루이스 개디스 지음, 강규형 옮김, 『역사의 풍경』(에코리브르, 2002)

존 루이스 개디스 지음,· 박건영 옮김, 『새로 쓰는 냉전의 역사』(사회평론, 2002)

헤이즐 스미스 지음, 김재오 옮김, 『장마당과 선군정치』(창비, 2017)

히가시 다이사쿠 지음, 서각수 옮김, 『우리는 왜 전쟁을 했을까?』(역사넷, 2004)

Aaron Lobel, *Presidential Judgment : Foreign Policy Decision Making in the White House*. Hollis, NH : Hollis Publishing Company, c2001.

Aleksandr Fursenko and Timothy Naftali, *One Hell of a Gamble : Khrushchev, Castro, and Kennedy, 1958-1964*. New York : W.W. Norton & Co., 1997.

Alexander L. George and Richard Smoke, *Deterrence in American Foreign Policy : Theory and Practice*. New York : Columbia University Press, 1974.

Alexander L. George, David K. Hall and William E. Simons. *The Limits of Coercive Diplomacy : Laos, Cuba, Vietnam*. Boston : Little, Brown, 1971.

Anatoli I. Gribkov and William Y. Smith, *Operation ANADYR : U.S. and Soviet Generals Recount the Cuban Missile Crisis*. Chicago : Edition q, Inc, c1994.

Anatoly Dobrynin, *In Confidence : Moscow's Ambassador to America's Six Cold War Presidents (1962-1986)*. New York : Times Books, c1995.

Ann Louise Bardach, *Without Fidel: A Death Foretold in Miami, Havana, and Washington*, NY: Schribner, 2009

Bob Woodward, *Fear*, New York: Simon & Schuster, 2018

Brian Latell, *After Fidel: The Inside Story of Castro's Regime and Cuba's Next Leader*, New York: Palgrave Macmillan, 2005.

Carlos Lechuga, *Cuba and the Missile Crisis*. Melbourne, Australia & New York : Ocean Press, c2001.

Charles E. Bohlen, *Witness to History, 1929-1969*. New York : Norton, 1973.

David G. Coleman, *The Fourteenth Day: JFK and the Aftermath of the Cuban Missile Crisis*, New York: W. W. Norton & Company, 2012.

Dino A. Brugioni, *Eyeball to Eyeball : The Inside Story of the Cuban Missile Crisis.* New York : Random House, 1991, c1990.

Ernest R. May and Philip D. Zelikow, *The Kennedy Tapes: Inside the White House during the Cuban Missile Crisis*, W. W. Norton & Company, 2002

Gordon J. DiRenzo, *Personality and Politics*. Garden City, NY : Anchor Books, 1974.

Harlan K. Ullman, *Anatomy of Failure: Why America Loses Every War It Starts*. Annapolis, Naval Institute Press, 2017.

Irving Lester Janis, *Groupthink : Psychological Studies of Foreign Policy Decisions and Fiascoes*. Boston : Houghton Mifflin, 1983, c1982.

Jack M. Schick. *The Berlin Crisis, 1958-1962*. Philadelphia : University of Pennsylvania Press, 1971.

James A. Donovan, *Militarism, U.S.A*. New York : Scribner, 1970.

James A. Nathan, *The Cuban Missile Crisis Revisited*. New York : St. Martin's Press, c1992.

James G. Blight and David A. Welch, *Intelligence and the Cuban Missile Crisis*. London : Frank Cass, 1998.

James G. Blight and David A. Welch, *On the Brink : Americans and Soviets Reexamine the Cuban Missile Crisis*. New York : Hill & Wang, 1989.

James G. Blight, Bruce J. Allyn, and David A.Welch, *Cuba on the Brink : Castro, the Missile Crisis, and the Soviet Collapse*. New York : Pantheon Books, 1993.

James G. Blight, *The Shattered Crystal Ball : Fear and Learning in the Cuban Missile Crisis. Savage*, MD : Rowman & Littlefield Publishers, c1990.

John Fitzgerald Kennedy, and Nikita Sergeevich Khrushchev, *"Kennedy-Khrushchev Correspondence During the Cuban Missile Crisis of October, 1962"*. In Department of State Bulletin. Washington, DC : U.S. Dept. of State, November 19, 1973

John Fitzgerald Kennedy, *John F. Kennedy: The Great Crises*. 3 vol. Timothy Naftali, Ernest R. May and Philip Zelikow, editors. New York : W.W. Norton, c2001.

John Fitzgerald Kennedy, *The Cuban Missile Crisis : President Kennedy's Address to the Nation*, October 22, 1962. Washington, DC : National Archives and Records Administration, 1988.

John Fitzgerald Kennedy, *The Kennedy Tapes: Inside the White House During the Cuban Missile Crisis*. Ernest R. May and Philip Zelikow, editors. Cambridge & London : Belknap Press of the Harvard University Press, 1997.

John Lewis Gaddis, *We Now Know: Rethinking Cold War History*. Oxford : Clarendon Press, 1997.

Jose Azel, *Manana In Cuba: The Legacy of Castroism and Transitional Challenges for Cuba*. Bloomington, IN : AuthorHouse, 2010.

Lana Wylie, *Perception of Cuba: Canadian and American Policies in Comparative Perceptive*. Toronto: University of Toronto Press, 2010.

Laurence Chang and Peter Kornbluh, *The Cuban Missile Crisis, 1962 : A National Security Archive Documents Reader*. New York : The New Press, 1992.

Max Frankel, *High Noon in the Cold War: Kennedy, Khrushchev, and the Cuban Missile Crisis*. New York: Ballantine Books, 2004.

Michael R. Beschloss, *The Crisis Years : Kennedy and Khrushchev, 1960-1963*. New York : Harper/Collins, c1991.

Morton H. Halperin, *Bureaucratic Politics and Foreign Policy*. Washington, DC : Brookings Institution, 1974.

Nicholas Thompson, *The Hawk and the Dove: Paul Nitze, George Kennan and the History of the Cold War*. New York: Henry Holt and Company, 2009.

Nikita Sergeevich Khrushchev, *Khrushchev Remembers : The Last Testament. Boston : Little, Brown*, 1974.

Norman Moss, *Men Who Play God : The Story of the H-bomb and How the World Came to Live With It*. New York : Harper & Row, c1968.

Parsi, Trita. *Losing an Enemy: Obama, Iran, and the Triumph of Diplomacy*, New Haven: Yale University Press, 2017.

Pierre Asselin, *Vietnam's American War: A History*. New York: Cambridge University Press, 2018.

Raymond L. Garthoff, *Reflections on the Cuban Missile Crisis*. Washington, DC : Brookings Institution, c1989.

Rhodes, Ben. *The World As It Is*, New York: Random House, 2018

Richard E. Neustadt and Ernest R. May. *Thinking in Time : The Uses of History for Decision-makers*. New York : Free Press, c1986.

Richard Ned Lebow and Janice Gross Stein, *We All Lost the Cold War*. Princeton, NJ : Princeton University Press, c1994.

Robert F. Kennedy, *Thirteen Days : A Memoir of the Cuban Missile Crisis*. New York : W.W. Norton, 1969.

Robert Hieronimus, *America's Secret Destiny: Spiritual Vision & the Foundation of a Nation*. Rochester, VT : Destiny Books, 1989.

Robert S. Litwak, *Outlier States: American Strategies to Change, Contain, or Engage Regimes*, Washington D.C: Woodro Wilson Center Press, 2012.

Robert Smith. Thompson, *The Missiles of October : The Declassified Story of John F. Kennedy and the Cuban Missile Crisis*. New York : Simon & Schuster, c1992.

Thurston Clarke, *JFK's Last Hundred Days: The Transformation of a Man and the Emergence of a Great President*. New York: The Penguin Press, 2013.

Thurston Clarke, *The Last Campaign: Robert F. Kennedy and 82 Days That Inspired America*. New York: Henry Holt and Company, 2008.

Vicki Huddleston and Carlos Pascal, *Learning to Salsa: New Steps in U.S.-Cuba Relations*, Washington D.C.: Brookings Institution Press, 2010.

Vicki Huddleston, *Our Woman in Havana: A Diplomat's Chronicle of America's Long Struggle with Castro's Cuba*. New York: The Overlook Press, 2018.

W. R. Smyser, *Kennedy and the Berlin War*. Lanham : Rowman & Littlefield Publishers, 2009.

William M. LeoGrande and Peter Kornbluh,. *Back Channel to Cuba: The Hidden History of Negotiations Between Washington and Havana*, Chapel Hill, NH : The University of North Carolina Press, 2014

논문

안병진, 2005,「62년 '쿠바 핵 미사일 위기'의 역사적 교훈과 위기의 한반도」,『역사비평』

_____, 2005,「안병진의 X파일 이야기」,『프레시안』 기획연재 시리즈, 8월~11월

_____, 2011,「쿠바 미사일 위기와 베를린 가설: 케네디의 개념틀에 대한 비판적 고찰」,『동향과 전망』 봄호

Harvard University ; University Press of America, Inc, c1992.

Hawk's Cay Conference on the Cuban Missile Crisis, March 5-8, 1987. Proceedings. Cambridge, MA : John F. Kennedy School of Government, Center for Science & International Affairs, Harvard University, January, 1989.

January 27-28, 1989. Lanham, MD : Center for Science and International Affairs,

Moscow Conference on the Cuban Missile Crisis (1989 : Moscow, R.S.F.S.R.). Back to the Brink : Proceedings of the Moscow Conference on the Cuban Missile Crisis,

National Security Archive. A Chronology of the Cuban Missile Crisis. Washington, DC : National Security Archive, February 1, 1988.

National Security Archive. A Preliminary Documents Catalog: The Cuban Missile Crisis. Washington, DC : National Security Archive, March 5, 1987.

신문

강인선, '트럼프·김정은 만남, 수퍼볼 시청률 누를 역대 최고 TV이벤트 될 것', 2018년 4월 13일, 〈조선일보〉

고수석, '달라진 북한과 함께 사는 방법', 2017년 7월 2~3일, 〈중앙 SUNDAY〉

_____, '北 영해 침범 땐 발포, 친중파 제거, 미·러 활용해 중국 견제', 2017년 9월 24~25일, 〈중앙 SUNDAY〉

_____, 정용수, '김정은의 사석 작전 … 핵무기 대마 버리고 체제 보장 얻을까', 2018년 4월 17일, 〈중앙일보〉

그레이엄 앨리슨, '북핵, 상자 밖에서 해법 찾자', 2017년 6월 13일 〈중앙일보〉

김기범, ''생태 보전' 국제사회와 눈 맞추는 북한', 2018년 3월 16일, 〈경향신문〉

김덕한, '美 틸러슨, 중남미 공략하는 中·러 향해 "잠재적 포식자"', 2018년 2월 3일, 〈조선일보〉

김명성, 이용수, '김정은 계산은 … 단순한 평화협정 아닌 절대권력 체제를 보장받는 것", 2018년 5월 18일, 〈조선일보〉

김민석의 Mr. 밀리터리, '미국의 대북 최후통첩, 다음은 해상차단과 선제공격', 2017년 12월 15일, 〈중앙일보〉

김병연, '북한 비핵화를 위한 경제적 해법', 2018년 3월 28일, 〈중앙일보〉

김연철의 협상의 추억, '기다림이 협상 조건이 되다', 2014년 5월 3일, 〈한겨레 21〉 제1009호

_____, '판문점의 다리를 건너 평화로 가자', 2018년 4월 30일, 〈한겨레신문〉

김영희, '천재일우 4·27회담, 생각할 수 없는 것을 생각하라', 2018년 4월 21~22일, 〈중앙 SUNDAY〉

김종철, ''불안의 정치'에 맞서려면', 2018년 3월 9일, 〈한겨레신문〉

김준형, '극복해야 할 3개의 악마', 2018년 5월 18일, 〈경향신문〉
김진우, '외부 강제 아닌 자주적으로 … 북에 '명예로운 비핵화' 명분 줘야', 2018년 4월 20일, 〈경향신문〉
김진호, ''혁명 계승·경제개혁' 두 토끼 잡기 시험대 오른 쿠바 새 지도부', 2018년 4월 21일, 〈경향신문〉
남정호, '북핵 폐기 뒤에도 불안하다', 2018년 5월 15일, 〈중앙일보〉
리언 시걸, '보상 없는 요구, 북 협상력만 키워 … 주고받기가 비핵화 해법', 2018년 4월 30일, 〈경향신문〉
박보균, '김씨 세습왕조와 카스트로 형제', 2018년 4월 19일, 〈중앙일보〉
박영환, '김정은, 병진 노선 한계 인식 … 북·미 회담 실패하지 않을 것', 2018년 5월 2일, 〈경향신문〉
박효재, '59년 '혁명시대' 막 내리는 쿠바, 권력 바통 '포스트 혁명 세대'로', 2018년 4월 19일, 〈경향신문〉
배명복, '대북 압박은 대화와 결합하면 성공 가능성 커질 것', 2017년 7월 2일~3일, 〈중앙SUNDAY〉
_____, '김정은, ICBM으로 미국 흔들어 한국 포기하게 하려는 전략', 2017년 8월 12일, 〈중앙일보〉
_____, '쿠바 미사일 위기와 북한 쿠바 미사일 위기', 2017년 8월 24일, 〈중앙일보〉
빅터 차, '북한 제재의 다섯 가지 특성', 2017년 8월 11일, 〈중앙일보〉
심진용, ''미, 이란 핵합의 탈퇴'에 피식 웃는 중국, 껄껄 웃는 러시아', 2018년 5월 18일, 〈경향신문〉
슬라보예 지젝, '지역적으로 생각하고, 지구적으로 행동하라', 2017년 9월 1일
예영준, '북한 전문가 진징이 베이징대 교수의 평양 방문기', 2017년 8월 20~21일 〈중앙SUNDAY〉
이강국, '북한의 시장경제와 한반도의 봄', 2018년 4월 24일, 〈한겨레신문〉
조엘 위트, '트럼프가 북한과 대화를 틀 비결은', 2017년 11월 14일, 〈중앙일보〉
조의준, '美, 北 ICBM 한반도 상공 벗어나기전 드론·F-35로 요격', 2017년 11월 18일, 〈조선일보〉
조효제, 'UN에서 한반도를 염원한다', 2018년 5월 9일, 〈한겨레신문〉
중앙일보 특별취재팀, '클래퍼, "평양·워싱턴에 이익대표부 설치, 쿠바식 접근법을"', 2017년

6월 27일, 〈중앙일보〉

진징이, '북한의 지정학과 지경학', 2018년 4월 23일, 〈한겨레신문〉

채인택, '인터넷 해외 통화하는 쿠바인 "사랑해? 그럼 돈 좀 보내줘"', 2018년 3월 14일, 〈중앙일보〉

Maysam Behravesh, 'Why Iran wants missiles', April 13, 2018, 〈Korea Joonganf Daily〉

Anthony J. Blinken, 'When Republicans shunned the new security adviser', Mar.26, 2018, 〈The New York Times International Edition〉

Max Fisher, "President's mixed signals complicate America's global role", April 30-May 1, 2018, 〈The New York Times International Edition〉

Mark Landler, "Korean unity puts pressure on Trump", April 30-May 1, 2018, 〈The New York Times International Edition〉

Christopher Sabatini, "America shouldn't ignore Cuba", April 18, 2018, 〈The New York Times International Edition〉

Scott D. Sagan and Allen S. Weiner, "Bolton's illegal North Korea war plan", April 10, 2018, 〈The New York Times International Edition〉

예정된 위기

초판 1쇄 2018년 12월 17일

지은이 안병진
편집 장웅진, 박수민
독자감수 최재근, 권성욱
펴낸이 박수민
펴낸곳 모던아카이브 · **등록** 제406-2013-000042호
주소 경기도 파주시 청석로 350
전화 070-7514-0479
팩스 0303-3440-0479
이메일 do@modernarchive.co.kr
홈페이지 modernarchive.co.kr

ISBN 979-11-87056-23-2 03340
이 도서의 국립중앙도서관 출판시도서목록(CIP)은 서지정보유통지원시스템 홈페이지(http://seoji.nl.go.kr)와 국가자료공동목록시스템(http://www.nl.go.kr/kolisnet)에서 이용하실 수 있습니다.
(CIP제어번호: CIP2018039520)
* 이 도서는 한국출판문화산업진흥원의 출판콘텐츠 창작 자금 지원 사업의 일환으로 국민체육진흥기금을 지원받아 제작되었습니다.